北京林业大学教学改革与创新系列成果汇编

·人才培养与教学管理卷·

韩海荣　主编

中国林业出版社

图书在版编目(CIP)数据

北京林业大学教学改革与创新系列成果汇编．人才培养与教学管理卷/韩海荣主编．—北京：中国林业出版社，2010. 12

ISBN 978-7-5038-5989-2

Ⅰ.①北…　Ⅱ.①韩…　Ⅲ.①北京林业大学－教学改革－成果－汇编 ②北京林业大学－人才－培养－成果－汇编 ③北京林业大学－教学管理－成果－汇编　Ⅳ.①G649.281

中国版本图书馆 CIP 数据核字（2010）第 224990 号

出版　中国林业出版社（100009　北京西城区刘海胡同 7 号）

E-mail　forestbook@163. com　**电话**　010－83222880

网址　http://lycb. forestry. gov. cn

发行　中国林业出版社

印刷　北京北林印刷厂

版次　2010 年 12 月第 1 版

印次　2010 年 12 月第 1 次

开本　787mm × 1092mm　1/16

印张　22. 25

字数　560 千字

印数　1 ~ 1000 册

定价　50. 00 元

北京林业大学教学改革与创新系列成果汇编

·人才培养与教学管理卷·

编　委　会

编　写　组

主　编　韩海荣

编　者　张　戎　于　斌　孟祥刚　徐迎寿　林　娟
孙　楠　胡　燚　申　磊　周璐璐

序　言

提高教育教学质量，既是高等教育自身发展规律的需要，也是办好让人民满意大学的需要，更是建设创新型国家、构建社会主义和谐社会的需要。2007年，教育部全面启动“高等学校本科教学质量与教学改革工程”(简称“质量工程”)，切实把高等教育重点放在提高质量上。“提高质量、优化结构，加强研究与实践，培养学生创新精神和实践能力”成为“十一五”期间高等教育改革与发展的主旋律。

北京林业大学以国家和北京市“质量工程”建设为契机，围绕“建设高水平研究型大学”奋斗目标，不断更新教育观念，强化质量意识，深入开展教育教学改革，构建了“国家—北京市—学校”三级“质量工程”建设体系，在专业建设、实践教学、教学研究、规范管理等方面采取了一系列举措，努力提升学生的学习能力、实践能力和创新能力，巩固学校办学特色。几年来“质量工程”的实施，极大调动了广大教师投身教育教学改革和开展创新教育的积极性，形成了一批标志性成果，本科教育教学质量有效提升。

为充分发挥优秀教学成果在推动教学改革与研究、提高教学质量方面的积极作用，学校将“十一五”期间教师及教学管理工作者围绕“质量工程”撰写的部分教学改革研究论文汇编成书，献给广大教师和教育工作者。本书共收录人才培养和教学管理相关论文74篇，包括专业建设及人才培养、实践教学改革、双语教学改革、教学管理改革等四个部分，集中反映了近几年我校广大教师和教学管理工作者在深化教育教学改革等方面所取得的丰硕成果。

本书汇聚了教师们在求索之路上的点滴思考和智慧火花，对新时期进一步转变教育思想与观念，推进教育教学改革，创新人才培养模式，提高教学质量，有着积极的推动作用。

本书的编辑出版得到中国林业出版社的大力支持，谨致以衷心的谢意！

编　者

2010年8月

目　　录

第一部分　专业建设及人才培养

第二部分　实践教学改革

第三部分 双语教学改革

第四部分 教学管理改革

第一部分　专业建设及人才培养

北京林业大学素质教育的现状及改革思路

韩海荣[①]

（北京林业大学）

摘要：本文首先分析了我校素质教育的现状，简要叙述了我校素质教育实施过程中存在的问题及成因分析，重点阐述了我校实施素质教育的思路和改革举措，提出了自己的观点。

关键词：素质教育；现状；改革思路

实施素质教育是全面贯彻党的教育方针，以提高国民素质为根本宗旨，以培养学生的创新精神和实践能力为重点，其最根本的要求是让学生在德、智、体、美、劳等方面全面发展，培养学生的健全人格，促进人的全面发展。近十多年来，我校在实施素质教育方面进行了积极地探索和实践，素质教育不断深入发展，也取得了初步的成效，但由于各种因素的制约，也存在一定的问题。

一、我校素质教育的现状

（一）师生对素质教育的理解和重视程度不够

在素质教育实施过程中，由于受长期应试教育的影响，很多师生都只在乎专业课成绩的高低，认为只有专业课才是以后求职、深造的根基，而大学素质教育并不是求职和深造的必要条件。因此，不少师生不愿意花过多时间和精力投入到素质教育活动中。

同时，也存在学生对素质教育被动接受的现象。许多学生选择素质教育，并非自愿，只是为了完成学校的要求，修满一定素质教育学分方能毕业。因此，学生对素质教育课程、讲座在很大程度上是应付，可想而知，其实施效果肯定会打折扣。

（二）科学素养的培养和人文精神的塑造相互融合不够

素质教育包含科学素质和人文素质两方面，二者不可或缺。大学教育的本质就是通过专业素质的培养实现学生综合素质的全面提高。没有科学素养，人的全面发展就无从谈起。没有人文精神，人的全面发展也会面临很多困难。

一直以来，在制定教学目标时，主要针对专业课的科学知识、科学方法和科学精神，学生人文精神的培养没有明确列入教学目标。在教学过程也注重知识的传授，偏重记忆，强调理论知识的学习，忽视学生实际应用能力及创新能力的培养，造成了很多学生成绩虽好，但知识面不宽，动手及应变能力不强，创新精神不足。在人才培养的过程中科学素养的培养和

① 作者简介：韩海荣，博士生导师，教授。主要研究方向：生态学、教学管理。电话：62336015。E-mail：hanhr@bjfu.edu.cn。通讯地址：北京林业大学，100083。

人文精神的塑造也是相互分离的，没有相互融合、相互促进。

（三）师资水平及教师的评价考核机制制约了素质教育的实施效果

推进素质教育，学生是主体，教师是主导。我校对教师的评价考核以及职称评审，均侧重教师的科研工作和科研能力的考核，给本科教学工作带来了一定的冲击，影响了教师尤其是高水平教师投入本科教学的积极性，这也严重制约了素质教育的实施效果。

随着我校近年来人才强校战略的实施，大多数教师的整体素质在不断提高，多数的教师忠于职守。但还是有部分教师在教学过程中还只是注重知识的传授，强调理论知识的学习，忽视学生实际应用能力及创新能力的培养，造成了很多学生成绩虽好，但知识面不宽，动手及应变能力不强，创新精神不足。这样，培养出的学生势必就会出现社会适应能力差、应变能力差、缺乏创新精神等方面的问题，这必然也就影响学生综合素质的提高。

（四）素质教育管理协调机制不健全

目前，与素质教育实施有关的职能很分散，涉及通识课程的职能主要归教务处分管，而涉及校园文化、学生活动等职能主要归团委、学生处等部门负责，没有一个统一的素质教育管理协调部门，管理体制不顺，导致出现多头管理、职能交叉、统筹乏力、效果不佳等问题，影响了素质教育的实施。

（五）素质教育经费投入不足

尽管学校逐年加大了对教育经费投入的力度，教育经费总规模也呈现增长的态势，也能保证教育教学的基本运行，但与实施素质教育的实际需求相比，经费投入还略显不足。实施素质教育比实行应试教育和专业教育有更多的经费投入，比如教师培训、为学生举办各类讲座、实验室建设等诸多方面，都必须有经费作保证。因此，教育经费投入不足在一定程度上制约了我校素质教育的发展。

二、我校素质教育的改革思路

（一）转变观念，加大投入，营造良好的素质教育环境

1. 提高思想认识，树立素质教育观念

教育观念的转变和提高，是实施素质教育的前提，教育观念包括学校领导的观念、管理人员的观念、教师的观念和学生的观念。教育观念不转变，即使有了先进的教学内容、先进的设备和手段，仍然不能在素质教育实践中发挥作用。观念的转变一定要融入教育、教学、管理的每一个环节中去，先通过领导引导管理人员和教师观念的转变，再通过管理人员和教师的言传身教带动学生观念的转变。观念指导行动，只要素质教育观念树立了，其它配套改革就会自然被带动，良好的素质教育环境也就容易形成了。

2. 加大经费投入，成立专门的管理协调机构

素质教育是一项综合性的系统改革工程，具有长期性和艰巨性，需要学校方方面面的配合和支持，要不断加大教育投入，努力改善办学条件，真正做到优先发展、支撑到位。同时，素质教育的实施也涉及到学校多个部门的协调与配合，建议学校成立素质教育管理协调办公室，以利于形成合力和加强协调，由相关校领导直接领导，成员由教务处、学生处、宣传部、团委、人文学院等相关部门负责人及有关教授、专家组成。管理办公室负责规划、保障、实施、指导、协调、评价全校素质教育工作，并组织力量开展素质教育理论研究，加强素质教育重要性的宣传和引导，及时协调并解决素质教育实施过程中出现的各类问题。

（二）进一步优化人才培养方案，加强科学素养与人文精神融合

1. 优化人才培养方案，坚持人文精神和科学素养的统一

人文精神的培养主要是塑造人的一种责任感、使命感，通过历史、文学、艺术、哲学等知识的学习，提升人文精神，提升人的境界，可以让人加深认识事物的本质。而科学素养的培养主要是让人精深专业知识，拓宽基础知识，提高专业理论和学术研究素养。要改变目前我校重科学素养的培养，轻人文精神塑造的现状，就必须坚持科学素养和人文精神的统一，专业教育不能排斥人文教育，而应将专业教育放到一个更加广阔的背景上来进行。

通过优化各专业人才培养方案，构建人文精神和科学素养有机结合渗透、互为一体的模块化课程体系，调整课程内容的组成结构，达到人文精神、科学素养和创新能力协调发展，按大类构筑人文素质教育平台，设置公共必修课程模块和全校通选课程模块，使每个专业均融入人文科学的知识，包括哲学、历史学、社会学、人类学、经济学等，使学生在宽松有序、丰富多彩的学习环境中汲取文化及精神的养分。同时，建立更加灵活的选课机制，鼓励学生跨专业、跨学科选课，努力改善学生的知识结构，使学生在道德素质、文化素质、业务素质和身心素质等方面得到协调发展，最终达到培养其良好综合素质的目的。

2. 设置跨学科综合类讲座课程，实施跨学科综合能力培养

在各专业人才培养方案中，设置跨学科跨的综合类讲座课程，以跨学科的视角使本专业的学生能通晓或了解其它学科的前沿领域，启发学生的创新灵感，引导学生提出具有独到见解的想法，开拓学生的学术视野，激发多角度的思维方式，使学生具有交叉学科背景，为学生提供跨学科研究的基础和多学科合作研究的条件，从而有效提高学生的综合素质。

学校应该加强综合类讲座课程建设，要开展研究，研讨讲座内容的层次性和覆盖面，统筹协调校内外讲座资源，建立高水平教授、专家开展讲座的保障机制，营造良好跨学科交流的学术氛围，以丰富的内容和形式组织跨学科的学术交流活动，为大范围、深层次的交叉学科研究搭建平台，实现优势互补，大力促进不同院系之间、不同学科之间的合作，大力促进不同专业学生之间的相互交流，推动全校形成共同推进素质教育的强大合力和良好环境。

3. 促进二课堂教育与一课堂教育协调发展

第二课堂是深化教学改革的一块重要阵地，是育人体系中不可或缺的有机组成部分，是对第一课堂的延伸和补充，第二课堂与第一课堂共同构成育人系统。团委、学生处等部门要组织学生开展丰富多彩的二课堂活动，建设具有浓厚学术氛围的校园文化，要积极举办有利于提高大学生科学文化素质的系列讲座，通过系列讲座、演讲比赛等形式大力开展校园文化活动，让学生的情感在丰富多彩的校园活动中得到升华，责任感、使命感、义务感、奉献精神得到强化。同时，要妥善处理二课堂与一课堂之间的关系，协调解决二者之间在一定条件下存在的矛盾冲突，使之与第一课堂相辅相成，促进二者协调发展，牢固构筑素质教育广阔的坚实平台。

（三）坚持教学管理创新，大力推进素质教育课程改革

1. 改革思想政治理论课等素质教育必修课的教学方式，切实提高教学实效

我校各专业均设置了素质教育必修课，这些必修课应该成为素质教育理论指导的主战场，是实施素质教育的重要载体，但目前这些课程的实施效果不是很理想，存在着课程设置统一、结构类别单一、内容要求划一等问题，要改革此类课程的教学方式，提高教学实效。

例如作为素质教育核心必修课的思想政治理论课，目前主要的教学方式是课堂讲授，应该根据各专业的实际实施多样化的教学方法，采用丰富的教学形式，注重统一性和灵活性的结合。思想政治理论课的生命力和活力来源于理论与实践的紧密结合，要把课堂系统讲授与专题系列讲座和实践有机结合起来，要联合学生处、团委、宣传部等职能部门，切实加强实践部分的教学效果，将开放式教学融入各个教学环节，用理论知识去指导实践，让学生带着兴趣学，有效保障此类素质教育核心课程的教学效果，切实提高人才培养质量。

2. 加强公选课教学过程的质量监控，加大全校公共选修课的建设力度

目前，我校公共选修课公分为艺术、语言文学、经济管理、自然科学、人文社科、体育等5大类，共计167门，为学生文化素质的提高提供了有力的保证。但公选课教学过程中还是存在着课程数量不足，尤其是优质课程严重不足的问题，同时公选课的课堂教学秩序也有待进一步加强。可以通过以下方式予以解决：

加强公选课教学过程的质量监控。通过严肃教学秩序、严格考核要求、严格过程管理、严格开课条件等方式，加强教学过程质量监控。通过加强学生选课指导，对不同兴趣、特长、天赋和学科背景的学生提出不同的选课要求，帮助学生完成自我设计的愿望，促进学生个性发展。

加大公选课建设力度。深入了解社会需求及学生的需要，并结合学科、专业的实际，有的放矢地组织教师开出丰富多彩的公选课。根据形势的发展和教学效果的优劣，每年对公选课进行更新，对有助于学生了解学科发展动向、促进知识渗透、优化知识结构，有利于提高学生素质的课程，优先增设。通过教改立项的方式，建设一批优质公选课，鼓励高水平教师承担公选课的教学任务，提高优质公选课资源，这样就可以充分考虑到学生的不同水平、兴趣和爱好，从而促进学生综合素质的提高。

（四）优化教师评价考核机制，建设一支高素质的教师队伍

1. 优化教师评价考核机制，调动教师实施素质教育的积极性

教师的评价与考核，是学校对教师教学工作的激励与引导手段，只有通过科学的考核、公正的评价，才能达到调动教师积极投身素质教育改革的目的。对教师教学的考核与评价要全面，不能光看教学成绩或科研能力，更要着眼于教师的全面素质（包括师德、教学工作、教科工作、科研工作等）。只有全面提高教师素质，才能促进素质教育的深入实施。

建议根据实际情况对我校教师评价考核制度进行有针对性地调整，切实发挥指挥棒的作用，提高广大教师积极投身素质教育改革的积极性。建议在岗位聘任和考核办法中进一步明确本科教学工作的指标体系及分级标准，将教研成果融入聘任条件和考核办法。同时，针对不同学院、学科的具体情况，分类指导，根据专业或学科性质分设聘任条件和考核标准，不能一刀切。

2. 加强教师培训力度，提高教师实施素质教育的能力和水平

实施素质教育，教师要有高深的学科造诣和高尚的人文素质，同时又要讲究教学方法。学校人事处要通过加强教师培训、引进高水平教师等方式，加强教师业务知识学习，力争使其达到广、厚、实的程度，掌握开展素质教育的原理和方法，学会使用现代教育技术和手段。要做到“博”与“专”的统一，由以知识更新为主向知识更新与能力并举转变，切实提高教师的创造性思维和动手能力。要鼓励教师结合专业教育进行人文教育，改变人文教育与专业教育相互割裂的局面，这是科学素养与人文精神相互融合的关键所在。此外，教师必须树立创新观念，学会从新角度、新视野看问题，只有教师具有创新意识，才能培养学生的创新能力。

在教学管理过程中，通过讲座、交流会、印发学习资料、加强教研室研讨等方式，推动教师们把素质教育贯穿到教学、授课全过程，充分调动他们的主动性、能动性，创造性地开展工作，充分发挥他们在素质教育中的主导作用，这是确保素质教育全面实施和素质教育目标实现的关键。

“十年树木，百年树人”，实施素质教育是一项长期艰巨的任务，学校必须把它作为一项头等大事来抓。相信在领导的关心、支持和正确的指导下，在各有关部门的共同努力下，我校的素质教育肯定会上一个新台阶。

以“梁希实验班”人才培养模式改革为切入点积极推进林学专业建设

徐迎寿[①]，张　戎

（北京林业大学）

摘要：本文从当今高等教育的大环境入手，简要介绍了我校顺应当前形势和社会发展的要求而推行的“梁希实验班”人才培养模式改革的有关情况，重点阐述了实验班改革的具体举措以及对我校林学专业建设即将产生的重要作用和影响，并论述了二者之间的关系，提出了自己的观点。

关键词：梁希实验班；人才培养模式改革；推进；林学专业建设

当今的高等教育，已经从“精英教育”阶段发展到了“大众化教育”阶段。但是，这并不代表现代社会就不需要“精英”。相反，正如著名教育学家马丁·特罗所说的那样：“大众化高等教育的发展，不是不要精英教育，而是要更加保护精英教育。”各行各业都需要高、精、尖的人才。众所周知，改革开放以来，我国林业与生态建设人才培养工作取得了显著成绩，大批优秀人才为我国的林业与生态建设做出了突出贡献。但与当前社会发展的要求相比，林业人才总量不足、结构不优、素质不高，人才尤其是高层次人才匮乏。科教兴林需要大批教学研究、技术推广、科技示范和技术培训的人才，需要大批解决重大技术难题的创新型人才。而目前的人才结构中，虽然有很多中高级科研人员，但优秀拔尖人才尤其是中青年科技帅才偏少，缺乏活跃在国际科学前沿的世界级人才。

新的形势要求我们必须在原有改革成果的基础上，寻求新的切入点，进一步完善人才培养模式，在知识传承中打破专业壁垒，加强对相邻学科知识的重视；在能力培养中进一步加强创新能力的培养；在素质教育中更注重学生身心健康、良好情操以及优秀科学素养的培养。北京林业大学在前期改革的基础上，开展了对农林高等教育人才素质和培养模式更深层面的研究，提出了我校在大众化教育阶段实施精英教育的观念。2007 年，学校正式建立“高等林业教育拔尖创新人才培养基地”，设置以林学前辈梁希先生的名字命名的“梁希实验班”（以下简称实验班），着眼于当代社会发展对人才质量和人才规格的需求，坚持“学生为本，道德为先、能力为重”的教育理念，按照新的办学模式和培养方案，造就基础好、能力强、素质高的一流本科生，培养具有国际竞争力的优秀人才。

一、以全新的办学理念凸现林学专业特色

实验班将人才培养模式改革作为一项系统工程，通过做好顶层设计、整体优化人才培养

---

① 第一作者：徐迎寿，硕士，实习研究员。主要研究方向：教学管理。电话：62336724。E-mail：xuys@bjfu.edu.cn。通讯地址：北京林业大学，100083。

方案，改革人才培养模式，改进教学内容与教学方法，注重体现灵活性和研究性，注重厚基础、宽口径，注重能力的培养和全面的发展，注重创新能力、实践能力、管理能力、国际交流能力的培养，在大众化教育中进行精英教育的试点，积极贯彻“加强基础、淡化专业、因材施教、分流培养”的办学方针，充分利用我校学科齐全的优势和良好的教学资源，实践本科阶段低年级通识教育、高年级宽口径专业教育相结合的培养模式，突出基础、能力、素质三要素的全面发展。

同时，将实验班的改革置于全国高等教育思想转变和教学方法改革的新思想推动之下，开阔“大视野”，转变传统的教育思想观念和思维方式，针对农林业教育的特点，集中优势智力资源和教育资源，全方位推进教育创新，进行教学内容、教学方法和教材以及保障政策和管理措施等一系列的改革，制定专门的教学计划，形成新的课程体系，从提高综合素质入手，注重学生个性发展及创新意识的培养，充分发挥实践教学环节对本科人才培养的重要作用，建立课堂理论教学与生产实践教学并重的双课堂教学模式，探索培养拔尖创新型人才的有效途径，从试点走向推广，争取可持续发展。

通过实验班改革研究与实践，能更加了解社会对林学专业人才的知识结构、理论水平、实践技能等素质方面的要求，进一步明确创新型拔尖人才培养的内涵和农林行业对创新型拔尖人才的需求。据此林学专业可以更好找准定位，突出特色，明确目标，同时实验班能造就一批基础好、能力强、素质高的一流本科生，为支撑林学专业发展的学科提供新的活力，为培养具有国际竞争力的创新型拔尖人才奠定坚实的基础。

二、改革课程体系，不断优化林学专业人才培养方案

实验班人才培养是以培养适应能力强、实干精神强、创新意识强的拔尖创新人才为根本任务，努力实现厚基础、宽口径、重实践、显个性的人才培养目标，因此课程体系的改革也围绕总目标进行，在课程设置的时候充分体现以下几点：

(1)强调厚基础。主要体现在：在实验班人才培养方案中公共基础课和专业基础课的学分数占必修总学分的84.3%，同时加强公共基础课、专业基础课的教学研究工作，在教学过程中要求教师注重学生基础知识、基本技能的培养，拓展学生的专业基础知识。可见，厚基础，不仅仅是指加强公共基础的数、理、化等课程，而专业基础涵盖了土壤、生态、树木、测量、生物、地貌、植物生理、森林培育等一系列课程，同时学分设置均得到加强，为学生的后期个性发展提供了基础。

(2)实践教学体系改革。课程设置上突出强化实践教学，采取灵活多样、切实有效的措施，保障实践教学的实施，构建以能力培养为主体，按基本技能、专业技能和综合应用能力、创新实践能力为层次(在专业基础课中安排了7.5周、专业课中安排了8周的实践类课程)，循序渐进地安排实践教学内容，构建了完善的实践教学体系。

(3)加强科研训练。科研训练是以调动学生的学习兴趣，激发学生的学习和创新能力为目的，让实验班学生从第5学期开始就提前参与教师的科研项目，同时学校设置实验班科研训练专项经费，积极倡导实验班学生参与科学研究，学校定期对实验班学生科研训练优秀成果进行评奖，引导学生参加各类创新活动和学科知识竞赛，培养学生从事创新性科学研究的素质，激发学生的学习兴趣和探究心理。为了保障科研训练的有效推进，人才培养方案中设置了4个学分科研创新训练和16个学时的学科前沿专题讲座。

实验班课程体系改革的目标是构建有利于学生知识、能力、素质协调发展的整体优化的课程体系，将使学生综合素质增强，创新教育得以实现，实践意识得到强化，知识面更宽，科学与人文素质将有机结合，个性得到自由发展，最终促使学生能创造性发展。相信实验班课程改革的研究与实践能为林学专业人才培养方案的优化提供良好的借鉴。

三、实施导师制，强化师资队伍建设

实验班制定了《北京林业大学“梁希实验班”导师制实施办法》、《北京林业大学“梁希实验班”任课教师聘任管理实施意见》，这两个制度有效保障了导师制和课程教学质量的效果，对导师和任课教师在指导学生过程中和教学过程中均有严格的要求和标准。同时加强实验班师资的培养，拓宽教师的视野，为教师提供到国内外高校进修、交流、合作研究的机会，积极为教师参与和专业有关的实践活动创造条件，制定奖励措施，鼓励教师通过专业实践提高教学水平、实践能力和创新能力。

实验班主要专业基础课和专业课的师资、导师均来自林学专业，这些教师同时也承担着林学专业的很多课程，通过实验班对任课教师的高标准、严要求能使这些教师的理论水平、科研实践能力和创新能力等得到显著的提高，也带动了林学专业课程的教学质量，形成良性循环。

四、以教学内容改革为突破口，提升教材建设水平

实验班教学改革的成败，很大程度上取决于教学内容的改革与更新，作为教学内容主要载体的教材质量的优劣直接影响教学质量，直接关系到实验班人才培养的质量。因此，实验班在教材建设上启动了如下新机制：

(1)提倡师生共同反思、探讨。改变传统的以教材为中心的现状，教与学的过程不能只是教材的简单复制。要将教材作为知识的载体，同时也作为师生交流的平台，并不在于追求共识和统一的标准，而是通过宽松的自由的探讨、争论去发现问题、解决问题、掌握知识。

(2)通过政策积极引导。制定一系列政策，帮助实验班教师明确，教材建设必须服从于拔尖创新人才的培养目标，着力提高学生专业素质、综合素质、创新能力，引导实验班教师通过不断吸收最新的科研和改革成果，完善原有的教材。同时引导教师尤其是承担实验班双语课程的教师通过博采国内外高校教材建设之众长，提高自身教材建设的水平，为实验班建设一套有特色的教材体系。

(3)建立有效的教材建设评估体系和激励机制，引导教师加强教材建设。学校设置专项教材建设经费，对为实验班教材建设进行的实践活动、调查研究活动和研究活动给予尽可能多的财力支持；对在教材建设方面确有成效者给予表彰和物质奖励。鼓励教师们结合实验班的办学理念、特色以及实验班教材新机制的实施，编写出为林学专业选用的适合培养拔尖创新人才的精品教材。

“梁希实验班”人才培养模式改革与林学专业建设二者之间是相辅相成、相互促进、相得益彰的，两者在教育学生成才的目标上是一致的，林学专业多年来的积淀为实验班改革奠定了坚实的基础，实验班改革能进一步推进林学专业建设，给林学专业的发展带来新的活力和动力。“梁希实验班”人才培养模式改革的实施，能为林学专业建设起到很好的引导、示范作用，同时为我国林业与生态建设培养出更多能适应社会需要的高层次精英人才尤其是中青年科技帅才和活跃在国际科学前沿的世界级人才。

以“梁希实验班”人才培养模式为试点探索拔尖创新型人才培养

徐迎寿[①]

（北京林业大学）

摘要：本文结合我校实验班的实际情况，深入探讨了拔尖创新型人才培养的重要意义，并就建立拔尖创新型人才培养模式需要具备的条件及目前面临的一些问题进行了阐述，希望能够探索出一条全新的人才培养模式，在拔尖创新型人才培养方面为其它农林院校提供借鉴。

关键词：实验班；拔尖创新型人才培养模式；探索

创新是一个民族的灵魂，是一个国家兴旺发达的不竭动力。党在十七大报告中明确提出要提高我国自主创新能力，建设创新型国家。作为全国林业的高等学府，北京林业大学有责任也有义务为高等农林院校探索出一条全新的农林行业拔尖创新型人才培养模式。通过对现代教学理论的深入研究并借鉴各种教学模式，北京林业大学于 2007 年 9 月从新生中挑选了优秀学生组建以培养拔尖创新型人才为主要目标的实验班，采用全新的教学模式与管理体制，通过对实验班的跟踪调研，采用“改革—实践—总结—实践”的方式，边研究边实践，力争探索出一条适合农林院校的拔尖创新型人才培养模式。

一、培养拔尖创新型人才的重要意义

（一）培养拔尖创新型人才是时代发展的必然要求

党的十七大报告明确指出要提高我国自主创新能力，建设创新型国家。实现进入创新型国家行列的目标，关键是要培养一支结构合理，充满活力的创新人才队伍。这支队伍产生的基础在于现代国民教育体系要更加完善，全民受教育程度和创新人才培养水平要明显提高，这就要求我国高等教育要转变办学理念，建立起一套全新的教学体制，培养出更多的拔尖创新型人才。

（二）培养拔尖创新型人才能有效满足国家、行业发展对不同层次人才的需求

目前我国高等教育已经进入大众化教育阶段，大部分高校主要是培养具备一定的理论基础及职业知识技能，有一定专门技术，毕业后能够在社会生产、管理、服务第一线工作的应用型人才。社会的发展同时也需要一批理论基础宽厚、具备创新意识与创新能力、在某一领域能够不断自主创新的高科技专门人才。因此只有做到精英教育与大众教育的统筹兼顾、协

① 作者简介：徐迎寿，硕士，实习研究员。主要研究方向：教学管理。电话：62336724。E-mail：xuys@bjfu.edu.cn。通讯地址：北京林业大学，100083。

调发展，才能适应国家和行业发展对不同层次、不同类型人才的需求。

（三）农林院校有责任为国家培养出一批创新型农林人才

我国作为一个农林业大国，需要有一大批拔尖创新型的高级农林业人才来满足社会和行业发展的需要。目前我国在农林领域的自主研发及科技创新水平较世界发达国家还有很大差距，农林行业对拔尖创新型人才的需求还很大，因此高等农林院校，尤其是向研究型大学发展的农林院校，应当转变办学理念，加大对拔尖创新型人才的培养力度。

二、构建拔尖创新型人才培养模式应具备的基本条件

（一）明确的办学理念是建立拔尖创新型人才培养模式的前提

培养拔尖创新型人才，首先要明确培养什么样的人才、培养哪一领域的人才、培养具备什么样素质的人才以及如何培养，这就需要有一个明确的办学理念。有了明确的目标和理念，才能使人才培养的各个环节各个步骤向既定的目标顺利迈进。

作为高等林业院校，我校依据社会对林业领域的需求及学校自身实际情况，确立了以“加强基础、淡化专业、因材施教、分流培养”的办学理念，充分利用我校学科齐全的优势和良好的教学资源，实践本科阶段低年级通识和基础教育、高年级宽口径专业教育相结合的培养模式，突出基础、能力、素质三要素的全面发展，为我校研究生教育输送高素质、创新型生源，同时也为社会提供具备创新能力的本科毕业生。

（二）健全的规章制度和保障机制是建立拔尖创新型人才培养模式的基础

建立创新型人才培养模式，完善的制度和保障机制是基础。实验班作为一个全新的教学实体，在教学方式、培养方案、管理体制等方面均需要突破常规，因此需要完善的规章制度和保障机制作为新的人才培养模式实施的基础，使各项工作稳步推进。

培养创新型人才，应将侧重点放在学生创新能力的培养上，在学生选拔、教学模式、课程安排、奖励机制等方面均要有所创新，因此需要制定有针对性的规章制度、建立与之相适应的保障机制。目前我校制定了《北京林业大学梁希实验班学生选拔办法》、《北京林业大学梁希实验班教学实施办法》等 13 项管理制度，规范了实验班的运行，取得了良好的效果。笔者认为，应重点在以下 3 个方面建立健全规章制度，确保拔尖创新型人才培养模式的进一步优化：

首先是学生选拔办法。培养拔尖创新型人才需要有一批优秀的苗子，这批苗子怎么选、从哪些范围选、以什么标准选，不同的学校有不同的特点和不同的方法，因此，高校应该依据自身特点制定选拔办法，尤其要在选拔程序、选拔范围、选拔标准、选拔原则、组织领导等方面应做出详细规定，科学严谨的选拔办法是优质生源的质量保证。

其次要制定一个科学严谨的教学实施办法。培养拔尖创新型人才重在培养学生的创新能力，而创新能力培养的重中之重是教学环节，因此要制定一个科学严谨的教学实施办法，对学程安排、教学计划制定、课程设置、教学方式、任课教师选拔等方面进行科学的统筹安排，将学生创新能力的培养贯穿在教学的各个环节之中。

再者要在激励机制、管理体制、科研训练体系等方面做出规定。可以将奖学金评定办法、研究生推免办法、管理机构职责、大学生科研训练计划等作为新人才培养模式的重要组成部分。其中奖学金评定办法可以激发学生学习热情；研究生推免办法可以从政策上保证学生有继续深造的条件，让学生有明确的目标；管理机构职责可以明确管理人员的工作内容，

对新的教学模式实施效果追踪调研；大学生科研训练计划的实施，可以为学生提供更多参与科研训练的机会，得到更多创新能力的培养。

（三）以培养学生创新能力为重点的人才培养方案是建立拔尖创新型人才培养模式的重要内容

我校为实验班学生制订了全新的人才培养方案，与以往的人才培养方案相比，创新型人才培养方案主要体现在对学生创新能力培养上，具体表现是实行完全学分制和更为灵活的弹性学制，学制为三至六年，以激发学生学习热情；低年级不分专业进行通识课程和基础课程的前期培养，高年级学生根据自己的兴趣、特长挑选导师并确定专业，做到因材施教；实行导师制，注重个性化培养，学生在本科阶段即参与导师科研项目，为学生提供科研训练的机会；允许学生在导师批准的情况下通过自学和考试获得学分，培养学生自学能力；采用启发式教学方式，培养学生创新思维与创新意识；设立创新学分，为高年级学生提供独立进行科研实践的机会，培养学生的创新能力。

从我校目前的实践经验来看，加强专业基础教育、淡化专业、采用启发式教学、注重学生个性发展、给学生配备导师、为学生提供参与课题研究的机会等具体措施的实施，在激发学生创新思维与创新意识、培养学生创新能力方面起到了积极的作用。

（四）充足的经费是建立拔尖创新型人才培养模式的保障

长期以来经费问题一直是困扰高校开展拔尖创新型人才培养的重要因素，在农林院校这一问题尤其突出。培养拔尖创新型人才需要给学生提供更多的参与科学研究的机会，需要锻炼学生的实际动手能力，需要购置先进的实验仪器设备，甚至应该允许学生天马行空的设计一些科研项目并独立实践完成，这些都需要足够的经费投入作为支撑。

我校先后投入了近百万元为实验班的学生购置了仪器设备，建立了创新实验室，为学生的实践活动设立了专项经费。从我校实验班的运行情况来看，这些资金的投入是必要的、必须的。与同届学生相比，在新教学模式下学生实际动手能力、创新思维与创新意识明显增强。

（五）专门的管理机构有利于拔尖创新型人才培养模式的不断完善

要不断完善新的人才培养模式，需要设置专门的管理机构对新培养模式的实施效果及遇到的问题进行跟踪调研并形成各项研究成果。我校的实验班管理办公室目前主要负责实验班的招生管理、审定实验班人才培养方案、教学执行计划和教学大纲、制定实验班各项管理规章制度、对实验班各项政策进行决策、负责实验班的学生的日常管理工作、对实验班进行跟踪调研，不断形成调研报告，完善拔尖创新型人才培养模式的各个环节。

目前我校的实验班管理办公室运行良好，保证了实验班教学及日常管理工作的正常运行，为学校在拔尖创新型人才培养方面提供了一系列的研究报告，为学校的决策提供了依据。笔者认为这个专门管理机构的职能可能会因为各高校实际情况的不同而有所不同，但有以下几方面的职能是不可或缺的，即“追踪研究职能、制定各项规章制度的职能、协调教学、管理等环节工作的职能”。

三、培养拔尖创新型人才面临的一些问题

（一）实验设备及实验场地不足等因素限制了学生创新能力的培养

锻炼学生的实践动手能力，让学生在本科阶段就独立设计并开展实验，引进国内外先进

的教学模式及教学设备是培养学生创新能力的有效途径，但目前存在的实际情况是部分高校实验设备落后、数量有限、实验场地不足，导致很多教学环节的设计无法完全实现，对学生动手能力及创新能力的培养，与拔尖创新型人才培养的要求还有一定的差距，尤其是北京地区的高校校园面积偏小，实验场地普遍不足，即使有资金购进先进的仪器设备也无法将其放进拥挤的实验室。因此，如何有效增加高校实践教学的场地，更新高校实验设备是培养创新型人才所面临的一个重要难题。

(二)部分学生在新教学模式下学习压力大，心理负担重

培养拔尖创新型人才对学生在低年级阶段的基础教育要求很高，在传统应试教育模式下形成的学习方法、学习习惯等都要有相应的改变或调整。在创新型人才培养模式下，学生自主学习的内容会更多，学习压力会更大，部分学生难以适应这种全新的教学模式。

以我校实验班学生为例，相比于全校同届学生而言，他们低年级的课程安排相对较满，学习任务较重，课程难度较大，同时家庭及外界对他们的关注程度很高，他们对自己的期望值也很高，因此部分学生心理压力较大，出现了焦虑、紧张的心理反应，因此，加强这部分学生的心理辅导，更加合理的安排他们的学习时间是摆在我们面前的另一项难题。

关于木材科学与工程专业发展的思考

李　黎[1]，李建章，杨永福
（北京林业大学材料科学与技术学院）

摘要：本文依据木材科学与工程专业的培养目标和发展现状，分析了木材科学与工程专业人才需求和专业发展过程中存在的问题。从专业总体发展思路，专业规模和结构，人才培养目标，发展目标与措施等方面，对木材科学与工程专业的发展进行了探讨。

关键词：木材科学与工程；人才社会需求；发展思路；发展目标；措施

为了更好地分析获取高等教育木材科学与工程本科专业的现状，促进木材科学与工程本科专业的发展和木材科学与工程本科专业的教学改革，北京林业大学木材科学与工程国家级特色专业建设课题组对国内高校木材科学与工程本科专业现状进行了分析和总结，基于16所高校木材科学与工程本科专业教学改革调查研究报告，提出了木材科学与工程专业的改革建议。

一、木材科学与工程专业内涵与培养目标

木材科学与工程专业是运用物理、化学、机械方法加工和处理木质材料，提高木材的附加值，制成木材制品的应用技术型专业。专业涉及的领域包括实木加工处理、木材干燥、人造板制造、人造板表面装饰、木质材料功能性改良、木、竹制品加工、家具设计制造等内容。

木材科学与工程专业以林业工程为主干学科，培养具备木材科学与木材机械加工技术、人造板生产工艺和家具设计制造基本理论知识，能够从事木材机械加工、家具设计制造的高级工程技术人才。学生必须具备木材科学的基本理论以及木材加工工艺技术素养，掌握家具设计、制造工艺基本理论与方法，具备木材加工工程技术和产品开发的实践技能。毕业生可以到木材机械加工、人造板、家具制造企业从事产品设计开发、工艺设计和设备技术管理工作。木材科学与工程本科专业以培养应用技术型人才为主，学生应具有较广泛的专业理论基础，良好的人文素质，扎实的专业知识；具有较强的解决实际问题的能力，面向工程技术应用、重视实践环节的锻炼，具有较强的工程适应能力，具备木材工业产品开发，工艺设计和技术管理等专业知识和技能。

培养目标和专业定位的特色在很大程度上决定了应用技术型木材科学与工程本科专业的

依托项目：北京林业大学2007年国家级特色专业建设项目——木材科学与工程专业。

① 第一作者：李黎，教授，博士生导师，北京林业大学材料科学与技术学院木材科学与工程系，电话：62338138。E-mail：lili_ email@263. net。通讯地址：北京林业大学25号信箱，100083。

教学特色。即培养复合型人才，体现创新能力、管理能力。

二、木材科学与工程专业发展现状

我国的木材科学与工程本科专业始建于20世纪50年代初期，基本上以前苏联的模式为蓝本。1986年，教育部组织修订并公布了高校林科专业目录，设立了木材加工、木材保护与改性、家具设计与制造、林产化工等专业。1997年，国家教委为适应新形势下社会对人才的需求，调整了林科专业的设置，设立了林业工程类别，下设森林工程、木材科学与工程、林产化工三个本科专业。50多年来，随着我国木材工业的发展，木材科学与工程专业不断壮大，特别是改革开放30多年来，我国的木材工业迅速发展，木材工业作为林业产业的重要组成部分越来越发挥出龙头作用，成为林业的重要支柱产业之一。木材科学与工程专业为我国木材工业的发展起着指导和促进的作用，而木材工业的发展又进一步推动了木材科学与工程专业的进步与发展。现全国已有16所高等院校设置有木材科学与工程专业，每年向社会输送1500多名毕业生。木材科学与工程专业在吸收和消化一些先进经验并结合社会需求的基础上，改革已有课程体系，更新教学内容，形成了比较完整的课程体系和系统的知识结构。

三、木材科学与工程专业人才社会需求状况分析

（1）木材科学与工程专业是我国木材工业健康发展的主要智力依托，为我国在木材工业提供主要科技支撑。

改革开放以来，我国国民经济得到快速发展，建筑业、房地产业等行业的振兴进一步拉动了对木材消费市场需求的增长，木材工业得到了迅猛的发展。木质人造板总产量从1990年的245万 m^3 增长到2008年的9409.95万 m^3，木材加工及木、竹制品制造业的产值2991亿元[1]。从总量上看，我国人造板年产量已跃居世界第一位，已成为名副其实的木材工业大国。但产品技术含量高、现代化的木材工业企业还屈指可数，大多数企业的产业集中度、技术装备水平、产品竞争力、技术创新能力与发达国家相比，仍有很大的差距。据不完全统计，我国现有人造板企业2万多家，平均规模仅为2万 m^3，其中中密度纤维板、刨花板企业平均规模仅为世界平均水平的35%和13%。我国木材工业的健康可持续发展需要大批高素质的木材加工技术人员，木材工业科技进步与跨越式发展需要科学技术方面的自主创新与消化吸收国外先进技术，木材科学与工程学科专业将在这方面发挥决定性作用。

（2）木材科学与工程专业在我国家具工业中处于重要的智力与科技依托地位，在提升家具工业自主创新水平，完善家具原料供应、家具设计、家具制造工业体系，使我国由家具生产大国转变为家具生产强国的过程中发挥着重要作用。

改革开放以来，我国家具工业步入了快速发展阶段。有关资料表明，1985年我国家具企业只有3000多家，1998年猛增到3万多家，2002年达到5万多家，产业工人超过500万人。2008年产值已达到6000亿元。在家具企业数量迅猛增加的同时，企业规模过小的问题也十分突出。目前，年产值上亿元的家具企业只有几十家，小型企业占家具企业总数的90%以上[2]。近年来，木材科学与工程专业本科毕业生选择进入家具行业就业的人数明显增多，极大地提升了家具行业从业人员的整体素质，促进了先进科学技术在家具工业的推广应用，明显缩短了我国家具工业在家具原料结构、家具设计原始创新、家具制造工艺水平等

方面与先进国家间的差距，我国正在逐步由家具生产大国向家具生产强国转化。家具工业的发展与进步仍然需要大批木材科学与工程专业领域的技术人才。

（3）木材科学与工程专业为我国建筑材料工业的健康发展提供必要的人才智力与科学技术支持。

建筑材料工业使用的木材制品主要有木地板、木门窗及木结构建筑等。以木地板为例，随着我国经济持续稳定的增长，家庭装饰装修持续升温，创造了木地板巨大的市场需求。从中国林产工业协会统计的数据来看，2007 年我国木地板总产量为 3.61 亿平方米，增幅为 9.4%。其中强化木地板产量达到 2.2 亿平方米，实木地板产量达到 4400 万平方米，实木复合地板产量为 7500 万平方米，竹地板产量为 2000 万平方米。木地板的产值约为 490 亿元[2]，可见我国木地板业在建筑材料工业中占有举足轻重的地位。地板产品不仅完全满足了国内巨大的装饰装修的需求，同时也大量出口到亚洲、欧洲、美洲等多个国家。木材与木质复合材料仍然是建筑材料行业的重要组成部分之一，在建筑材料领域开发高附加值、低污染物释放、环境友好型木质建筑装修材料，符合可持续发展的国际发展新观念，木材科学与工程学科专业在推动我国建筑材料工业持续、健康发展过程中将大有可为。

（4）木材科学与工程专业为是我国建立林业生态体系与发达的林业产业体系技术依托。

建国以来，我国的木材科学与工程专业与木材工业得到了同步快速发展。目前，工业原木、锯材、人造板、家具、地板的产量均已位居世界前列。一个具有合理专业课程设置和人才培养方案，以及完备产业体系的木材工业，为实施天然林保护工程提供了坚实的理论技术支撑与物质基础。

当前，我国正致力于能源节约型与环境友好型社会的建设，党的十七大在深刻总结经济社会发展和人类文明发展规律的基础上，提出了建设社会主义生态文明社会的宏伟目标。从国际看，生态问题成为人类生存与发展的最大威胁，建设生态文明成为延续人类文明的必由之路；从国内看，生态问题成为制约经济社会发展的最大瓶颈，建设生态文明成为实现科学发展的紧迫任务。作为林业工程领域的核心专业，木材科学与工程专业培养的技术人才将具有人工林木材与非木材植物纤维材料高效利用、低污染物释放胶粘剂和改性处理剂的开发应用等方面的专长，有利于缓解我国木材工业原料资源短缺的矛盾，在科学发展观指导下处理好森林资源保护与高效利用，形成节约能源、资源和保护生态环境的林业产业结构、经济增长方式和消费模式。木材科学与工程专业将为我国木材需求问题和生态安全问题的有效解决提供必要的人才支撑、技术支撑及创新发展思想，成为我国实现社会主义生态文明社会建设目标的重要力量。

（5）木材科学与工程专业招生状况和人才需求。

我国木材工业的腾飞需要一大批高素质、具有创新意识与生态意识的木材工业科技工作者，而木材科学与工程专业则为培养大批符合国民经济需要的林业工程技术人才发挥着强大的智力支持。2008 年国内普通高校木材科学与工程专业招生的学校有北京林业大学、东北林业大学、南京林业大学、中南林业科技大学、西北农林科技大学、华南农业大学、福建农林大学、西南林业科技大学、北华大学、内蒙古农业大学、安徽农业大学、浙江农林大学、河北农业大学、四川农业大学、广西大学、天津科技大学等。目前，我国木材科学与工程专业，包括家具设计制造方向，本科年招生规模约为 1700 人，按照近年来毕业生人数与招聘单位需求人数比值估算，未来 5 年我国木材科学与工程专业本科招生规模应维持在 3000 人以上。

四、木材科学与工程专业改革发展存在的问题

目前，全国设有木材科学与工程专业的高等院校有16所，在校学生近万人。专业的发展现状总体来说是良好的，专业规模逐年扩大，软硬件条件逐渐加强，招生人数增加，毕业生的就业率达到95%以上，与国家经济的稳步发展相适应。然而，也应该看到，我国高等教育正在经历从精英教育向大众化教育的转变。随着招生规模的不断扩大，教育质量正遭受严峻的考验。高等教育的目的是为国家培养出具有良好思想道德素质、扎实基础理论知识、宽广科学技术知识、良好创新意识和创新能力的高素质人才，以适应社会发展的需要。然而，合格人才的培养不是一个孤立的事件，而是一个复杂的工程，它既是专业知识的培训过程，又是思想道德素质的提高过程；它既受到学校氛围的熏陶，更受到社会环境的影响；它既要有“教方”教改的进步，更要有“学方”学习的自觉[3]。这些决定教育质量的环节相辅相成、缺一不可。多方面的因素造成了专业在改革发展中出现了或正面临着一些亟待解决的问题，主要表面在以下几个方面：

（一）学生培养质量下降，影响就业岗位竞争

教育质量、规模、结构和市场的关系是一种相互制约、相辅相成的辨证关系。教育应该适应生产力发展的需要，因此专业规模和结构必然受到行业市场冷热的影响。若成为热门专业，必然导致优秀生源增加，从而使教学质量提高。当前，我国林业工程行业与其他行业相比，工资待遇低，就业压力大，难以吸引优质生源求学；而另一方面，由于扩招后生源数量上升，质量下降，加上80后学生自身的特点和社会诱惑，使得一部分学生在校期间不认真学习专业，钻研业务，出校后难以竞争到理想的工作岗位。

（二）课程设置与人才培养方案的趋同性还比较普遍

尽管各个学校在人才培养方案和课程设置方面进行了卓有成效的改革，但培养方向还比较集中，专业特色不足。高校学科专业的生命力很大程度上取决于专业是否能很好地结合地方经济和社会发展的实际需要。因此，各校办学目标不能一刀切，应根据需求分出层次。另外，目标定位要根据市场需求，不能贪图“大而全”。目前，许多学校所开设的课程，基本上沿用重点高校的课程或传统核心课程，特色课程或强势课程在培养方案中体现较少。

（三）高校和企业对素质教育的内涵认识上存在差异

企业对学生素质的认识与目前高等学校通行的素质教育在内涵上有较大的差异，高校期望培养理论和技能的全才，而企业期望聘用到优秀的技能人才。现阶段很少有企业愿意投资和花费时间来做人才储备和员工培养，要求学生在校期间就要获得实践的机会，就业后能够迅速适应岗位要求，为企业贡献效益。目前高校教学中基础理论课程占有相当的比重，将理论与实际结合的方法与手段还存在不足。

（四）师资队伍层次与质量仍有待提高

由于历史的原因，目前处于教学一线的教师基本上是中青年教师，其中绝大多数是青年教师，在数量上基本满足了教学工作的需要，但师资队伍质量仍然需要提高。师资队伍薄弱的原因是年轻教师成为教学的主力后，教师本身的教学能力和研究能力亟需提高；相当一部分高校教师获博士学位的比例还不足30%，教师素质影响了教学研究、科学研究、指导学生实践、开设新课程的能力和水平，大部分青年教师参与工程实践的经验少。

(五)教学环节缺乏严格规范

当前高校存在课程设置不规范，不是按需设课，实验和实习环节流于形式；教材选择和讲授内容没有统一标准，仍然是“因人而异”，“宽进严出”的原则正被“宽进宽出”所取代，学生学习多以“自我为中心”，学习目的比较盲目。因此，学校必须严格规范教学环节，从“教”与“学”两个方面来抓教学质量。

(六)实践能力培养效果亟待提高

目前，高校专业依然按照传统，重视知识结构的培养，忽视专业能力的培养，与社会对高素质学生的需求相矛盾，与国际同类专业培养方式不能接轨。尽管大多数学校已经开始重视学生实践能力的培养，也采取了一些措施，但其中还存在不少问题，比较普遍的问题是课程设计工作量与深度不够，教师的指导力度与学生的基础存在问题；学生参与创新实验、参与科研的比例比较小；企业实习组织与管理不够，造成许多企业实习流于形式或根本不到生产第一线接触实际，或严重脱离专业核心；毕业设计的深度与工作量差异较大，毕业设计立题深度和工作量均达不到本科要求，课题来源于生产实际、与科学研究结合的比例偏低。

(七)难以把握“全面”和“专业”之间的平衡

现阶段高校学生教育强调综合素质教育、思想教育、通识教育等，增加了一些政治思想课和通识课，且都安排在学生学习最认真的一、二年级开课，不可否认这对学生素质提高有着积极作用，但矛盾的是专业课被越挤越少、越挤越后，而目前相当一部分学生“盲目以自我为中心”，三年级后就不愿选课了，造成许多对就业有重要作用的课程未被选上，出现了专业知识体系不完整、专业知识掌握偏少偏弱的问题。因此，专业在培养“通识人才”和“专业人才”之间的平衡问题需要认真把握，不能顾此失彼[4]。

(八)专业与企业联合改善办学条件成效不大

学校提供技术，企业提供场地和设备，形成“研发—技术—产品—效益”的产学研模式是专业发展的目标之一，但限于区域经济状况、教师观念或市场经验等原因，非发达地区的一些高校一直未能寻找到好的突破口和发展点[5]。所以，如何加快专业与企业联合发展模式，扩大高校在企业的影响，利用科技成果转化创造的经济效益改善专业办学条件，仍然是目前的主要难题之一。

五、木材科学与工程专业改革的思考

(一)专业总体发展思路

主动适应高等教育发展的新形势和我国融入市场经济体制后对人才培养的新要求，满足经济社会发展和产业结构调整对专业发展的实际需求，培养厚基础、宽口径、能力强、素质高的人才。

(二)专业发展规模、结构

自1999年扩招以来，高等教育的专业数量和招生人数都迅速增加，而企业接收毕业生的需求却存在相对萎缩的情况。虽然随着国内经济发展，行业还有发展的空间，但不可能无限制膨胀，所以从现在起应加强专业发展规划、控制和稳定专业的办学规模和招生规模。各校木材科学与工程专业在校生人数应控制在200~300人，全国年毕业本科生3000人左右，就业率达到85%以上，报考研究生比率和录取率达到20%以上。

(三)人才培养目标、模式、规格

1. 人才培养目标

以教育思想、教育观念的更新为先导，主动适应国家及区域经济和社会发展的需要，突出学校特色与人才培养特色，以专业人才培养定位为核心，以专业基本建设为基础，以教学内容与课程体系改革为重点，分层次、分类别地实现应用型创新人才培养目标。

以高素质、高质量、综合能力强为人才培养目标，以培养专业基本功和创新能力为核心，在理论教学和实践教学的各个环节加强学生专业知识教育，同时加强管理学和相关人文科学知识教学内容。通过基础、专业、主干及特色课程等课堂教学，社会实践、课程实验、课程设计、生产实习、毕业论文(设计)等教学环节，培养具有工程力学、机械设计、电子技术应用、外语、计算机应用能力，掌握木材及木质复合材料结构、性能、加工利用基础理论和专业知识，了解材料科学与工程相关领域的现代信息，具有较强的利用现代科技手段分析、解决实际问题能力，能在木材及木质复合材料加工、利用、家具制造领域，在木材保护学、木质环境学、复合材料学等研究方向从事工艺设计、技术开发、生产及经营管理方面工作的高级工程技术人才，使各层次的人才培养质量达到国际先进水平。

2. 人才培养模式

全面推进素质教育人才培养模式。树立全面培养学生思想道德素质、业务素质、文化素质和身体心理素质，重视创新、创业能力培养和学生个性发展的教育观念，深化本科教学改革，全面推进素质教育。逐步开展对本科生实施导师制培养方案或专业课教师班主任制，使学生一进入学校就树立明确的学习目标，并开始对未来人生进行设计和规划；同时让本科生参加导师的一些研究活动，并有计划的参与专业性的实践活动，鼓励本科生在学期间参与科研工作，发表学术论文，本科毕业论文结合科研和生产实际的比例达到70%以上。

3. 人才培养规格

在本科层次中，根据学校的定位不同，可以将木材科学与工程专业区分为研究型、教学研究型、教学型、高等职业4种人才培养规格：①研究型专业主要培养学术及研究后备人才，毕业生主要进入研究生学习，专业教学内容可偏于通识。②教学研究型专业主要培养学术和应用型人才为主，部分学生构成研究生考生源，教学内容以宽口径为主。③教学型专业主要培养应用型人才，专业教学内容可以宽口径与大模块相结合。④高等职业教学主要培养应用型学生，专业教学内容以大模块为主。

六、结束语

坚持科学的发展观，根据党和国家的教育方针和政策，紧密结合林业生产和农林科技发展需要的实际，严格遵循教育教学的内在规律，结合专业的自然科学研究与技术应用相结合的实际，充分发挥“林业工程”学科优势，密切结合国家天然林保护工程、速生低质木材的高效加工利用，注重专业内涵建设，注重学术研究与专业教学平齐发展的培育特色，以重点专业建设为指导，以师资队伍建设为保障，以专业实验、实践条件建设为平台，以特色课程和精品课程建设为手段，努力形成一个专业教学与研究方向布局更科学合理，教学条件良好、有可持续发展能力、能培养应用型创新人才的专业建设体系，更好地为提高我国木材科学与工程领域高层次人才培养质量，培养适用人才，争取至2020年，将我国木材科学与工程专业建设成与发达国家同类专业具有相应水平，在国际上具有重要学术影响的专业。

参考文献：

[1] 中国林学会木材工业分会. 2008年我国人造板产量[J]. 中国人造板，2009，16(7)：42.
[2] 朱光潜. 木材与木制品市场回顾和前景预测[J]. 中国人造板，2009，16(4)：32~36.
[3] 丁坚勇，华小梅，饶凌平. 不断创新实践教学模式提高本科教学质量[J]. 中国电力教育，2009，(7)：149~151.
[4] 蔡文辉，于佟佟. 工程训练中心多层次教学体系研究与实践[J]. 商业文化(学术版)，2009，(3)：188.
[5] 马学海. 实践教学改革初探[J]. 辽宁教育行政学院学报，2007，(8)：158.

艺术素养与工程能力相结合培养家具设计人才

张　帆[①]，李　黎
（北京林业大学材料科学与技术学院）

摘要：家具设计专业方向有着不同于一般工科专业的特点，工程技术的水平和人文艺术的修养对于家具设计专业人才的培养同等重要。随着我国家具行业近年来的迅猛发展，培养工程技术能力与艺术素养兼备的创新型家具设计专业人才是当前家具设计教育的重要目标。该文以科学与艺术的关系为理论基础，分析了当前我国家具设计专业教育的现状及存在问题，从人才结构培养方案兼顾工程技术与艺术素养、课程体系的设置、教学方法和手段的创新、教学实践环节等方面，对艺术素养与工程技术能力相结合的家具专业人才培养模式进行了研究与探讨。

关键词：家具设计；艺术素养；工程技术能力；培养模式

培养具有扎实工程技术专业知识以及良好的艺术素养的设计人才是工业设计专业教育的目标。家具设计是工业产品设计的重要组成部分之一，而家具设计教育也是工业设计教育的重要组成部分之一。随着我国家具行业近年来的迅猛发展，培养工程技术能力与艺术修养兼备的创新型家具设计专业人才也就成为当前家具设计教育的重要目标。从艺术素养与工程技术能力、理论与实践相结合的角度来探讨家具设计教学及人才培养的模式具有非常重要的现实意义。

一、艺术素养与工程技术能力相结合的意义与理论依据

（一）科学、技术与艺术

科学与艺术、技术与艺术看似是非此即彼的事物的两个方面，其实它们都是人类认识世界的一种方式。英国博物学家赫胥黎就说过："科学和艺术就是自然这块奖章的正面和反面，它的一面以情感来表达事物的永恒秩序；另一面则以思想的形式来表达事物的永恒秩序。[1]"科学与艺术是不可分割的，它们都是人类伟大智慧的体现。设计则是科学与美学、技术与艺术的结合体，设计从科学那里汲取知识，以技术手段来使之得以实现；同时设计又从艺术那里获得美好的形式与情感的价值[2]。

（二）艺术素养与工程技术的结合对家具设计的意义

艺术能让科技更加丰富，科技则使艺术更加完美。以艺术与技术的统一为基础的设计思想与方法，已经成为工业设计集成性、跨学科的本质特征。德国包豪斯设计学院在世界现代

依托项目：北京林业大学2007年国家级特色专业建设项目——木材科学与工程专业。

① 第一作者：张帆，女，讲师。电话：62338358。E-mail：zhangfan1976@163.com。通讯地址：北京林业大学25号信箱，100083。

艺术设计、工业设计的发展中占有重要的地位，其设计思想和教学模式对整个现代设计都产生了巨大的影响。20 世纪初，包豪斯设计学院就提出了“技术与艺术统一”的教育理念[1]。强调艺术与技术不是对立的，而是一个活动的两个方面，设计教育应该重视技术性的基础与艺术式的创造的合一。这样的教育思想及模式对之后直至今天的现代设计教育都产生了深远的影响。

二、当前我国家具设计专业教育的现状及存在问题

目前，中国已经成为世界第一大家具产品生产国和家具产品出口国。但是中国家具产品缺乏设计创新、技术含量不高、附加值低也是不争的事实。中国已经成为家具制造的大国，但还远远不是强国。因此家具产业对高素质、创新型家具设计人才需求巨大，这种状况对当前家具人才教育与培养提出了更高的要求。

(一)现状及问题

我国家具设计教育从起步至今已经成为我国高等教育的热点之一。除了林业院校开设的家具设计专业方向的本科教育以外，现在许多开办有工业设计的院校中，也很多开办了“家具设计”专业方向或设立了相关的课程。“据初步调查，具有家具设计方向和家具设计课程设置的院校占开办工业设计专业院校数的 50%。”林业高等院校一直是我国家具设计教育的“主力军”，这些院校的家具设计教育多是建立在传统的“木材科学与技术”的专业基础之上，又结合艺术设计与工业设计的教学方法和内容，旨在培养具有全面的科学与艺术素养的、掌握家具设计与制造专业知识与技能的高级技术人才[3]。经过几十年的发展，这些院校也已经为我国的家具行业培养输送了大批优秀的专业人才，为我国家具产业的发展做出了重要的贡献。

但是近年来，随着高等教育的快速发展，以及家具行业对专业人才需求的转变及发展，家具设计本科教育的模式也出现了一些新的问题。而这些问题在一定程度上影响了家具设计专业人才的培养质量，其中学生缺乏创新意识、艺术素养与工程技术能力相结合的综合性思维能力不够强等问题尤为突出。

就我国目前高等教育中家具设计本科培养的现状而言，绝大部分学生是理工科招收的，在进入高校之前并没有接受过系统的美术、绘画的训练。同时在大部分林业院校中，家具设计专业方向多是建立在传统的“木材科学与工程”的专业基础之上，课程体系中虽然也结合了艺术设计与工业设计的教学内容，但在对学生设计创新思维和艺术素养的培养上还显不足[4]。在教学中还更多沿袭传统工科专业的教学体系和方法，严谨理性有余，而发散创新不足。

(二)我校家具设计专业教育的特点

北京林业大学最早于 1988 年开办“家具设计”专科。1995 年创办了“家具与室内设计”专业，为理工科招生。1999 年教育部高等教育专业目录调整后，取消了该专业，后又设置“艺术设计”专业，改为艺术类招生。

自 2004 年起在“木材科学与工程”专业下设“家具设计与制造”方向，开始招收该方向本科生。另外在传统的“木材科学与工程”专业中依旧保留家具设计相关的课程及实习、实践环节。“家具设计与制造”方向旨在培养具有良好的科学素质与艺术素养，系统掌握家具设计专业理论与设计技能的高级技术人才。学生在掌握家具设计基本理论与方法的同时，对家

具材料、家具加工机械以及家具生产工艺等知识的掌握成为我校家具设计专业培养的特色。但在近几年的专业教学中，也存在学生创新能力不足，艺术素养和技术技能结合不够等问题。这些问题主要源于以下几个方面：课程体系设置不够合理，教学方法和手段有待创新，实践培养环节严重不足。

三、艺术素养与工程技术能力相结合的培养模式的探索

针对上述的现状及所存在的问题，结合我校家具设计本科教学的实际情况与特点，笔者认为要建立艺术素养与工程技术能力相结合的培养模式。应主要体现在如下几个方面：

(一)人才结构培养方案兼顾工程与艺术素质培养

人才结构的培养应包括知识结构、智能结构和综合素质。培养社会所需的人才应具备的知识结构与素质是高等教育的目标。家具设计专业属于理论与实践紧密结合的应用技术型专业，学生的工作能力既需要扎实的理论基础，也需要较强的实践能力。在专业素质方面应与市场需求接轨，在人才结构方面应体现科学与艺术的相互结合，避免学生在实际设计中的生产与艺术的脱节。家具专业的人才培养，不是培养纯艺术人才，也不是培养单一的工程技术人员，而是培养技术水平与艺术修养兼备的创新性设计人才。人才结构培养方案必须兼顾二者，相互衔接。

(二)课程体系的合理化

原教学计划中，由于主要依托木材科学与工程专业，家具设计与制造方向教学计划偏重于工程技术内容，人文和艺术素养培养内容不足，学生的造型和色彩运用能力培养欠缺。在新教学计划中将课程分为基础课和专业方向课两大板块。低年级学生进行统一的公共基础课和专业基础课课程板块的学习，基础课板块的教育目标是传授一般知识和发展通识能力，重点在于综合素质和学习潜力的培养。高年级学生进行专业方向课程板块的学习，重点在于专业知识、操作和实践能力的培养。在每一个课程板块中都体现科学技术与人文艺术相结合的基本宗旨。在低年级基础课程的教学中，不过于局限于本专业的限制，而拓展学生的知识面，注重人文和艺术素养的培养。在高年级专业方向课程的教学中，在向学生传授专业技能的同时，更应注重思维方法的训练。应适当增设设计文化、设计方法等课程，培养学生的创新思维，增强学生的设计文化底蕴。在我校“家具设计与制造方向”新执行的教学计划中，为该专业方向的学生新增设了“家具设计方法学”，该课程不同于“家具设计”、“家具制图”、“家具材料”等课程讲授具体的设计技法和技能，而是建立在科学方法论的基础上，对学生进行正确的、创新的思维方式的训练，强调家具产品设计艺术与技术的结合。

课程体系的设置应使艺术、工程技术、管理等学科课程相互匹配，交叉渗透。应注重形象思维与逻辑思维相结合：如素描、色彩、三大构成等美术基础课程，以及高等数学、物理、力学等课程；注重人文知识与工程技术知识相结合：如文学艺术史、家具史等课程，以及木材学、家具材料、人体工程学等课程；注重传统的艺术表现形式与现代技术的表现手段相结合：如表现技法、模型制作等课程，以及计算机辅助设计等课程；注重艺术实践与市场实践相结合：如风景写生，以及课程设计、综合实习等。

(三)创新的教学方式和手段

1. 课堂教学形式多样化

在目前利用多媒体教学的基础上，根据不同的课程性质和特点，有针对性地采用不同

的、灵活多样的教学方式。对于工程技术类的课程，在传统理论教学的基础上，多采用启发式的教学方法，尽可能增加学生实践动手的环节。对于人文艺术类的课程，则不应拘泥于课堂老师讲授，学生被动接受的模式，而应采用课堂讨论、分组汇报、调查、设计交流与评价等多种形式。鼓励学生主动思考，培养参与意识，充分发挥学生的主动性、个性和特长。

2. 以赛促学

在课程教学过程中，结合国际、国内各类家具、室内及其他产品设计的竞赛，组织学生参加。任课教师通过对学生设计方案的指导，将专业知识、设计技巧以更具体、更有针对性的方式传授给学生。学生则通过设计实战充分调动自己的主动性和创造性，在实践中检验课程所学的知识[5]。近几年来，教研组除组织学生参加国际、国内各项家具、木制品设计竞赛的同时，还积极与家具生产企业合作，举办了“家和开来橱柜设计比赛”、“龙甲木门设计比赛”等专项的竞赛，以赛促学，收到了良好的效果。学生的设计作品也多次在国际及国内的设计竞赛中获奖。

(四)加强实践能力的培养

家具设计体现了艺术性与物质性的结合，而只有在设计的实践中才能实现艺术与工程技术的完美统一。目前教学中设计实践环节还较欠缺，学生多是通过设计图纸、效果图来完成设计创意。而停留在图纸阶段的设计与最终产品的实现之间有很大的差距，只有通过实践才能对材料、结构、生产工艺、家具功能等方面有最好的理解。因此必须加大实践能力的培养力度，建立“产、学、研一体化”的培养模式。在充分利用学校自身人员、设备资源的基础上，加强与企业的合作是为学生提供实践机会的重要途径。如与企业合作进行产品研发、合作举办设计竞赛、组织学生到企业实习等。目前我学院已与国内多家企业合作，建立了实习基地，为实践教学的开展提供了有利的条件。

(五)建立具有特色的培养模式

如前所述，当前我国高校与家具设计教育有关的院校很多，除较集中的林业高等院校外，还有艺术设计院校、综合性大学的工业设计专业，以及高等职业技术学校中的家具设计专业等。不同类型的高校其自身发展的历史背景、办学特色、发展方向各不相同，其家具设计专业教育的教学内容、课程设置、教学方式也不尽相同。在遵循艺术素养与工程技术能力相结合的大的培养方向的前提下，不同学校不必过于追求所谓的定式，而是应该以本校的实际情况为基础，发展具有各自特色的人才培养模式。

如艺术类院校更多以家具产品的造型艺术、情感为突破口；工业设计专业的综合性大学则更注重理性与感性结合的系统化的设计教育。而将家具设计建立在“木材科学与工程”专业基础之上的林业院校，则应在人才培养中突出自身对材料、加工技术等方面的研究优势，在教学体系中注重“木材学”、“木质复合材料”、“人造板表面装饰”等特色课程，建立具有自身特色的专业培养模式。

四、结束语

家具设计专业方向有着不同于一般工科专业的特点，工程技术的水平和人文艺术的修养对于家具设计专业人才的培养同等重要，二者互为补充，相互促进。我校家具设计专业方向应充分利用和依托木材科学与工程专业，在木质材料、加工工艺和产品设计方面的优势，同时又应与设计艺术学科造型和色彩等文学、艺术优势紧密结合。培养艺术素养与工程技术能力相结合的家具设计人才，因此探索和研究艺术素养与工程技术相结合人才培养模式对优化现有家具设计专业人才培养方案，提高教学质量有着重要意义。

参考文献：

[1] 唐林涛. 工业设计方法[M]. 北京：中国建筑工业出版社，2006：15.
[2] 刘文金，唐立华. 论家具设计教育[J]. 家具与室内装饰，2005(11)：50～52.
[3] 刘文金. 当代家具设计理论研究[M]. 北京：中国林业出版社，2007：293～295.
[4] 余肖红，林秀珍，姜群华，周燕. 高等院校家具设计本科教学的几点思考[J]. 中国林业教育，2005(6)：15～17.
[5] 王洪亮. 以赛促学教学模式在家具设计人才培养中的运用[J]. 中国家具，2009(8)：52～55.

农林经济管理专业大学生专业认知现状与特点

李红勋[①]，董海芳，安琳瑶，彭　越
（北京林业大学经济管理学院）

摘要：通过对某高校农林经济管理专业171名在校生关于专业认知、专业学习、专业就业期望等内容的调查，形成如下结论：①随着人们观念的转变和国家对农业的重视程度日益上升，越来越多的学生将农林经济管理专业作为自己的第一志愿，但从总体来看，农林专业的投档吸引力仍较低；亲朋好友对学生的专业志愿选择的影响作用正不断增强。②学生对本专业的初步认知受社会环境因素影响严重，同伴群体在大学生的认知的形成和发展中也有着很大的影响。③学校的专业思想教育和专业课学习对学生的影响并不普遍和显著。④受专业发展前途、就业前景的影响，农林经济管理专业学生普遍表现出对自身专业逐渐加深的逃离感。

关键词：农林经济管理专业；大学生；专业认知

一、前　言

学生对自己所学专业的正确认知是学生形成积极专业情感的基础，也是学生学习活动积极化的必要条件，研究大学生专业认知特点，有助于把握学生的专业学习情况和对未来发展的期望。

在我国，部分综合院校和所有农业院校都开设了农林经济管理专业。其中国家211工程农林类大学有8所。目前这些院校普遍面临的困惑就是该专业人才的市场需求萎缩和就业难问题。在现实的社会背景条件下，如何培养人才以适应市场需要，认同和热爱自身专业就显得极为迫切和重要。本文以北京林业大学171名在校生为研究对象，重点探讨了农林经济管理专业在校生的专业认知、专业学习和专业就业期望等3方面的年级差异，以期为提高农林经济管理专业人才质量提供参考依据。

二、资料来源与方法

本文采取问卷调查法和个别访谈法相结合的调查方法。调查对象为北京林业大学农林经济管理专业05～08级所有在校生。调查内容包括学生背景、选择专业的原因、对专业的知晓和评价、对本专业人才类型和专业前途的认知等方面。调查问卷收回后，对问卷进行双录入，建立Excel数据库，然后进行进一步描述性统计分析。

除了集中问卷调查之外，还与多名农林经济管理专业学生进行了深度交谈，话题主要涉

依托项目：北京林业大学2007年国家级特色专业建设项目——农林经济管理专业。

① 第一作者：李红勋，副教授。研究方向：林业企业管理，人力资源管理。电话：13651236761。E-mail：lihongxun2002@163.com。地址：北京林业大学经济管理学院，100083。

及为什么就读该专业，对专业的了解和期望等。

三、结果与分析

(一) 问卷结果概况

本次调查共发放问卷200份，其中08级63份、07级65份、06级56份、05级16份，收回问卷185份，经检验有效问卷171份，有效回收率为92.43%。

(二) 农林经济管理专业在校生对自身专业的认知情况

1. 对本专业的选择分析

其中63.16%的学生是以农林经济管理专业作为自己的高考第一填报志愿，这部分人当中大部分是因为分数不理想而又想就读该大学，从而选择此专业。这说明有近1/3的学生在就读该专业时不主动，甚至还有点不甘心。但值得注意的是随着人们观念的转变和国家对农业的重视程度日益上升等大环境的变化，从05级至08级，越来越多的高考毕业生将农林经济管理专业作为自己的第一志愿专业(见图1)，同时由于调剂而被录入的学生比例也呈逐级下降趋势。

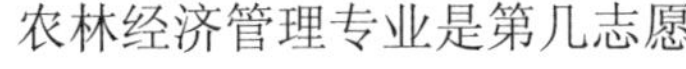

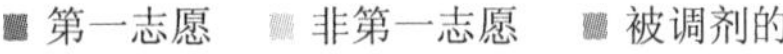

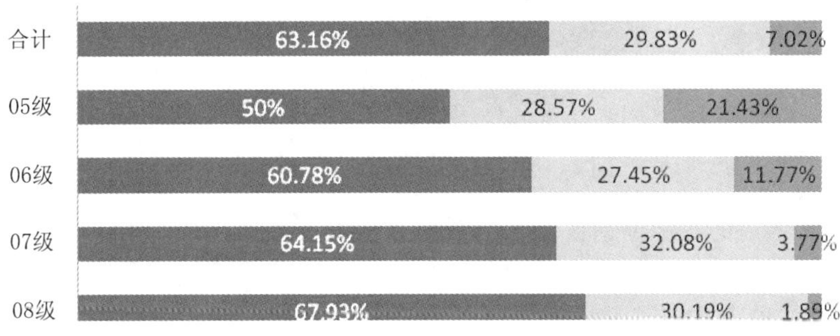

图1 被调查者对农林经济管理专业的报考意向

本次研究还可以发现，在高考志愿填报过程中，同伴群体对准大学生专业认知的影响也显而易见。在“您周围有多少朋友就读或者了解农林经济管理专业”这个问题的回答结果统计中：表示有很多的为0人，有77.78%的人表示很少甚至没有人知道农林经济管理专业，仅仅有22.22%的表示自己周围有一些朋友了解农林经济管理专业。

从05级到08级，因亲朋好友推荐、该专业在学校知名度较高因素影响而将该专业作为自己的第一志愿专业的人数逐届递增(见表1和图2)。

表1 被调查者将农林经济管理专业作为第一报考志愿的原因

年级	为什么将农林经济管理专业作为你的第一志愿?								合计	
	喜欢		他人推荐		专业知名度高		其它			
	人数	%	人数	%	人数	%	人数	%	人数	%
08级	9	16.98	11	20.76	20	37.74	13	24.53	53	100
07级	10	18.87	7	13.21	21	39.62	15	28.3	53	100

（续）

年级	为什么将农林经济管理专业作为你的第一志愿？								合计	
	喜欢		他人推荐		专业知名度高		其它			
06 级	13	25.49	4	7.84	13	25.49	21	41.18	51	100
05 级	6	42.86	0	0	5	35.71	3	21.43	14	100
合计	38	22.22	22	12.87	59	34.5	52	30.41	171	100

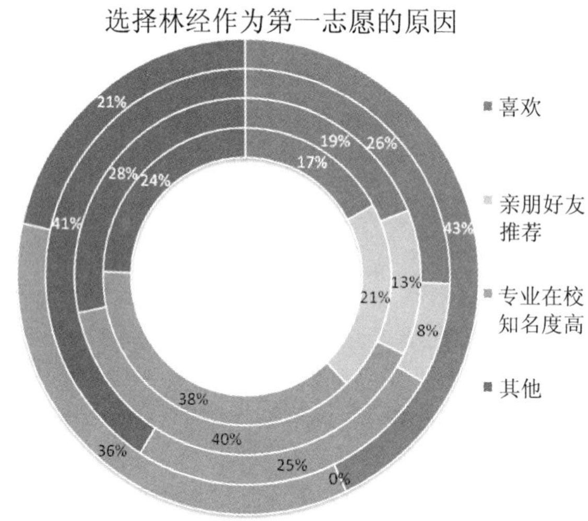

图 2 选择林经作为第一志愿的原因

通常经过入学后的专业思想教育，特别是专业课学习后，学生对自己专业的喜欢程度应逐级增强。但调查结果却恰恰相反。随着年级的升高，表示因喜欢该专业而志愿报考的学生比例呈下降趋势（见表 1）。学生对自己所学专业满意情况与其对就业前景的看法高度相关，年级越高，面临的就业压力就越大。

2. 入学后对本专业的认知程度分析

学校教育通过专业知识的传授改变学生对专业的认知，进而改变学生的专业态度。在本调查中，通过设置“在经过大一大二的专业学习后，对本专业是否更加了解”来反映学校教育对在校生专业认知的影响。经统计，结果显示，通过大一、大二的专业思想教育和学习，66.86%的人对专业的知晓情况有更多的了解或已经了解清楚了。更深入的访谈得知，近三分之二的同学会通过其它途径如报刊、网络、高年级同学的反馈对自己的专业情况做了进一步了解，这说明当今大学生对自己的专业学习和职业发展并不盲从，而是有着较大的自主探索精神。即便这样，仍有 33.14%的在校生经过两年的专业思想教育和专业课学习后，认为自己的专业认知没有任何改变。这说明学校在学生入校后的专业思想教育，特别是在专业基础和专业课教学中的专业情感教育效果较差，或已有效果未能得到进一步巩固。

表 2 经过大一大二专业学习后对本专业的认知变化分析

年级	经过大一大二的学习，对本专业是否更加了解				合计	
	是		不是			
	人数	%	人数	%	人数	%
08 级	32	59. 26	22	40. 47	54	100
07 级	38	67. 86	18	32. 14	56	100
06 级	36	72	14	28	50	100
05 级	7	77. 78	2	22. 22	9	100
合计	113	66. 86	56	33. 14	169	100

在此背景下，被调查者对所学专业的满意度发生了很大变化（表 3 至表 5），突出体现在所学专业现实与梦想的差距、所学专业对就业有无优势和发展前景看法等三个方面：

表 3 入学后被调查者对本专业的认知变化分析 1

1. 你目前所学专业和你想象中的是否一样？	大一		大二		大三		大四		合计	
	人数	%	人数	%	人数	%	人数	%	人数	%
A. 和自己想的完全一样	9	16. 98	6	11. 32	4	7. 84	0	0	19	11. 11
B. 差不多，但还有点不足	17	32. 08	23	43. 4	26	50. 98	2	14. 29	68	39. 77
C. 很不一样，差距太大	6	11. 32	11	20. 76	13	25. 49	9	64. 29	39	22. 81
D. 不清楚，没概念	21	39. 62	13	24. 53	8	15. 69	3	21. 43	45	26. 32
合计	53	100	53	100	51	100	14	100	171	100

表 4 入学后被调查者对本专业的认知变化分析 2

2. 你现在所学专业对你未来就业有无帮助？	大一		大二		大三		大四		合计	
	人数	%	人数	%	人数	%	人数	%	人数	%
A. 帮助很大	7	13. 21	5	9. 43	3	5. 88	0	0	15	8. 77
B. 有一点	22	41. 51	19	35. 85	25	49. 02	4	28. 57	70	40. 94
C. 完全没有	7	13. 21	15	28. 3	14	27. 45	7	50	43	25. 15
D. 自己也不清楚	17	32. 08	14	26. 42	9	17. 65	3	21. 43	43	25. 15
合计	53	100	53	100	51	100	14	100	171	100

表 5 入学后被调查者对本专业的认知变化分析 3

3. 你现在所学的内容是否适合你的发展需要？	大一		大二		大三		大四		合计	
	人数	%	人数	%	人数	%	人数	%	人数	%
A. 很适合我的发展需要	18	33. 96	15	28. 3	12	23. 53	7	50	52	30. 41
B. 还行吧	29	54. 72	34	64. 15	31	60. 78	3	21. 43	98	56. 73
C. 所学东西没什么用	6	11. 32	4	7. 55	8	15. 69	4	28. 57	54	12. 87
合计	53	100	53	100	51	100	14	1000	171	1000

首先，被调查者普遍认为自己所学专业与预期期望有较大出入，该比例高达 62. 58%，

并且随着年级的增长有明显上升趋势。在我们的开放式调查中也发现，被调查者对所学专业的失望很大程度上是由于在专业选择时，对自身的兴趣和能力不能完全把握，对专业的具体情况不够了解。从而随着年级的增长和对专业了解的加深，将越来越倾向于否定自己的专业选择。

其次，在针对“你现在所学专业对你未来就业有无帮助”的回答中，选择有很大帮助的仅占8.77%，有一点帮助的占40.94%，完全没有任何帮助的占25.15%。从年级分布情况来看，占到大四学生样本群体的78.57%的学生普遍认为自己所学专业知识对自己未来就业毫无帮助或仅有一点帮助，而其它年级学生的选择相对乐观。

最后，被调查者对“自己所学专业内容是否适合自身发展需要”的回答普遍表示一般，占到总体样本的56.73%，而认为自己所学专业内容很适合其发展需要的仅占30.41%。从年级分布情况来看，不同年级学生认为自己所学专业内容很适合自身发展需要差别有统计学意义($P<0.05$)，其中大一年级学生比其它年级学生更倾向于认为目前所学专业内容很适合自身发展需要。

(三)农林经济管理专业在校生的专业知识学习情况

1. 学习积极性发挥

171名农林经济管理专业在校生中，有46.52%的被调查者表示自己在努力学习，同时也有9.63%的同学直接放弃了学习。此外，能够做到经常阅读和学习课外专业知识的学生数量仅为17.11%，三分之一的学生很少或根本就没有阅读或学习过课外专业知识。在专业课学习的积极性发挥上，认为“充分发挥”和“较好发挥”的学生仅占21.05%。同时，仅有19.3%的学生表示会积极与老师讨论专业课学习中遇到的问题。这表明尽管有近半数的专业在校生认为自己仍然在努力学习，但也有过半数学生丧失了主动学习的积极性和对专业课学习的热情。

2. 学习时间投入

调查显示，专业在校生每天用于专业课学习时间的平均值是1.25小时，标准差是0.567。其中，大三、大四学生用于专业课学习的时间平均都不到1小时。这说明在校生的专业课学习时间投入较少，且随着年级的增长而递减，且很可能与学生对自身专业的认知状况有关。如果学生对专业的效能感较强，就会投入热情和精力于专业学习中，充分发挥自己的潜力，愿意花较多的时间和精力取得令人满意的成绩。而取得的良好学习效果又会强化学生的满意感和成功感，进而强化学生对自身教育能力与影响力的积极信念，这种良性循环导致学生保持较高的学习积极性和专业承诺。[8]因此，这一数据的规律性变化很可能是由于随着年级的增长和专业课学习的深入，使学生的专业认知水平逐渐提高，对专业的了解程度相应增加。

(四)农林经济管理专业在校生的专业就业认知情况

1. 就业的专业倾向性

表6及表7反映了该专业在校生就业的专业倾向性情况，数据表明，大部分学生对自己专业的就业前景持乐观态度，认为自己能够在本专业领域内找到工作。但是通过比较分析可以发现，该专业在校生对未来就业专业对口的期望值随年级增长而逐步降低。出现这一趋势的原因可能在于全社会对农林专业的歧视性态度和金融危机造成的就业低迷，使得在校生降低在本专业领域内就业的倾向。

表 6 农林经济管理专业在校生就业的专业倾向性情况 1

1. 你认为你未来的职业与你现在的专业会有联系吗?	大一		大二		大三		大四		合计	
	人数	%	人数	%	人数	%	人数	%	人数	%
A. 联系很密切	35	66.04	29	54.72	23	45.1	3	21.4	90	52.63
B. 有一点联系	11	20.76	10	18.87	9	17.65	2	14.3	32	18.71
C. 没任何联系	7	13.21	14	26.42	19	37.26	9	64.3	49	28.66
合计	53	100	53	100	51	100	14	100	171	100

表 7 农林经济管理专业在校生就业的专业倾向性情况 2

2. 毕业后，你认为自己将有可能在何种领域内工作?	大一		大二		大三		大四		合计	
	人数	%	人数	%	人数	%	人数	%	人数	%
A. 本专业	31	58.49	25	47.17	17	33.33	5	35.71	78	45.61
B. 不局限于本专业但仍是农林领域	16	30.19	19	35.85	23	45.1	2	14.29	60	35.09
C. 非农林领域	6	11.32	9	16.98	11	21.57	7	50	33	19.3
合计	53	100	53	100	51	100	14	100	171	100

2. 进一步读研的专业倾向性

有 50.29% 的学生有进一步读研的倾向，在不会选择继续深造的的人中，有 51.02% 的人是因为本专业没有发展前途而选择投身于其他专业深造，48.98% 的人是因为不喜欢本专业或对农林经济管理专业没兴趣。在全部考研人中，仅有 20.93% 的学生有在本专业继续读研的意向。分析表明农林经济管理专业在校生对进一步在本专业(农林学科)深造兴趣不大，他们更倾向于在深造时改学其它有较好发展前途的专业。

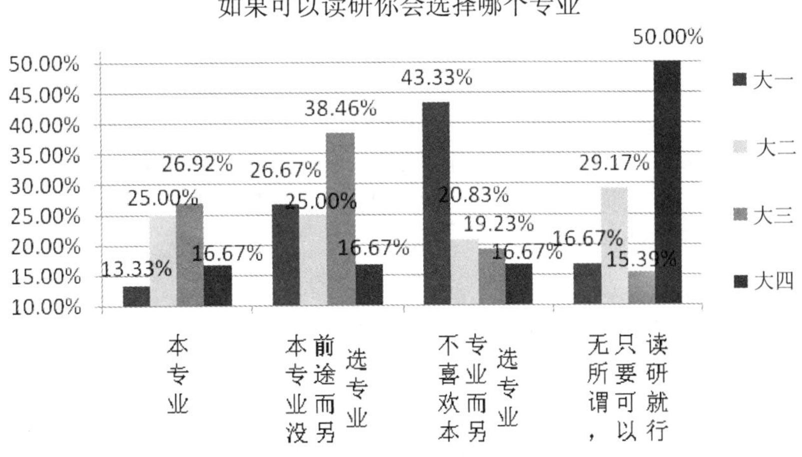

图 3 农林经济管理专业在校生进一步读研的专业倾向性

进一步的个人面对面访谈结果显示，当被问及“当本专业不断完善到什么程度时，你才会在考研或保研时选择本专业”时，90% 的受访者表示只有农林经济管理专业很有发展前途、能找到合适工作、就业率特别高、社会需求大、社会认可度高时才会选择该专业，仅有不到10%的学生表示当农林经济管理专业师资力量、国际知名度、教学质量等方面有实质提高、与外国名校有交流合作时才会考虑该专业。由此可见，专业发展前途、就业前景依然是农林经济管理专业在校生考研时考虑的首要问题。

四、结论与讨论

(一)主要研究结论

根据问卷调查和对调查结果的分析，本文形成如下结论：

(1)近1/3的学生就读农林经济管理专业是消极、被动的，该专业的投档吸引力仍然较低。同时亲朋好友等周边群体对学生的高考报考志愿行为的影响作用日渐增强，学生的报考意向普遍面临家庭、社会的一些负面影响。

(2)学生对农林经济管理专业的喜好与该专业就业前景高度相关。专业就业压力越大，学生的专业满意度就越差，此外，本专业高年级群体、已毕业学生群体对专业的消极悲观情绪和不满，很大程度上也妨碍了学生专业喜好的稳定和增强。

(3)学生对本专业的初步认知主要受国家农业政策、生态环境影响及社会生活环境因素和同伴群体的影响。

(4)学校的专业思想教育和专业课学习确实对学生的专业认知情况产生了积极影响，但已有效果未能进一步巩固。直接引致了学生对专业失望感和无助感的滋生。

(5)无论是进一步读研还是就业，农林经济管理专业在校生都表现出对自身专业逐渐加深的逃离感。主要原因一方面在于全社会对农林经济管理专业缺乏正确的认识和金融危机造成的就业低迷，另一方面在于人们往往追求世俗观念中认为社会地位较高、发展空间较大的“热门”专业。

(6)最后，农林经济管理专业学生的专业认同在年级层次上存在差异性，年级越高，对自身专业的评价越倾向于负面。

(二)讨　论

专业认同作为影响大学生专业学习心理和专业能力发展的一个重要问题，如今已受到我国研究者的高度重视。大学生对所学专业的认同感、认知状况和喜欢程度与该专业的发展前途、就业前景密切相关。这启示我们，学校专业设置和教育需要和市场接轨，避免闭门造车培养人才。但是也有研究认为，学生对专业的认同程度越高，职业决策困难程度越低，大学生的专业认同能够有效预测职业决策困难。这意味着，专业就业压力与专业认同之间存在着相关作用和影响的关系，专业就业难度高并不必然是大学生专业认知低的原因，提高学生对自身专业的认同感从根本上来讲还是取决于学校的专业思想教育和专业课教育。这要求学校应积极指导学生了解就业的政策和专业就业的灵活性，扩大对专业就业面的认识，对自身能力和素质、兴趣爱好进行测评，做到人和专业的匹配，提高专业认同；同时学校应该加强职业决策的指导，加强职业测评教育，引导学生正确认识自身特点，合理进行科学的职业决策，理性面对职业决策中出现的各种困难，在专业的年级发展阶段上，根据特定阶段进行针对性的辅导，促进专业学习行为的持续。

调查结果还显示，大部分学生的专业选择行为存在很大的盲目性，受亲朋好友、同伴等周边群体和社会舆论、偏见等外部因素影响严重。对此，学校有必要提高学生自主选择专业的机率，在申请专业调换方面，给学生广开渠道和提供便利；同时，加强双学位教育，满足学生自主选择专业的需要。

参考文献：

[1] 张均强．大学生专业适应性影响因素分析——以电子科技大学经济与管理学院为例[D]．成都：电子科技大学，2004.

[2] 罗萍，孙玉梅，张进瑜，等．护理本科生对护理专业认知的调查与分析[J]．中国护理管理，2005，5(3)：35~37.

[3] 董超群，陈先华，任海蓉，等．护理本科生专业认知研究进展[J]．医学与社会，2008，21(1)：58~59.

[4] 陈咏淑．旅游专业新生专业认知调查分析与建议[J]．顺德职业技术学院学报，2006，4(1)：73~76.

[5] 秦攀博．大学生专业认同的特点及其相关研究[D]．重庆：西南大学，2009.

[6] 罗亚莉，刘衍玲，刘云波．大学生专业承诺现状调查[J]．高教探索，2008，(2)：120~123.

[7] 张田，孙卉．大学生专业认同研究综述[J]．科教文汇，2008，(10)：40~41.

[8] 林崇德，庞丽娟．教师自我效能感：教师自主发展的重要内在动力机制[EB/OL].
http：//www. chinaret. com/user/article. aspx？ pid =457&cid = 69b3d04b - ad86 - 4f15 - b933 - f294a9667d9a，2009 -7 -26.

北京林业大学金融学本科课程体系改革与实践

秦 涛[1]，潘焕学，肖慧娟，童 超，白 璐

（北京林业大学经济管理学院）

摘要：随着现代金融理论的发展，金融学研究对象发生了改变，朝着一个技术化、实证化和微观化方向发展，对金融学专业课程设置及教学方法提出了新的要求。为适应我国金融发展的新要求，促进我国金融学科体系的完善，国内重点财经院校对金融专业课程体系建设提供了宝贵经验。本文借鉴国内主要高校金融专业课程体系设置经验，从北京林业大学金融学专业人才培养模式出发，探索宏微观金融相结合的金融学本科课程体系构建及教学方法改革，并归纳这一教学改革的推广价值。

关键词：金融学；课程体系；宏微观金融；教学改革

一、金融学专业课程体系改革背景与出发点

20世纪50年代以后，金融理论从对货币需求动机、货币需求函数等宏观抽象理论描述转向了技术化、实证化、微观化研究，其成果包括资产组合理论、金融资产定价理论、风险管理技术、兼并与收购等。金融学已经从描述性的传统金融理论研究发展到了分析型的现代金融理论研究，且有工程化的趋势；研究主体对象也已经从传统的宏观金融研究为主，发展成为以金融市场为中心的微观金融研究[1]。与此同时，现代金融学教育也从宏观发展到微观，形成了货币银行学、资本市场、公司金融和资产定价为主要内容的宏微观相结合的体系。课程设置从原来的以货币银行学为中心转变为以公司金融、投资学、证券市场微观结构为主要发展方向。近年来，我国金融学科发展迅速，开始注重现代微观金融理论的研究，但在金融专业教育中的地位没有得到明确，快速发展的学科建设与相对滞后的现代金融理论教学内容极不相称。尤其是进入金融工程化阶段后，金融学的科学性和实用性得到了进一步增强，这就要求金融教育不仅要加入这些理论教学内容，还要开设相关的实验课程和建设相关的实习基地。

此外，随着我国高等教育由单一的精英型体系向大众型、精英型等多样化人才培养体系的转变，金融学本科教育更应强调基本理论、基本知识和基本技能的培养，传统的金融人才教育，从方式方法到教学内容已经不能满足现实的要求，我国金融学本科课程体系设置需顺应金融微观化的发展趋势，并与国外金融学教学接轨，在原有的“宏观金融”的基础上，增加微观金融方面的课程[2]。同时，考虑到金融学科更具有实证和实用的特点，在教学过程

依托项目：北京林业大学2006年校级专业建设项目——金融学专业教学方法完善及课程体系建设研究。

① 第一作者：秦涛，博士，讲师。主要研究方向：林业金融理论。电话：62338426，E-mail：qintao415@126.com。通讯地址：北京林业大学39号信箱，100083。

中应革新教学方法与教学手段，着力培养学生的学习能力、分析能力、表达能力等综合素质。为此，我们坚持对东西方金融学的兼收并蓄，构建了既体现宏微观金融相结合，又与北京林业大学的人才培养模式相适应的金融学专业核心课程体系，并在教学过程中强化教学方法改革，以适应农林类院校的办学环境和人才培养目标。

二、国内著名高校金融学专业课程体系设置模式

为应对金融学发展趋势，国内相当多的财经院校已就金融学专业结构、课程体系进行改革，复旦大学、中国人民大学和南开大学等重点大学均积极地进行金融学专业课程体系建设的探讨与实践。

(一)复旦大学金融学教学理念和课程体系设置

复旦大学的教育理念是向研究型大学方向发展，基于此，金融学专业定位在专才教学上，课程设置充分体现这一理念。核心课程由以下四组课程系列构成：

1. 数理金融课程系列

由数理分析、计量经济学和计算机应用三部分组成，目的是为学生今后走入社会接触复杂的金融问题时提供科学分析和解决问题的工具和方法。包括高等数学、线性代数、概率与数理统计、计算机应用、计量经济学和时间序列分析方法、数理经济学、金融数学，其中前四门为低年级课程，其它则为高年级课程。

2. 基础理论课程系列

由微观理论和宏观理论两部分组成，这些课程具有解释金融活动和金融现象的基本功能。包括微观经济学、宏观经济学、金融史、金融经济学、投资学、货币银行学、财政学、国际金融学、国际贸易学等。

3. 专业理论课程系列

此类课程是基础理论金融学课程的拓展，是金融理论的深入应用和金融实务的操作，具体课程有：中央银行学、保险学、公司财务学、金融市场学、国际投资、国际金融管理、国际商务、金融法、商业银行经营管理、投资银行学、金融风险管理、金融工程、公司兼并等(见图1)。

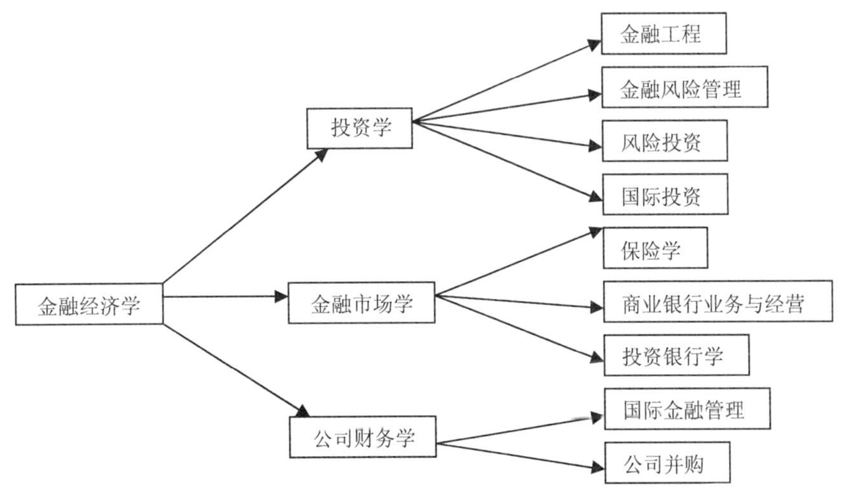

图1　专业理论课程的内在逻辑关系

4. 开放式教学课程系列

此类课程设置目的是培养学生综合运用知识的能力和创造性思维。具体课程有：学术专题讨论课、校际学术对抗赛、社会实践、社会调查、案例分析与点评。

(二)中国人民大学金融学专业课程体系设置

中国人民大学金融学专业是我国国内历史较长的一个专业，是国家级重点学科。课程设置分为专业基础课和专业课，其中专业基础课主要是政治经济学、西方经济学、财政学、货币银行学、计量经济学、国际经济学、会计学和统计学等8门；专业课主要是税收制度与管理、保险学、国际金融、证券投资学、商业银行业务与经营、投资经济学、现代公司财务和商法、金融监管、金融工程、投资项目评估与管理、房地产投资与融资、商业保险、保险精算、证券投资技术分析和计算机银行业务模拟等课程。

(三)南开大学金融学专业课程体系设置

南开大学金融学专业是国家级重点学科，专业人才培养目标为：通过学习使学生具有宽厚扎实的经济、金融理论基础和从事金融业务操作及经济管理工作的能力。目前开设的专业课程主要有：政治经济学、微观经济学、宏观经济学、货币银行学、国际金融、国际贸易、会计学、统计学、计量经济学、财政学、外语、计算机语言及应用、经济法、金融市场、证券投资、商业银行业务经营与管理、经济信息与金融预测、金融工程学、国际金融理论与实务、国际贸易理论与实务、国际金融市场、市场营销学、外汇会计、国际银行业务、国际结算、西方财务会计、公司理财、英文函电等。

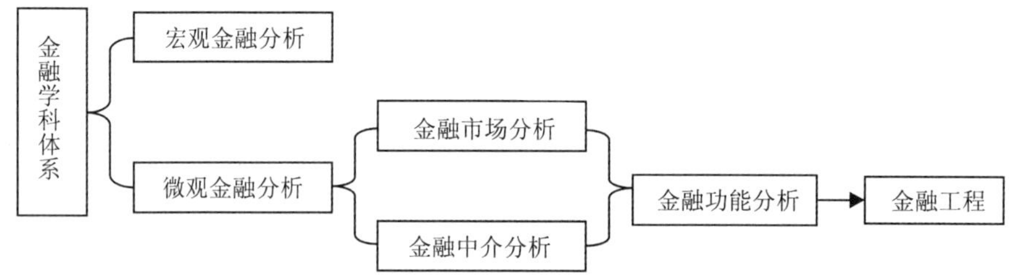

图2 金融学科宏微观体系框架图

总体来说，我国的金融学科分为宏观金融与微观金融，其中微观金融可分为金融市场分析和金融中介分析(见图2)。金融学作为一个学科群，应由不同层次的众多学科组成：①基本理论：宏观经济学、微观经济学和金融经济学，着重研究有关金融活动的基本理论问题，对其他层次的研究有指导作用；②应用金融学：它是应用金融经济学的基本原理研究金融领域一般理论和实务问题的学科，主要有货币银行学、金融市场学、保险学、国际金融学、公司财务学、投资学等；③金融业务类学科：主要研究金融业务领域操作原理，主要有财务会计学、金融统计学、企业财务报表分析、金融统计学、金融机构管理学、金融风险管理学等；④交叉类学科：主要是应用其他学科原理研究金融领域问题而形成的学科，主要有金融工程学、金融数学、储蓄与消费心理学、金融法学等；⑤金融史学：主要有金融史、金融思想史等[3]。

三、我校金融学课程体系与教学方法改革实践

根据金融学科发展趋势和国内主要高校教学改革实践，在构建我校金融学科课程体系时

要坚持以下原则：一是金融理论与金融实践相结合，具体表现为金融基本理论、金融应用科学与金融业务技术相结合，全面反映各个不同理论和知识层次，同时突出学科的实践性；二是金融改革与金融发展相结合，既要反映金融深化与创新，又要反映金融机构的发展结构的改善、效率的提高；三是金融宏观研究与微观研究相结合，前者以货币政策与金融宏观调控为中心内容，后者主要研究金融企业的运营和金融市场的运行；四是国内金融市场运行与金融对外开放相结合，课程设置要顺应经济金融全球化、我国经济发展的实际以及金融学的发展趋势——呈现微观化、量化和学科交叉发展的趋势，注重金融实务教学[4]。金融学专业通过课程体系优化、教学内容革新、教学方法改革等系统课程建设，既激发了教师的教学创新，也强化了学生学习的积极性与主动性。

(一)课程体系改革方面

针对当前社会经济环境，借鉴国内著名高校金融学专业的课程设置，我校金融学专业现行培养方案和教学计划中存在的突出问题是：教学内容及课程体系跟不上经济及金融业发展的步伐。自 2004 年开始，我们对金融学专业本科课程体系做了以下两方面的改革：一是构建金融学本科核心课程体系，强调宏微观金融相结合；二是为兼顾课程内容的完整与弹性化、应用与前瞻性、本土与国际化，并在教学中不断地改革教学方法。

具体课程设置：①专业基础课：研究金融领域的基本理论问题，使学生掌握金融活动的一般规律，具有扎实的理论功底。主要包括：微观经济学、宏观经济学、金融经济学、金融学、国际金融学、财政学、会计学基础、统计学、计量经济学等；②专业理论课程：是对专业基础课的拓展，着重于金融实务操作，分为金融市场、金融中介与金融法三大模块(见表1)。由于构筑的课程体系覆盖了金融学的专业课和模块课，使得绝大多数的专业教师都能够积极投入到课程体系和教学改革过程中，培养了团队合作精神，教师学历、职称结构趋向合理，公开发表论文和课题立项数明显增加，教师人均论文发表数达到 15 篇以上，申请各类课题 40 余项；教学评价体系更加完善，学生满意度达到 95% 以上。

表 1　北京林业大学金融学专业理论课程设置内容

教学模块	主要课程
金融市场	金融市场学、投资学、证券投资学、公司理财、金融工程、金融风险管理等
金融中介	商业银行经营学、投资银行学、中央银行学、保险学、金融租赁与信托、房地产金融等
金融法	金融法规与制度等

(二)教学方法改革方面

1. 采用多种教学方式，推进教与学的良性互动

根据金融学课程特点和授课对象的不同，除课堂讲授外，还采用课堂讨论、学术讲座、案例研讨等多种教学方式，以优化教学过程，发挥学生的主体作用，达到教与学同步互动。对于金融学、财政学等宏观类课程，在着重讲授重点、难点和热点问题的基础上，还运用课堂讨论、撰写小论文和学术报告等形式；对于像公司理财、投资银行、金融法规与制度等微观类课程，旨在突出其应用性、操作性和前沿性等特点，常采用案例教学等教学方式。案例教学有利于保持金融专业课程的鲜活性，提高学生学习的兴趣和积极性，实现教学互动，帮助学生掌握将理论运用于实践的方法和途径，形成主动收集相关信息、分析问题解决问题的能力。

2. 强化课程设计和实验教学，提高实际操作能力

在金融经济学、金融学等理论性较强的课程中开设了专题讲座与专业拓展训练，以激发同学了解金融学科的新发展。在现代金融理论发展的指导和电子科学技术与信息处理技术的支持下，各种金融市场业务和业务技术处理工作可以搬进实验室，金融模拟实验室的建设和实验课的开设可以满足专业人才提高实际操作能力的要求，熟悉金融业务运作等[5]。因此，在证券投资学、商业银行经营管理等等应用性较强的课程，我们采用实验教学和情景式教学的方式：一是借助模拟教学软件，让学生在电脑上进行演练，利用网络汇集和共享高水平的软件是一种低成本、高效率的途径；二是建立相应方向的有形实验室，为学生创造一个模拟训练的场所；三是要求学生进行模拟金融业务操作，并撰写实验报告，以增强学生对业务知识的感性认识、理解和动手操作能力。随着网络经济时代对经济、管理要求的不断提高，实验教学越来越显示出不可替代的功能和作用，尤其是对于实战性、应用性很强的金融专业来说更是如此。学生能够在模拟实验环境中不断的积累专业知识和实战经验，真正理解金融理论的精髓，以便在未来实际工作中大显身手。

3. 强调课内学习与课外实践相结合

在正确认识金融学科因“开放”与“动态”而致的其内涵与外延不断扩展的基础上，一方面我们为学生构建宏微观金融相结合的课程体系，强化在课内向学生传授基本知识；另一方面，又通过专业实践环节、参与科研项目、学术论文大赛、虚拟炒股比赛等第二课堂形式，培养学生自主学习和创新能力。

通过以上措施，金融专业学生在校期间积极参加科研活动，科研立项、获奖数量明显增加，毕业论文、社会实践报告入选校级优秀的比例达到5%以上，学生考取研究生的比例接近20%，且很多进入北京大学、人民大学、复旦大学等国内知名学府；实习单位对学生满意度也不断提高，每年都会有近10%的学生被实习单位提前录用，学生一次性就业率也得到显著提高。

四、金融学课程体系改革的实践效果和经验推广

我校金融学专业课程体系与教学方法改革，强化了课堂教学的综合性、前瞻性和探索性，促进了教与学的互动，不但在本校教学过程中取得了较好的实践效果，而且具有一定的推广价值。

（一）兼收并蓄，强调宏观金融与微观金融课程相结合

金融学既带有明显的应用经济学性质，同时又具有理论经济学的特点，在进行金融学科建设时，既要把应用性放在很重要的突出位置，同时又要理论和应用兼顾，重视探讨有关基础理论的研究。因此，在构建金融本科核心课程时，强调“宏微观金融相结合”，我们从金融学专业经典课程体系出发，既保留了原有的以货币银行学、国际金融为代表的宏观金融类课程，又吸纳了在国外发展迅猛的微观金融理论与实务，构建了宏微观金融相结合的金融学课程体系，这一体系充分吸纳了东西方金融学专业所开设的主要课程，为学生搭起了合理的知识架构，使学生通过本科阶段的学习，建立起全面的金融知识结构体系，既有对宏观金融的分析、判断能力，又有从事微观金融业务的能力，为未来职业发展打下坚实的基础。

（二）全面优化，形成课程体系和专业建设的长效机制

金融学课程体系建设提倡整体性和弹性化，为此，在课程体系建设过程中，我们形成了

一套推进课程体系建设的长效机制：①规范教学文件，鼓励教学改革与创新。教学文件的制订均通过课程体系建设的由专业教师的讨论、定稿；②定期举行教研活动，讨论并解决教学难点问题。几年来，我们坚持开展教研活动，探讨各门课程的设置目的、主要内容以及特点，以确保每门课程讲透各自的重点；③组织课堂教学观摩活动。每学期推选教学效果良好的优秀教师给全体教师上观摩课，互相交流教学心得；④集体申报课题和科研项目。教学改革以来，很多教师均有正式立项的教研、科研课题，为老师创造了科研条件，提高科研水平。

（三）内外兼顾，促进理论教学与课外专业实践相结合

由于金融学科相比其他经济类学科更具有实证和实用的特点，因此，在教学过程中不能满足于一般的理论解释，而应采取多种教学方法，注重培养学生运用金融学理论和方法分析、解决问题的能力[6]。因此，鉴于金融学理论性与应用性并重的特点，在教学方式上我们坚持理论教学与课外专业实践锻炼相结合。一方面我们改革课堂教学方式，在强调基本理论、基本知识的讲授的同时，吸收现代教学理念，采用包括自主学习、课堂讨论、案例教学、实验教学等灵活多样的教学方法，以激发同学对金融知识的兴趣；另一方面，我们强化课外专业实践，鼓励同学积极大学生科学研究训练计划、专业实践训练计划、各级各类创新性竞赛活动等，使学生创新能力培养向多渠道、开放式、规模化方面发展，形成一种浓郁的创新氛围，同时引导学生参与教师的科研项目，培养学生的自主学习和科研创新能力，不断提高学生实际操作能力和专业综合素质。

参考文献：

[1] 张新. 中国金融学面临的挑战和发展前景[J]. 金融研究，2003(8)，36～43.

[2] 张文颖. 国外金融学教育的特点与国内金融学教育的改革[J]. 当代经济，2006(6)：109～110.

[3] 曾康霖. 试论当代金融学科发展及与其他学科的交叉融合[J]. 金融研究，2005(10)，1～8.

[4] 课题组. 21世纪中国金融学专业教育教学改革与发展战略研究[J]. 中国大学教学，2005(2)：6～9.

[5] 艾洪德，徐明圣. 新形势下金融学专业本科教学面临的挑战与改革[J]. 东北财经大学学报，2006(4)：89～93.

[6] 杜英娜等. 金融国际化环境下金融学专业本科教学改革路径[J]. 河北农业大学学报，2007(9)：53～55.

心理学本科生专业技能培养模块的初步构建

丁新华①
（北京林业大学人文社会科学学院）

摘要：本研究在对心理学专业社会需求调研的基础上，指出加强并落实心理学专业本科生的专业技能训练，可大力提升心理学专业本科生的就业核心竞争力，是心理学专业可持续发展的必然之路。本研究初步构建了心理学本科生专业技能的四大模块，即心理研究技能、心理教育技能、心理咨询技能、人力资源与管理技能。针对这四大专业技能模块，探讨了通用的专业技能培养模式，即在课程设置、教学方法、实践教学、考核方法这四个方面进行相应的调整和优化，同时还提出了更具针对性的培训方法。

关键词：心理学；本科生；专业技能；培养模块

随着我国经济、社会等方面的不断变化与发展，社会对心理学的需求越来越大，设置心理学专业或应用心理学专业的高校也越来越多。截至2009年，全国共有245个心理学专业点，其中心理学专业57个，应用心理学专业188个，每年本科生招生规模在10000人以上[1]。如何能在众多的心理学专业中建立优势，如何能在激烈的就业市场下经受住考验，这是每一个心理学专业人才培养单位都需要面临的挑战。要应对这一挑战，必须及时把握社会对心理学专业人才的主要需求点，进一步提高人才质量，尤其是凸显适合市场需求的应用型人才培养特色，这样才能提高和实现本专业的社会效益，有效缓解学生就业压力，从而保证本专业学科的可持续发展。

鉴于此，本研究将在深入了解社会需求的基础上，结合本专业的特色和基础，构建心理学本科生专业技能模块，并对其培养途径进行初步的思考与探索。

一、心理学专业技能训练的重要性

在北京林业大学2008年校级专业建设项目“心理学专业可持续发展研究”中，我们对心理学专业的社会需求进行了调研[2]。调研结果可以看出，目前心理学专业的主要就业方向为：心理教育、心理咨询与治疗、心理测评、人力资源与管理等方面的专门人才。心理学本科毕业生要想胜任心理教育、咨询、治疗、测评等工作，除了自身要具备较好的综合素质之外，扎实的理论素养、娴熟的专业技能则是非常必需的。在实际工作中，运用最多的专业技能主要集中在心理测评与分析、心理教育、心理咨询、人力资源与管理。

依托项目：北京林业大学2008年校级专业建设项目——心理学专业可持续发展研究。

① 作者简介：丁新华，博士，讲师。主要研究方向：学校心理辅导。电话：62336510。E-mail：dingxinhua@sina.com。地址：北京林业大学人文社会科学学院，100083。

华南师范大学心理学系的一项教学研究结果值得关注，他们对1986年以来该系的204名心理系历届本科毕业生进行了问卷调查[3]。调查结果表明：毕业生对心理学专业教学总体满意度一般，其中对专业实践安排的满意度较低。毕业生认为学校心理教育工作中最重要的技能是“进行心理活动课程”和“心理咨询”；在工作中最欠缺的技能是“心理治疗”和“心理咨询”。毕业生认为，心理学应用技能课程在学校心理教育工作中非常需要，应用技能课程要围绕“心理咨询及治疗”、“心理课程及教育”、“心理测评及应用”三大技能展开。心理学应用技能课程包含“心理咨询及治疗”、“心理课程及教育”、“心理测评及应用”三个因素。

我国劳动和社会保障部组织的心理咨询师职业技能鉴定，除了考核基本的心理学理论之外，还专门针对技能部分进行考核。作为心理咨询师主要考核的专业技能有三项：心理诊断技能、心理咨询技能(个体咨询技能与团体咨询技能)、心理测验技能[4]。

由上可知，无论是从社会需求、心理学本科毕业生的调研信息，还是国家职业资格水平认证都表明，专业技能水平的高低直接体现着其专业水准的高低，在实际工作中具有很高的显示度和应用性，是心理学专业本科生就业竞争力的核心所在。而国内心理学专业目前的培养模式中，虽然大家也都逐渐意识到专业技能训练的重要性，但实际上专业技能的实践训练所占比重仍很小。很多学校除了上心理学课之外，对于咨询技能、测量技能、辅导技能等应用技能的培养并没有具体的实操课程设置来支撑。由于专业应用技能训练不足，导致心理学本科毕业生的主要应用技能不很熟练，一旦用人单位需要他们从事一些心理学有关的工作，如开展心理咨询、心理测量、矫正问题行为等，就会显得力不从心。因此，要想拓展心理学专业本科生的就业面，提高其就业竞争力，大力加强并落实心理学专业本科生的专业技能训练是当务之急，也是心理学专业可持续发展的必然之路[5]。

二、心理学专业技能模块的划分

根据心理学专业社会需求调研，结合近几年北京林业大学心理学本科生的就业去向，我们把心理学专业技能基本上划分为四个模块，具体如下：

(一)心理研究技能

主要指能对人的心理与行为进行量化或质化的调研能力，具体包括：实验设计、心理测评、数据统计与分析等。

(二)心理教育技能

主要指面向学校或企业系统能开展各种心理健康普及教育的能力，具体包括：心理活动课设计与讲授、心理讲座、心理培训、职业指导、教育顾问等。

(三)心理咨询技能

主要指能进行个体或团体的咨询与辅导的能力，具体包括：个体咨询、团体辅导、心理诊断与评估。

(四)人力资源与管理技能

主要指面向企业或市场的人力资源及管理与应用的能力，具体包括：人才测评、人才招聘与选拔、人力资源管理、市场调研、消费心理需求分析等。

这四个专业技能模块各有侧重，但也有所交叉。特别需要指出的是，心理研究技能属于基础技能，尤其是心理测评与统计分析技能，既适用于本科生考研、继续深造的发展取向，也适用于面向学校、企业或咨询机构所进行的心理教育、咨询与管理之用，在各个就业领域都可使用，属于心理学的通用专业技能或较为核心的专业技能，具有较高的显示度，因此在心理学本科教学中要给予充分的重视和足够的训练[6]。

三、心理学专业技能的通用培养模式

根据上述划分的四大专业技能模块，我们就需要在课程设置、教学方法、实践教学、考核方法这四个方面进行相应的调整和优化，构建综合的通用的专业技能培养模式，从而保证心理学本科生能真正熟练地掌握好各项专业技能[7~9]。

(一)优化课程设置

日前北京林业大学心理学系围绕这四大技能模块已有的课程设置如下：

(1)心理研究技能：实验心理学、心理学研究方法、质的研究方法、心理测量、心理计分析、spss 统计应用、心理学研究与实践。

(2)心理教育技能：学校心理辅导、教育学、教育心理学、发展心理学、心理压力调节、人际交往训练。

(3) 心理咨询技能：个体咨询技能部分：心理咨询与治疗、人本主义心理咨询、认知行为治疗、催眠与心理治疗、意象对话技术、心理咨询案例分析、自我分析与体验；团体辅导技能部分：团体心理咨询；心理诊断与评估技能：变态心理学。

(4)人力资源与管理技能：管理学基础、人力资源管理、消费与广告心理学。

由于心理咨询与治疗是北京林业大学心理学系的特色发展方向，因此在本科生中所开设的这类课程比较多，但是由于心理学本科生毕业后直接当心理咨询师的比例较少(主要受年龄和阅历所限)，因此就需要在其他三个专业技能方面给予相应的重视和完善，尤其是人力资源管理及应用技能方面的课程设置相对偏少，因此尚待加强和丰富，比如增开职业指导、企业 EAP、心理教练技术等课程。另外，关于课程设置方面，我们也曾对国内外的心理学课程进行过专门研究[10]，可以借鉴国外比较先进的课程思路，开一些更具实操性应用性的选修课程，如家庭教育指导、沙盘游戏疗法等。

除了在整体课程体系上进一步完善之外，每门课程在教学目标的设立上，既需要有理论知识的了解和掌握外，还需要根据该课程性质提出明确的专业技能教学目标，加大实务操作的训练比例。例如，团体心理咨询课程的教学目标，除了团体辅导的理论知识之外，还需要明确的专业技能学习目标，即设计团体方案及带领团体。为了培养上述的心理学四大专业技能，还可以采取“包产到户，责任到课程”的方法。具体来说，就是确定每个技能由哪一门或哪几门课负责，由这些课程的任课教师负责相应的应用技能培养，任课教师在教学计划中应明确培养技能的方法、途径、要求和目标。例如，心理研究技能就可由相应的课程群共同实现，每一门课程则有更为明确具体的技能培养目标和与训练形式。

(二) 改革教学方法

老师讲、学生听等常规的教学方法比较适用于理论的学习，而心理学专业技能的学习就像学习体育、书法、钢琴、画画一样，需要大量的练习和实践，而不仅仅是听懂和理解。因此，要想实现专业技能教学目标，必须进行教学方法的改革和探索。探究式、体验式教学方法可以说是比较适用于心理学学科特点，具体有：案例分析教学、角色扮演与录象分析、真实任务的完成等等，要切实突出情境性、任务性、实操性。

(三)加强实践教学

心理学专业技能的训练和临床医生的训练比较类似，需要有大量的实习课与见习课。根据国外的经验，心理学的实习课、见习课的总课时应不少于一个学年，可与理论课穿插进行。因此心理学的本科教学尤其需要加强实践教学环节，重视实验教学和专业实习。加强心理学实验室和实践基地建设，鼓励学生积极参与社会实践，通过见习和实习使学生习得熟练的专业技能。

(四)增加技能考核

考核方式起着导向的作用，制定严格的应用技能考核标准，是提高学生专业技能的重要保证。根据学科特点设计心理学专业考核方式，除了传统考核模式，即每门课程教学后的考核外，还根据课程与培养目标的要求，结合国家对心理咨询师、人力资源师、职业指导师等职业水平的考核标准，专门设计心理学应用技能考核程序，如心理教育实习考核、心理咨询技能考核、心理研究技能考核。另外，在应用技能方面可以实行教考分离，系里可成立专业技能考核小组，专门负责学生专业应用技能的考核。考核不及格，必须补考。全部过关，才能毕业，保证学生毕业前能对上述专业技能有较为熟练的掌握。

四、心理学专业技能的针对性培训

上面是适用于心理学专业技能培养的通用模式或方法，但实际上每一个专业技能都有更为具体或适用的训练方法或途径，下面则针对这四个专业技能探讨下更具针对性的培训方法或途径。

(1)心理研究技能：需要加强学生的基础训练；除了掌握基础知识之外，充分利用实验室，进行实验设计、实施、心理测评和统计分析技能训练。鼓励学生参与实际的科研项目和研究设计，尤其是统计技能可专门展开上机集训实习，布置课题或数据进行演练，撰写分析报告，确保学生对该项技能有所掌握。

(2)心理教育技能：需要利用到大中小学校或社区见习、实习的机会，让学生去听心理课，到学校做心理辅导活动，进行实际的学习和训练。例如，林大心理学系雷秀雅老师建立的特殊儿童干预中心就为学生提供了很好的实践机会，使学生运用所学专业知识去帮助自闭症、多动症等特殊儿童。

(3)心理咨询技能：在课堂或实验室里做大量的实操训练，咨询对话分析、模拟咨询、角色扮演、小组训练、咨询观摩等，课堂外则鼓励学生积极参与各项实习与实践活动，如热线咨询、网络咨询等。

(4)人力资源与管理技能：除了通过实验室进行实操训练，如模拟面试、人才测评与分析等，还需要到企业去实习，结合具体的企业工作任务进行，如面向企业的市场需求分析、调研及人力资源管理工作。

综上所述，心理学专业技能的训练对本科生专业素养的提升非常重要，本文初步构建了心理学本科生专业技能的培养模块，并对其培养途径进行了深入的探讨，这些思路尚有待于在今后的心理学教学改革中进一步的实践与完善。

参考文献：

[1] 教育部高等学校心理学教学指导委员会2009年工作会议资料[Z]. 2010，1.

[2] 刘洋. 心理学专业大学生就业市场调研分析[Z]. 2009, 12.
[3] 刘学兰, 吴发科. 心理学毕业生专业技能调查及其对专业改革的启示[J]. 心理学探新, 2003, 23(3): 44~47.
[4] 心理咨询师(三级)[M]. 北京: 民族出版社, 2005, 8.
[5] 莫雷, 冷英, 卫瑞明. 面向21世纪培养心理学应用型人才[M]. 广州: 广东高教出版社, 2004, 12.
[6] 高立群, 彭聃龄. 21世纪心理学走向和人才培养的调查[J]. 北京师范大学学报(社会科学版), 1999, (5): 49~56.
[7] 谢倩, 辛勇. 构建应用心理学专业人才培养模式的研究[J]. 西南科技大学学报(哲学社会科学版), 2007, 24(4): 81~84.
[8] 赵伟. 应用心理学专业人才培养模式的基本思路[J]. 江苏技术师范学院学报, 2007, 13(3): 22~24.
[9] 朴婷姬, 金昌禄. 新增心理学专业本科人才培养模式与课程体系的思考—以延边大学新增心理学专业为例[J]. 延边大学学报(社会科学版), 2007, 40(6): 104~107.
[10] 许秀娜. 中美心理学专业本科课程设置的比较分析. 北京林业大学硕士学位论文, 2009.

康奈尔大学食品科学专业的课程设置及其思考

欧阳杰①，王建中，任迪峰，胡晓丹，盛群刚，王丰俊，王晓楠

（北京林业大学生物科学与技术学院）

摘要：对美国康奈尔大学食品科学专业的方向设置、课程设置、教学方法和思路等情况作了总结，为我国食品科学专业本科人才培养模式的建立和改革提供参考。

关键词：康奈尔大学；食品科学专业；课程设置

康奈尔大学（Cornell University）是美国著名的“常春藤盟校”成员，始建于1865年，坐落于风景秀美的纽约州伊萨卡（Ithaca）镇，兼具有公立和私立的双重性质。康奈尔大学综合排名为14名（根据2009年USNEWS美国大学综合排名），早期以农工立校，农业科学研究的排名始终在全美名列前茅[1]。康奈尔大学的农业与生命科学学院属于纽约州公立大学系统，食品科学系（Department of Food Science）就设在该学院，可授予食品科学专业的学士、硕士和博士学位。

我国的食品工业经过多年的发展，现已成长为第一大工业。工业的发展和技术进步需要大量的研发、管理、生产和市场营销等各方面的人才，因此相关的专业教育也显得日益重要。我国现已有两百多所大学设置了食品科学本科专业，每年培养食品方面的人才达3万多人。我校的食品科学与工程本科专业从1999年开始招生，至今也有十多年的历史。自建立本专业以来，专业教学计划经过两次人才培养方案的修订，已经有了初步的完善。然而，我们必须清楚地认识到目前食品专业的人才培养模式还有不少不适应社会发展需求的地方，因此对一些国内外大学食品专业人才培养模式进行研究，并据此提出改进意见，以调整我们自己的本科人才培养模式，培养具有创新精神、实践能力和创业精神的高素质食品专业人才。

一、专业设置和课程设置

本科教育在美国为通才教育，相对于具体的职业教育，它强调的是对“人”的教育，而不是对“技艺”的教育，它关注的是如何把一个人教育成一个能够独立思考、具有价值观念和道德操守、了解文化差异的“人”和“公民”。其强调知识体系的全面性和基础性，突出表达与交流等能力以及创新精神的培养[2]。

康奈尔大学在食品科学主修专业下有两个专业方向（称为options）供学生选择，即食品

依托项目：北京林业大学2009年校级教学改革研究项目——国内外相关大学食品专业人才培养模式的基本特征与比较。

① 第一作者：欧阳杰，博士，副教授。主要研究方向：食品科学与工程。电话：62336700。E-mail：ouyangjoy@sohu.com。通讯地址：北京林业大学112号信箱，100083。

科学方向(Food science option)和食品操作和管理方向(Food operations and management option)，以适应不同食品行业工作岗位对毕业生素质的需求。另外，食品科学系还为农业和生命科学学院其它专业的学生提供食品科学专业的辅修学位。

康奈尔大学的办学宗旨是：把康奈尔大学办成一所任何人都可以接受任何学科教育的学校。根据这条宗旨，康奈尔大学在课程设置方面力求为学生提供文理并重的教育，在美率先实行学生自行选修课程的办法，以尽可能满足学生对高等教育的不同要求。食品科学专业学生的课程包括三大块：人文社科类课程(文学、艺术、历史、哲学、社会科学等)、科学基础课程(数学、化学、物理、生物等)、食品专业课程，各占约三分之一。学士学位的学分要求是120，大致平均分配到8个学期。第一学年有两个学期的写作课要求，从第二个学期开始，每个学期学生需自选3~9个学分的社会科学课程(共37分，占总学分的30%)。

Freshman Year			
Fall Semester	*Credits*	*Spring Semester*	*Credits*
FD SC 1101 Sci & Tech of Foods	1	FD SC 1102 Leadership & Career Skills in FS	2
CHEM 1560/2070 General Chemistry	4	CHEM 2080 General Chemistry	4
MATH 1110* Calculus	4	MATH 1120* Calculus	4
BIOG 1109 Biological Principles or	3	BIOG 1110* Biological Principles or	3
BIOG 1101&1103 Biol Sci (lec & lab, 4 cr)	3	BIOG 1102&1104 Biol Sci (lec/lab, 4 cr)	
Freshman Writing Seminar	(15)	Freshman Writing Seminar	3
			(16)
Sophomore Year			
Fall Semester	*Credits*	*Spring Semester*	*Credits*
FD SC 2000 Intro Food Science	3	FD SC 2100 Food Analysis	3
CHEM 3570 Organic Chemistry	3	CHEM 3580 Organic Chemistry	3
PHYS 1101* General Physics	4	BIOMI 2900 General Microbiology Lec	3
NS 1150 Nutrition and Health	3	BIOMI 2910 Gen Microbiology Lab	2
**Soc Science or Humanities	3	**Soc Science or Humanities	4
	(16)		(15)
Junior Year			
Fall Semester	*Credits*	*Spring Semester*	*Credits*
FD SC 3210 Food Engineering Principles	3	FD SC 4170 Food Chemistry I	3
FD SC 3940 Food Microbiology Lecture	3	AEM or PAM 2100 Introduction to Statistics	4
FD SC 3950 Food Microbiology Lab	2	COM 2010 Oral Expression	3
BIOBM 3310 Prin BiochemProteins/Metab	3	**Soc Sci, Humanities or Elective	3
**Soc Sci, Humanities or Electives	6		(13)
	(17)		
Senior Year			
Fall Semester	*Credits*	*Spring Semester*	*Credits*
FD SC 4100 Sensory Evaluation of Foods	3	FD SC 4000 Current Issues in Food Science	1
FD SC 4180 Food Chemistry II	3	***FD SC 3960 Food Safety Assurance	2
FD SC 4190 Food Chemistry Lab	2	FD SC 4250 Unit Operations & Dairy Foods Processing	3
FD SC 4230 Physical Principles of Food Preservation and Manufacturing	3	**Soc Sci, Humanities, and Electives	9
**Soc Sci, Humanities, or Electives	6		
	(16)		(15)

图1 食品科学方向的课程单

从食品科学专业两个方向的课程单(见图1和图2)我们可以看出，学生主要学习与食品有关的基础科学如微积分、物理、生物、化学、生化、微生物学等等，具体产品的加工方法很少涉及，主要考虑的是大学学习课程以基础科学为主，而不应以工业应用上多变的单元操作为主。对于食品科学专业方向的学生来说，共有实验课6学分，主要的食品专业课程有：食品科学概论、食品工程原理、食品微生物学、食品微生物学实验、生物化学/代谢原理、食品化学I、食品化学II、食品化学实验、食品感官评价、食品保藏和加工原理、食品科学进展、食品安全法规、单元操作和奶制品加工。对于食品操作和管理专业方向的学生来说，则多了4门经济类课程(经济管理概论，宏观经济学概论，微观经济学概论，市场学)，而

Freshman Year			
Fall Semester	*Credits*	*Spring Semester*	*Credits*
FD SC 1101 Sci & Tech of Foods	1	FDSC 1102 Leadership & Career Skill in FS	3
CHEM 1560 Intro to Chemistry	4	CHEM 1570 Intro Organic & Biol Chem	3
MATH 1110 Calculus	4	AEM 1200 Intro to Business Management	3
BIOG 1109 Biological Principles	3	BIOG 1110 Biological Principles	2
Freshman Writing Seminar	3	Freshman Writing Seminar	3
		** Humanities, Career or General Elective	3
	(15)		**(17)**
Sophomore Year			
Fall Semester	*Credits*	*Spring Semester*	*Credits*
FD SC 2000 Intro Food Science	3	FD SC 2100 Food Analysis	3
PHYS 1101 General Physics	4	BIOMI 2900 Gen Microbiology Lec	3
NS 1150* Nutrition and Health	3	ECON 1120 Intro Economics (Macro)	3
ECON 1110 Intro Economics (Micro)	3	** Humanities, Career or General Electives	6
** Humanities, Career or General Electives	3		
	(16)		**(15)**
Junior Year			
Fall Semester	*Credits*	*Spring Semester*	*Credits*
FD SC 3211 Food Engineering Principles	3	FD SC 4170 Food Chemistry I	3
FD SC 3940 Food Microbiology Lecture	3	COM 2010 Oral Expression	3
AEM 2400 Marketing	3	AEM or PAM 2100 Introductory Statistics	4
****NCC5500, HADM 1121 or AEM 2100	3	** Humanities, Career or General Electives	5
Financial Accounting	4		3
** Humanities, Career or General Electives	**(16)**		**(15)**
Senior Year			
Fall Semester	*Credits*	*Spring Semester*	*Credits*
FD SC 4100 Sensory Evaluation of Foods	3	FD SC 4000 Current Issues in Food Science	1
FD SC 4230 Physical Principles of Food		***FD SC 3960 Food Safety Assurance	2
Preservation and Manufacturing	3	** Humanities, Career or General Electives	12
**Humanities, Career or General Electives	9		**(15)**
	(15)		

图 2 食品操作和管理方向的课程单

少了几门食品专业课程(有机化学，生物化学/代谢原理，单元操作和奶制品加工)，以及实验课(普通微生物学实验，食品微生物学实验，食品化学实验)。对于食品科学辅修专业的学生来说，则需要在大三下学期前提出申请，并且修完13个学分的食品专业课程(成绩均在C以上)，才能拿到辅修学位。

目前我校食品科学与工程专业的毕业总学分要求是185，其中必修课108学分、专业选修课35学分、公共选修课12学分以及实践30学分。从课程板块来说，专业基础课和专业课的设置基本合理，能够对学生充分进行本学科知识的训练。但是对比康奈尔大学的课程设置可以发现，我们在人文社科类课程的比例还比较低，这主要是由于我们定位的是“专业人才教育”而不是“通才教育”。另外，一个不容否认的事实是，一些食品专业的大学生毕业以后不再从事本学科的科研和技术工作，但还是有很多会从事和食品相关的市场、营销、管理、培训、物流等工作，因此增加经济类选修课的比例，让学生按照自己的兴趣加以选择，对于学生将来的发展也会有所裨益。

二、教学方法和思路

康奈尔大学每个学期的教学时间一般为12～14周(秋季学期是从8月底到12月初，春季学期从1月底到5月初)，每门课的周学时2～4.5小时。教授上课时，大多不按教科书的固定章节和顺序进行，经常就某个专题进行讨论。课后布置的阅读材料特别多，学生需要花费大量的时间来进行学习，然后由学生来复述，由助教(由研究生担任)进行考察。在学期中经常会有问答环节(Problem set)和2～4次的小考试，所有这些都会记入学生的总成绩，而期末考试的成绩只占30% ~40%。

美国食品科技学会(Institute of Food Technologist)一个重要的群体就是学生会员，因此很多食品专业的大学生包括康奈尔大学的学生都会加入成为其会员。学生还经常通过学校、学生团体、科研机构或食品企业等提供的资助，在美国以及全世界各地进行食品消费、饮食风俗、食品安全等方面的调查，或者到食品企业和科研机构等部门进行实习，以取得丰富的实习和实践经验。

对于我们来说，教学方法主要是“满堂灌”，课堂讨论相对较少。勤于思考、敢于挑战教师学术权威、能把教师问倒的学生较少，这样培养出来的学生创新性和创造力不强，思想不活跃。另外，课程期末考试的成绩占比较大，由于平时任务少，导致学生不重视平时的学习，考试前突击背诵，学生的学习自主性不强。所以对比康奈尔以及整个美国高校的教学方法，我们可以汲取的东西很多。

总而言之，大学教育应该是提供一种基础教育，从而培养全面发展的大学生。正如康奈尔大学的办学宗旨一样，食品科学专业的学生可以完全根据自己的兴趣，自由选择社会科学课程，并按照将来的职业发展目标，选择不同的专业方向，毕业后从事食品企业的管理、质检、产品开发、应用研究、市场营销工作，或从事和食品相关的教育、科研和政府机构的工作，真正做到“学有所为，学有所用”。

参考文献：

[1] 李鸿宾. 美国高等教育的启示——以康奈尔大学为例[J]. 探索与争鸣, 2004, 1: 35 ~37.

[2]赵韩强，赵树凯. 中美研究型大学本科教育人才培养模式的比较研究[J]. 高等理科教育，2006，4：25 ~29.

追踪科研最新进展 促进高素质人才培养

徐吉臣①

（北京林业大学生物科学与技术学院）

摘要：进入二十一世纪，自然科学发展迅速，新的观念、新的论点不断涌现，传统的教学模式已不能满足当前社会的需求。新形势下，要求教师全面提升自己的素质，系统了解科学的最新进展，把握学科研究命脉，丰富教学内容，改善教学方法；通过案例教学，提升培养学生学习的兴趣，培养学生的创新精神；鼓励师生积极参与到科研活动中来，主动学习、追踪学科的前沿，为社会培养全面型、实用型的高素质的人才。

关键词：科研；最新进展；教学体系；素质教育

古语云：师者，传道授业解惑也。教师的职责就利用各种教学手段和方法，将自己理解和累积的知识传授给学生，引领学生探索自然的奥秘。进入二十一世纪，科学发展进入了一个新的层次，研究手段日益丰富，新的成果不断涌现，一些传统的理论和观点受到不断的冲击和挑战。新形势下的大学教师对教学规律应有一个全新的认识，积极主动地认知最新的科学进展，并融入到教学实践活动中，培养社会需求的高素质人才。

一、科学最新进展融入教学体系的必要性

传统的教学模式是以知识传授为目的，使学生在有限的时间内，学习掌握人类长期积累的丰富的知识体系。基于这种观点，一些人片面地认为，一个教师拥有一两本经典的教材，经过反复地咀嚼和消化吸收，即可以轻松完成传道授业解惑的任务。随着教学年限的增加，内容熟练程度的增强，教学过程因此成为了一种反复吟唱的“唱片机”。由此造成的后果是教师厌教、学生厌学，老师讲课照本宣科，教学内容陈旧，教学方法呆板，不能理论联系实际，学生课堂上所学知识与未来的工作不能很好的衔接，学生学习的目的性不强，探索自然界奥秘的积极性严重受挫。

近几年来，笔者承担了大学本科生的《遗传学》教学任务。作为一门实验性科学，遗传学学科历经上百年来科学家们艰辛的工作，已逐步由经典遗传学、细胞遗传学时代过渡到了当今的分子遗传学时代。特别是近些年来，实验技术的提高，研究工具的不断更新，新的成果不断涌现，并逐渐形成了如表观遗传学、基因组学、生物信息学等多个分支学科。不了解最新研究成果的内涵，就不能完全把握遗传学的经脉。以基因组测序为例，90 年代以前，人们只能对少数基因进行测序分析，操作过程比较繁琐。随着测序技术的改进，仪器的更新

---

① 作者简介：徐吉臣，博士，教授。主要研究方向：植物抗逆分子生物学。电话：62336628。E-mail：jcxu2822@sina. com。通讯地址：北京林业大学 118 号信箱，100083。

和功能完善，人们有能力进行大规模的基因组测序，并由此诞生了基因组研究计划。如1990年启动的人类基因组计划于2001年宣告完成，前后用了近12年的时间；1998年启动的国际水稻基因组计划于2002年12月宣布圆满完成，前后用了近5年的时间；而由中国国内独立完成的"中国超级杂交水稻基因组计划"，仅用了2年多的时间即告完成。有了这样的认识，学生可以清晰地了解遗传学学科的现况，清楚知晓未来发展的方向。因此，追踪最新的科学进展，将科学最新进展融入教学活动，是十分必要的。

二、科学最新进展融入教学体系的特点

科研是学科发展的基石，任何一门自然科学的形成，都是长期科研工作积累总结的结果。追踪科学最新进展，有助于教师教学知识的积累，丰富教学内容的底蕴；有助于科学体系的把握，促进教学方法的改进，丰富教学手段，从而大大激发学生学习知识的欲望，促进高素质人才的培养。

（一）了解科研最新进展，促进教师队伍水平的提高

了解科研最新进展不仅可以增强教学的深度、拓展教学的广度，而且可以更新教师知识结构、完善教师的知识体系，提高教师的综合素质。国内外历史经验证明，一所大学没有高质量的科学研究，就不可能建立一支高水平的师资队伍，没有高水平的师资队伍同样也不可能有高水平的教育质量和科学研究。

1. 促进教学内容的更新

科学研究是在一定知识的基础上探索未知的世界，科研工作者的研究成果总是站在最前沿，是新知识。通过追踪最新的科研成果，通过知识的自我更新，能拓宽教师自己的知识面；同时把已成定论、可以转化为知识的最新科研成果融入教案和课堂，可以使学生更容易把教材中相关内容的研究背景和最新知识结合起来，了解本领域的原始性创新思维，从而加强学生对基本知识和基本理论的理解，培养学生的创新意识和科学精神，并因此丰富了课堂教学内涵，拓展了学生的思路，开阔了学生的学术眼光和视野。如《遗传学》中对基因的认识，过去的观点认为，一个基因控制着一个性状，是生物体中最基本的功能单位、交换单位和突变单位，然而随着研究的深入，人们发现基因中的任何位点都可能发生重组和突变。一个基因可能控制几个性状，一个性状也可能由几个相关但功能迥异的基因来控制。因此传统基因的概念已衍变成一个顺反子的概念，亦即一个任何有功能单位的DNA片段。不了解最新的研究进展，就不可能明确基因的真正涵义，只有了解科研最新进展，观念才能不落伍。

2. 促进教学方法的改善

兴趣是获得成功的动力和源泉。许多学生反映，学术讲座形式更容易激发学习的兴趣，不仅内容新颖，讲解者的讲解方式或者内容的组织方式也是重要因素之一。科研工作是一个严密的具有很强逻辑思维的过程：科研工作者进行课题研究时，首先提出问题，论证研究的意义和目的；进一步量体裁衣，选择合适的技术体系，开展研究工作；最后通过实验的数据进行推论，获得对一些问题的解析。讲述者经过长期科研工作的侵润，学术交流中内容的组织形式更为灵活，更具有逻辑性，如同讲述一个生动的故事，听者被故事的链条牵引，随着讲解者的思维而延伸。因此，追踪科学最新科研进展，了解科研的体系，可以促进教师教学方式的改善。另外，科研课题的实施需要多方面知识的积累和沉淀，需要各种知识有机的串

联。科研案例的融入，可以将多方面的知识进行有机的衔接，促进学生对整体知识的把握，提高学习的效率。

（二）了解科学最新进展，推进学生培养模式的创新

教学过程不仅要传授知识、传承文明，还担负着培养学生探求未知能力的任务。目前社会处于一个高速运转的经济时代，一个称职的工作人员，不仅需要丰富知识的积累，也需要在实际工作中适宜地将知识转化为生产力。也因此要求大学生不仅爱学，也要会学、会用，能够将所学的理论知识转化成认识和解决实际问题的能力。在以往的教学过程中，教师预定和安排学生的学习程序，学生处于被动状态，缺乏学习的责任意识，学习知识的过程变成一个知识堆积的过程，不知道如何将所学的知识与实际联系起来，呈现一种“死读书、读死书、读书死”的僵化思维模式，这与目前社会形势对大学生的需求是极不相符的。只有追踪科研的最新进展，了解学术的发展动向，加强思维性学习，才能对所学的知识有所发现、有所解释、有所运用，成为有创造力、创业力和持续发展观点的人才。

例如，在学习《遗传学》“遗传的分子基础”章节时，如果只简单的了解蛋白质是由 20 种氨基酸构成，泛泛地讲解每一种氨基酸的基本特性，教与学的过程都比较枯燥。但如果了解一些科研的最新进展，在教学过程中增加一些科研的案例，了解在实际工作中如何运用这些氨基酸的特性探索、解决、剖析一些实际的科学问题，就能开阔学生的想象空间，获得利用固有知识探索新问题的能力。一个经典的例子是对人类血液中红细胞的研究，其包含的血红蛋白由四个亚基组成，并由特定的氨基酸组合成特定的空间结构，其功能中心中任何氨基酸的改变都会影响血红蛋白的功能。人类血液病之一——镰刀型红细胞的产生即是由于血红蛋白功能中心中带负电的极性亲水谷氨酸被不带电的非极性疏水缬氨酸替代所致，致使血红蛋白的溶解度下降，血液的粘性增加，毛细血管阻塞，引起局部组织器官缺血缺氧，产生脾肿大、胸腹疼痛等临床表现。通过这样的科研案例教学，不仅增强学生对知识的理解，也使同学们深刻领会这些知识的实际应用，大大提高了学生综合运用专业理论知识分析和解决复杂的实际问题的能力。

三、科学最新进展融入教学体系的模式

在教学过程中，教师要熟练掌握所教课程的基础知识和框架结构，了解学科研究的最新动态和课题相关领域已取得的最新研究成果，了解基础知识与相关课题的融合点，指导学生树立创新研究的思想，树立“学为用”的现代教育思想。

（一）系统了解，全面把握，有机串联

遗传学研究已由经典遗传学时期过渡到了现代的分子遗传学时期，亦即由研究性状的遗传规律，过渡到探究影响这些性状表达的基因结构、功能、信号传导途径等过程；由探究单一的基因表达，过渡到单一基因在整个体基因组中的功能表现等，并由此诞生了分子生物学、基因组学、蛋白质组学、代谢组学、生物信息学等多个分支学科。只有了解最前沿的科学成果，才能真正了解到遗传学研究的现状，清楚学科未来的研究方向，把握学科发展的命脉。

同时也应认识到，现代分子遗传学的研究也决不能离开经典遗传学的研究手段和方法。如笔者在讲解“基因作图”章节时，选用了水稻研究中的一个案例，其中包含了经典遗传学中有关性状遗传规律的分析，也包含了现代的分子生物学分析技术等，使学生在学习新知识

的同时，对旧的知识也进行了回顾，从而将经典的遗传学知识与现代的分子遗传学理论有机的串联结合起来，教学效果很好。

（二）科研案例贯穿教学内容

一个课题的设计和顺利实施，一个科研成果科学的剖析，需要综合多方面的知识。通过经典科研案例的学习，不仅有助于知识的理解和运用，也促进了对课堂所学知识的有机串联；同时，教师把研究的思想，方法和取得的新进展引入教学活动，以研究的形式组织教学活动，打破固有的学科逻辑和机械的顺序，打破传统教学的单一讲、听、记的教学模式，变注入为引导，变被动为主动，变单向传授为双向多向交流[1]，使得教学活动更加灵活、生动；案例教学使课堂学习与实际工作紧密联系起来，激发学生探究未知的积极性，培养学生探索、创新精神和独立思考的能力，增加对未来工作的认知，培养自信心，学生因此学习的兴趣和积极性更高。如前面提到的“基因作图”的案例，在教学过程中，通过对课题背景、设计思路的解释，对具体操作步骤的理解，对实验结果的分析讨论，使学生真实触及一个科研成果或科学理论诞生的过程，并对相关的知识点进行了很好的串联，学生反映强烈，收效很大。

现代大学生是一个思维比较活跃的群体，接触面广，学习知识的手段丰富。因此，在案例教学过程中，要充分认识现代大学生的这种特性，发挥和调动学生自发学习的能动性，培养学生求知的欲望。教师可根据教材内容提出相应的问题，引导、鼓励学生自己查阅、精读相关的文献，经过分析、整理、归纳和总结后，在课堂上进行交流和讨论[2]。由于学生水平、经验、理解能力等的限制，对某些问题的认识可能出现疏忽和理解偏差等情况，教师应适时地进行总结性的纠正、补充、归纳等工作，帮助学生形成明确、系统、合理的观念[3]，充当组织者、参与者、指导者和辅助者的多重角色，也因此为教师提出了更高的标准，要具备超前的教育观念、快速接受新知识的能力、高超的教学技能等，多接触实际工作，多积累案例与问题等[4]。

（三）鼓励教师和学生积极参与科研活动

据统计，人类通过阅读获取知识的方式能掌握其中10%的内容，通过听讲所掌握的比例为20%，而通过实际操作所掌握的比例超过90%。由此可以看出，积极参与科研活动，对于知识的掌握是必要的。只有积极投身科研第一线，追踪科研最新进展，才能将知识更好的融会贯通，提高教师和学生的素质。并且通过科研活动，教师能深刻了解社会对人才类型的需求，了解社会对人才创业能力的要求，全面把握本学科的国内外学术动态，促进实用型人才的培养[5]。

大学课程教学不仅承担着传承知识的使命，更肩负着创新知识的使命[6]。现在的高校体制，正与发达国家接轨，亦即从单纯的教学为主、教学与科研的脱轨，过渡到教学科研并重的局面[7]，教育者对“科研兴教”“科研兴校”的认识加深，教师的科研意识也在加强[8]。教师不再是一个单纯的教书匠，而是拥有自己固定的研究方向。科研活动的开展，学术交流活动的日益丰富，将有利于教师综合素质的提高。

新的教学理念中有一句话：“教师要作学生的伴游，而不仅仅是导游。”所谓“导游”，就是指导学生学习，为学生排疑解难，“伴游”则是倡导学生积极参与到发掘未知世界的过程中来[9]。教师和学生都应抛弃传统观念对“学习”的认识，鼓励学生参与到科研课题中来，在研究中学习。通过亲身实践获取直接的经验，主动地获取知识、应用知识。培养独立思考和批判精神，培养科学的学习观念和态度，提高综合运用所学知识解决实际问题的能力。在这一过程中，科研工作者所具备的科学的思维方法以及创新性思维习惯，也会对学生起到潜移默化的影响，促进大学生素质和能力的全面提升[10]。

四、结束语

进入二十一世纪，科学技术飞速发展，新的知识、新的思维不断涌现，多样化的信息传播技术也使得人们获取知识的手段日益丰富，大学教育中传统的填鸭式教学方式已不能满足当前大学生素质教育的需求。在新的形势下，大学教师不仅需要对经典知识有深入的了解，也需要把握现代科技发展的命脉，将最先进的技术、知识介绍给学生，不了解科学的最新进展，并将其有机的运用到教学实践当中去，就会造成知识的陈旧，观点的落伍。

当今社会已进入知识经济时代，传统的复制式人才已不适应社会的需要，创造性、实用性人才的培养是社会对教育提出的新的要求[11]。这就要求大学教师首先具有创造意识与创新能力，系统了解和研究分析科学的最新进展，积极投入到科研工作来，把握学科研究的动态，把握学科的命脉；帮助学生了解目前的学科形势，了解自己所处的位置，明确自己今后的发展方向和奋斗目标。把科研与教学有机地结合起来，不断提高教学质量和科研水平，为社会培养具有“远大的人生理想、深厚的人文底蕴、牢固的专业知识扎实的实践能力、强烈的创新意识、宽广的国际视野”的高素质人才”[12]。

参考文献：

[1] 张天蔚．教学型本科院校开展研究性教学模式的探索．中国成人教育，2007，10：116.
[2] 马生健，蓝海婷，曾富华．影响生物化学教学效果的几个因素的探索．生物学杂志，2005，22(1)：50.
[3] 郭启华．研究性教学模式的建构．绥化师专学报，2004.
[4] 邱伟萍．研究性学习在历史教学中的实践与思考．http：//www. lysz. com/xueke/lishi/lunwen/yjxxx. doc.
[5] 徐建军．教学科研相得益彰提升电气专业质量．大庆石油学院教学简报，2007，4：3.
[6] 郑文杰，向清祥．坚持走“科研促进教学 科研深化教学”之路．乐山师范学院学报，2006，11：78.
[7] 宋海农，王双飞，黄显南．高校本科教育中教学与科研的关系．高教论坛，2004，1：45.
[8] 谢尉明．推进素质教育倡导科研兴教．现代企业文化，2008，5：178.
[9] 王秀丽．建立新型的师生关系营造学习的人文环境．http：//www. loveshipin. cn/xgjy/jyyj/yjkz/cktg/200809/t20080919_ 517593. htm.
[10] 王永强．教学与科研的关系浅析．科学与管理，2007，3：66.
[11] 李世平．大学教育的和谐与和谐的大学教育．河南大学学报(社会科学版)，2008，48(1)：38.
[12] 发璐．高师学生需要深厚的人文底蕴．教书育人，2003，134：42.

风景园林特色专业建设的探索与实践

杨晓东①，刘 燕

（北京林业大学园林学院）

摘要：本文根据当前我国城市园林绿化和生态环境建设事业的发展现状和发展趋势，对北京林业大学风景园林专业建设进行了探索，构建了符合社会和风景园林行业发展需求的人才培养模式、课程体系和教学管理体系，并在具体实践过程中取得了初步成效。

关键词：风景园林；特色专业；探索；实践

北京林业大学风景园林专业是我国历史最长、师资力量最雄厚、人才培养数量最多的风景园林专业，2006 年被评为校级特色专业，2008 年被评为北京市特色专业，2009 年被批准为教育部第四批特色专业。历经近五年时间，风景园林特色专业建设在人才培养模式改革、课程体系更新、课程及教材建设、教学质量管理体系建设等方面均取得了显著成效。

一、人才培养模式创新

经过广泛调研分析，进行风景园林行业发展现状和发展趋势研究，并根据社会需求和行业发展趋势最终确定了当前风景园林专业的本科人才培养目标，即主要培养从事风景园林规划与设计、风景名胜区及城市各类绿地规划设计、园林施工与管理等方面的的高级工程技术人才。由此形成了全新的教育理念和教学内容，制定出“两翼并重，两渠相融，两阵贯穿”的人才培养模式。即课堂教学和实践教学两翼并重，尤其要加强实践教学环节，提高学生运用理论知识进行风景园林艺术创作和规划设计的能力；毕业设计和南北方实习两条综合性培养渠道相互交融，重点培养学生综合运用所学知识和技能独立解决实际问题的能力；第一课堂教学和第二课堂素质教育两个阵地贯穿整个教学实践过程始终，通过各种设计竞赛、名师讲堂、社团活动、社会实践以及就业实习等教育环节加强学生的专业知识和技能，提高综合素质。

二、课程体系构建

（一）“基础宽厚、主线分明”的理论课程体系

根据当前风景园林事业和风景园林教育发展的趋势，对国内外风景园林专业理论课程体系进行了总结和提炼，对原有教学计划进行了修订。重点构建了“基础宽厚、主线分明”的

依托项目：北京林业大学 2009 年国家级特色专业建设项目——风景园林专业。

① 第一作者：杨晓东，在读博士，助理研究员。研究方向：园林植物与观赏园艺。电话：62336063。E-mail：xiaodongyang2002@163.com。通讯地址：北京林业大学 10 号信箱，100083。

理论课程体系。

1. 强化专业基础

经过调研深刻认识到专业基础训练在教师教学和学生学习、考研、就业过程中的重要作用，新开设了园林植物基础、制图基础、素描基础、色彩基础、造型基础、设计表现技法等基础课程。

2. 主线分明

明确提出风景园林专业的理论课程体系由“科学、设计、艺术”三条主线贯穿于整个教学环节始终：①在自然科学方面，主要开设园林植物基础、园林树木学、园林花卉学、园林树木栽培养护学、园林植物景观设计等一系列课程；②艺术类课程依次开设素描基础、色彩基础、水彩风景画、钢笔风景画、素描风景画、写意山水等课程；③设计类课程以造型基础和设计表现技法为基础，先后开设风景园林艺术原理、城市绿地系统规划、风景园林建筑设计、风景园林设计、风景园林工程、风景区规划、风景园林管理等课程。此外，还特别注意了三条主线之间的协调以及每条主线中各门课程之间的衔接，尽量做到每门课程的知识点相对独立，避免产生交叉、重叠和盲区。

（二）全方位、多层面的实践教学体系

实践教学是现代高等教育中一个重要组成部分和理论应用环节，它与理论教学共同构成了一个完整的专业人才教育体系。注重大学生能力培养，提高其理论实践能力对于我国高等教育中的人才培养目标实现有着突出的现实意义。[1]风景园林专业是实践性非常强的应用型专业，实践教学环节尤为重要。经过多年的改革建设，目前已形成形成单门课程实习（设计）—学期内课程综合设计—南北方综合实习—毕业设计等 4 个层面的实践教学体系。

1. 课程实习和课程设计

为使学生认识到园林植物知识对于专业学习的重要性，从新生入校伊始就加强园林植物认知的实践环节；二年级加强园林树木和园林花卉的识别和应用实习；三年级进行园林苗圃和栽培养护方面的实践技能训练；四年级对南方植物的识别要点、生态习性、观赏特性、园林用途进行综合实践调查。

为使学生及时将理论知识与生产实践相结合，提高动手能力和专业技能，大部分设计类理论课程中都配有相应的课程设计，主要为城市绿地系统规划、风景园林设计、风景园林建筑设计、风景园林工程设计和园林植物景观设计等课程设计。

2. 学期内综合课程设计

为使每个学期内各类设计课程有机结合，相互融合，借鉴国外人才培养的思路，开设了风景园林综合 Studio 课程，分为七个学期进行，作为培养创新人才的主要举措。每个学期根据开设的理论和实践课程内容，确定相应的综合设计主题，目的是让学生尽早关注专业领域，培养学生的设计思维和创作能力。每学期由一个教研室统一负责，1 ~ 2 个教研室辅助进行，从第一至第七学期课程设计内容分别是：生活切片、拥挤都市、表现魅力、环境改造、场所感知、滨水空间和城市复兴。

3. 综合实习

为使各个学期的设计课程前后贯穿，形成完整的课程体系，开设风景园林南北方综合实习课程。该环节在承德、杭州、苏州、上海等地进行，重在加强学生综合运用所学知识，理论联系实际的能力。该项实习已坚持了二十多年，为许多兄弟院校风景园林及相关专业所效仿，实践证明，南北方综合实习对于学生专业技能的提高和理论水平的升华都具有十分重要的作用，是风景园林专业非常重要的实践环节。

4. 毕业设计

要求教师积极联系生产实际指导学生毕业设计，鼓励学生毕业设计与教师的科研项目和横向课题相结合。目前取得的效果主要表现为：超过90%的毕业设计与生产实践紧密结合；历届均有50%以上设计成果被相关企事业单位直接采用；学生在导师指导下独立承担研究设计项目，有创造性的优秀设计成果占总数的30%以上。

（三）第二课堂素质教育体系

“第二课堂”教学是培养学生的综合素质和创新能力的重要途径；是“第一课堂”教学内容的重要补充；是不断完善知识结构、延伸扩展教学内容、加强学生自学能力和个性发展空间的素质教育新阵地。[2]新的课程体系非常重视“第二课堂”教育的重要作用，贯彻以专业教学促进素质教育，避免素质教育成为人文类课程的简单集合的人才培养思路，首次将“第二课堂”教育提升到本科课程体系的高度，构建了一套与“第一课堂”各个教学阶段相配套的素质教育课程体系，各门课程成绩同样记入总学分。

“第二课堂”素质教育体系主要由四个方面构成。第一、设计竞赛是教学成果的直接体现。新教学计划要求学生本科期间至少参加一次国内外风景园林设计竞赛，并选派相关教师进行辅导。第二、风景园林讲堂是拓宽学生专业视野、及时了解行业发展前沿动态的重要手段。每年组织“风景园林讲堂”40～50场，邀请国内外知名的专家学者传授最新的专业理论和实践经验。第三、就业实践是学生理论联系实践、提前了解行业现状的重要平台。第四、丰富多彩的社团（Action风景园林设计协会、插花协会、科技协会等）文化活动和大学生寒暑期社会实践活动是培养大学生专业素质和综合素质的重要补充。

三、教学管理体系完善

“只有科学化的管理，才能使各种资源发挥最大功效，才能保证人才培养方案顺利实施。”[3]风景园林特色专业建设过程中还重点加强了与新的人才培养模式和课程体系相适应的教学管理体系建设，以保证新的人才培养模式实施和后续课程教学改革及建设得以顺利进行。主要有以下几方面措施：

（一）建立院级教学质量监控体系

一是聘请教学经验丰富的退休老教师组成专家组，对青年教师的教学方法和教学手段等方面进行评价和详细指导；二是建立由学生评价、同事互评、领导检查、督导抽查4方面评价相结合的教学质量评价体系，并对每学期教学质量评价占前十名的教师进行表彰；三是建立新进教师教研室主任指导制度。这些措施对提高全院教师尤其是青年教师整体教学水平和教学效果都具有重要意义。

（二）建立人才培养及教学管理信息数据库

重点建立了“教师信息库”、“学生信息库”、“教学管理信息库”、“教学改革研究项目及教学成果信息库”、“风景园林讲堂视频检索系统”、“就业调研数据库”等方面的数字化信息平台。6个信息库建成后，全面实现了教师信息、学生信息、教学信息、教改信息、就业信息和二课堂素质教育信息的数字化管理和查询工作，进而大大提高了教学管理的工作效率。

（三）强化学院、教研室和课程组三级教学管理体系。

对学院、教研室和课程组在教学改革、教学研讨、教学组织管理、教学质量监督检查等方面的权利和责任分别进行了明确规定。三级教学管理体系，权责分明，对提高教学管理工作效率、教师整体业务水平和教学质量都具有重要意义。

（四）建立院级教学改革研究体系

为提高教师参加教学改革研究的积极性，园林学院投入专项经费，设立了院级教学改革研究项目，逐步形成院级—校级—北京市级—国家级四个层面的教学改革研究梯队。教师的教改项目与教师年终考核和专业技术岗位聘任相挂钩，实行一票否决制，即未按要求完成教学改革研究项目的教师年终考核结果为不合格，未按要求完成教学改革研究项目的教师不能申请职称晋级。

四、特色专业建设取得的成效

（一）教学改革研究成果

以国家、北京市和校级“质量工程”建设以及各级教学改革研究项目为依托，在专业建设、团队建设、课程建设、教材建设、教学名师、教改立项和大学生创新计划等方面均有显著突破。

1. 专业及团队建设

2008 年，风景园林专业被评为北京市特色专业，2009 年被评为第四批国家级特色专业，园林设计教学团队同时被批准为北京市优秀教学团队。2008 年团队带头人李雄教授被评为“北京市教学名师”。

2. 课程和教材建设

近五年来，共建设国家级精品课程 2 门（园林花卉学、观赏植物学），北京市精品课程 3 门（观赏植物学、园林花卉学、园林树木学）、校级精品课程 11 门和院级精品课程 21 门。风景园林专业教师主编出版教材 20 余部，其中国家“十一五”规划教材 17 部。刘燕教授主编的《园林花卉学》被评为国家级精品教材，《园林树木栽培养护学》等 3 部教材被评为北京市精品教材，《城市绿地规划（第二版）》等 3 部教材获得中国林业学会优秀教材一等奖。

3. 教改立项和教学成果奖励

近年来，风景园林专业教师共主持参加省部级以上教改项目 4 项，校级教改立项 8 项，教师发表教学改革研究论文 52 篇。获省部级以上教学成果奖励 4 项：《园林专业培养方案及教学内容和课程体系改革的研究与实践》获得 2000 年国家级教学成果一等奖；《园艺园林教学资源库建设与应用》项目获得 2004 年省部级高等教育教学成果一等奖；《园林专业复合型人才培养模式改革研究与实践》获得 2008 年北京市高等教育教学成果二等奖；《园林植物应用设计系列课程建设》获得 2005 年北京市高等教育教学成果二等奖。

4. 大学生创新计划

为培养学生的科研素质和创新思维，三年来组织学生参加校级、北京市级和国家级大学生创新性实验计划 42 项，118 人次。鼓励青年教师指导学生积极申报国家级、北京市和校级大学生科研创新计划。在提高学生创新能力的同时，也培养了青年教师的科研水平。

5. 教学基地建设

风景园林专业校外人才培养基地——北京植物园被立为“2008 年北京市高等学校市级

校外人才培养基地”建设项目；2009 年，北京林业大学风景风景园林规划设计研究院的建立为风景风景园林规划设计学科提供了重要的科研与交流的平台。继续加强北京、承德、杭州、苏州、昆明、张家界等现有教学基地的建设，并积极探索开辟 3 个新的教学实习及就业实践基地。此外，还与杭州市风景园林局、北京市公园管理中心、天津市风景园林设计院、烟台市风景园林管理处等 34 家企事业单位签订教学实习与就业实践基地共建协议，为教学实习和学生的就业实践构建平台。

(二)学生获奖情况

风景园林专业教师指导学生参加的国内外风景园林设计竞赛获奖人数和获奖级别在同类院校风景园林专业中首屈一指。

近年来教师指导学生获得联合国教科文组织每年举办一次的“国际大学生风景风景园林设计大赛”和建筑设计大赛金奖 10 项；仅 2002 年至今就获得金奖 4 项，其中在 2009 年的 IFLA 国际大学生风景园林设计大赛中，风景园林专业教师指导学生在全部六个奖项中获得了第一名、第三名和两个佳作奖。

此外，风景园林专业教师还指导学生参加各种级别的国内外学生设计竞赛：2009 年在国际风景师联合会亚太区(IFLA APR)风景园林设计竞赛中获得二等奖 1 项，三等奖 1 项；在中国风景园林学会、日本造园学会和韩国造景学会共同组织的“中日韩大学生风景园林设计竞赛”中获得二等奖 1 项，三等奖 1 项；在中国风景园林学会举办的“中国风景园林设计竞赛”中获得三等奖 3 项；2008 年在“北京市花坛设计竞赛”中获得二等奖 1 项，三等奖 3 项。2005、2006 年连续两届获得中国国际科学和平促进会组织的“瑞田杯”全国青年“人类发展与和平”最佳城市人居环境设计大赛和平贡献奖和金奖，2005 年“中国青年滕头杯”风景园林设计竞赛中包揽近半数奖项。近五年，风景园林专业教师指导学生在国内外各类省部级以上竞赛中共获得奖项 60 余项。

参考文献：

[1] 徐大伟. 环境经济学实验教学模式的探索性研究[J]. 中国大学教学，2010(3)：77.

[2] 李雄. 北京林业大学风景园林专业本科教学体系改革的研究与实践[J]. 中国园林，2008(1)：5.

[3] 滕利荣等. 加强示范中心内涵建设切实发挥示范引领作用[J]. 中国大学教学，2010(2)：77.

农林院校中园林教育的发展优势研究

杨晓东①，李　雄
（北京林业大学园林学院）

摘要：当前我国园林教育主要以农林院校、工科院校和综合类院校为主，本文从园林教育的发展历史、师资队伍、教学科研成果、人才培养、装备平台、学科地位等方面进行了调查研究，分析认为当前我国农林院校具有园林教育的综合发展优势。

关键词：园林；教育；农林院校

当前，我国城市化进程加快，城市园林绿化事业和生态环境建设倍受重视，园林教育随之发展迅速。开设园林专业的学校数量和招生规模都在不断扩大。开设园林专业的院校呈现多元化的发展趋势。一方面，农林院校、工科院校和综合院校中的园林专业数量显著增加，另一方面，部分民族类、艺术类和师范类院校也相继开设了园林专业。各类高校在学科设置、特色专业建设等方面竞争激烈，在人才培养模式、课程体系、师资力量、教学科研硬件设施等方面存在显著差异。在此背景下，本文通过一系列调查研究，利用比较分析的方法对我国农林院校中园林专业的发展优势进行了深入地分析与研究。

一、园林教育发展历史

“园林学是研究运用自然因素（特别是生态因素）、社会因素来创建优美的、生态平衡的人类生活境域的科学”[1]。我国园林学科最早起源于农林院校，园林学的教育可追溯到上世纪20年代中央大学农学院和金陵大学农学院的造园研究。

1951年9月，教育部批准在北京农业大学试办造园组，面向全国招生，是我国现代园林学科高等教育开端的标志。此后，南京林学院等多所农林院校相继设置园林学科。1963年教育部《理工农医研究生专业目录》中，在林学门类城市及居民区绿化一级学科中包括了园林树木栽培学和园林艺术及设计两个二级学科[2]。1983年国务院学位委员会颁布的《高等学校和科研机构授予博士和硕士学位的学科、专业目录（试行草案）》中，农学门类林学一级学科中包括园林植物、园林规划设计两个二级学科。

综上所述，园林学科最早建于农林院校，现代园林学科高等教育发端于农林院校，园林

依托项目：北京林业大学2009年国家级特色专业建设项目——园林专业、北京林业大学2008年国家级教学团队建设项目——园林专业教学团队。

① 第一作者：杨晓东，在读博士，助理研究员。研究方向：园林植物与观赏园艺。电话：62336063。E-mail：xiaodongyang2002@163.com。通讯地址：北京林业大学10号信箱，100083。

学科发展的各个历史阶段，主要为林学或农学门类下的二级学科，其教育体系也始终以农林院校为主。

二、高水平教师队伍

高水平的学科队伍是学科发展的根本。目前，农林院校集聚了一大批高水平园林学科人才，这是园林学科发展的最好保证。相比之下，其它类型院校的园林学科人才少而分散。

园林学科的国家级优秀人才几乎全部集聚在农林院校，其中院士3名、国际品种登录权威2名、国家级百千万人才1名、教育部新世纪优秀人才1名、教育部宝钢教育优秀教师特等奖1名。

全国园林学科的研究生指导教师多数在农林院校。北京林业大学研究生指导教师44位、华中农业大学25位、南京林业大学20位、东北林业大学20位；而非农林院校的园林学科研究生指导教师仅占总数的五分之一。

三、科学研究与装备平台基地建设

科学研究项目是学科建设的载体和动力，科研成果是学科水平和实力的标志。园林学科领域的国家级科研项目和国家级科研成果几乎全部由农林院校完成，包括国家863、973、支撑(攻关)计划、重大技术平台和国家自然基金等项目；2007年，北京林业大学“花卉新品种选育及商品化栽培关键技术研究与示范”项目获得国家科技进步二等奖，是截至目前全国园林学科领域唯一的国家级科研成果。

科研平台和基地是园林学科发展的重要支撑，园林学科中现有国家级工程研究中心1个、教育部工程研究中心1个、教育部重点实验室1个，全部设置在农林院校(表1)。

表1　全国园林专业国家级重点实验室和工程研究中心名单

序号	实验室名称	级别	单位	类别
1	国家花卉工程技术研究中心	国家级	北京林业大学	农林
2	教育部园林环境工程研究中心	教育部	北京林业大学	农林
3	林木花卉重点实验室	教育部重点实验室	北京林业大学	农林

四、人才培养

当前园林学科在农林院校已经形成了多层次、多规格的完整的人才培养体系，培养规模稳步增长，社会影响日趋扩大。全国园林学科专业本科生、硕士生和博士生的招收院校及其人才培养数量均集中在农林院校。

(一)专科生

根据教育部学生司2009年全国普通高校招生计划统计，园林技术专业专科生的招生院校共172所，其中农林院校46所，占26.7%；园林技术专业共招收专科生13228人，其中农林院校招生4455人，占33.7%(表2)。

表 2　2009 年招收全日制园林技术专业专科生的各类院校数量及招生规模

学校类别	开设园林技术专业的学校数量	比例	招收园林技术专业的专科生数量	比例
农林类	46	26.7%	4455	33.7%
综合类	64	37.2%	4211	31.8%
工科类	32	18.6%	2419	18.3%
师范类	15	8.7%	933	7.1%
财经类	7	4.1%	594	4.5%
政法类	2	1.2%	200	1.5%
医药类	2	1.2%	145	1.1%
民族类	1	0.6%	40	0.3%
其它类	3	1.7%	231	1.7%
合计	172	100.0%	13228	100.0%

注：根据教育部学生司 2009 年全国普通高校招生计划统计。

(二)本科生

2009 年全国招收园林专业本科生的院校共 141 所，其中农林院校 41 所，占 29.1%；园林专业共招收本科生 10321 人，其中农林院校招生 4046 人，占 39.2%(表 3)。在开设园林专业全日制本科专业的院校中，有 211 工程院校 16 所，其中农林类占 50%(图 1)。此外，141 所学校中有 985 工程院校 2 所，农林类占 100%，分别是中国农业大学和西北农林科技大学；有研究生院的院校 4 所，农林类占 100%，分别是西北农林科技大学、中国农业大学、北京林业大学和南京农业大学。

表 3　2009 年招收全日制园林专业本科生的各类院校数量及招生规模

学校类别	开设园林专业的学校数量	比例	招收园林专业的本科生数量	比例
农林类	41	29.1%	4046	39.2%
综合类	53	37.6%	3216	31.2%
师范类	24	17.0%	1825	17.6%
工科类	19	13.5%	1028	10.0%
财经类	3	2.1%	165	1.6%
民族类	1	0.7%	45	0.4%
合计	141	100.0%	10321	100.0%

注：根据教育部学生司 2009 年全国普通高校招生计划统计。

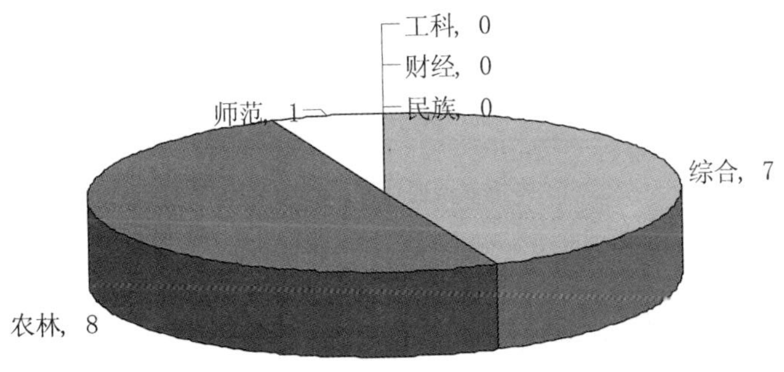

图 1　2009 年招收全日制园林专业本科生的 211 院校分布情况

(三)研究生人才培养

根据教育部高校学生司2010年硕士、博士招生专业目录统计，园林学科(园林植物与观赏园艺、风景园林规划设计)硕士研究生的招收院校共有70所，其中农林院校39所，占55.7%；园林学科博士研究生的招生院校共有15所，其中农林院校10所，占67%。

五、教学成果

园林学科领域的国家高等教育质量工程项目大多分布在农林院校，国家级教学成果和国际大学生园林设计竞赛等奖项也绝大多数由农林院校获得。

截止2010年4月，全国共有国家级园林特色专业建设点8个，其中农林院校6个，占总数的75%；全国共有国家级园林专业优秀教学团队3个，全部在农林院校；全国共有国家级园林专业精品课程7门，国家级精品教材1部，也全部由农林院校教师主持(见表4)；全国园林专业教师共主编国家"十一五"规划教材54部，其中农林院校44部，占81.5%。2001年至今，全国园林专业共获得国家级教学成果奖4项，均由农林院校获得(表5)。

表4　全国园林专业国家级质量工程项目统计表

序号	项目名称	批准时间	获奖名称	学校名称	学校类别
1	园林专业	2007	第一批国家级特色专业	南京林业大学	农林
2	园林专业	2007	第一批国家级特色专业	北京林业大学	农林
3	园林专业	2008	第二批国家级特色专业	河北农业大学	农林
4	园林专业	2008	第三批国家级特色专业	河南农业大学	农林
5	园林专业	2008	第三批国家级特色专业	重庆文理学院	综合
6	园林专业	2009	第四批国家级特色专业	北华大学	综合
7	园林专业	2009	第四批国家级特色专业	浙江林学院	农林
8	园林专业教学团队	2008	国家级优秀教学团队	北京林业大学	农林
9	风景园林规划设计课程群教学团队	2009	国家级优秀教学团队	南京林业大学	农林
10	园林植物系列课程教学团队	2009	国家级优秀教学团队	华中农业大学	农林
11	观赏植物学	2004	国家级精品课程	北京林业大学	农林
12	花卉学	2005	国家级精品课程	华中农业大学	农林
13	园林植物育种学	2007	国家级精品课程	华中农业大学	农林
14	园林树木学	2007	国家级精品课程	华中农业大学	农林
15	园林规划设计	2008	国家级精品课程	南京林业大学	农林
16	园林花卉学	2009	国家级精品课程	北京林业大学	农林
17	园林植物昆虫学	2009	国家级精品课程	河南农业大学	农林
18	园林花卉学	2009	国家级精品教材	北京林业大学	农林

表5　全国园林专业获得国家级教学成果奖励统计表

序号	项目名称	批准时间	获奖名称	学校名称	学校类别
1	高等农林院校环境生态类本科培养方案及教学内容和课程体系改革的研究与实践	2001	国家级教学成果一等奖	北京林业大学	农林
2	园林植物系列课程教学改革的研究与实践	2001	国家级教学成果二等奖	东北林业大学	农林

（续）

序号	项目名称	批准时间	获奖名称	学校名称	学校类别
3	园林专业人才培养模式的探索与实践	2005	国家级教学成果二等奖	南京林业大学	农林
4	风景园林“五化法”实验教学体系的构建	2009	国家级教学成果二等奖	南京林业大学	农林

农林院校培养的学生在联合国教科文组织国际风景园林师联合会（IFLA）主办的国际大学生设计竞赛中共获得金奖8次、联合国教科文组织大奖8次、三等奖和荣誉奖多次。在国际建筑师协会（UIA）主办的国际大学生建筑设计竞赛中获得金奖1次。这些奖项一方面向世界证明了中国在园林教育领域的先进水平和实力，另一方面也充分证明了我国农林院校中的园林专业教育水平高，特色显著。

六、园林学科的地位比较与支撑

园林学科在农林院校中是骨干学科，受到高度重视，有很好的发展环境和空间，具有园林植物学科和园林规划设计学科的综合优势，具有科学完善的自然环境类课程体系（如生理、生化、生态、土壤、气象、病虫害等）作为支撑。然而园林学科在工科门类中，只是建筑学和城市规划与设计学科中的一个研究方向，由于缺乏园林植物、生态学等自然环境类课程体系的支撑，非常不利于学科的长远发展。而如果要建立环境类课程体系，需要大量的人力、物力和经费等。

综上所述，园林学科起源于农林院校；现代园林高等教育发端于农林院校；当前高水平的师资队伍、重要的科研和教学成果、人才培养基地和学科建设平台均集中于农林院校。园林专业在农林院校比在其它院校中的发展更有利，优势更突出。因此在学科建设和专业建设中应该给予农林院校更多的关注和政策倾斜。

参考文献：

[1] 汪菊渊．中国大百科全书（建筑—园林—城市规划卷）[M]．北京：中国大百科全书出版社，1986：9.
[2] 欧百刚等．对我国风景园林学科建设与发展问题的思考[J]．中国园林，2006(3)：5.

英语专业创新型人才培养模式的探索与研究

李 健①
（北京林业大学外语学院）

摘要：随着我国高校英语专业的发展，如何提高学生的创新能力已引起越来越多的关注。本文结合北京林业大学英语专业教学改革实践，对英语专业创新人才培养模式进行探讨，讨论重点包括英语专业创新型人才的内涵，以及创新型人才培养的教学模式，本文还就如何进一步推进和完善创新型人才培养机制提出了建议。

关键词：英语专业；创新型人才培养；教学模式；研究

创新型人才的培养在我国已成为高等学校教育和研究的重要组成部分。教育部在1998年12月制订的《面向21世纪教育振兴行动计划》中明确提出："高等学校要跟踪国际学术发展前沿，成为知识创新和高层次创新人才培养的基地。"[1] 与此同时，高校英语专业的教学重点也从单纯的语言技能的培养转移到复合型人才的培养，将英语和其他有关学科知识的学习结合起来，为国家的经济建设和改革开放服务。进入21世纪后，随着政治、经济、科技、文化各个领域对国际性人才的需求，在复合型人才培养的基础上又提出了创新型人才的培养，2000年高校外语专业教学指导委员会英语组制定了《高等学校英语专业英语教学大纲》，强调把学生能力的培养贯穿教学的全过程，"学生的能力包括获取知识的能力、运用知识的能力、分析问题的能力、独立提出见解的能力和创新能力，而学生的创新能力又是能力培养的重中之重。"[2]

本文拟结合我校英语专业教学改革实践对英语专业创新人才培养模式进行探讨。

一、英语专业创新型人才的内涵

关于什么是创新型人才，根据国内外大学和学者的观点可以归纳为以下几个方面：创新人才应具有积极的人生价值取向和高度的社会责任感，坚定自信，有强烈的创造愿望、深厚的理论基础、良好的分析能力与实践技能，有独立思考、敢于创新及独立工作的能力，有团队合作精神，国际视野、竞争意识和国际竞争力，以及一生求学不止的能力。由此可见，创新型人才是综合素质的体现，包括创新意识、创新精神、创新思维和创新能力。

具体到英语专业创新型人才的含义，以下几所外语院校的培养理念和实践具有一定的代表性：

依托项目：北京林业大学2006年校级专业建设项目——英语专业创新型人才培养模式的教学改革研究。

① 作者简介：李健，硕士，教授。主要研究方向：应用语言学、英语教学。电话：62338122。E-mail：davidjianli@163. com。通讯地址：北京林业大学外语学院，100083。

(1)外语创新型人才不仅仅是外语方面的专家，更重要的是在此基础上成为对象国研究和区域研究的专家，成为外语精湛、专业突出、素质高的复合型、复语型国际化人才(北京外国语大学)。[3]

(2)培养创新型外语人才意味着要培养国际型人才，他们应具有人文情怀、国际视野和创新意识与实践能力。他们首先必须具备高超的外语水平，了解世界其他国家和地区的文化，了解国际竞争规则，善于国际交往；他们必须树立起把自己的聪明才智和毕生精力贡献给祖国复兴与民族振兴事业的远大志向；他们必须学贯中外，具有综合的知识结构和跨文化交流与沟通的能力，能够参与全球性的竞争与合作(上海外国语大学)。[4]

(3)创新型人才即具有全球化视野的、高素质人才，其中包含两个层面的涵义：第一个层面是培养“有理想、有道德、有文化、有纪律”的高素质公民；第二个层面是培养一专多能，“双高”(思想素质高、专业水平高)、“两强”(外语实践能力强、信息技术运用能力强)，能直接参与国际竞争与合作的国际通用型人才，其特点是具有较强的沟通、组织、协调、领导才能(广东外语外贸大学)。[5]

(4)在创新型人才培养过程中要坚持人文精神的引领，在要求学生掌握扎实的专业基础知识和基本技能的前提下，关注学生的精神品格、道德修养和人格的形成，要引导学生以积极开放的心态去认识、对待和适应不同的文化。同时，注重为学生创造更多的社会实践机会，使学生将理论知识转换为实践能力，并在实践中提高解决问题的能力(北京语言大学)。[6]

综上所述，英语专业学生创新能力的培养除了与其他学科有共同特点以外，还具有本专业的特点，即不仅要强调打好英语语言基础，而且要转变语言教学与培养思维能力无关的思想，从加强专业课程建设入手，提高跨文化知识的系统性，在全球化的大背景下培养学生的逻辑思维和创新思维能力。

二、英语专业创新型人才培养的教学模式

创新型人才培养的核心理念是通过全方位教学体系的建立，促进开放性思维和创新思维的发展，对于学生来说，就是要成为善于独立思考、自主学习的创新人才，在学习中树立起对任何事物都有一种开放、探索、善于发现问题、作出评价的态度。该教学体系由以下相互关联的5个方面组成：教学环境，课程设置，教学方法与手段，教材的编写和选用，第二课堂学习与实践活动的开展。

首先，教学环境应有利于创新人才的培养，在宏观层面上建立有效的评价机制，例如设立“创新学分”、“创新奖”等机制，鼓励学生发挥想象力、创造力，营造创新的氛围，促进创新的欲望；在微观层面上开展层次不同、内容各异的活动，给不同年级、不同能力，以及不同性格、不同需求的学生提供创新的机会。

课程设置应有利于创新人才教学的开展，横向课程之间相互配合，突出不同课程的特色，减少重复部分，全面提高学生的创新能力；纵向课程之间有良好的衔接，各个阶段的课程在创新能力的培养方面各有侧重，形成一个由初级到高级、由简单到复杂的连续体。此外，适当增加选修课的种类，加强选课的灵活性和自由度，有助于给致力于某个领域的研究或学有余力的学生更多自主学习和发展的空间。

教学方法与手段应有利于创新思维的培养，根据课程内容和性质设计和有计划地、有针

对性地安排具有启发性、趣味性、挑战性的活动，给学生更多自主学习的机会，激发学习兴趣和主动性，通过探索性、研究性活动和课程加强对创造性思维的引导，使学生逐步获得发现问题的敏感性，评判、分析问题的思想方法，和解决问题的创新能力。

教材的编写和选用应有利于创新意识和能力的发展，教材内容注重语言技能和创新能力的结合，教材形式灵活多样，将教材的使用与教学实际结合起来，例如英语专业高年级专业课的教材可采取“指南”、“文选”或“读本”的形式，力求使教材兼具“学习素材”、“开放性索引”和“研究性资料”的性质，为学生的自主学习预留广阔的空间，为他们的自主探索提供学术性的指导[7]。对于学生来说，教材不应是他们学习的唯一依据，而是要突破教材的局限，通过教师的引导和帮助，扩大学习范围，丰富学习内容，获取新的信息，形成探索创新的意识，掌握自主学习的方法。

第二课堂学习与实践应有助于知识结构国际化、社会化，为学生开展创新活动提供广阔的天地。英语专业第二课堂学习活动的组织应与各校的实际情况和专业特长结合起来，特别是在综合性大学，英语专业的学生可借助学校得天独厚的的知识资源，与其他专业的学生联合，在某个领域开展实际调查和研究，在了解国外最新动态、收集相关资料和国际交流中发挥自己的专业特长，也可与其他院校学生联合，开展各种有特色的学习和创新活动，在实践中培养具有视野广阔、知识丰富、创新能力强的国际型人才。

三、北京林业大学英语专业创新型人才培养实践

(一)加强系列课程设置，整合课程内容，提高教学效率和课程之间的连续性、系统性

北京林业大学英语专业于 2007 年在原有教学计划的基础上，对课程进行了全面整合，加强了系列课程的设置，进一步完善了由语言技能、专业知识和相关专业知识构成的课程体系，该体系包括 5 个系列的课程：基础英语技能课程、高级英语技能课程、语言学系列课程、文学与文化系列课程、商务英语系列课程。课程内容的整合注重课程之间的连续性和系统性，特别是对原来分工不够明确或内容重复的课程重新设置，例如将原基础阶段和高年级阶段的英语写作课分为英语写作基础、英语高级写作和英语论文写作 3 门相互衔接的连续性课程，将普通语言学分为两门课程开设，一部分为必修课，讲授语音学、音系学、形态学、句法学、语义学和语用学等核心内容，加强教学内容的深化；另一部分开为选修课(语言学专题)，讲授语言学流派、语言与社会、语言与认知、语言与计算机、语言与文学等宏观课题，作为研究型课程开设，使有志于攻读研究生的学生深入学习并开展初步的研究工作。课程的重新设置提高了教学效率，突出了课程体系的内在联系，为创新型人才的培养奠定了基础。

(二)转变教学思想，强化自主学习的教学理念

从我校创新型人才培养的教学实践可以看出，自主学习是培养学生创新能力的重要手段，发现式学习，探索式学习和研究型学习在教学实验和课堂实践中的运用使教学方法和手段发生了明显的变化。

自主学习的教学理念于 20 世纪 60 年代进入语言教学领域，根据 Chaix 和 O’Neil，自主学习是一种学习者在总体教学目标的宏观调控下，在教师的指导下，根据自身条件和需要自由地选择学习目标、学习内容、学习方法，确定学习时间、地点和进度，以及对学习进行自我评估的学习模式(转引自 McDonough and Shaw[8])。因此自主学习的过程实际上就是学生

主动探究式的求知过程，学生可根据自己对知识的需要，自主进行选择，激发学生的学习兴趣，充分调动学生学习的主动性。以我校英语专业基础英语课进行的英语课文戏剧化教改实验为例，该活动在教师的指导和组织下进行，全部活动安排在课外，作为对课堂教学的延伸和补充。在活动中学生以自愿的方式组合，每个小组根据自己的兴趣，选出拟改编的课文，并在教师的指导下将课文改编成剧本脚本，排练、演出，并拍成录像。在此过程中，学生自己决定课文内容的增删和剧情的安排，自己担任导演、演员、舞台布景、服装等工作，教师则由讲解课文的主导退居幕后，成为学生的指导者和观众，学习模式也由教师制定教学计划、控制学习过程转变为学生自己确定课文重点，主导学习过程，使他们的内在动机得到最大程度的激发[9]。

发现式学习、探索式学习和研究型学习虽各有侧重，但它们具有共同之处，即学生在教师指导下，以任务或问题为载体，通过学生自主解决问题的过程进行学习。例如英语专业语言与文化课将研究型教学思想和理论运用于课堂教学，强调学生的参与和互动。该课以专题研究的形式进行，首先将学生分为小组，每个小组选择一个专题，小组内部分工协作，在课前利用网络、书籍、杂志，搜集、整理相关资料，撰写研究报告，并推选代表在课堂上以讲座的方式向大家汇报本组的研究成果，对于学生未涉及或涉及较少的内容，教师加以补充，并加入适量的提问、游戏等环节，帮助学生对所学知识的吸收。这种专题研究的形式不仅加深了学生对语言与文化的理解，而且通过亲身参与研究学生还学习到如何通过不同的渠道获取信息，用客观、科学的态度对待研究工作。例如，一些学生在收集英语习语的资料进行研究时，除了利用网络、书籍、报刊外，还亲自到外国人集中的地区进行口头调查。查阅资料和写研究报告的过程使学生充分领会到语言和文化的重要性，激发了他们进一步研究和进行创新的欲望[10]。

(三)第二课堂学习与实践中的创新能力培养

本校英语专业将学生的创新实践与第二课堂语言实践、社会活动相结合，通过多种形式为学生提供学习与实践的机会，例如学生在课后可以通过“E-learning 英语互动学习平台”进行自学，该平台提供影视、新闻、教材、英语文化、经典篇章、时尚资讯等丰富的学习资源，营造了一个学生可以制定个人学习计划、互动讨论，教师可监督、可辅导、可批阅的个性化自主学习环境。此外，以英语系学生为主体的英语俱乐部开展了一系列丰富多彩的学生活动，如英语知识比赛、英语讲座、英语小品比赛、英文卡拉 OK 比赛、口语角等活动。英语专业的学生还自己动手办起了英文报，刊登各种英语短文和学生自己的习作。同时英语系还鼓励学生参加全国性英语实践活动，如“21 世纪外研社杯”全国英语演讲比赛。为了激励创新成果的推出，我校英语专业将“创新学分”项目与专业学习相结合，包括专业获奖、业务实习、承担翻译工作、发表文章等，并提出了详细的要求和实施办法。

四、对于加强英语专业创新型教学的几点建议

进入新世纪以来，我国高校英语专业的改革与建设虽然取得了成绩，但在创新型人才的研究和培养方面还有很长的路要走。其中有些问题与传统的办学理念和教育思想的束缚有关，但不可否认有些问题则是本专业自身的问题。以下根据我校英语专业创新人才培养研究对进一步加强这方面的工作提出几点建议：

(一)完善创新型教学体系

目前虽然部分院校已展开创新型教学的实验和实践，并取得一定成果，但尚未全面推开，在很多情况下是教师的个人行为，这样研究的效果就会受到影响，也缺乏持续性。即使是做出的成果也有可能随着教师的更换和实验的结束而束之高阁，不能转为长期的效益。此外，有些教学实验的结论还只是停留在具体做法，尚未提高到理论层面，也影响了实验的说服力和指导意义。上述情况说明，创新型人才培养的观念尚未成为每一位教师的自觉行动而渗透到教学的各方面，特别是如何引导学生进行自主学习方面的思考和实践比较薄弱，有些课程的教学仍以学生的接受型学习为主，缺乏教师与学生以及学生之间的互动，学生没有机会发挥自己的创造力和思考能力。同时，对创新人才培养的研究有待于深化。因此需要进一步完善创新型教学体系，通过研究、实践和总结对每一门课程在自主学习方面提出具体的、切实可行的方案和要求，并加强课程之间的联系，对各种教学活动的形式和安排进行协调，使学生的创新能力得到全面发展。

(二)分阶段、有侧重点地实施创新型教学

由于各阶段学习任务和目标不同，以及每门课程的性质和要求不同，创新型教学的形式和重点也应有所不同，应防止只讲“创新”而忽视语言基础的倾向。作为英语专业的学生，离开扎实的语言基础，创新也就无从谈起。然而，打基础并非意味着只有让学生被动地进行语言操练，在教学的基础阶段，应强调发现式学习，探索式学习的重要性，运用交际语言教学、任务教学法等，使学生通过思考与合作学习完成各种课堂活动，给予学生更多的发挥主观能动性的空间。有些课程(如理论性较强的课程)则应引导学生做一些初步的研究和探索，为高年级的研究型学习打下基础。

随着学生进入高年级的学习，理论性课程增加，学生的思辨能力也在提高，该阶段的教学重点应向研究型学习转移，这时教师给予学生的指导更多地体现在思维方式的训练和发现问题、分析问题、解决问题的方法方面，如对某个问题的调查研究及结论，独立或合作完成小型研究项目，课程论文的撰写等，激发学生的求知欲和创新意识。

(三)加强教师的创新意识和创新精神

学生创新能力的培养是与教师创新能力分不开的，这是相辅相成的两个方面，教师应首先明确创新人才以及创新型人才培养的含义，创新人才培养与日常教学的关系，以及各种教学方法和手段在创新型教学中的使用。只有深刻理解创新人才培养的重要性才能建立起创新意识，而创新意识的建立则可以使教师更加敏锐地发现自己教学中存在的问题和不足，并在此基础上对教学进行改革。

五、结　语

推进和完善创新型人才培养机制是一个复杂、长期的过程，需要在开展创新型教学研究的基础上，建立自主学习和创新课程的评价体系，建立创新型教学信息与经验交流、资源共享的平台，创建鼓励教学创新的机制，并建立创新型人才培养档案，保存相关资料和科研成果供教师交流和查阅，不断增加新的内容，使英语专业教学成为具有可持续性的创新型人才培养体系。

参考文献：

[1] 面向21世纪教育振兴行动计划[EB/OL].(2010-1-29)[2010-2-7]. http://news.sina.com.cn/richtalk/news/china/9902/022523.html.

[2]何其莘，黄源深，秦秀白，陈建平．近三十年来我国高校英语专业教学回顾与展望[J]. 外语教学与研究，2008，40(6)：427~432.

[3]北外校长郝平：培养创新型人才是大学重要使命[EB/OL].（2006-9-25）[2009-3-20]. http://www.webo.com.cn/job/html/2006-9-25/content_ 257003.html

[4]上海外国语大学：着力打造国际型人才培养创新平台[EB/OL].（2008-1-2）[2009-3-20]. http://www.huaue.com/unews/200812101122.htm

[5]广外要培养全球化高素质公民—徐真华接受中国青年报采访谈人才培养理念[EB/OL].（2008-04-12）[2009-4-2]. http://www.gwnews.net/article.php? ID=42992

[6]北京教育：全面培养国际型德才兼备的创新型人才—访北京语言大学党委书记王路江[EB/OL].（2007-5-23）[2009-3-20]. http://news.blcu.edu.cn/detail.asp? id=14073

[7]转变"教材观念" 培养创新人才[EB/OL].(2010-1-25)[2010-3-26]. http://uzone.univs.cn/blog_ 1339161_ o24c5fp580zlwmlbp581.html

[8] McDonough, J. & Shaw, C. Materials and Methods in ELT: A Teacher's Guide (2nd edition)[M]. 北京：北京大学出版社，2004：209.

[9]李欣．英语课文戏剧化—英语专业基础英语课程改革初探[J]. 语文学刊，2008(8)：153~157.

[10]祖国霞．"语言与文化"课教学策略与实践[J]. 语文学刊，2008(6)：9~11.

创新型日语人才培养实践初探

段克勤①，刘笑非，陈咏梅，祝　葵，於国瑛

（北京林业大学外语学院）

摘要：二十一世纪是科学技术和国际经济不 断迅猛发展、知识更新迅速的信息化数字化时代，为顺应这种时代的要求日语教学将培养创新型日语人才列为教育的重要目标。创新型日语人才应该是具有创新素质的复合型日语人才。首先是合格的日语人才，然后必须具有复合型的知识结构。在此基础之上，还要融入创新素质。本文将从创新型日语人才的内涵、创新型日语人才的培养模式、日语实践教学中如何培养学生的创新能力三个方面对创新型日语人才培养的诸多问题进行探讨。

关键词：创新型日语人才；复合型；培养模式；创新能力

二十一世纪是科学技术和国际经济不断迅猛发展、知识更新迅速的信息化数字化时代，培养具备创新和应用的创造型人才是当今外语教育的重要目标，所以外语教师培养具有创新能力的学生就显得极为重要和紧迫。同时，这也是对高等学校日语专业人才的培养模式提出了更新、更高的要求。[1~3]《高等学校日语专业教学大纲》明确规定了新世纪日语专业的培养目标，即："高等学校日语专业培养具有扎实的日语语言基础和广博的文化知识，一定的相关专业知识、较强的能力和较高的素质。并能熟练地运用日语在外事、教育、经贸、文化、科技、等部门从事翻译、教学、管理、研究等工作的复合型的高级日语人才。"[4]

许多外语教育专家对复合型外语人才的培养模式提出了自己的看法，如：西安外国语学院的杜瑞清老师对复合型外语人才定义为："复合型外语人才指既熟练掌握一门外国语的各种技能，懂得该门外国语基本知识，也具有其它一门学科的基本知识和技能的一专多能的人才。"[8]同时，还有许多高校采用多种形式进行复合型外语人才培养的具体实践，提出了许多复合型外语人才培养的模式。罗世平总结出目前我国复合型外语人才培养的主要模式有：外语加专业知识、外语加专业方向、外语加专业、外语加外语、专业加外语和双学位等。[9]

《高等学校日语专业教学大纲》的政策性文件特别强调培养学生的能力尤其是创新能力，原因是"创新能力的培养多年来一直是我国教学工作中的薄弱环节。"近年来，随着经济益发全球化以及我国在国际政治、经济、文化、科学技术舞台上的作用不断加强，文化交流日渐多元化，单一的外语人才即不具创新型的"复合型"人才也已不能满足市场对外语人才的需求。这其实是对外语教师提出了严峻的挑战，时代要求从事日语教学的人员必须根据市场需求培养日语专业人才，即创新型人才。这些人才应能在国际舞台上抓住机遇、迎接挑战，创

依托项目：北京林业大学 2006 年校级专业建设项目——创新型日语人才的理念及内涵的研究与实践。

① 第一作者：段克勤，硕士，教授。主要研究方向：日语语言、日语教育、日本社会文化。电话：62338272。E-mail：kqd@ bjfu. edu. cn。地址：北京林业大学外语学院，100083。

造性地开展工作。我们根据日语本身的特点以及社会的实际需要来进行相应的人才培养模式的改革。因此，教师在教学过程中，必须重点培养学生的创新精神和实践能力，建立新型教学模式。

一、创新型日语人才的内涵

江泽民同志在党的“十六大”上所作的报告中指出，我们要“坚持教育创新，深化教育改革，造就数以亿计的高素质劳动者、数以千万计的专门人才和一大批拔尖创新人才”[5]

国内外对创新型人才的理解有一些共同点，即都强调创新人才必须具有创造性、创新意识、创新精神、创新能力等素质。但是同时又存有很大的差异，这些差异主要表现在以下几个方面：其一，我国明确提出了创新人才(创新型人才)、创造型人才的概念，而国外只有创造性思维、创造型人格等外延较窄的概念。其二，我国对创新人才的理解大多局限于“创新”上，对人才的知识结构、能力结构、个性品质的全面关注不够；国外则强调在全面发展的基础上培养创造性、创新意识、创新精神、创新能力等素质，强调个性的自由发展。其三，我国对创新人才的理解差异很大，有的受领导人讲话或政府文件的影响较大，有的受西方心理学的影响较大，表现出很强的实用性，缺乏支持其概念的理论基础。国外对创新人才的理解，多是把当代社会对创新的需要融入到全面发展的人才培养理念之中。

创新型日语人才应该是具有创新素质的复合型日语人才。也就是说，创新型日语人才首先是合格的日语人才，然后必须具有复合型的知识结构。在此基础之上，还要融入创新素质(创新精神、创新能力、创新人格)。

创新型日语人才就是指具有创新精神和创新能力并习惯于创造性思维的人才，在其自身的认识和实践环节，能积极发现并探求新问题，并能熟练运用独特的方式解决问题，获得新成果。创新精神是创新的源泉与动力。要创新，就要有追求创意的强烈意识、对未知事物的好奇心，探索新发明的激情和百折不挠的毅力。

(一)创新人才的知识构成

我们认为日语创新型人才必须具备以下几方面的知识：专业外语知识、第二外语知识、文化知识、专业知识、百科知识等。专业外语知识指外语专业学生主修的外语，对于日语专业的学生来说，第二外语知识就是英语。文化知识主要包括日本文化、文学、艺术等方面的知识，与一个人的文化修养、文学修养与艺术修养息息相关。专业知识则是有关法律、金融、外贸、新闻、商务等领域的知识，亦即“外语 + 专业”复合型人才培养模式中的专业，以专业外语充当其语言工具。百科知识的范围比较广泛，主要涉及政治、经济、科技等。我们认为专业日语知识是日语专业创新型人才的内涵之一。毕竟，专业知识也很重要，离开专业日语谈创新就不是真正意义上的日语创新人才。同时我们对文化知识和百科知识也表现出较大的关注。这或许是我们认为创新型人才不同于复合型人才的一个重要方面。

(二)创新能力的构成

我们认为创新能力有积极作用的能力包括社交能力、实践能力、研究能力、综合能力等，具体来说，包括计算机能力、独立处理问题的能力、应变能力、适应能力等。学会在社会中生存，学会与他人协作共事，通过沟通取得他人的了解和支持对一个人成就一番事业具有举足轻重的作用。我们认为，这些能力对于日语创新型人才是不可缺少的。

（三）创新个性的构成

我们认为日语创新型人才应该有独特的个性，这主要体现在三个方面：在思维方式上要善于求异，不循规蹈矩，不落俗套，思考问题要有开放性，不追求惟一答案。要具有质疑精神，敢于挑战权威，不盲从，能始终带着批判性眼光看待前人或他人的研究成果，勇于独立思考，有主见。有着强烈的求知欲，对客观世界抱有强烈的好奇心，兴趣广泛。

（四）创新品质的构成

良好的品质对于一个人从事创新活动的重要性，与这些年来我国强调爱国、爱岗、诚信等道德教育不无联系。创新品质主要由心理素质（包括自信、耐挫、承担压力等）、意志品质（包括毅力、韧劲等）、道德品质（包括诚信、正直、社会公德、责任感、个人修养、宽容等）以及政治素质（包括政治觉悟、政治立场、爱国主义等）。在这四种品质中，创新人才的心理素质调适尤为重要。

二、创新型日语人才培养模式[6]

全国许多外语院校在人才培养方面进行了大胆的探索和尝试，但在创新型外语人才培养模式理论和实践方面进行的研究似乎还不够充分和深入。无论在理论上还是在具体实施步骤上存在有待探讨的问题，而在办学思想、办学思路和办学特色方面的探讨以及办学特色项目的建设还不到位。

那么，如何真正有效地培养具有创新意识的创新型外语人才？在拟定或制定教学安排、课程设置、专业必选、任选课、实践环节等教学课程体系的总体框架的设计上，如何优化课程结构、改进教学方法、引进先进的教学手段等方面还需要认真探讨和思考。

因此，日语专业人才培养模式是以适应新时代的社会需求为前提的，它应具有鲜明的时代特征和全面性的特点，既强调培养人才的基本技能，又强调培养人才的实际运用与创新能力。基于这些，日语专业人才培养模式的基本构型：实行“日语＋专业＋素质”的培养模式。即应该从单纯的语言教学发展成为集语言、文化、地域研究等多重因素相结合的教学。提倡教学内容多样性，教学方法灵活性，从而激发学生的兴趣和创造性思维。

（一）建立日语综合课程群，提升学生的综合能力

根据创新型人才培养模式的要求，我校在《2007版日语专业人才培养方案》中，建立充分体现日语语言知识、应用能力和文化素质的综合课程群，可以自行确定大学日语课程的总学分。在规定的学分内，开设有一定级别的课程体系，包括：基础类课程，如综合日语；技能类课程，如翻译、写作、口语、影视日语、口译等；文化类课程，如中外文化对比、日本文学、报刊资料选读等；应用类课程，如论文写作、日语函电等；另外还开设了全校各学科的公共选修课。学生可以根据自己水平和需要，选择搭配各种课程。但是，学生课程选择必须体现课程综合化的要求，使学生知识结构、思维结构和价值观念得到全面发展。

（二）开展专门用途日语教学，强化日语实用价值

开展专门用途日语教学是实施通识教育模式中与专业教育衔接过渡的关键一环，是将日语教学推向实用化、综合化的必然选择。因此，在通识日语教育模式的课程中，专门用途日语是学生实现日语实用价值、提高自身素养的关键。

（三）逐步普及双语教学，实现通识教育目标

在推广专门用途日语的同时，各大学应当积极普及双语教学。使用国外原版教材，用日语开课，不仅能直接推动学生日语水平的提高，而且还可以满足大学生探索性的认知欲望，提高其对学科和日语学习的积极性。高校的双语教学具有特殊的外语习得意义和与学科学习的互补性。双语教学与通识教育内容既有关联又有区别。通识教育的目的是教育，双语教学是教学，是对学科分化和课程分科的超越，符合课程综合化的要求。教育强调素质的提高，教学着眼于知识的增加，两者都是通过增加学生知识广度来提高综合素质和应用能力的。

(四)整合现代网络信息技术，构建学习共同体

近年来，随着信息教育技术和外语学习理论研究的发展，基于网络技术的现代外语教育为学习者提供了一个崭新的学习环境。在这一环境下，学习者与他人之间的双向沟通变得更为便捷，实现了动态的交互性语言学习目标。然而，由于网络虚拟活动存在随意的自由性、管理的开放性和行为的涣散性等特点，亟需通过共同的兴趣和目标组建一个社会化的学习集体。学习共同体是当今世界网络教育背景下的一个新的课程整合形式，学习者通过参与由其他学习者和教师共同组成的学习共同体的活动，构建个体性知识及共同体内社会性知识，从而达到自主学习的目的。为了促进学习者与教师及其他学习者的成功沟通，建构真正意义上的“以学习者为中心”的外语教育模式，需要构建基于网络的外语学习共同体，使外语学习者自主化和个性化外语学习能力得到提升，并能积极参加合作性和探索性的学习活动，真正实现创新型人才培养的目标。

三、日语实践教学中如何培养学生的创新能力

为顺应时代的要求，对日语创新型人才的培养目标应定位在培养宽口径、厚基础的复合型人才上。当代社会是个快速多变、改革创新的时代，我们培养的日语人才也必须是多样、多变、多彩的。而培养目标的实现和培养模式的实施，归根结底要依赖于合理完善的课程体系。无论课程如何改革，培养以日语为基础的复合型人才和创新型人才，都必须以日语能力为本，不能倒置，否则就没有优势。其次，我们要大力提倡实用性日语创新教学。随着我国改革开放的不断深入，对其他能力尤其是口语能力的要求显得更为迫切，而这正是我国日语教学中最为薄弱的环节。因此，注重培养口语交流能力，提高日语创新应用水平，成为进一步改革日语教学的重要方面。为此，我们还要进一步调整课程设置，修订教学内容，改革测试体系，突出语言的应用、实践能力，加强言的应用、实践能力，加强日语教学的实用性。

日语专业创新人才的培养包括课程设置、教学内容、教学方法与手段、师资队伍建设以及评估体系的系列改革。教学内容与课程体系改革的总体思路是：转变教育思想，更新教育观念，树立新的人才观和质量观；有利于人才培养目标的实现，体现专业特色；结合人才培养模式改革的不断深入，实现教学内容和课程体系的优化与重组，不断进行系列课程建设和改革。

(一)转变教育观念

从全面实施素质教育，为了学生全面、和谐发展的教育目标看，转变教育观念应包括以下几个方面：

(1)学生学习的性质应由接受性、继承性转变为探索性、创造性。不是机械地接受老师所教的知识，而是主动探究，积极思考，努力创造。

(2)知识不再是教育追求的目的，而是实现创新的手段。创新教育中知识由目的因素变为过程因素或手段因素，学生应运用所学知识，不断开拓创新。

(3)教学内容上，要从单纯的语言知识传授转向既学语言又学文化科技知识，培养人文精神。

(4)教学方法上，既研究教法，又研究学法。我们应以培养学生的创造素质为出发点，最终真正培养学生的创新能力。

(二)课程设置及教学内容的更新

在日语教育改革中，课程建设是个不容忽视的问题。因为课程是培养目标和原则的具体体现，是实现日语人才培养的根本途径。根据日语专业创新人才的培养目标，在修订人才培养方案时，进一步优化人才培养方案，重点放在整合专业课体系和教学内容，优化专业课理论教学和实践教学体系，以此保证人才培养质量。创新型日语人才培养目标首先对课程提出了新的要求。对基础与应用、理论与实践、选修与必修等课程的一种科学有机的优化组合，培养一批具有创新知识、创新能力、创新个性和创新品质的日语创新人才。增设了实践课、社会实践的学时，增加了名师讲堂和创新学分，同时每门课还增设了讨论学时。在实际教学中培养同学们的提高学生从事科研的能力、组织能力、创新能力、分析问题和解决问题的能力、人际交往能力和初步的学术研究能力，培养他们在群体中的团结协作精神。鼓励学生积极参与国家级、北京市级、校级的大学生科技创新课题，让学生在教师的指导下参与研究过程的各个环节。对于这些大学生科技创新课题的研究，我们看重的是过程，而不是结果。学生在研究过程中需要阅读大量相关文献，参与小组讨论，撰写专题论文。这些活动不仅锻炼了学生运用语言的能力，而且培养了学生独立思考、独立分析、独立批判的能力。

教学内容的更新主要体现在教材选用上。近年来，主干课程我们使用的教材都是国家十一五规划教材，不仅强调学生独立学习能力的培养，而且重视学生想象力和多角度的批评性思维能力的发展。有些课程如《翻译》、《写作》、《日本文化》、《日本概况》、《口译》、《应用语言学》等课程，是教师自编教材。目前各门课程所使用的教材特点是内容新、思路新、要求新，及时反映了我们教师对教学改革的新理念。

(三)构建动态型日语教学模式[7]

传统教学过程中包含了教师、学生、教材等三个要素，。在现代化教学中，通常要运用多种教学媒体，所以还应增加“媒体”这个要素。这四个要素在教学过程中不是彼此孤立、互不相关地简单组合在一起，而是彼此相互联系、相互作用形成一个有机的整体。在这种模式下，教师的作用不再是传统课堂教学模式中的“教授”和“灌输”，而是“组织”和“指导”，指导学生抓住重点，进行有效的自主学习，布置和明确多媒体网络的学习任务。这种整合各种教学要素的动态的日语教学模式特点如下：

(1)强调以学习者为中心：组织交际化课堂活动；重视任务型教学；遵守课堂回归原则。

(2)教师的角色作用不容忽视。在新型日语教学模式中，教师这个教学要素看似轻闲了，实际上却是对他们提出了更高的要求。作为一个日语教师，除了必须接受较系统的日语教育，即要具有丰富的日语语言知识、语音、语法、词汇的储备外，还能运用这些知识和较强的言语能力进行得体的交际或交流，因为“交际是语言最本质的属性”。如果说出的话与现实生活无关，就失去了意义。如果不是以交际为目的，记忆语法规则就没有用处，教学的努力就会徒劳无功。教师所教的内容应富有现实生活的语义，这样才能引起学生的兴趣。同时，目标语国家的文化知识不可缺少。日语教师还应增强科研能力和群体科研意识，并能写出有理、有据、有现实意义的日语科研论文。教师还要了解更多的教学方法，并将这些教学方法整合在不同的课型当中。

(3)教学手段改革。在信息技术高速发展的今天，如果教师在教学中不能及时提供更多、更新的具有时代气息的相关知识，仅仅讲授教材所提供的内容，就无法满足学生的求知欲，也会使学生对日语学习的兴趣逐渐丧失，其学习的积极性也会因此而受到影响。相反，如果教师能够充分发挥多媒体语言实验室的功能，把电影、录音、录像以及网上资源作为辅助教材，为丰富学生的文化背景知识提供大量的语法、阅读、听力训练，就可以弥补传统教材的不足，拓宽语言教学的广度和深度，从而达到完善教学内容，激发学生学习兴趣的目的。

(4)加强第二课堂教学的实践。日语专业除学校规定的教学实践活动外，专业实践教学环节主要包括课堂实践教学、课程实习(写作实习、翻译实习)和毕业实习，训练学生综合运用日语的能力。此外要求学生通过作业、观看录像、借阅图书、参加日语俱乐部、日语角、演讲比赛等活动进行课外实践活动。根据日语专业的办学特色，坚持实践教学与课外语言实践活动相结合的原则，以专业学生为主体，在全校范围内举办日语口语比赛、日语知识比赛、日语讲座、日语小品比赛、日语卡拉OK比赛、电影配音比赛等丰富多彩的课外语言实践活动。

(四)培养学生的合作精神

美国教育家布鲁姆认为，当学习转化为一种合作过程，人人都从中受益时，小组学习程序可以说是十分有效的。据此，可把学生分为四人一组的学习小组，课堂上相互合作，课外也可以开展活动。小组学习的过程中充满交流和协作，伙伴之间互相启发、帮助，各自都能获得很多实践机会。教学中，“小组学习”能够充分发挥学生的主观能动性，发展“自我反馈”、“自我评价”的能力，逐步学会学习。学生们通过思考和讨论，积极动脑，参与活动，既获得了知识，提高了语言表达能力，又培养了与他人合作的能力。

把先进的教育理念转化为自己的教学行为，是时代赋予我们每个教师的重任，也是培养具有创新精神和实践能力的新世纪人才的需要，作为日语教师我们更应为此不懈努力。实践证明，运用这样的思路进行日语教学，学生不仅在听说方面的交际能力大大增强，同时也促进了读写交际能力的发展，可以取得较好的效果，更重要的是学生从以前被动的听讲者转变为课堂的积极参与者，他们的主体意识在这个过程中得到充分的尊重与强化，从而增强了主动学习的意识，提高了学习能力，增强了创新意识，培养了创新能力。

参考文献：

[1] 何其莘．培养21世纪的外语专业人才—新《大纲》的修订过程及主要特点(J)．外语界，2001，(1)4～8.

[2] 何其莘，殷桐生，黄源深，刘海平．关于外语专业本科教育改革的若干意见(J)．外语教学与研究，1999，(1)：24～28.

[3] 黄源深．21世纪的复合型日语人才(J)．外语界，2001，(1)9～13.

[4] 高等学校外语专业教学指导委员会日语组．《高等学校日语专业日语教学大纲》．北京：外语教学与研究出版社/上海：上海外语教育出版社，2000.

[5] 江泽民．全面建设小康社会开创中国特色社会主义事业新局面(M) 北京：人民出版社，2002.

[6] 文秋芳．英语专业创新人才培养体系的研究与实践(J)．国外外语教学，2002，(4)：12～17.

[7] 郭春燕．创新型外语人才之构建(J)．高教研究，2009，(2)：149～151.

[8] 杜瑞清．复合型外语人才的培养和实践(J)．外语教学，1997年第2期.

[9] 罗世平．也谈21世纪复合型外语人才培养模式(J)．外语界，2000(3).

以就业为导向加强应用型本科专业人才培养
——以北京林业大学工商管理专业经济信息方向为例

马　宁①，谭红杨，刘　音，胡佳佳
（北京林业大学经济管理学院）

摘要："大学生就业难"问题是当前社会广泛关注的焦点之一。本文在分析当前我国大学生就业影响因素的基础上，根据北京林业大学工商管理专业经济信息方向毕业生就业情况调查结果，结合北京林业大学实际情况，提出要建立以就业为导向的应用型本科专业人才培养模式，以进一步提高教育教学质量，增强大学生就业能力和水平。

关键词：大学生；就业能力；教学质量；应用型人才

随着高校招生规模不断扩大，"大学生就业难"问题已经成为社会广泛关注的焦点[1~3]。高校作为人才培养的基地，肩负着大学生就业能力培养和就业观念教育的重任。加大教育教学改革力度，不断优化、完善高校现有人才培育模式，建立以就业为导向的应用型本科专业人才培养模式，是提高教育教学质量，增强大学生社会服务能力，进而破解"大学生就业难"问题的重要途径。

一、大学生就业影响因素分析

就业是民生之本，就业问题是我国的重要经济、政治问题。大学毕业生是我国宝贵的人力资源，其接受了高等教育，有较高的专业素质和能力。近年来，大学毕业生的就业压力日益增大，就业机会日趋多元化，形成这一就业现状的主要原因如下：

（一）社会需求

从国际分工角度来看，中国是世界的工厂，处于整个产业发展链条的底部，新增加的劳动就业岗位，主要是劳动密集型的就业岗位，白领需求不足是中国大学生就业难的重要原因。在国内，经济发展的东西部差距对大学生就业影响仍然存在。主要表现为多数大学毕业生选择在沿海经济发达地区和一些中心城市择业，而在一些经济欠发达地区、中小城市以及广大农村人才缺口依然很大。然而，近年来伴随着国家西部大开发政策的出台，以及在"双向选择"就业政策指导下对大学生"自主择业、自主创业"的鼓励和开创，区域性就业竞争日趋缓和，毕业生就业市场逐步完善、国内就业形势逐渐好转。从社会因素看，虽然经济、观

依托项目：北京林业大学2008年校级教学改革研究项目：北京林业大学应用型本科专业人才培养的评价体系研究——以经济信息管理专业为例。

① 第一作者：马宁，管理学博士，讲师。主要研究方向：信息管理与信息系统。电话：13681311515，E-mail：maning@ bjfu. edu. cn 地址：北京林业大学经济管理学院，100083。

念等传统因素对大学生就业的影响仍然存在，但是大学生就业问题已备受关注，大学生就业机会正逐步增多，国家出台的就业政策将日益优化，“大学毕业生”这一宝贵人力资源的就业前景将得到妥善安排。

(二)高校培养

随着高校招生规模的不断扩大[4]，“大学生就业难”问题日益显现，特别是一些热门专业人才过剩现象日趋普遍。诸如经济学、通讯工程、自动化、管理学、计算机科学与技术、法学等热门专业，每年的报考人数只增不减，这在一定程度上给大学就业造成了困难。由于我国高等教育受传统模式的影响，学校基本上按照统一的教学计划、课程设置、教学内容培养学生[5]。近年来，随着全面素质教育的逐步深入开展和学生就业求职的需要，社会实践环节教学已普遍被各大院校安排采用。接下来，随着学生个性化、应用型培养需求的日益旺盛和社会各类岗位的用人需要，个性化、应用性培养模式将提上高校培养日程。从高校因素看，为了适应就业需求，现行人才培养模式需要进一步优化创新。

(三)大学生自身因素

(1)择业观因素。大学生择业观的形成受到社会政治经济文化等多种因素的影响，具有明显的时代特征。当今大学生的择业观也在急剧变化之中，传统择业意识和新型择业观念复杂交织在一起，主要表现为两种代表性倾向：第一种倾向，就业期望高于客观现实，希望到经济发达地区就业、不愿到基层就业，一开始工作就希望有高收入等，这也是长期以来造成大学生就业困难的典型择业观倾向；第二种倾向则刚好与之相反，一些大学生对当今就业形势洞彻较深，他们着眼于实际情况，积极响应国家西部大开发号召投身西部地区建设，或者支持民族产业到乡镇民营企业工作，他们勇于尝试，也找到了真正适合自己发展、创业和施展才华的人生大舞台。

(2)就业主体意识和职业发展规划意识因素。大学生普遍接受过高等教育，有较高的专业素质和能力。经过几年的在校学习和培养，大学生对自己适合做什么，不适合做什么，哪些职位能胜任，自己潜能有多大较为了解，他们往往会依据对自己的了解制定合理的职业发展规划。这一主体意识和职业发展规划的形成很大程度上依赖于大学期间所学的专业知识和掌握的专业本领。

从大学生自身因素看，正确就业主体意识和职业发展规划意识的建立、科学择业观念的形成、专业能力的提升都在一定程度上影响了大学生的就业倾向。

可见，影响大学生就业的因素有很多，然而，“高校实践教学环节薄弱，大学毕业生应用技能不强”的现象则是影响大学毕业生就业难的重要原因之一。高校作为人才培养的基地，应该肩负起大学生就业能力培养和就业观念教育的重任。在现有教学模式的基础上不断创新，建立以就业为导向的应用型本科专业人才培养模式，可以在一定程度上解决大学生就业难问题。本文在对北京林业大学工商管理专业毕业生调查摸底的基础上，对如何加强并完善工商管理专业应用型本科专业人才培养模式进行初步探索。

二、大学毕业生就业信息反馈调查

北京林业大学经济管理学院是在林业经济管理专业基础上发展起来的，经过40多年的努力，在本科人才培养方面积累了很多经验，也取得了较大成绩。为了进一步完善我院本科专业人才培养模式，增强我院毕业生就业能力和水平，在北京林业大学教务处的资助下，我们开展了一项为期两年的毕业生调研工作，其目的在于跟踪我院毕业生就业去向，搜集毕业生就业相关信息。经过前期调研、问卷设计等阶段，我们对北京林业大学工商管理专业经济信息方向的毕业生进行了跟踪调查，调查采取问卷方式，经过问卷发放、回收、筛选等多个环节，共发放问卷300份，截止2009年12月，获取有效问卷261份。

根据调查，约35%的学生认为专业指导环节没有能够贯彻于大学四年是导致自己对本专业不够了解的主要原因。学生了解本专业的途径主要集中在课堂教学上，87%的受访者认为应当在本专业课程体系中引入行业概念，以一个完整的行业案例贯穿四年专业课程，以达到培养适应社会需求的应用型本科人才。

从毕业生就业与所学专业相关性来看，32%的学生现在的工作与所学专业相关性不强，仅有10%的受访者现在从事与专业相关的工作。在被调查的毕业生当中，有9%的学生第一份工作与信息管理相关，而有32%的学生第一份工作完全与专业无关。可见，本专业毕业生仅有一成左右从事过或者正在从事信息管理工作，分析其原因在于信息技术已经渗透到经济社会各个领域，经济信息方向的毕业生除了直接从事信息管理工作之外，还可以间接从事与信息管理相关的工作，例如档案管理、市场营销等。

其次，在课程设置方面，86%的学生认为本校经济信息管理专业的课程体系设置不太合理，其中最主要的问题是开设的课程实用性不够(66%)、专业性不强(62%)、专业课程内容之间衔接不够(66%)。

大部分学生认为在课堂教学过程中小组合作完成作业(75%)和独立完成作业(53%)对学生能力的培养最为重要；在实验课程中小组合作完成一个项目(82%)同样也是培养学生能力最重要的方式。然而，实验课时不足(68%)和实验师资力量不够(60%)是影响实验课程效果的主要因素，此外还存在着实验室配备不能满足需求(39%)的问题。

从以上调查结果可以看出，目前北京林业大学经济信息管理专业现有的培养模式仍存在有待进一步完善的地方，具体表现在以下两个方面：

第一，基础理论教学环节有待完善。专业指导不足是导致很多学生对本专业人才培养目标认识不明确的主要原因，这就使得学生无法结合专业和社会实际需要科学合理地制定自己的学习规划，从而影响培养成效。根据调查显示，课程体系设置不合理是影响人才培养质量的另外一个重要原因，具体表现为课程实用性不够、专业性不强、一些主要课程课时安排不足等，这些不利因素对于应用型本科人才能力的全面培养产生了极大制约。

第二，实践教学环节亟待加强。根据调查显示，多数受访者认为实践教学环节是培养学生能力的重要方式，是对基础理论教学的必要补充。然而，目前由于实验室配备不足、师资力量不够等多方面原因，使得学校提供给学生专业实践的机会并不多，学生无法及时将所学的理论知识运用到实际工作当中转化成自身技能，甚至一些毕业生就业多年却仍然从未接触过与专业相关的工作。

三、加强应用型本科专业人才培养的对策

(一)明确人才培养目标

作为国内重点大学的经济管理学院，其人才培养模式应该以“宽基础、精专业、显特色、重应用”为目标。“宽基础”，是指拓宽对学生基础理论的培养，为其构建系统的经济管理基本知识体系。经济信息管理是一门集“管理”和“信息”于一体的跨学科交叉专业，其培

养目标应确定为既懂"管理"，又懂"信息"的复合型人才。"精专业"和"显特色"，是社会化专业分工的必然趋势。而"重应用"，是将理论知识转化为生产力的关键。应针对人才市场需求的特点和要求，以培养适应能力强、特色鲜明、技能突出的经济信息管理人才。

（二）完善人才培养体系

经济信息管理人才培养应从理论教学和实践教学两个方面开展[6]。在理论教学方面，除了合理设置基础理论课程之外，更应紧密跟踪人才市场需求。例如，建立就业市场观测点，根据就业市场人才需求信息适时调整专业理论课程设置，实现"宽基础"和"精专业"的人才培养目标。在实践教学方面，应加大对经济信息管理教学实习环境的投入，让学生在模拟实验室中体验信息管理运作过程，实现"重应用"的人才培养日标。例如，通过《管理信息系统》、《企业资源计划》等相关课程的实践教学，引导学生参与企业信息管理运作过程。

（三）建立校企合作培养模式

许多企业对人才的要求是经过短期培训即能适应工作岗位需要。为了减轻学生的就业压力，省去企业二次培训成本，学校可以开展与相关企业的合作[7,8]。建立校企合作培养模式，是实现人才培养"显特色"的重要途径。可依托学校地理优势，发展与中关村高新技术企业的合作，根据合作企业人才需求，确定专门人才培养计划，学生毕业后可迅速从事目标企业提供的具体工作，增加学生就业机会；另一方面，企业直接从实习生里挑选优秀人才，为企业节约招聘和培训成本。

（四）加强专业师资队伍建设

经济信息管理是一门综合性学科，要培养出优秀的信息管理专业人才，首要任务应该加强本专业师资队伍建设。具体可以从以下几个方面着手：首先，尽量引进有信息管理从业经验的人才担任教师；其次，提供现有教师的培训机会，让原先从事技术的教师去参加企业管理等方面的培训，让原先从事经济管理的教师去参加技术方面的培训；此外，还可以鼓励经济信息管理专业的教师到相关企业去挂职锻炼。

参考文献：

[1] 姚先国，盛乐. 对当前大学生就业难的几点看法[J]. 浙江经济，2006(9).
[2] 苏俊枝. 大学毕业生就业现状分析与思考[J]. 现代教育科学，2006(7).
[3] 周燕. 大学生就业问题分析[J]. 合作经济与科技，2006(2).
[4] 韩飞舟. 高等教育大众化"中国模式"的理论和实践解析[J]. 中国高教研究，2006(6).
[5] 吴薇，刘丹，李东阜. 工商管理人才培养模式初探[J]. 商场现代化，2010(2).
[6] 于岩熙. 浅谈金融危机的影响下大学生的就业出路[J]. 赤子，2009(24).
[7] 齐宪生. 以就业为导向的校企合作办学模式探索[J]. 中国科技信息，2010(3).
[8] 吴岩. 中国产学研合作教育发展的新理念、新目标、新任务[J]. 北京教育，2010(1).

第二部分　实践教学改革

自然保护区管理专业实践教学体系构建与探索

徐基良[1①]，雷光春[1]，李艳春[2]，李艳山[3]
（1. 北京林业大学自然保护区学院；2. 河北围场新丰林场；3. 河北木兰林管局）

摘要：加强实践教学，是当前社会经济发展对生物多样性保护相关专业本科生教学提出的普遍要求。我校野生动物与自然保护区管理专业自2006年秋季开始招生以来，高度重视实践教学，并积累了一定的经验。本文在对该专业实践教学体系、实践教学管理等工作进行总结的基础上，分析了当前制约该专业实践教学工作发展的问题，并从明确实践教学目标和构建实践教学体系的原则、完善实践教学体系构建及实践教学考核与管理等方面提出了下一步改革思路，这对于其他相近专业实践教学体系的构建也具有一定的借鉴价值。

关键词：自然保护区管理；实践教学；体系构建

我校自2006年开始招收“野生动物与自然保护区管理”专业本科生[1]。目前，我校第一届“野生动物与自然保护区管理”专业本科生即将毕业，该专业的人才培养模式、课程体系及实践教学体系也已经经过一轮完整的实践与检验，取得了一定的经验[2,3]，急需进行总结和归纳，为下一步改革提供指导。本文将对本专业实践教学体系的构建进行分析与探讨。

一、实践教学体系现状分析

实践教学体系主要包括课程教学实验、课程教学综合实习、专业实习、科研训练、社会实践、毕业实习等六个环节，可以归纳为学生基本能力、综合能力和创新能力训练等三个平台[4]。

（一）基本能力训练平台

主要包括植物学实验、动物学实验、无机及分析化学实验、有机化学实验、植物生理学实验等。通过这些独立设置的课程，学生可以系统地进行自然保护区建设与管理相关的基本操作技能训练。

（二）综合能力训练平台

重点是开展教学实习环节，主要包括课程教学综合实习、专业实习和社会实践三个方面。

实践性较强的课程都安排有实习的环节，如植物学、动物学、气象学、自然保护区规划与设计、湿地保护与管理等都有课程教学综合实习。

依托项目：北京林业大学2009年国家级特色专业建设项目——野生动物与自然保护区管理专业、北京林业大学2007年校级专业建设项目——野生动物与自然保护区管理专业建设与实践。

① 第一作者：徐基良，男，博士，副教授。主要研究方向：生物多样性保护与利用、自然保护区管理。电话：62336718。E-mail：xujiliang@ bjfu. edu. cn。通讯地址：北京林业大学自然保护区学院，100083。

专业实习包括参观校内外相关单位，如自然博物馆、国家标本馆、北京动物园、南苑麋鹿苑、国家林业局调查规划设计院等，并到校外实践教学基地进行实习。特别是专业综合实习中，本专业根据实习地的特点，设计了若干问题，让学生自己利用所学到的知识去解决；同时，也鼓励学生根据自己的观察，发现一些问题，并制定出方案来解决。

社会实践是学生按照专业培养目标的要求，有计划、有组织地参与社会政治、经济、文化生活的教育活动。近些年来，本专业社会实践团队数量多，实践成果质量高，居于学校前列，其中一支团队获得校级重点项目优秀团队。

(三)创新能力训练平台

导师制。采用导师制管理和培养本科生，即根据学生的专业兴趣和爱好，把学生分为若干个学习小组；组织具有丰富教学、科研和实践经验的教师及科研人员，因材施教，为学生日后走出校园、迈向社会奠定宽广而坚实的理论和实践基础。

本科生科技创新基金。学院针对本专业设置了“本科生科技创新基金”，鼓励学生自选课题、自主制定研究方案、自行实施。该基金为我院部分学生的本科毕业论文提供了支持。

科研训练。通过科研项目进一步培养本科生的科研和独立工作能力。一方面，鼓励学生积极参与学校、北京市及国家各级大学生科研训练项目；另一方面，针对学院科研项目较多，科研氛围较重的特点，根据学生的兴趣，将其在本科生二年级第二学期开始即先后引入科研工作中，进而培养学生的独立工作能力和实践能力。

毕业论文。本专业结合学院本科生导师制、本科生科技创新基金及科研训练，将本科生毕业论文与导师科研项目相结合，实践证明具有一定的成效。

二、实践教学管理现状分析

(一)实践教学管理体制

一方面建立了院领导负责、各教研室主任配合的管理体制，即学院教学副院长负责学院实验实习的综合管理工作，各教研室主任负责组织本教研室承担课程的实验实习工作。另一方面，根据国家和学校有关制度，我院先后制定了《自然保护区学院本科实验教学管理办法》、《自然保护区学院本科教学实验室安全管理制度》、《自然保护区学院本科实习管理规定》、《自然保护区学院本科教学实习基地建设管理办法》等规章制度，以规范本专业实践教学工作。

(二)实践教学计划

一方面结合本科生人才培养方案的修订，明确了本专业实践教学内容、学时和学分及实践活动的形式；另一方面，也组织编写了专业相关课程实践实验的课程大纲，并在实验中得到检验。

三、实践教学体系建设存在的问题

经过一轮的实践，“野生动物与自然保护区管理”专业实践教学体系构建取得了一定的成绩，但是，还是存在一些问题，需要进一步完善。主要包括：

(一)组织管理经验有欠缺

本专业的实践教学曾经借鉴了相近专业林学和森林资源与保护游憩等专业的模式，但由于本专业的特殊性，没有成熟的经验和模式可以借鉴，这给组织管理带来很大的困难，主要体现在：一是未能及时确定部分实践教学的场地，特别是野外实践教学基地，影响到实践教学效果；二是部分实践教学内容之间有冲突，如《自然保护区规划与设计》和《专业综合实习》之间的部分内容；三是部分课程实践教学环节不够连续。

(二)监督管理不够到位

尽管本专业已经在实践教学方面建立了比较好的监督管理机制，但是其强调的主要是院领导和各教研室层面，对实践教学的真正实施主体——一般教师，并没有作出太多的要求，需要进一步完善。

(三)考核体系不完善

当前，本专业部分实践教学考核流于形式，部分实践教学完成后，只需提交一个简单的报告，相关教师也未能充分地核实该实验报告的真实性、科学性和严谨性，未能充分发挥其在提高实践教学成效方面的突出作用。

四、实践教学体系建设的思考与建议

(一)进一步明确实践教学的目标

实践教学目标应服务于专业培养目标。根据教育部有关规定，结合当前国内外野生动植物保护、湿地保护及自然保护区管理的客观实际，我院提出“野生动物与自然保护区管理”专业培养目标是：“培养掌握野生动植物保护、湿地保护、自然保护区建设与管理基本理论及相关技术，具有较强的独立思考能力和沟通协调能力，勇于实践、敢于创新，综合素质和发展潜能较高，能在生物多样性保护与利用、自然保护区建设与管理、自然旅游资源开发、保护与管理等领域从事设计、管理、研究与教学工作的复合型人才”。基于此，应进一步明确本专业实践教学的目标，即在遵循教育教学客观规律的基础上，充分考虑学生身心发展特点，始终把加强学生基本能力、综合能力和创新能力培养作为实践教学的中心工作，促进知识学习与能力培养的统一。主要包括四个方面的能力：

(1)基本实践能力。帮助学生加深对理论课程教学内容的理解，训练学生对各种基础实验仪器和专业实验仪器的操作技能，合理利用实验对象，掌握处理各种实验数据的基本方法。

(2)综合实践能力。培养学生综合应用不同课程的理论知识和实验技能解决实际问题的能力。

(3)科学实验能力。训练学生根据实验教学目的，自己设计实验步骤，选择实验仪器，独立完成实验和处理实验数据，以培养学生进行科学实验的基本能力。

(4)创新实践能力。培养学生综合应用所学知识和技能，结合专业培养方向，参加科研项目，对选定的问题进行分析，提出解决的方案，并通过一定的实验实践研究提高能力。

(二)进一步明确实践教学体系的构建原则

1. 以学科特点为依据

“野生动物与自然保护区管理”专业要求学生具有数学、化学、计算机等方面的基本理论和基础知识，具有较强的英语交流能力；掌握动物分类学、植物分类学、野生动物管理学、保护生物学、生态学、进化生物学、自然保护区规划与设计、自然保护区管理、湿地保护与管理等方面的基本理论、基本知识和基本实验技能；了解当前生物多样性保护与利用、湿地保护与利用、自然保护区建设与管理等方面的理论前沿和最新发展动态；掌握资料查询、文献检索及运用现代信息技术获取相关信息的基本方法；掌握一定的试验设计、操作，数据收集、归纳、整理、分析，以及撰写论文、参与学术交流和科研创新的能力。因此，实践性和应用性强是野生动物与自然保护区管理专业的突出特色，体现在实践教学体系的构建上，则需要进一步制定一个切实可行的实践教学计划，并突出强调野生动植物、湿地、自然保护区等方面的内容。

2. 以培养学生创新能力为目标

21 世纪是强调创新意识和创新能力的世纪，而培养大学生的创新意识，提高大学生的创新能力，是高等教育的目标。根据我院"野生动物与自然保护区管理"专业人才培养的目标，创新能力的培养也是本专业人才培养的基本目标之一。当前人才需求的基本情况也表明，具有良好的独立动手能力和创新能力的学生，才能得到社会各方的重视。因此，这就要求本专业所构建的实践教学体系在内容的选择和设计等方面要进一步考虑可操作性和创新性，以利于实现人才培养目标。

3. 突出时代性和系统性

当前，野生动植物保护、湿地保护、自然保护区建设与管理等工作的客观形势和需求正在发生着急剧变化，也不断提出新的问题，面临新的挑战。"野生动物与自然保护区管理"专业实践教学体系的构建必须与时俱进，适应这些变化。因此，本专业实践教学体系在内容设置、形式设计、管理手段等方面也要不断更新。同时，要在实践教学环节的时间安排上保持连续性，所选择的实践内容要与理论知识保持一致性。

（三）完善实践教学体系构建

针对"野生动物与自然保护区管理"专业实践教学体系现状和存在的问题，在进一步征求相关专家意见的基础上，结合 2006 ~ 2009 年实践情况，对"野生动物与自然保护区管理"专业部分课程的实践教学环节进行优化。主要有：一是制定专业实习方案，统筹专业的实践教学体系建设；二是以突出特色和注重实践为要求，进一步完善各专业课程实习的内容；三是优化和完善实践教学内容。

（四）完善实践教学的考核与管理

一方面，实践教学的考核，应既能考查学生的实践动手能力、创新能力，又能反映教师的实践教学水平，也是对实践教学计划的一种检验。因此，应将实践能力的考核成绩与理论测试成绩同等对待，重视实践教学的考核。包括进行实际操作、课程设计，撰写课程论文、实习报告、调研报告等形式，并在可能的情况下，尽量安排现场汇报的环节。

另一方面，尽快形成全过程管理与全员管理的机制。即以学科建设的要求为基本要素，实行全过程管理和全员管理。全过程管理包括实践教学目标的确定、实践教学计划的制订、实践教学的实施与考核、实践教学效果的评估等一系列内容。全员管理，就是学院全体教师均积极参与到相关教研室及专业综合实习的实践与管理工作中。

参考文献：

[1] 徐基良，宋维明. 建设自然保护区管理专业的若干思考［J］. 中国林业教育，2008，26(5)：54 ~ 56.

[2] 高俊琴. 关于开设湿地生态类课程的思考［J］. 中国科教创新导刊，2008，19：190，192.

[3] 雷霆，邢韶华. "湿地保护与管理"课程研究型教学体系与模式的探索［J］. 中国林业教育，2009，27

(6)：70～73.
[4] 丁春邦，杨婉身，马恒东. 生物科学专业实践教学体系的构建与实践 [J]. 高等农业教育，2007，11：65～67.
[5]刘小蓓，徐正春. 森林资源保护与游憩专业实践教学体系的建构 [J]. 中国林业教育，2007，25(3)：10～13.

关于木材科学与工程专业综合实习教学的思考

张双保[1①]，张求慧[1]，高建民[1]，张 勇[2]，赵 方[1]

（1. 北京林业大学材料科学与技术学院；2. 北京林业大学教务处）

摘要：木材科学与工程专业综合实习是培养适应新世纪林业工程人才过程中最为重要的环节之一。本文以木材科学与工程专业本科学生近10年来综合实习的实际情况为依据，分析了综合实习中存在的学生人数众多，教学经费不足，实习基地不稳定，教师理论知识与实际脱节等诸多问题，提出了“请进来—走出去”，与企业联合培养等一系列措施，开辟了一条适合本专业综合实习教学的新途径。

关键词：木材科学与工程专业；综合实习；教学改革；创新

综合实习是木材科学与工程专业本科教学计划的重要组成部分，是实现培养目标的重要教学环节之一。在整个综合实习过程中，指导老师要充分调动学生的积极性和主动性，让学生在实践活动中巩固理论知识，通过实践完善学生的知识体系和能力结构。综合实习要求达到的预期效果是：对行业的总体情况、基本内容、工艺过程、产品用途、质量标准、设备布局、工厂设计和产品研究等技术发展概况具有一定深入的了解；对国内外本行业的过去、现在和将来的宏观认识水平有所提高；对本专业、学科、行业及今后所从事的工作有一定的感性认识。通过综合实习，学生对后续专业课程的学习、进一步深造及从事与本专业相关的工作有更加明确的目标。

本着知识、能力和素质三方面并重的原则，北京林业大学根据国家教育部关于“中国教育改革和发展纲要”的指示精神，结合各专业的特点，构建了“北京林业大学本科人才培养方案”的重要组成部分之一——“2000版本的教学大纲”。经过不断地实践检验，完善并相继修订出了“2002版本和2007版本的教学大纲”。无论哪个版本的教学大纲，它都是本科学生教学的指导性文件，它规定了课程教学的目的、任务、知识、范围、深度和体系，同时还明确了对教学进度和教学方法的要求，它是教师教和学生学的重要依据。本着这个宗旨，我们将本科学生的综合实习提到一定的高度来认识，严格按照教学大纲的要求和教学任务指导书完成。

综合实习实施的方式和采取的措施，必须结合本学校、本专业及本学科的具体情况进行。根据木材科学与工程专业本科学生近10年来综合实习的实际情况，我们进行了深入分析，在方式和方法上勇于创新，突破僵化的思维模式，从综合实习的各个环节着手，走出了

依托项目：1）北京林业大学2007年国家级特色专业建设项目——木材科学与工程专业；2）北京林业大学2010年教学改革研究重点项目——《胶粘剂生产工艺学》课程建设研究。

① 第一作者：张双保，博士，教授，博士生导师。主要研究方向：木质复合材料与胶粘剂。电话：13681593543。E-mail：shuangbaozhang@ tom. com。地址：北京林业大学材料科学与技术学院，100083。

一条具有北京林业大学特色的综合实习路子。在教学实习基地工作人员的大力支持下，我们的教学工作得以顺利开展，教学成果硕果累累。

一、解决学生人数多、经费少，实习内容和质量必须保证的问题

随着国家关于高等教育体制改革措施的进一步实施，自 1999 年起，各大高校的招生规模发生了飞跃式变化。我校木材科学与工程专业从 1996 年和 1997 年每年招收本科学生 1 个班和 2 个班，扩大到每年的 4 个班到 5 个班。表 1 是我校木材科学与工程专业近 10 年来的招生情况。

表 1　木材科学与工程专业历年招生情况

年份(年)	1996	1997	1998	1999	2000	2001	2002	2003	2004	2005	2006
人数(人)	24	53	58	101	105	114	100	106	119	122	132

学生人数的剧增，给学校教学造成了很大压力，突出表现在教学经费紧张、上课教室紧缺、综合实习和毕业设计指导任务繁重，毕业学生就业困难等。虽然近几年高校经费有所增加，但真正用于教学的部分增加不大，用于实习和实验的就更有限了。由于实习成本成倍增加，实习基地不确定等因素，综合实习成为了“作客式的”走过场，预期效果大打折扣[1]。

“如何有效、合理使用经费”是本科学生综合实习内容和质量得到保证的基本前提。经过反复调查、研究和总结，结合综合实习教学环节的特点和教学大纲的基本要求，我们采取了“请进来、走出去”的综合实习方式。所谓请进来，就是召开专家报告会和座谈会，邀请国内与本专业和行业相关的工程技术人员、学者、专家、管理和设计方面的人士，与学生以做报告或者座谈的方式进行面对面的交流；所谓走出去，就是外出参观和考察，主要是赴与本专业和行业相关的生产企业、科研和设计单位学习、参观和考察，定期与实习基地负责人交流情况；另外，就是对产品进行市场调研，主要是考察市场上本行业产品的供求状况，做好产品质量信息反馈工作，了解客户对产品性能和标准的要求。

同时，我们还将本科生的综合实习与毕业论文(设计)及毕业后的就业意向有机结合起来，要求指导教师提前考虑学生的毕业论文(设计)选题，包括如何做、怎么做、在哪里做等问题。要求学生对毕业后干什么、怎么干、在哪里干有一个更明确的规划，让学生带着问题来进行。在征得生产企业同意的情况下，我们根据生产企业存在的技术、管理和生产问题，把毕业论文(设计)的内容与工厂的实际需要联系起来。企业为我们提供研究课题，我们为企业解决实际问题，学生在实践中得到锻炼，业务素质得以提高，就业问题也圆满解决。学校与企业互利双赢，一举两得。沿着这四条思路，基本解决了学生人数多、经费少，实习内容和质量必须得到保证的问题。

二、解决综合实习与企业生产效益之间的矛盾

木材科学与工程专业具有实践性强的特点，属于应用型学科，主要是为本行业和企业培养木材机械加工生产、设计、管理和研究的高级工程技术人才[2]。随着我国经济体制的改革，很多企业都进行了改制，他们或吸纳外资变成中外合资型，或被外方收购变成外方独资型。企业担心本科生到工厂实习会对正常生产和经营状况造成影响，不愿意接待本科学生到生产车间进行实际操作。

出于对接待单位、实习学生和指导教师三方面利益的综合考虑，我们在实习之前多次走访实习单位，与他们进行深入沟通，双方通过洽谈并最终达成协议。学校方面，我们向实习学生反复强调要严格遵守生产企业的一切规章制度，要求指导教师在整个实习过程中必须认真履行自己的职责。同时，还做出承诺：①优先为合作单位输送优秀人才，并负责毕业生的就业指导；②为合作单位提供生产、管理等方面的技术咨询和服务；③参与合作单位的技术革新、设备改造、科研项目等任务，提供人力和技术支持等。实习单位也参与到学校人才培养计划、培训方案制定和学生实习计划的实施中来，为学生提供技能培训的基地，对学生进行实习指导。这样，在实习质量得到保证和教学任务圆满完成的前提下，我们与实习单位建立起长期稳定的合作伙伴关系。表 2 中列出了本专业部分教学实习基地名称。

表 2　木材科学与工程专业教学实习基地

序号	实习基地	地区
1	北京木材厂	北京
2	北京建筑木材总厂	北京
3	北京森华人造板有限公司	北京
4	天坛家具	北京
5	北京恒福利家具有限公司	北京
6	北京黎明文仪家具有限公司	北京
7	北京世纪百强家具有限责任公司	北京
8	吉林森工集团	吉林
9	河北廊坊三利木业有限公司	河北
10	青岛盛福机械制造有限公司	山东
11	深圳亚力山卓家具公司	广东
12	深圳得力厨具实业公司	广东
13	广西六威林产工业集团公司	广西

三、解决本行业生产厂家的技术问题

在指导本科学生实习的过程中，教师能够及时发现生产中存在的技术和管理等问题。遵循提出问题—分析问题—解决问题这一思路，指导教师可以与生产厂家进行深入研究与探讨，帮助企业提出切实可行的解决办法。如实习期间让有设计优势的同学协助家具企业进行造型设计、结构设计和工艺设计，设计图纸可直接用于车间生产。木材干燥也是实木家具生产的一个重要环节，它直接决定和影响着家具的产品质量。学生在掌握干燥理论知识后可帮助家具企业确定最佳干燥工艺参数，降低能耗，节约生产成本。学校还积极帮助合作单位进行人才培养，我专业自设置工程硕士专业学位以来，已为生产企业培养了一大批“留得住、用得上”的工程技术和工程管理人才。我国人造板企业正面临经营管理不善、技术人才短缺和技术装备水平落后等问题，急需补充新生力量，转变观念，实习学生活跃的思维能力有助于企业在产品结构、工艺方法、原材料使用、产品功能和用途及管理方法上进行创新。

这样，在保障企业经济效益的前提下，指导教师和学生有机会将理论知识运用到实际生产中，有助于知识体系的更新。教师还可以结合行业的现状，有针对性地设计和调整综合实习的计划和内容，使学生不仅可以很好地完成本专业的实习任务，还可以充分利用实习资源掌握课程教学中没有涉及的知识。为此，我们鼓励学校和企业联合申报课题，让厂校挂钩，走产学研结合的联合培养之路，把科研教学实习基地办成人才培养，科研和科技成果转化的有效载体。通过共同培育，学校与企业建立起技术和科研合作关系，不仅为本科学生解决了校外实习基地不稳定的难题，而且有利于编制新的实习教学大纲，有利于学科建设发展的良性循环。

四、结束语

21 世纪是信息高度发达的知识经济时代，科技与人才将成为社会进步的决定性因素和主要推动力量，围绕人才培养和科技传播的教育竞争也将日趋激烈。木材科学与工程专业将向着多元化、生态化、自动化和智能化等方面发展[3]。为加强指导本科学生综合实习的针对性，教师要把握行业的最新动向，了解学科的最前沿信息，真正做到与时俱进。

为了适应新世纪对人才素质、能力、知识和文化的要求，高等教育的思想和人才培养的模式必须进行改革和创新。由单纯的课堂和学术教学转变成面向社会发展所需要的教与学，培养出既懂专业、学术理论知识，又具有实践能力和创新思维的复合型人才。深化专业内容改革，拓宽专业知识面，更新教学内容是木材科学与工程专业在新世纪继续为国家经济建设提供创新型人才的重要保证。把好综合实习质量关，是提高学生掌握知识和运用知识的能力、培养学生创造性思维和创新能力的最有效手段。

参考文献：

[1] 王宏斌，韩维生. “木材科学与工程”实践教学方法探索[J]. 中国林业教育，2002，(2)：42.
[2] 周捍东. 木材科学与工程专业本科人才培养目标及模式的研究与实践[J]. 中国林业教育，2003，(6)：29.
[3] 李凯夫. 木材科学与工程专业教学改革探讨[J]. 中国林业教育，2007，(1)：63.

改革制浆造纸的实验教学注重学生创新能力的培养

金小娟①，姚春丽，赵　强
（北京林业大学材料科学与技术学院）

摘要：本文分析了当今造纸工业对人才需求的要求，总结了制浆造纸方向传统的实验教学模式，并提出实验教学改革的措施，以学生为主体，自主设计实验，改革实验课考核办法，并注重学生创新综合能力及协作能力的培养。

关键词：制浆造纸，实验教学，创新能力，协作能力

造纸工业是国民经济重要的产业部门之一，对国家的经济、教育、信息传媒、金融等行业的发展有重要影响。纸和纸板的产量及人均消费量标志着一个国家科学文化和生产技术发达的程度。造纸工业早已从传统型工业转变成知识密集型工业，需要大批工程类技术人才。由于近十年国内造纸业的迅猛发展，给造纸专业提供了很好的发展机遇，国内出现了造纸专业人才供不应求的喜人趋势，2009～2010 年我校学生就业率高达 90% 以上。用人单位也对我们的学生提出了相应的要求，要求造纸专业的学生毕业后，能尽快转变角色，尽早进入工作状态，因此，对学生的实践能力及综合素质也提出了更高的要求。

一、造纸专业方向学生的实验教学环节的特点

制浆造纸专业是一门实践性很强的、以培养工程技术应用型人才为目标的专业，因此在教学的每一个环节都必须配合相应的实践教学，来加强学生对理论知识的理解，同时也可以培养学生自己的实际动手能力。

造纸专业方向学生的实验教学环节，一直以来都是教学大纲中重要的组成部分，一直被认为是制浆造纸课程中的重要内容，在整个教学中的地位越来越受到教师与学生的重视。制浆造纸实验已经不仅仅是制浆造纸学理论课教学的验证与延伸，而且是提高学生实践能力、创新能力和独立研究能力的最好途径。近年来，造纸实验设备逐步更新换代，实验教学改革的探索也一直贯彻于整个教学环节。原来的教学大纲对实验教学环节的定位是固定式的，实验时间也相对较短。现在启用的新的实验教学大纲，实验时间有所延长，由原来的 1 周增加为 2 周，并与 3 天的认识实习相结合。这使我们的实验教学改革探索有了时间保障。

依托项目：北京林业大学 2008 年校级教学改革研究项目——新形势下改革造纸专业教学思路、教学手段的研究与实践、北京林业大学 2009 年校级专业建设项目——造纸专业方向优化实验教学环节的探索与实践。

① 第一作者：金小娟，副教授。主要研究方向：制浆造纸。E-mail：jxj0322@163．com。通讯地址：北京林业大学 25 号信箱，100083。

以往的实验教学中大多采用传统的教育模式，以教师为主体，以讲课为中心，即“Lecture Based Learning，LBL”(以授课为基础的学习)。这种模式多是采取全程灌输教学，学生始终处于消极被动地位。学生尽管能够了解一些有关仪器、设备的使用情况，但由于让其发挥主观能动性的内容较少，仅局限于读取、纪录仪表数据，难以激发学习兴趣。总体上说，传统制浆造纸实验教学绝大部分是对制浆造纸基本工艺过程的简单验证，缺乏创新性，无法满足用人单位对毕业生素质的要求，迫切需要改革。

二、制浆造纸实验改革的基本措施

(一)课堂教学与实验教学相结合

造纸专业的老师在讲课的同时也贯穿实验教学的内容，不让学生“读死书”，注重理论与实践相结合。把基础知识和专业技术知识与实验教学有机融合在一起，通过教学、实验环节的共同作用，注重创新意识、创新能力的培养，并贯穿于人才培养的全过程，同时注重培养学生独立思考、勇于探索的基本科研素质，让学生在实践中深入理解造纸专业课上的理论知识，取得了很好的教学效果。两个教学环节相得益彰，形成了较好的互补效应。

(二)转变观念，实验教学中以学生为主体

实验的传统教学方法与理论课相似。一般是教师预先将实验题目、原理、步骤等内容列在实验指导书上交给学生，上课时教师宣讲一遍，再强调实验的注意事项、可能结果，提示学生重点观察；有时实验原料也由指导教师为学生们准备好，而后按部就班地监督学生们完成实验，上交实验报告，进行批改。学生在实验课的教学过程中始终处于被动地位，基本上是机械模仿实验方法[1~3]；出了问题找老师；由于实验内容大部分局限于验证，学生往往对自己所得的实验结果不重视，有的甚至很多学生的结果都一样，难以起到巩固、加深课堂教学中基本理论的作用，对实验设计基本没有概念；

因此为了提高学生的主动性和积极性，在实验教学中转变观念，以学生为主体把现有的实验方案改为设计性实验，让学生自己设计方案，教师把关，指导学生参与到实验设计到结论分析整个过程中来。例如蒸煮实验，以前的实验基本都是几组同学都是同一种原料，比如杨木，教师为学生去皮，削成一定规格的木片，风干备用，并设计出原料与药液的配比，升温曲线等，上课时把实验步骤，仪器操作的注意事项等为学生讲解一遍，然后再让学生动手操作。整个实验环节基本都是以教师为主体，现在，先把学生分成几个小组，每组几名同学各有分工，从备料开始，都有同学自己负责，可以采用不同的原料进行蒸煮，不同的原料就要有不同的备料方法，不同的药液比，并要采用不同的升温曲线，物料的得率也各不相同，整个实验的设计需要查阅大量文献资料，实验设计的过程中就把课堂教学中涉及的理论知识进一步加深并巩固，设备的操作过程中，教师只讲操作步骤和注意事项，让学生亲自动手操作。由于综合实验的整个教学过程以学生自主实验为主，指导教师仅起辅导作用，试验中充分调动了学生的主观学习能动性，提高了学生检索资料及获取知识能力、思考能力、设计能力，解决综合实验过程中出现问题的应急能力、实验数据的分析处理能力及对所设计工艺路线的评估能力。实践证明，这一综合实验过程对学生的最大益处在于同学由于所采用的原料不同、具体工艺不同、实验结果不同，这样同学之间就会开展讨论，反过来加深了专业理论知识的掌握。以前实验课结束，学生们大都走掉了，现在实验课结束后，他们的兴致仍然很高，围在老师身边探讨实验现象、过程和原理等。经历了这样的实验环节后，学生的兴趣提

高了，求知欲增强了，达到了培养学生创新能力的目的。

（三）培养协作精神

现在的大学生大多是“九零后”，基本都是独生子女，他们是一个承载社会、家庭高期望值的特殊群体。他们自我定位比较高，成才欲望非常强，但社会阅历比较浅，心理发展并不成熟，极易出现情绪波动。为人处世往往以自我为中心，以个人意愿为出发点，我行我素、崇尚自由。而当他们走出校门后，就会融入到企业或事业这个大团队中去，每个团队由若干个个体组成。一个团队的事业能否成功，不仅要靠领导者(包括领导集体)的决策能力、领导水平，而且靠每个个体的强有力的支撑，更要靠个体间的紧密协作、紧密配合、精诚团结，把每个个体的能量极大限度的发挥出来，这样才是一个坚强的集体或团队。这个道理显而易见。个体间如何很好地紧密协作、配合，看似简单，但做起来却难。培养他们的协作和沟通能力，能使将来的毕业生在事业上少走一些弯路，多一些成功的机会，因此，我们在实验教学的环节中也应注重同学们之间良好的协作关系形成，为将来走上工作岗位打下一定的基础。在实验的设计上，要求每个同学都要自己的任务，都有自己负责的环节，而且对时间的要求也很严格，只有大家通力合作才能完成整个实验，得到满意的结果。

（四）与大学生创新课题相结合

随着大学生走进实验室进行创新课题的这一项目实施以来，已有不少学生跟着指导教师进行一些有前沿性的科研项目，在其中得到了一定的经验。因此，我们考虑将实验教学和大学生创新课题相结合，对实验内容不整齐划一，可根据学生的具体情况进行操作，例如纸浆的漂白实验，过去大多是化学浆的漂白，漂白方法也是传统的次氯酸盐漂，而现在有些同学在进行大学生创新计划课题，例如：废纸浆的酶法脱墨实验，脱墨后纸浆的性质与化学浆大不相同，也需要用不同的漂白方法，为了拓宽他们知识领域，可让他们完成废纸浆的漂白实验，这样他们会对自己从事的科研项目更感兴趣，同时也达到了拓宽知识面的目的。

（五）实验成绩的评定

实验成绩的评价工作对实验教学具有重要的导向性。为适应实验教学改革的需要，调动学生参与的积极性，需要改革原有评估标准，以前就是到课的情况，实验步骤写的是否完整以及是否有实验结论。在新的形势下，我们要从以“实验操作的效果评价”转向以“创新精神与实践能力的效果评价”，要在原有的实验报告考评和操作技能考评基础上增加实验设计和创新能力的评价等[4,5]。具体为：平时实验占 20%，实验技能考核占 20%，实验测试占 10%，实验设计占 40%，实验综合评定占 10%，通过以上各方面的评定，可以比较科学、客观地考评出学生的综合实验能力，获得了良好的实践教学效果。

三、结束语

大学教学应是理论教学、实践教学和科学研究的三元一体式结合。以“培养能力、提高素质”为主线，更新实验内容，按层次化、开放化的要求组织实验教学，达到“在学科层面横向拓宽，在专业层面纵向深入，在素质层面交叉融合”的目的。实验教学的不断改革对培养学生的综合能力、创新能力及实际操作能力有不可忽视的作用。作为高校教育工作者，我们只有顺应时代要求，不断改革创新，才能造就适应 21 世纪需要的新型人才[6,7]。

参考文献：

[1]易涛. 药剂学实验教学改革探讨[J]. 中国西部科技，2009，8(15)：8~9.

[2]尤黎明，张美芬，罗志民等. 注重素质和实践能力培养的护理学本科教育模式研究[J]. 中华护理教育 2009，6 (2)：65~68.

[3]赵丽杰，赵丽萍，李良等. 环境工程专业综合实验的教学改革与实践[J]. 实验室科学. 2009，3：30~32.

[4]彭腾，董小萍，刘友平等。深化中药化学实验教学改革的思考[J]. 实验科学与技术. 2009，7(3)：108~109.

[5] 赵赫男，王冬梅，孙艺平等. 创新和协作精神的培养与七年制机能综合实验教学[J]. 医学教育探索. 2009，8(6)：664~666.

[6] 杨东伟，史长华. 改革分析化学实验教学方法，培养学生创新能力[J]. 实验室科学. 2009，3：35~37.

[7] 黄瑶，黄翠姬，伍时华等. 改革微生物学实验教学方法，提高学生综合能力[J]. 微生物学通报，2009，36(6)：914~918.

提高木材加工专业毕业设计质量的几点建议

张文博①

（北京林业大学材料科学与技术学院）

摘要：近年，大学生就业难，就业与做好毕业设计之间存在很大矛盾，导致毕业设计质量严重下滑。为了提高木材加工本科生培养质量，培养符合时代需要的高层次人才。本文提出：强调学科特色及其在社会需求中的重要意义；积极推进产学研结合，加强与企业交流；加大课程调整力度、增加实验课的比重；在毕业设计上采取灵活多样的方式；同时，创造浓厚的学术氛围，搭建本科生参与科研、学术交流的平台，全面培养和提高本科生的创新能力。

关键词：本科生培养；毕业设计；木材加工专业；就业；培养目标

毕业设计是本科教学环节的重要环节，也是高校教学质量的重要体现。近年，随着高校招生规模扩大以及经济危机等综合因素的影响下，大学生的就业形势十分严峻。据北京林业大学材料学院就业率统计的结果表明：2009 年度木材加工专业本科生一次就业率为 52% 左右，远远低于北京林业大学 2009 年度各专业就业率 73% 的平均水平。就业形势在很大程度上影响了本专业学生的择业、就业观，对学生毕业设计的态度也产生了消极的影响。而在大学毕业生面临较大就业压力的同时，几乎所有的企业还要求取得就职意向的大学生在正式进入企业工作以前至少进行 3 个月到 6 个月的实习。这几乎等于把原本属于大学本科生在大学学习中最后一个学期用于毕业设计的时间完全挤占。就业与完成好毕业设计之间的矛盾十分突出。就作者近 3 年指导本科生毕业设计的经历来看，取得就职意向的 2/3 左右的大学生为了获得工作合同，不得不在大四最后一学期进入到企业中实习。学生花费大量的时间和精力花费在就业及就业相关的活动中，不能集中精力投入毕业设计中，导致了毕业设计水平下降的趋势日益突出。如何解决就业与保证毕业设计质量之间的关系，一方面提高大学生毕业设计水平，以达到高校本科生人才培养的要求，另一方面，通过毕业设计使学生得到锻炼与提高，解决这个矛盾已经成为国内很多高校共同关注的一个迫切课题[1]。结合当前实际，为了保证大学生毕业设计质量，很多高校都在结合专业特点进行了教育改革探讨[2]。本文从木材加工专业角度，对解决本科生毕业设计与就业之间的矛盾提出了几点建议。

一、加强思想教育，提高木材加工专业本科生对专业的热情

从木材加工专业毕业生的就业环境来看：就业渠道窄、工作环境差、工资待遇低是一种

依托项目：北京林业大学 2007 年北京市高等学校教育教学改革研究项目——参与科学实践过程培养本科生创新能力模式的研究。

① 作者简介：张文博，博士。北京林业大学材料科学与技术学院，100083。

对于木材加工行业比较传统的认识。这些主观认识直接导致了木材加工专业学生对于自身的专业地位认识信心不足，在择业上一部分放弃从事本专业，从而导致了这一部分学生在毕业设计中缺乏主动性，而采取敷衍了事的态度。2010 年中央一号文件[3]首次提出了把发展林业产业作为今后国家经济发展的一个方向，这就从国家的政策方针上明确了林业产业在即将到来的“十二五”国家发展规划中的地位，林产工业具有光明的前景。林业高校要通过各种途径和方式加强对学生的思想教育，鼓励学生积极投入到社会经济建设对林业产业发展的需求中来，使学生认识到木材加工专业在国家经济建设中的重要地位，培养学生的专业兴趣与热情。使学生理解毕业实习、毕业设计(论文)的目的和意义，充分认识到做好毕业设计(论文)对自身思想品德、业务水平、工作能力和综合素质的提高具有深远的影响。

二、加强产学研结合，鼓励毕业设计选题与企业生产需求相结合

教育部近日宣布启动“卓越工程师教育培养计划”[4]。计划以全面提高工程教育人才培养质量为核心，从五个方面采取措施推进该计划的实施。从这些推进措施来看，今后工程技术类高校学生毕业设计是否密切与企业生产实际相结合将成为重要内容。计划提出高校将联合企业着力培养学生的实践与创新能力，企业将深度参与培养过程，与高校共同设计培养目标，制定培养方案。在企业设立一批国家级“工程实践教育中心”，学生在企业学习一年，“真刀真枪”做毕业设计。对学生提出参与企业生产进行毕业设计的同时，对高校教师职务聘任、考核制度完善也提出了要求。其核心仍然是要求高校工程类学科专业教师日常教学、科研工作必须与企业生产密切相关。木材加工专业是一个实用性极强的专业，与本专业相关的生产经营企业遍布全国大小城市，与国家经济发展的需求和人民的生活密切相关。就当前本专业的课程设置来看，其中理论教学与单项实验课程占了主体，而实践环节，特别是本专业学生对企业在生产中的技术需求存在不足。适应于国家“卓越工程师教育培养计划”的要求，学校方面可以邀请相关企业的负责人、工程技术人员以系列讲座、报告的形式与进入专业课程学习阶段的学生进行企业生产内容方面的交流。可考虑建立一套切实可行的机制，使与企业的交流成为本专业人才培养的一环，纳入到学校本科生人才培养计划中。在毕业设计环节，学校可以通过鼓励或者引导学生从企业实际生产中选题的方式进行毕业设计。通过与企业相关人员的交流，结合企业实际技术需要，以解决或者改善企业生产中的某一技术问题为目的作为毕业设计内容。毕业设计的完成不局限在学校实验室，可以在企业现场完成。通过这种方式，使学生从生产实际中理解本专业的在社会经济活动中的作用。通过学以致用，专业联系实际的方式，提高学生对专业的热情的同时，也满足企业对大学生进入企业后具备基本技能的要求。另一方面，应届毕业生从企业获取实际生产经验的同时也能够把生产企业第一线存在的问题及时反馈到大学等研究部门，以生产促教学、促研究，同时也为高校教师了解社会实际需求也提供了一条信息渠道，确实做好产学研相结合的研究途径。指导教师应及时把握木材加工专业的发展方向，使学生的毕业设计内容尽量与当前的社会对木材工业产品的需求相结合，学生有针对性的完成毕业设计任务的同时也解决了一些比较实用的问题。这对于学生而言既参与了社会实践过程又使自己解决实际问题的能力得到了提高，从而提高毕业生的论文水平。

三、建立大学生尽早走进实验室参与科学研究的机制

北京林业大学最近提出了5年内转变为科研教学型大学的发展规划，这就提出了对培养的本科生要具有分析和解决问题的实际能力。木材加工专业作为一门应用性、实践性较强的学科，鼓励高等学校从学生进入大学开始，就为学生配备导师，探索建立大学生尽早参与科学研究的制度。1998年美国研究型大学本科教育委员会公布了“研究型大学本科教育发展蓝图”[5]，对研究型大学本科教育发展进行了全面规划。美国80%以上的研究型大学都为新生开设了学术导向性探讨课，42%的大学中有超过一半以上新生参与研讨课。而日本的大学本科阶段教育中，几乎所有学科从大三开始学生开始走进实验室，学习和协助高年级学生开展研究工作。就笔者过去在日本学习、工作的经验来说，本科生参与企业生产实际完成毕业论文的重要内容之一，本科生的毕业论文内容与其把侧重点放在参与研究方面，不如把重点放在实际的应用方面。日本国内大学木材加工专业的学生从大三开始进入实验室，开始熟悉各种仪器设备的操作，大三下学期开始以后，大学生在教师的指导下与当地相关木制品企业取得实习、实践机会，针对该企业实际生产中存在的问题确定毕业设计内容，在毕业设计阶段就能针对性解决具体的生产问题。从国内外相关报道可以看出，美国、日本大学本科生动手能力及创造性都较强，研究型大学在加强新生及低年级学生教育方面取得了显著成效。因此，学校可以采取压缩、精简专业必修课目，增加选修课的方式，采取尽可能减少授课环节而增加实验环节，特别是自主设定实验课题的教学量分配工作。保证学生从低年级开始具有一半左右的学习时间能走进实验室，参与到科研工作中。参与科研活动可以依据工作量及工作时间获得学分，从而激发学生参与科研活动的热情。

四、建立健全本科生毕业设计

大学在教育部本科教学评估规范内，遵循选题、实验、毕业答辩的固有模式，同时不可避免也存在大量的形式主义。笔者认为要建立健全本科生毕业设计，首先是毕业设计要灵活多样。具体表现在两个方面：①毕业设计课题可以有学生结合企业实际自主选择，也可以根据学生提出感兴趣的研究方向，结合指导教师的研究需要设定；②选题不局限于大四最后一个学期，可以从学生在大三阶段进入实验室或者与企业接触后就选定，有利于学生有充分的时间完成课题；其次是明确指导教师负责制，严格每个学生、每个项目任务要求，从严把关。设计完成后，指导教师审核给出明确意见，交评阅教师评阅，审阅合格的再进入答辩程序，凡不符合要求的一律不能进入答辩程序。

五、结束语

根据专业特点和条件培养学生的专业热情，研究建立有效的毕业设计(论文)质量管理模式和监控制度，重视研究和解决毕业设计(论文)工作中出现的新情况和新问题，积极采取措施，加大改革和工作力度，建立和完善校内外实习基地，高度重视毕业实习，才能达到不断提高毕业设计(论文)的整体水平的目的。

参考文献：

[1]程航东．严格管理努力探索不断提高毕业设计(论文)质量[J]．中国大学教学，2007(9)：72～74.

[2]刘建慧，苑斯文．本科毕业设计存在的问题与对策[J]．中国电力教育，2009(6)：155～156.
[3] 2010 年中央一号文件（新华网）：http：//news. xinhuanet. com/politics/2010 - 01/31/content_ 12907829. htm.
[4] 中华人民共和国中央人民政府网：http：//www. gov. cn/gzdt/2010 - 06/23/content_ 1635114. htm.
[5]朱雪文．彻底改变大学本科教育：美国研究型大学的蓝图[J]．全球教育展望，2001(3)：67～73.

艺术设计教学中优化竞赛训练的改革与实践

——北京林业大学艺术设计专业建设的探索

刘　冠①

（北京林业大学材料科学与技术学院）

摘要：本文以在艺术设计教学中融入竞赛因素的探索为主线，阐述了北京林业大学艺术设计学科的定位，及其教学改革实践的必要性、方向与意义，并总结改革过程中的经验和方法，提出：以引导式教学为总体原则，强调学生形成参与艺术设计竞赛的自主性；以课内外相结合为基本形式，保持学生参与艺术设计竞赛的连贯性；以团队合作为主要方法，增强学生与他人协调设计工作的适应性；以创新能力为核心目标，培养学生艺术设计思维的创新性；以总结与交流为必要环节，提高学生进行方案设计的理论与实践水平，从而为艺术设计学科专业建设提供了一种发展思路。

关键词：艺术设计教学；艺术设计竞赛；专业建设；创新能力

综合素质的教育与高层次创造性的培养，是二十一世纪艺术设计教育事业发展的两大根本原则，作为与社会实际关系紧密的人文学科，如何将之贯彻于具体的教学实践中，成为新时代艺术教育工作者必须认真思考的重大课题。

当前，国内艺术设计教育经过近二十余年的加速式发展，虽在总体上已逐步形成了比较完整的教学体系，取得丰硕的教育成果，并每年为社会输送大批专业设计人才，但不同院校间在具体人才培养模式和教学实践等方面却存在巨大差异[1]，若进行对比分析，可分为为三种基本专业定位：

一是专业美术院校所开展的艺术设计教育，其特点多为历史悠久且艺术底蕴深厚，培养计划依托比较完备的美术学科体系，强化对学生在美术基础和艺术创作能力方面的教育，并以艺术型高端设计人才作为培养目标；二是各类大专及高职院校中开设的艺术设计专业，多以明确的就业渠道和岗位为主要目标，依托相对有限的师资队伍和教育资源，并制定以基本素质与职业技能为主，且具有较强针对性的培养计划；三是在各级综合性大学中的艺术设计院系，单位数量和招生规模方面最为庞大，并由于在学科背景、师资队伍、办学理念以及地区社会发展情况等因素的不同，各自形成了特点鲜明且差异巨大的教育模式和培养方向，北京林业大学的艺术设计专业即属于第三种情况。

北京林业大学艺术设计专业成立于1999年，在10年发展过程中不断探索综合性大学

依托项目：北京林业大学2009年校级专业建设项目——艺术设计专业优化设计竞赛训练，培养学生创新能力。

① 作者简介：刘冠，硕士，讲师。主要研究方向：环境艺术设计。电话：62338150。E-mail：aka0011@sina.com。通讯地址：北京林业大学材料科学与技术学院，100083。

内办好艺术设计教育的途径，已取得了丰硕的成果，但若从居安思危的角度分析，专业教师队伍比较年轻，专业设置相对单一，艺术氛围不够浓郁等问题，将会大大制约本专业进一步的发展。因而，着力改善课堂教学环节中的社会实践能力培养，提高学生的专业素质和专业自信心，提高学生的自主意识和创新精神，拓展其发展空间和就业能力，就成为艺术设计专业建设的必由之路。

经过认真分析与研讨，艺术设计专业逐步明确了“走出去，引进来，厚基础，宽口径”的教学改革方向：即在教学实践环节中优化设计竞赛训练，鼓励学生“走出去”参与不同形式和层次的艺术设计竞赛；再据此将先进设计理念“引进来”服务于教学实践；从而在主观上调动学生学习各门类知识的积极性与自觉性，客观上达到“厚基础”的教育效果；并最终提高学生专业创新能力，以完成“宽口径”式的综合大学艺术设计专业培养目标。

在近年来的教学实践过程中，凭借学校的支持和广大师生的共同努力，这种将艺术设计竞赛引入教学环节的改革，总体上已取得了非常良好的效果，而且对艺术设计专业的发展起到了重要作用。

首先，通过参与多种多样的艺术设计竞赛，学生在增强专业自信心的同时，能够客观看待自身的专业能力与知识水平，促进其形成自觉学习的热情和动力，引导其完成从“要我学”到“我要学”的转变。以 2009 年《合成·新人杯室内设计竞赛》为例，教师一方面通过将《室内设计》课堂教学与设计竞赛训练相结合，鼓励并安排学生参与，极大的调动了学生的学习积极性；另一方面，通过有选择的对比以往获奖方案，学生普遍对自己在室内装饰材料、施工工艺等方面的不足有了深刻认识，并相应开展针对性学习，在较短时间内掌握了大量关键性艺术设计材料和工艺基础知识，出色的完成了教学任务。

其次，高水平的艺术设计竞赛可以开拓学生的眼界，增加其对国内外艺术设计前沿理论与实践成果的理解和认识，从而有效的弥补综合性大学内艺术设计专业氛围不够浓郁的弱点。北京林业大学艺术设计系现有 27 名专业教师，分为造型基础、环境艺术设计、装璜艺术设计 3 个教研室，而其中 40 岁以下的青年教师占 60% 以上，其在专业方向多样性和教师组成结构方面相较于传统专业美术院校存在明显不足。因而，参与高水平的设计竞赛可以增加学生对各种艺术设计方向的了解，倾听不同的声音，感受多样化的艺术氛围，为其结合自身特点规划未来的发展空间、专业定位、就业方向等方面提供更多的选择[2]。

再次，将艺术设计竞赛融入日常教学实践中，有利于艺术设计专业保持旺盛的生命力和正确的发展方向。据不完全统计，国内目前有 400 余所各类院校开设有艺术设计或相关专业，相互之间已形成不可避免的竞争关系。一方面，本专业为在竞争中始终把握积极的步调与正确的方向，在每学期的期中与期末，系内通过对阶段性艺术设计竞赛经验成果进行分析，总结近期以竞赛为形式反映出的学科发展新动向，并以教研室为单位开展研讨，相应调整课堂教学的内容与方法，增强了教学活动与社会实践的密切联系；另一方面，各教研室结合本专业实际情况，努力探索艺术设计发展的内在规律，避免教学出现“盲目跟风”式的短视行为，真正教会学生兼顾长远发展与现实就业所需的学术素养与知识技能。

最后，也是在教学中优化艺术设计竞赛训练的核心目的，就是能通过这一改革激发学生的艺术设计创作热情，从而有效的培养学生创新能力。设计创新可以概括为艺术理论创新、工作方法创新和设计方案创新三方面内容，而创新能力则是指学生在开展创新性研究或实践过程中所具备的素质和水平，通常表现为创新的自觉性、主动性、独特性和可持续性[3]。

目前，由于现实就业压力的驱动，学生大多很注重与就业直接相关的设计操作及设计制图类课程学习，但对短期内难见成效的设计理论、概念创意等课程比较轻视，造成其艺术创新能力的相对不足，这种倾向将会严重制约其日后学业与事业的发展。若从艺术设计教育和专业建设角度看，这种倾向必然会造成专业发展潜力的枯竭，并削弱专业自身的核心竞争力，因而非常值得警惕。通过积极参与国内外各类艺术设计竞赛，教师将创新能力训练融入日常教学之中，使学生切身感受到创新能力对于艺术设计学科的重要意义。同时，为提高竞赛成绩，学生开始主动自觉的思考创新的途径和方法，并且保持思维的独立性与方案的独特性，加之在此过程中教师有意识的引导，可以使之成为一种习惯，以达到可持续性的目的。

经过长期的尝试与积累，虽然也遇到了问题和困难，但目前艺术设计系内对优化设计竞赛训练的具体环节已经摸索出比较成熟的方式和理念，并在教师与学生间形成了良好的互动，具体可概括为以下几点：

1. 以引导式教学为总体原则，强调学生参与艺术设计竞赛的自主性

国内外各类艺术设计竞赛呈现非常多样化的特点，教师在引导学生参与时应充分尊重学生的兴趣与偏好，切忌以硬性布置的方式将参赛任务强加于学生的学习之中，否则不仅会影响学生参与的积极性和竞赛效果，更会引发抵触情绪，使教师促进学习的主观愿望转变为阻碍学习的客观结果。目前，系内各专业教研室在安排参与设计竞赛相关事宜时，原则上不允许设定硬性指标，而应赋予学生自主选择的权利，而且在教师具体辅导设计方案过程中，若出现教师的修改建议与学生意见相左时，应保证学生拥有最终决定修改与否的权利。例如，装璜艺术设计教研室在2009年度所参加的竞赛中，充分发挥学生的主观能动性，允许学生根据自身兴趣以海报招贴、标志设计、书籍装祯、版面设计等多门类方案参与竞赛，为学生提供了多样化的选择。

这一做法使学生感到自己的想法受到充分的尊重，若在竞赛中成功，则会有效增强其专业自信心，并对学习产生更大兴趣；或者因想法不够成熟而在竞赛中受挫，也会使其对自身的不足形成深刻认识而努力弥补。总之，引导学生逐步形成自主思维的习惯，将对其专业发展产生积极推动作用。

2. 以课内外相结合为基本形式，保持学生参与艺术设计竞赛的连贯性

在教学实践中，专业课程的设置存在明显的阶段性特点，而学生往往在完成课堂教学之后，对某些专业问题的理解并未达到理想状态。因而，若以设计竞赛训练为契机，调动学生的主观能动性，将课堂教学内容与课外活动相结合，使其在认真学习课堂教学重点、难点问题的同时，利用课余时间进一步理解和运用，则会达到事半功倍的效果。如笔者在所担任的《陈设艺术设计》课程中，通过鼓励学生参与家具陈设类方案设计竞赛，调动学生学习积极性，将原本比较难于理解的现代艺术陈设理论作为指导设计方案的理论基础，促使学生主动查阅相关资料，广泛了解国内外前沿设计作品和观念，为自己的设计作品寻找理论依据，从而出色的完成了教学计划中所涉及的各项任务。目前，该课程已与《中国高校美术作品学年展》等设计竞赛展开良性互动，并与《室内设计》、《景观设计》、《公共设施设计》等后续专业设计课程形成良好的衔接，保证了教学内容的连贯性。

3. 以团队合作为主要方法，增强学生与他人协调设计工作的适应性

从事艺术设计行业的重要素质之一就是应具备团队协作能力，但因为目前教学体系中对学生成绩的考评基本以个人为单位，所以对团队协作素质的培养正是我们在日常课堂教学和作业中所相对缺乏的。而在参与艺术设计竞赛过程中，为提高设计方案的质量，增加设计分析的深度，学生比较易于主动形成设计团队，通过相互碰撞、摩擦、适应的过程，并辅以教师的引导，可以锻炼自己与他人沟通协调的能力，进而提高自身的适应性。

艺术设计系环境艺术设计专业自2005 年始，连续5 年参加国内较具权威性的《中国环境艺术学年奖》学生毕业设计方案竞赛，起初设计方案主要为个人单独完成，但其在艺术效果和深入程度等各方面，都很难和兄弟院校获奖的多人合作方案相比肩，连续 2 年仅获得 2 个入围奖。因此教研室经过讨论，决定自 2007 年开始大幅度改革毕业设计工作模式，鼓励学生发挥各自所长，并开展团队合作：如 2008 年笔者所指导的四名学生在本科毕业设计工作中密切配合，相互取长补短，并结合日后就业方向分别选定子课题与工作任务，所完成的《北京 CBD 虚拟观演广场设计》方案，在当年第六届《中国环境艺术学年奖》竞赛中获得“光与空间”设计单元铜奖，及“广场景观”设计单元优秀奖，成为团队协作的成功范例。此举不仅使我校在近 3 年的该竞赛中共获得 3 铜 2 银的好成绩，更重要的是培养了学生的团队协作能力，有效的提高了其综合素质，进而增强了就业竞争力。

4. 以创新能力为核心目标，培养学生艺术设计思维的创新性

优化设计竞赛训练并非只是为了追求奖项和成绩，其核心在于通过竞赛训练学生艺术设计思维的创新性，并且以这种实践性锻炼为手段培养其综合创新能力。前文已述，艺术设计创新可以概括为艺术理论创新、工作方法创新和设计方案创新三方面内容，且三者相互影响、相互促进，而学生在一般课堂作业中由于竞争压力相对较小，大多对此比较轻视，而教师亦很难单凭讲解和演示使学生对此产生深刻认识，但若引入设计竞赛因素作为辅助，则会形成有效的改观。

例如笔者所在系《综合材料设计与制作》课程中，教师有意识结合设计竞赛的要求，有针对性的系统讲解不同加工设备、工艺、材料的使用特点，辅以现场参观或聘请专业人员演示等手段，引导学生思考并解决制作过程中所出现的各类问题，明显的提高了学生的综合创新能力。其中，学生申报的《木材单板重组材料在环境艺术设计中的应用》研究项目，获得北京林业大学 2009 年北京市级大学生科学研究与创业行动计划资助，具有明显的艺术设计创新特色。

5. 以总结与交流为必要环节，提高学生进行方案设计的理论与实践水平

对各类设计竞赛的过程和结果进行合理的总结，是提高学生设计水平的必要环节。艺术设计系业已形成比较系统的校内外专业交流机制，以每学年举办的《风景写生作品展》、《艺术实践作品展》、《毕业设计作品展》等定期综合展览活动为主干；以《陈设艺术作品展》、《综合材料设计作品展》、《包装艺术设计作品展》等专门性课程作业展为补充；以各类型专业评比及校际交流活动为特色，开展多层次的汇报与总结。

并且，在上述汇报与总结的基础上，各教研室还有意识的组织相关教师、专家和资深设计师开展广泛的学术研讨，针对学生在方案设计过程中比较集中的问题和感兴趣的话题举办讲座和座谈，形成教师与学生、校内与校外之间活跃的教学互动，充分形成了良好的学习氛围，促进了专业建设的发展。

北京林业大学艺术设计专业在教学改革中，对优化设计竞赛训练进行了大胆尝试和探索，本文仅对此过程中的经验和心得进行了简要阐述，古语云：“行百里而半九十”，本专业的建设与发展所面临的挑战和问题仍有很多，诚挚希望广大艺术设计教育工作者提出宝贵意见。

参考文献：

[1] 邬烈炎．设计教育研究（第1、2期）[M]．南京：江苏美术出版社，2004.
[2] 刘文霞．个性教育论[M]．呼和浩特：内蒙古大学出版社，2001.
[3] 郑曙旸．艺术设计的学科定位与发展[J]．天津：2007中国环境艺术设计教育论文集，2007：3.

依托科研训练项目提高自动化学生综合能力

张俊梅①，阚江明，燕　飞，张军国，郭文会
（北京林业大学工学院）

摘要：自动化是一门实践性很强的学科，本文重点阐述了大学生科研训练计划项目对自动化专业本科生合作能力、资料检索能力、自主学习能力、创新意识和解决问题等方面能力培养的作用。实践证明，大学生科研训练计划项目是自动化专业本科生创新能力的培养的一条有效途径。

关键词：科研训练；自动化专业；本科生；综合能力

随着科学技术的迅猛发展，社会对人才培养特别是创新精神和实践能力的培养提出了更高的要求。如何为社会培养一批真正具有科研意识、科研能力和创新精神的人才已成为高等教育一项必不可少的责任，亦是本科教育的重要组成部分。围绕这一问题，国内外大学在人才培养模式的改革上进行了许多理论和实践上的探索，其中在本科教育中实施大学生科研训练计划是一种非常有效的培养和提高学生科学素养及科研能力的途径[1]。

创新能力是一种探索性学习能力，在专业领域中合理地运用这种能力，将所学的知识灵活运用到实践中，可以产生新思想、新方法和新成果。自动化是一门实践性很强的学科，而传统的自动化专业教育比较重视基础理论教学，以学生被动接受知识为主，具体表现在教师传授的知识多，学生自主获得的知识少。基于此模式培养的自动化专业的学生应试能力较强，但一到做科学研究，需要自己选题、设计方案、安装实验装置、实施实验方案时，不仅在创新思维而且在动手能力上都显得比较逊色。很显然，这类人才是很难适应当今社会发展的需求，这种被动接受知识的教学模式已不能满足研究型、复合型基础人才的培养目标，而培养学生主动接受知识、提高学生科研创新能力，是当前自动化专业本科教学改革的主要内容和任务[2]。因此，以培养自动化专业本科生创新能力为目标的科研训练计划是适应当今世界发展潮流的一种教学方式。经过近几年指导大学生科研训练计划项目的教学实践，作者认为大学生科研训练计划项目对自动化专业本科生创新能力及综合素质培养方面有很重要的作用。

一、锻炼学生组织能力，培养团队合作精神

大学生科研训练计划项目由申请人和参加人组成。在确定大学生科研训练计划项目立项

依托项目：北京林业大学2009年校级教学改革研究项目——基于培养自动化专业本科生信息处理能力的设计性实验的研究与实践。

① 第一作者：张俊梅，博士，副教授。主要研究方向：机电控制，林业机械自动化与智能化。电话：62338144。E-mail：joyzhangjm@163.com。通讯地址：北京林业大学工学院，100083。

公布学生选题之后，学生要组成一个研究开发小组。申请人作为项目的组织者，要分析项目参加人的学习情况、业务特长和协作能力等，具体负责任务的分工、进度安排等，在此过程中很大程度锻炼了学生的组织能力。另外，参与科研训练和课堂学习在教学方式上是全然不同的，学生除了要学会独立思考、查阅文献资料以外，还要学会向导师、学长求教，讨论和交流；每个项目通常需要 2～3 名组员共同完成，这就需要组员之间能够密切合作，互相鼓励、互相支持，共同努力完成大学生科研训练计划项目。通过科研训练计划的锻炼，学生的团队协作精神得到了明显的提升，学会了尊重对方，团结谦让[3]。作者 2008 年指导我校自动化 07 级学生申请了一项“基于 CPLD 新型微机接口设计”的校级大学生科研训练项目，项目组由三人组成，在研究过程中项目申请人很认真地组织每名成员完成具体的接口设计编程及仿真，三人在规定的时间内将成果汇总联调及实验室测试等，在这一过程中学生之间在 VHDL 编程等方面很好地沟通协作，取得了很大的进步。

二、提高学生收集和检索资料的能力

如何很快地获取有价值的参考资料，是项目研究必须掌握的一门技术[4]。在指导学生科研训练项目初期，发现大部分学生基本不具备收集资料的能力，有的学生甚至不会使用学校图书馆的中文全文数据库。于是指导学生如何按关键词等检索方法去国家图书馆或网络数据库获取大量可参考的文献资料。另外，自动化专业的学生在执行大学生科研训练计划项目过程中要用到很多芯片或元器件的资料，我们指导教师根据自己的研究经验将常用工控网、电子工程世界等网站使用方法传授给学生，使学生获取具体芯片的手册资料。大学生科研训练计划项目执行期为一年，在文献查阅过程中，学生们学会了如何按要求去图书馆或通过网络等渠道索取相关资料或芯片手册的方法，加深对课题的研究方向的理解和把握，增强自主学习和终生学习的能力，对于将来走向工作岗位，从事相关的研究打下了很好的基础。

三、培养学生学习的积极性和主动性

大学生科研训练计划项目是一门综合性的训练项目，要用到已经掌握或将要学习的多门课程的知识点。作者指导的学生在“基于 CPLD 新型微机接口设计”项目立项时是大学二年级，根据自动化专业的教学大纲安排，当时项目组学生只学习了数字电子技术的课程，对于单片机及微机接口等课程刚刚开始接触，而关于 CPLD 及 VHDL 编程等都没有很深入的学习。这就要求学生对已学的数字电子技术有更深刻的掌握基础上对未知课程积极主动地去学习。在教师的指导下，学生有目的地展开学习，在几个月时间后学生的 VHDL 编程已经相当熟练，很顺利地完成了项目中相关接口的设计，增强了学生的自信心及专业兴趣、培养学习的积极性和主动性。在项目执行的过程中，对于大学生的培养已从知识型向素质型转化，着重培养学生的学习能力、动手能力和综合解决问题的能力。通过为期一年的大学生科研训练计划项目，在项目教学法驱使下学生所学理论知识有了实践依托，通过实践操作，逐步学会从事研究工作的步骤和方法，为以后学习和工作打下坚实的基础，充分调动学生学习的积极性和主动性。

四、提高学生创新意识和解决问题的能力

在大学生科研训练计划项目执行过程中，学生是在教师的指导下完成整个训练项目，学

生是科研训练的主角，研究过程中遇到的难关需要学生不断思考、尝试、摸索而最终圆满解决。作者所指导的学生开始在CPLD程序下载过程中总出现“设备为空”警示从而导致下载不成功，学生经过仔细研读开发板手册才发现下载端口处开关没有连接到+5V电源是导致下载不成功的原因。在平时课程教学实验环节中学生是不能体会到这些看似简单却很重要的细节性知识点，学生通过诸如此类自主训练，在多次循环解决问题的实践中，其科研素质、动手能力和创新能力都能得到显著提升。近年来，随着毕业生就业压力的增加，缺乏知识创新和研究能力的大学生，将难以适应充满挑战和变化的工作岗位。通过在校期间加强大学生的科研训练，从而培养学生的观察和分析解决问题的能力，激发学生的创新意识和创造热情。

五、培养学生严谨的科学态度

每一项大学生科研训练计划项目都有明确阶段任务，这就要求学生严格按照项目进度安排内容，对每一阶段要完成的任务必须在前一阶段研究基础上制定计划和实施的提纲，确保项目在规定时间内高效地完成。另外，在撰写项目结题报告和研究论文过程中，学生自己勾画轮廓、列写出研究报告或论文提纲，在教师指导下逐步掌握研究论文或报告在格式、用词、语言逻辑等方面的规范性要求。自动化专业大学生科研训练计划项目一般会包括具体实验调试环节，这是培养学生科学态度和良好思维品质的重要手段之一。

六、转变教师的教育观念，促进师生间的交流沟通

通过实施科研训练，使得教师的教育理念和对人才的培养目标有了新的认识，“以学生为主体，教师为主导”的观念进一步增强，对完善人才培养模式和加强教学与科研相结合、推进学生科研训练、培养学生创新精神和实践动手能力更为关注。在科研训练过程中，学生与教师共同探讨研究计划和实验方案，如果学生的思维较为活跃，常会提出一些新的问题和见解，教师在讨论和解答问题的过程中也会受到启发，使得教学相长[5]。通过师生之间的长期接触，教师对学生非常了解，便于从实际出发因势利导，针对学生的特点加以正确引导，使学生自身优势得以充分发挥。作者在指导学生完成“基于CPLD新型微机接口设计”项目的过程中，与学生共同调试设备、参加清华科教仪器的培训等，发现该项目申请人的科研能力及主动学习能力很强，便鼓励他于暑假参加一个教学仪器公司举办的大学生科研竞赛，对该学生科研实践能力逐步提高。在项目实施过程中作者将部分仿真成果应用在课堂教学中进行相应的教学改革研究取得了良好的教学效果，激发了一些学生对参加大学生科研训练计划项目的兴趣。

七、结 论

大学生科研训练计划项目是自动化专业大学生所学理论知识与实际的初次结合，让学生以研究的方式进行学习，提高自主学习的能力；使学生尽早进入专业科研领域，接触学科前沿，了解本学科发展动态，以形成合理的知识结构。指导大学生科研训练计划项目，也是自动化专业教师检验其教学科研成果的一种好方法。通过项目实践证明，大学生科研训练计划项目对自动化专业本科生创新能力的培养起到很重要的作用。今后应继续加强自动化专业实践教学改革和实验设施建设，为学生的科研实施创造良好的条件。

参考文献：

[1] 孙盛涛．大学生科研能力训练与专业课程教学并轨问题探究．青岛大学师范学院学报，2007 年第 2 期：113～115.
[2] 于泽，樊世清，芦慧．谈如何指导大学生科研训练计划．高校讲坛，2008 年第 26 期：137.
[3] 张昌凡，吴文君，谭会生等．培养具有创新能力的自动化专业应用型人才的实践．中国大学教学，2008 年第 11 期：38～40.
[4] 杨尧忠．大学生科研训练与成功素质教育．长江大学学报社会科学版，2005 年第 6 期：122～123.
[5] 陈建中．以科研训练为主线培养研究型人才．中国大学教学，2005 年第 5 期：30～32.

实践教学促进精品课程建设

刘文定[①]，高　林，陈锋军，王东林
（北京林业大学工学院）

摘要：实践教学是精品课程建设的重要内容，以“自动控制理论”精品课程建设为契机，探讨实践教学新模式，通过连续五年的实践表明，将理论教学与实验教学知识链有机结合，充分考虑学生的知识结构和学习规律。系统、全面的使学生个人的潜在能力得到充分发挥，学习的主动性和创造性得到有效发展，激发学生创新热情，有利于提高学生的创新实践能力，为培养创新设计人才提供了见解。

关键词：精品课程；实践教学；创新实践；创新能力

一、引　言

作为北京林业大学校级精品课程“自动控制理论”是工学院自动化、电气自动化等专业的专业必修课，并且是一门理论性、实践性较强的专业基础课程。而实践教学是精品课程建设的重要内容，知识来源于实践，能力来自于实践，素质更需要在实践中培养，实践教学环节对于培养学生的实践能力和创新能力尤为重要。学生创新精神和实践能力的培养要体现知识、能力、素质协调发展的原则，适当地设计知识体系为载体来进行综合能力培养和素质教育，可有效的促进精品课程建设[1,2]。为此，在 2006 年确定“自动控制理论”精品课程建设以来，课程中除了原有的验证性实验外，我们逐步增设了设计性、综合设计性和创新性实验，连续五年的实践，表明理论教学与实践教学知识链的有机结合，可以加强学生对已学理论知识的理解、深化和拓宽，同时，可以挖掘学生的创新潜力，激发学生创新实践热情，有利于提高学生的创新实践能力，同时促进了精品课程的建设。

二、精品课程的理论教学为主线，拓展实践教学

（一）教学设计和实践灵活结合，激发了学生的学习热情

“自动控制理论”是研究控制系统的基本概念、基本原理和基本方法的一门课程，针对本课程具有涵盖面广泛，理论抽象难学、综合性强的特点，我们一改传统的单一、枯燥的满堂灌讲授方法，贯彻以学生为本的现代教育思想，使学生在最佳的学习条件下进行学习，针对理论课特点和控制系统的实际应用，大量通过实例、互动激发学生的学习热情和积极主动性，同时激发学生理论学习与实践相结合，拓展实践教学。

依托项目：北京林业大学 2006 年校级精品课程建设项目——《自动控制理论》。

① 第一作者：刘文定，硕士，教授。主要研究方向：控制理论与控制工程。电话：62338144－230。E-mail：liu_wending@163.com。通信地址：北京林业大学工学院自动控制教研室，100083。

例如，以往在讲授控制系统稳定性与系统的结构、参数有关的概念时，学生感觉很难理解，强行概念和定理的灌入导致学生热情骤降。为此，我们首先给一些图片系统(如桥梁系统、钟摆系统、自行车等)，直观了解稳定性分析是控制系统要解决的重要问题，进而激发学生的解决实际问题，提出多个问题(系统稳定的充分必要条件、系统结构与稳定性之间的关系等)，鼓励学生通过实践自己寻找答案(如大部分学生从自行车架的三点稳定、钟摆悬挂的结构等)给出了一些结论，我们以此为契机循序渐进的讲清楚概念、引伸出相应的定理和判据，形式灵活多样的理论学习途径和实践活动，大大激发了学生的学习热情和积极思考的主动性。

强化知识结构的设计与建设，使每一个知识模块构成一个适当的训练系统，通过系统知识的学习使学生掌握基本知识、基本理论和基本技能，掌握学科研究方法，培养学生适合学科特点的思维方法和思维能力。

(二)围绕精品课程建设，课程延伸提高学生的创新能力

我们知道以往各门课程独立教学自成体系，教师之间互不沟通，个别内容可能重复或欠缺，课程内容的连续性也较差。为此，从学生为本的现代教育理念出发，如何使学生在最佳的学习条件下进行学习，并且将所学理论知识和后续课程、研究课题等相挂钩是本课题组的重点研究，针对自动控制理论是自动化、电气自动化专业的技术基础课，且又是现代控制理论、控制系统仿真、过程控制系统、计算机控制系统、运动控制系统等专业课程的必要知识，多年来，我们一直致力于师资队伍建设，注重教师队伍的整体培养，我们要求中青年教师首先树立专业思想和培养敬业精神，重点从凝练教学基本功、一起参加教学法研究、组织教学研究立项和编写教材，使教师队伍整体素质不断提高，课程的协调性和课程内容的延伸功能大大提高，有效地激发了学生学习兴趣和学习效率[3]。

(三)理论教学与实践并重，在实践中培养学生的创新能力

实践教学是精品课程建设的重要内容，实践教学的设计思想贯彻理论联系实际、重视实践、激发学生创新热情的宗旨，课题组通过科学设计实践教学环节，提供了必要的基础性(控制系统的响应)、设计性(稳定性分析)、综合性(控制系统综合与校正)和创新性(加热炉控制系统、串级控制系统主、副控制器设计等)的实验内容。硬件方面，2006 年学校为自动控制实验室投入 15 万元更新了实验设备、80 多万元新建了过程控制系统实验室，实验环境的明显改善，为开展学生实践能力和创新能力的培养搭建了一个较好的实验教学平台。鼓励学生自主研究控制系统，通过设计方案、系统实地调试，提高学生分析问题及解决问题的能力。同时充分利用社会资源巩固和拓宽学生实践教学渠道，扩大学生知识应用能力和创新能力的培养，积极鼓励学生参与科研活动，提高学生动手能力和创新能力。坚持理论教学与实践教学并重，重视在实践教学中培养学生的实践能力和创新能力。

三、建立新的实践教学体系，提高创新人才培养

“自动控制理论”是理论性和实践性均很强的课程，实验教学在整个教学中起着不可低估的作用，实践教学环节是学生理论联系实际的纽带和桥梁，且对后续课程的良好掌握起非常重要的作用，更是培养创新性人才的重要课堂。在以往的教学过程中，实践教学长期处于从属于理论教学的地位，且多为理论知识的验证性实验，设计性、综合性和创新性实验少，压抑了学生对科学实验的兴趣，束缚了学生的创造力和想象力，影响了学生创新实践能力的

培养。为此，我们从实践教学环境、内容、方法、手段及实践教学模式进行了探讨和实践[4]。

（一）完善实践教学条件，创造高水平实验室

实验室建设是创建实践教学体系的必要保证，针对实验设备陈旧和短缺，学校和学院筹措15万元资金更新了控制理论实验箱，借助精品课程建设，创建了相应控制系统计算机辅助设计软件，并新建了具有设计性、综合性和创新性实验功能的过程控制系统实验室。为学生创新能力和实践动手能力的培养奠定坚实地基础，从根本上保证创新人才培养的质量。

（二）创新实践教学体系，提高学生的综合能力

以往的控制理论实验主要是验证性的实验，实验前学生不需要研究实验内容，按照实验指导书照步就搬的机械做实验，实验报告大多是实验指导书的翻版，不利于对学生综合利用所学知识分析和解决实际问题能力的培养，更谈不上创造性思维能力的培养。2006年控制理论精品课程建设项目确定来，实践教学作为精品课程建设的重要内容，实验课程体系的改革应从鼓励动手、加强实践、培养兴趣、激发创新的理念出发，打破以往以验证性实验为主的教学模式，以设计性、综合性实验为主体，创新性实验为更高目标，达到了因材施教的目的。例如，综合性控制系统校正实验，学生应在掌握控制系统分析的动静态指标和系统参数之间的关系基础上，利用时域法或频域法设计满足要求的校正装置，自己动手搭建模拟实验系统，系统调试完成实验，既充实了实验教学内容，又完善了理论教学的提高，更有利于学生的综合能力和创新能力的培养。

（三）实验队伍建设，提高精品课程的质量

教学队伍的建设是创建精品课程和提高教学质量的根本保障，以精品课程建设为契机，加强教师队伍建设，尤其是青年教师和实验教师的培养，从凝练教学基本功、参加教学法研究、组织教学研究立项和编写教材、科研课题申报及教学改革等方面做出实施。本课题组近几年申报教改课题多达五项，三名青年教师在学校和学院的教学基本功比赛中多次获奖。青年教师新思想、新理念的引入，营造了浓郁的教学氛围，教学队伍成员都工作在教学、科研一线，坚持教学科研相融相长，注重教学研究，体现出较强的科研能力和教学水平，为精品课程的建设提供了根本保证。教师队伍的高科研能力也为实践教学奠定了坚实的基础，理论教学与实践教学并重，在实践教学中培养学生的实践能力和创新能力[5]。

（四）多学科的融合，培养创造性人才

知识是创新的前提，但如果仅有知识而不能将知识用于实践，那知识只能是空架子。在实验中学生遇到了很多问题，而这些问题有的涉及本课程的内容，有的涉及其它学科的内容，为了解决实际问题，我们不是采用直接回答学生问题的方法，而是要求学生先思考，教师辅助给出提示，比如，系统稳定性分析实验中，观测到输出响应波形出现顶部削波情况，同学们开始不清楚，纷纷提问，我们提示模拟电路中运算放大器工作特性，引导学生思考，原来是运算放大器限幅所致，在问题解决的过程中，学生自身的知识无形中得到增加，弥补或巩固了以前其它课程中的知识。利用理论知识以及所建立的自动控制理论实验平台，加强多学科之间的融合，大大激发学生个性的弘扬，全面调动学生学习的主动性、积极性，促使学生自我激励，敢于竞争，主动学习，不断进步。多学科融合，促进了教学相长，培养学生的综合素质。将学科发展中的最新知识、最新动态以及新的学科增长点与教学内容融合，使教学内容不断更新，生机勃勃。

（五）科学的考核评价，提高实验教学质量

考核是了解学生对理论知识、实验知识和基本操作技能的掌握程度，成绩是检验学生学习效果的重要依据。长期以来，实验课的成绩一直只是作为理论课的参考（实验成绩仅占总成绩的15%），而且实验成绩的考核多是根据实验报告和实验态度来定，存在很大弊端。为此，科学的考核评价对提高教学质量至关重要。对于设计性实验（综合性实验）的考核，从设计的创新性、方法的可行性、实验过程中的能力、操作的熟练程度、实验中的问题回答、实验结果及实验报告等多方面综合评价。另外，为了充分体现宽口径、厚基础、强实践、重素质、求创新人才培养目标，使学生不仅具有扎实的基础理论知识，而且具有较强的实践能力，在理论课程考试中我们增加有关实验内容的知识点，从自动化03、04、05届的“自动控制理论”课程的考试结果来看，学生在实验知识、实验技能获取的同时，基础理论知识也得到加深，理论教学与实验教学知识链的有机结合，可以挖掘学生的创新潜力，激发学生创新实践热情，有利于提高学生的创新实践能力。

四、科学地设置实验内容，激发学生的求知欲望

实验内容的设置应体现内容新、难度适中、可操作性强。自动控制理论课程安排在第五学期，学生已经掌握了模拟电子、数字电子、电路等必要的基本理论知识和实验技能。以往的实验教学研究发现，学生的实验能力是依赖于实验活动的，但是并非所有的实验都能促进学生实践能力的发展。例如，传统的系统稳定性分析实验，原来只要求学生根据实验指导书给出的模拟电路，连接控制系统，改变电路中电阻的阻值来观测系统输出响应的变化，学生机械的调节电阻，绘制出对应的响应图，撰写实验报告。由于实验内容过于简单，不能激发学生的求知欲望，无法达到巩固理论知识的目的。为此，我们将实验内容做了变动，原系统是一个结构不稳定系统，单单调整系统参数无法使系统稳定，实验中学生提出存在问题，教师引导学生从系统稳定的充分必要条件和各种稳定判据来考虑，积极鼓励学生利用所学理论知识，提出各种解决方案，自己动手构造实验电路来校验其正确与否。实践过程中看到适当难度的实验内容可增加学生的求知欲望，激发学生的创新能力。从03、04、05届学生的实验教学来看，科学的实验内容，大大激发学生的求知欲望，培养学生善于发现问题的能力，使学生的创造潜能得到积极开发。

五、科学的实验教学，有效发挥学生的主体性

在实验教学中，教师是设计者和引导者，教师通过情景设计和项目设计，引导学生理论联系实际，激发学生的学习热情和兴趣，促进实践能力及创新精神的提高。

以往的实验只从课程教学的单个内容分类，完全分隔开不同课程中理论知识与技术技能的联系。例如，以前的控制系统校正实验内容安排为，给出原系统和系统的频域指标要求，学生按频率法设计校正装置，学生按课题讲授的方法按步就搬做实验，如果一次性不成功，积极性受到打击，不利于发挥学生的主体性，也不利于学生创新能力的培养。为此。我们将它设计为综合性实验，整个实验过程以学生为主导，从激发学生热情和鼓励创新为突破。具体步骤：第一次课堂讲解系统校正的内容（包括校正装置的类型、校正方式、校正步骤、校正的意义等），同时给出综合性实验，实验目的要求学生自行设计实验方案、设计实际实现电路，基本内容包括：明确实验目的，查阅相关文献，拟订设计方法和实验步骤，进行模拟

实验，根据实验结果调整或修改设计方案，进行正式实验。本次课后极大地激发了学生的求知热情并使学生在后面的学习和实验中能带着问题来学习和思考。鼓励学生采用计算机辅助设计方法，采用不同的设计方案进行系统设计，第二次采用课堂讨论方式，交流设计内容、分析设计优劣，修正设计方案，第三次将合理的理论设计方案在模拟机上实现，并且比较、分析理论设计和实际系统之间差别及产生的原因，学生通过自己动手设计实验，不仅学到了知识，而且激发了求知欲望和创新能力。有效发挥了学生的主体性，使学生在综合实验中得到相关的理论知识和实验技能，又培养了学生创新实践能力。

六、结 论

以“自动控制理论”精品课程建设为契机，探讨实践教学新模式，通过连续五年的实践，在注重学生理论知识的获得，把实验课程教学贯穿在整个教学活动中，整个设计性实验过程是以学生为主导的，充分考虑学生的知识结构和学习规律。系统、全面的使学生个人的潜在能力得到充分发挥，学习的主动性和创造性得到有效发展。理论教学链和实践教学链有机结合的教学模式，充分调动学生的积极性和动手能力，在实践教学中注意激发学生的主动性，注重教与学的互动，注重培养学生的动手操作能力、解决问题能力和综合创新能力，为培养创新设计人才提供了见解。

参考文献：

[1]张家栋，房海蓉．加强开放实验平台建设 促进学生创新能力培养．现代教育技术[J]2009，(7)：132～134.

[2] 周济．实施“质量工程”，贯彻“2 号文件”，全面提高高等教育质量[J]．中国大学教学，2007，(3)：4～8.

[3] 戴先中．自动化科学与技术学科的内容、地位与体系[M]．北京：高等教育出版社，2003.

[4] 郑蓓蓉．改革实验教学，培养创新人才[J]．中国高教研究．2002(2)：87～88.

[5] 张雅君，周宇．建立实验室开放平台培养学生的创新精神与实践能力[J]．实验技术与管理，2008，(2)：23～25.

设计性实验与培养学生创新能力

阚江明①，罗琴娟

（北京林业大学工学院）

摘要：结合在北京林业大学自动化专业本科生设计性实验的教学实践，分析了影响创新能力的四个决定性因素，得到了高等教育能够进行改造的因素只有环境、实践和创新思维三个因素；在分析设计性实验特点的基础上，从设计性实验对营造环境、创造实践机会、培养创新思维和提高学生创新能力的基本素养四个方面阐述了设计性实验对培养学生创新能力的作用。

关键词：设计性实验；教学过程；创新思维；创新能力

一、创新能力的内涵

创新是民族之魂，创新能力直接影响甚至决定着一个民族的兴衰成败。高等教育培养的学生应具有较强的创新能力，这是高等教育的责任。创新能力是指人在顺利完成以原有的知识、经验为基础的创建新事物的活动过程中表现出来的潜在的心理品质。创新能力是个体运用已有的基础知识和可以利用的材料，并掌握相关学科的前沿知识，产生某种新颖、独特有社会价值或个人价值的思想、观点、方法和产品的能力。创新能力由创新意识、创新思维、创新技能三大要素构成。决定一个人创新能力强弱有如下四个要素[1]：

（1）遗传素质，又称天赋、禀赋或天资，是指个体与生俱有的解剖生理特点。包括脑和神经系统的结构、机能特性，感觉器官和运动器官的机能，身体的结构和机能等。遗传素质是形成人类创新能力的生理基础和必要的物质前提。它潜在决定着个体创新能力未来发展的类型、速度和水平。

（2）环境，括自然环境和社会环境。社会环境包括家庭、学校和社会，社会上的各种教育培训机构等都是影响人创新能力形成的重要因素。人是社会的人，人的创新实践并不是在“真空”中进行的，必然受到环境的影响。环境是人的创新能力形成和提高的重要条件。环境优劣影响着个体创新能力发展的速度和水平。

（3）实践，也是检验创新能力水平和创新活动成果的尺度标准。创新能力只有在创新实践中才能得到施展发挥，实践是创新能力变成现实的唯一平台。人改造社会的活动也就是创新活动。只有通过社会实践才能把人的创新意识变成现实，而创新能力也必须通过实践才能

依托项目：北京林业大学2009年校级教学改革研究项目——基于培养自动化专业本科生信息处理能力的设计性实验的研究与实践。

① 第一作者：阚江明，博士，副教授。主要研究方向：信号处理与计算机视觉。电话：62337736－226。E-mail：kanjm@bjfu.edu.cn。通信地址：北京林业大学8号信箱，100083。

形成，实践是创新能力形成的唯一途径。实践还是检验人的创新成果的唯一标准。

(4)创新思维，是人的创新能力形成的核心与关键。创新思维的一般规律是：先发散而后集中，最后解决问题。创新能力与创新思维休戚相关。没有创新思维，就没有创新活动。创新思维是人的创新活动的灵魂和核心，创新性思维能力是人的创新能力的灵魂和核心。

在影响创新能力的四个要素中，对一个个体来说遗传素质是与生俱来的，在我们的教育过程中没有办法改变这一与生俱来的遗传素质；只有环境、实践和创新思维在高等教育过程可以进行改变、影响，逐步形成一个人的创新能力。

二、设计性实验及其特点分析

实验教学由于受到“重理论、轻实践，重知识、轻能力”思想观念的影响，重视程度一直不高，人们往往认为，实验教学的主要目的是为了巩固和加深课堂理论教学效果，缺乏对学生进行基本知识运用、技能的训练和创新能力的培养，实验课程仅仅是理论课程的附属物。随着知识经济时代的到来，培养学生的实践能力和创新精神越来越显得重要，而实验教学正是培养学生这种能力和精神的重要途径。2007 年教育部下发的《教育部关于进一步深化本科教学改革全面提高教学质量的若干意见》的文件，明确指出教学质量是高等学校的生命线，推进实验内容和实验模式改革和创新，培养学生的实践动手能力、分析问题和解决问题能力是提高高校教学质量，培养高素质人才的重要措施；在本科教学水平评估体系中要求，综合性、设计性实验的实验课程必须达到一定的比例。可见推进设计性实验建设是实验教学的重要改革，是实验教学内容不可缺少的类型，对提高教学质量，推进本科教学的质量工程，培养和提高学生的创新能力和实践能力有着重要的意义[2,3]。

设计性实验是指给定实验目的要求和实验条件，由学生自行设计实验方案并加以实现的实验。设计性实验要求学生综合多门学科的知识和各种实验原理来设计实验方案，是一种探索性实验。设计性实验是一个十分复杂的教学过程，需要教师全面系统地掌握本专业知识和发展现状，站在一定的高度来设计、指导实验[4,5]。笔者在北京林业大学自动化专业本科生信号与系统、电子技术等课程开展设计性实验的具体教学过程包括以下 7 个步骤，7 个步骤的实施流程如图 1 所示。

(1)选题。此项工作以教师为主，学生参与、师生共同讨论确定，一般 3 个学生一组，每组学生的实验选题不同。精心选择与学生已有知识结构相关的问题，且解决过程中需对已有知识进行综合运用，特别是与生产实际相关的题目能极大激发学生的参与热情。

(2)文献查询，撰写综述。教师首先给学生讲解有关实验题目的主要文献资料及查阅方法。然后要求学生根据有关资料写出该题目的研究综述，明确重点、难点，为设计实验方案奠定基础。

(3)实验方案设计。在查阅资料的基础上，应用所学知识拟定和完善实验方案，论证方案的可行性，分析实验中可能出现的各种问题。此项工作以学生为主体，教师参与共同确定方案。

(4)实验具体实施。设计性实验在开放性实验中进行。学生根据确定的方案分组实验，独立进行实验操作，在实验中遇到的反常现象和问题，由学生自己思考，整个过程学生是主体，教师起指导的作用，一般不直接回答和解决学生的问题，以引导学生分析问题、查阅资料、并解决问题为主，特别是对于实验中的失败，不要直接告诉学生正确的实验方法，而要

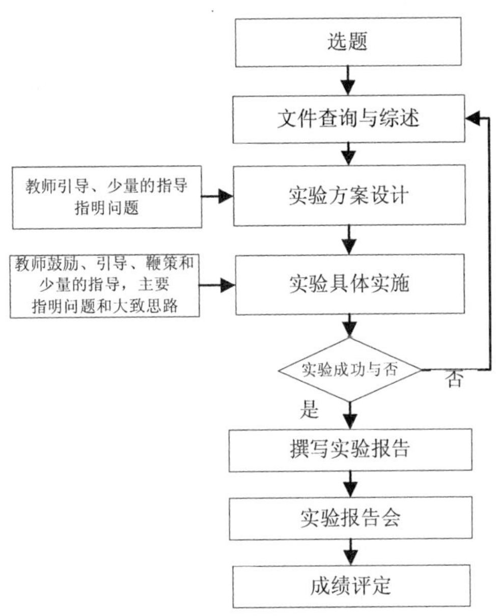

图 1　设计性实验实施流程

引导学生观察，启发学生思考，指点学生寻找失败的原因，鼓励学生动脑筋、想办法，自己解决问题。

(5)总结实验，完善设计方案。实验结束后，有了相应的实验结果，通过整理原始数据，分析实验结果，总结实验过程，讨论影响实验的关键因素，按照科研论文的要求和格式书写完整的实验报告。

(6)实验报告会。让学生在多媒体教室中讲解自己的实验报告，告自己的思路、方法和演示结果，让同学了解自己的工作成绩，分享自己辛勤劳动成果的快乐；同时解答学生和教师的提问。

(7)成绩评定。教师根据学生的文献查阅、综述、实验方案设计、实际操作、实验报告和实验报告会等方面综合评定学生成绩。

从设计性实验的定义和教学过程可以看出，其具有如下四个方面的特点：

(1)实验内容的综合性。设计性实验则是结合课程教学或独立于课程教学而进行的，实验题目具有一定的综合性、探索性。它不但要求学生综合多种知识和多种实验原理来设计实验方案，而且要求学生能运用已有的知识去发现问题、分析问题、解决问题[5,6]。

(2)实验操作的独立性。设计性实验，由教师下达实验目的和要求，实验室提供设备和仪器，由学生自己确定实验方案、选择实验设备、设计实验线路及步骤等。在实验过程中，学生始终是实验活动的主体，体现了以学生为中心的教育思想。

(3)实验过程的研究性。传统的验证性实验的实验内容和实验结果都是已知的，在实验不出现意外的情况下，必然会产生已知的效果。设计性实验在实验过程中，实验目的是明确的、惟一的，但实验条件是可以选择的，是可以变化的，因此实验过程可能有多种方法，给学生提供了较宽阔的思维空间和选择余地，使学生独立解决实际问题的能力及创新能力得到提高。

(4)实验内涵的自主性和设计性。设计性实验是从实验内容、实验器材、元器件或装置、实验过程、实验结果及实验形式，进行全方位的改革[7]。学生有充分的自主权：实验时间可由学生自主决定，实验内容可由学生自己立题或选择教师提供的项目指南；实验设备可根据自己的需要进行选择，即使是科研设备也可以利用；实验过程的装置设计、加工根据自己计划实施；实验方式鼓励另辟蹊径，实验结果完全不同于传统实验报告，实际上是一份完整的项目报告。所以，整个过程始终贯彻自主性和设计性。

三、设计性实验对培养学生能力创新能力的作用

从设计性实验的教学过程和特点来看，其是培养学生创新能力的有效途径，对培养学生创新能力有如下四个方面的作用：

(1)设计性实验营造了培养创新能力的有利环境。设计性实验一般在完全开放实验室中进行，实验中的仪器设备、图书资料、工作条件为创新能力的培养创造了优越物质基础；进入开放实验室的学生一般都是积极进取的优秀学生，实验室中刻苦钻研精神、求真务实的作风，互相帮助团结协作的氛围，指导教师允许实验失败、不武断地评判是非对错、以引导鼓励为主的实验指导模式为培养学生的创新能力创造了良好的人文环境。

(2)设计性实验提供了培养创新能力的实践机会。设计性实验要求每个学生自己准备材料、自己安排时间、自己设计实验方案，独立操作，是一个完整的分析问题和解决问题的实践过程，只要进行实践才能将学生的创新意识变成现实，展示学生的创新能力；同时设计性实验的实验过程锻炼了学生的创新技能。

(3)设计性实验拓展了培养创新思维的发展空间。设计性实验的题目一般是经过指导教师在认真分析学生的知识结构和实验条件的基础上，结合生产科研实际情况选定的，具有一定的前瞻性和灵活性，给予学生足够的思维空间。设计性实验突破了验证性实验“按方抓药”的模式，在教学过程中需要学生在查阅大量文献的基础上自己设计实验方案，鼓励学生摆脱了思维定势，独立自主地探索新的实验方法、思路，为培养学生的创新意识，为发展创新思维留足了空间。

(4)设计性实验提高了学生创新的基本素养。设计性实验由于具有一定的前瞻性和灵活性，势必造成实验过程中较多的不确定因素，实验过程中会出现一些障碍甚至是实验失败的情况，在指导老师的鼓励、引导、鞭策和指导下，培养学生恒久的耐心、锻炼学生坚强的意志和树立学生能够完成实验的自信心；并且以小组完成设计性实验能够逐步形成坦诚的合作意识，这些都是学生创新能力的基本素养。

四、总　结

设计性实验在教学内容上突出了一定的综合性、前瞻性、研究性和灵活性，在实验方案设计和实验操作上中体现了学生自主性、独立性。实验实施过程以学生为主体，指导教师主要作用是鼓励、引导、鞭策和指导学生完成实验。对学生创新能力的培养，设计性实验能够营造有利的环境，提供创新实践的机会和创造思维发展空间，同时促进学生具备创新能力的基本素养。扎实有效地开展设计性实验非常有利于培养学生的创新能力。

参考文献：

[1]张立中．创新能力培训教程[M]．北京：中国统计出版社，2002.

[2]李灵杰．培养创新型人才与开发设计性实验[J]．现代物理知识，2004，16(1)：50～52.

[3]王 兰，邵红红，傅明喜，苗润生，吴晶．开设综合设计性实验加强学生能力培养[J]．中国科技创新导刊，2007，472：209～210.

[4]章军军，崔秀红．创新实验的设计性和自主性[J]．实验技术与管理，2008，25(7)：23～25.

[5]王秋芬．设计性、研究性实验对学生创新能力的培养[J]．大学物理实验，2006，19(3)：88～91.

[6]张振坤，张卫华．设计性实验——培养学生创新思维的新途径[J]．化学工程与装备，2009，(6)：165～166

[7]李利军，兰辉．理工科专业开设综合性、设计性实验思考与实践[J]．内蒙古工业大学学报(社会科学版)，2006，15(2)：107～110.

以学科竞赛培养学生创新与促进教学改革

郑一力①，阚江明，赵燕东，燕　飞

（北京林业大学工学院）

摘要：本文阐述了全国大学生电子设计大赛对北京林业大学学生创新能力提高的积极作用，总结了通过竞赛培养学生动手实践和团队协作等综合素质的方法，并重点探讨了以电子设计大赛为契机，促进“单片机原理与应用”课堂教学和实验方法改革的新措施。

关键词：学科竞赛；创新型人才；单片机教学

党的十七大报告明确指出“提高自主创新能力，建设创新型国家。这是国家发展战略的核心，是提高综合国力的关键”。提高自主创新能力的关键是创新型人才，也是高等院校培养学生的目标之一。其中大学生学科竞赛是提高学生创新和实践能力的重要举措，也是促进教学内容与方法改革的重要手段[1]。笔者通过指导全国大学生电子设计大赛，重点探讨以竞赛带动学生创新能力的培养与“单片机原理与应用”教学内容和实验方法的改革。

一、以学科竞赛激发学生创新意识与实践能力

（一）北京林业大学参加全国大学生电子设计大赛基本情况

全国大学生电子设计大赛是教育部倡导的大学生学科竞赛之一，每两年一届，竞赛内容以实际电路设计和制作为主，可全面检验和加强参赛大学生的理论基础和实践创新能力。大赛目的在于推动高等学校促进信息与电子类学科课程体系和课程内容的改革，培养大学生的实践创新意识与基本能力、工程实践素质、团队协作精神和理论联系实际的学风，为优秀人才的脱颖而出创造条件[3]。参赛高校和人数逐届增多，获奖证书已经成为衡量大学生实践能力和创新素质的有力证明。

北京林业大学工学院从2005年开始以来，连续参加了3届全国大学生电子设计大赛，在领导大力支持、指导老师悉心辅导和参赛学生刻苦努力下取得了可喜的成绩，获得国家二等奖1项，北京赛区一等奖2项、二等奖1项、三等奖3项。参加培训和比赛学生过百人，涵盖包括自动化、电气工程等多个专业。参赛和获奖同学大部分被国内知名企业如华为、威盛、比亚迪等优先录用，部分获奖学生被保送到国内知名工科高校和研究所如北京航空航天

依托项目：北京林业大学2009年校级教学改革研究项目——基于培养自动化专业本科生信息处理能力的设计性实验的研究与实践。

① 第一作者：郑一力，博士，讲师。主要研究方向：机器人控制、嵌入式系统教学。电话：62337736。E-mail：zhengyili0620@gmail. com。通讯地址：北京林业大学工学院，10086。

大学、北京理工大学、北京邮电大学和中科院攻读硕士研究生，使该比赛已经成为北京林业大学工科影响力较强的学科竞赛之一。

(二)通过电子设计大赛培养学生创新意识和实践能力

大学生电子设计大赛的题目涉及到数字电路、模拟电路、电机控制、单片机等工科信息类课程的多方面知识，也可能是学生从未接触过的全新知识领域，在知识考察方面具有广泛性、深入性和新颖性。在短短四天比赛时间内，学生需要完成选题、资料收集、文献阅读、方案设计、设计实施、实验和报告总结等一系列工作任务，这对学生思路创新、动手实践、团队协作精神提出了非常高的要求。

首先，电子设计大赛的题目紧扣工科信息类学科发展的前沿，题目新颖。在比赛中学生需要利用已学知识学习和掌握未知新知识，并利用新知识动手解决实际问题，这促使了学生发挥主观能动性和思路扩散性，促进了学生创新意识和创新能力的形成，逐步提高了学生运用知识创造性地解决实际问题能力，在无形中使学生养成了创新和实践的习惯，这为学生将来从事科研和其他工作培养了良好的素质。

同时，电子设计大赛的每个题目都要求学生亲自动手制作实现，学生需要完成电路板钻孔、芯片焊接、导线连接、代码编写和调试等一系列手工任务。北京林业大学工学院以电子工艺实习、科技创新训练和电子设计大赛专项培训等实践教学和专业培训方式，逐步提高学生的手动能力。学生通过训练掌握了如何将电路原理图变为一个实际的电路板，学会了如何既保证各电子元器件和导线焊接整齐美观，又能保证电路的整体功能和性能，为学生日后的工作和科研实践提供了扎实的技能基础。

其次，当代社会任何一个人都不可能拥有足够的知识和精力去独立完成一项复杂的系统性任务，工作的顺利完成讲究的是协调沟通和团队合作。可以说，是否具备团队合作的能力对于学生毕业后能否尽快适应社会至关重要。在电子设计大赛培训时，有意识地加强团队协作训练，以技术交流论坛的形式，使学生定期交流自己工作的进展，并以集体分析和辩论的形式解决难题，以加强参赛同学之间经验和关键技术交流，培养学生养成良好沟通交流的习惯。在电子设计大赛过程中，每组以民主方式选拔一个组长，负责协调整个小组任务安排和进度把握，另两个学生分工不同任务，三人互相配合、取长补短，在比赛相互鼓励共度难关，出问题时不相互埋怨，指导老师只负责整体监督和后勤，以此培养学生统筹能力和协作能力。通过训练和比赛，潜移默化，使学生的团队协作意识逐渐养成。

二、以学科竞赛促进教学内容更新与实验方法改革

(一)“单片机原理与应用”课程特点

单片机在民用、工业、林业、农业等方面具有广泛应用，单片机技术对于工程类、信息类专业的本科学生，已经成为就业和科研的一项必备技能[2]。“单片机原理与应用”是一门理论与实践相结合的课程，是北京林业大学工学院自动化专业的必修课，也是计算机、电气工程、电子工程等专业基础课。本门课程重点围绕80C51单片机开展课堂教学与实验，主要由单片机结构组成和工作原理、单片机程序设计和单片机接口原理与编程这三部分构成。通过本课程的学习，使学生能从理论和实践上掌握单片机基本组成、工作原理、接口电路的硬件连接和软件编程，同时掌握单片机程序开发能力。在此基础上使学生具备专用嵌入式系

统的硬件设计和软件开发的初步能力，为学生能够从事电子系统开发以及相关工作打下基础。

(二)学科竞赛与课堂教学相结合

单片机的理论知识及实际使用是参加全国大学电子设计大赛的一项必备技能，从第一届全国大学生电子设计大赛开展以来，跟单片机相关题目就有十项以上。笔者通过指导电子设计大赛，对“单片机原理与应用”课堂教学内容的革新有以下几点探索：

首先，在单片机教学中重点突出接口部分的内容。单片机在电子设计大赛和实际工程应用时只是作为控制和数据处理的核心，其长处在于丰富的外部接口功能，通过各种外部接口单片机才能完成相应的控制任务，如串行接口、并行接口、SPI 接口、AD/DA 接口、液晶显示接口、键盘接口等。因此，在教学中尽可能多地讲解单片机的一些外围器件和常用电路。同时，针对一种外部接口对比多种电路实现方案，以便学生日后在竞赛和实际工作应用中灵活合理选型。

其次，在单片机程序设计方面，传统教学以汇编语言为主，汇编语言是面向硬件的语言，具有执行速度快，存储容量小等优势，是学习单片机软件设计的功底，其重要性不言而喻。但是，汇编语言存在着抽象、函数参数传递困难等不足，只适合实现较简单的程序功能。而高级语言如 C 语言具有直观、易学、易懂、移植性好等优点，同时具有结构化、模块化的特性，常用函数可编写成子函数模块供其它任务使用，在工程应用和复杂程序设计时，C 语言是首选。因此，在单片机教学过程中，针对电子设计大赛以及学生未来就业的实际工程应用，在汇编语言编程的基础上增加了单片机 C 语言的教学内容，采用经典的 Keil C 开发环境，并鼓励学生用 C 语言完成课程实验。

同时，针对单片机的实际应用，在课堂教学中，笔者讲解了直流电机闭环调速和桑拿室温度控制这两个完整的工程实例，其中在直流电机闭环调速实例中用到了单片机定时器、中断、AD/DA 等接口知识；在桑拿室温度控制实例中，用到了单片机外扩的 SPI 接口、液晶显示接口等。通过这些工程实例，使学生所学的理论知识得到了加深巩固和融会贯通，也提高了学生学习的目的性和积极性。这两个工程实例所用到的多种接口技术，在电子设计大赛中也可得到应用。

(三)学科竞赛与实验教学相结合

首先，在实验题目设计方面，主要锻炼学生应用书本知识解决实际问题的分析和设计能力，命题原则是以具有一定设计性和创造性的综合题目为主，在题目设计时尽可能使用到单片机的各个部件；同时要做到难度适中，使初学者尽快上手，保证其完成实验的自信心。题目从电子设计大赛往年题目中挑选了一些内容，通过降低难度或部分实现等手段，让学生顺利完成。同时对一些创新意识较强的同学，允许其自拟实验题目。

其次，在实验教学中探索项目责任制的新型实验方案，参照全国大学生电子设计大赛队员设置，每个题目由 3 ~4 名同学构成，每组有一个队长负责整体协调，每个组员在一个题目中侧重完成不同的任务，最后完成整合，在实验过程中培养学生的团队精神。在 16 个实验学时里面，分别完成选题、资料收集、方案设计与讨论、实验实施和总结等几部分内容，具体的学时数分布可参考表 1。

表1 项目制单片机实验学时分布参考表

学时数	内容
2学时	由老师对各个题目的要求和实验环境进行讲解，完成选题
课后	课后学生针对实验题目通过网络和教材收集相关资料
4学时	学生完成实验的方案设计并讨论
8学时	学生根据设计方案，完成代码编写与上机调试
2学时与课后	学生完成实验的总结报告，教师完成实验验收与总结

同时，在实验过程中，注意平时的技术积累。在硬件方面，对硬件基础比较好的学生，可鼓励其在课余时间利用Protel软件设计、加工并调试完成单片机的最小系统、AD/DA模块、液晶显示等硬件模块，用于电子设计大赛。在软件方面，将键盘、定时器、液晶显示、中断、串行通信等接口程序以及直流电机、步进电机、舵机等控制程序整理成有明确接口参数的C语言函数，在竞赛或其他项目开发时直接使用，这样既可以大大提高时间效率，也可使学生养成模块化程序设计的思想。

在考核时，实验成绩占期末成绩的50%，考核内容包括实验方案设计合理性、实验报告完整性、实验效果、结果数据分析等内容，以分组答辩的形式完成整个实验任务，通过综合表现来给学生评定实验成绩。在实验最后，集中对学生的整个实验过程进行总结，指出某些组实验的方案不合理或操作流程不规范等问题，保证实验的整体效果，为将来的学科竞赛培养正确的设计思路和操作规范。

对于不参加学科竞赛的学生，通过以上实验过程的锻炼，可充分了解一个具体项目从选题、立项、分析到完成的整个过程。对于培养学生自学能力、动手能力、组织管理能力和文本书写能力具有较好的推动作用，使其在求职时更有竞争力，在工作中更快上手。

实践证明，全国大学生电子设计大赛是培养大学生创新思维、实践能力和团队素质的有效途径，也是大学生将创新思维转变为实际成果的重要手段，为学生未来的工作和科研深造提供了锻炼平台。同时电子设计大赛对单片机教学内容和实验方法的革新具有重要的激励和指导作用，要求教师跟上学科竞赛和社会发展需求，不断更新教学内容和改革实验模式，为国家培养合格的创新型人才。

参考文献：

[1]张军国，刘希瑞，张健等．以电子设计大赛为契机加强大学生创新能力和实践能力的培养[J]．中国林业教育，2009，27(6)：93～95.

[2]王海兰，赵燕东．浅谈单片机的教与学[J]．中国林业教育，2009，27(6)：19～21.

[3]聂雄．以电子设计大赛促进电子信息专业创新人才培养[J]．广西大学报(哲学社会科学版)，2008，30(5)：19～20.

工程训练中数控技术实践教学改革探讨

李　宁①，田　野，杜利超
（北京林业大学工学院）

摘要：工程训练是工科类学生非常重要的教学环节，数控技术是其中一项重要的内容。本文通过对目前数控技术实践教学模式的分析，结合北京林业大学工学院实习中心的实际情况，提出了工程训练课程，特别是数控技术实践教学的改革思路。

关键词：工程训练；数控技术；实践教学

工程训练是在金工实习的基础上发展而来。近年来，工程训练课程的教学体系和教学内容，经历了较大的改进和拓展，已经超出了传统金工实习的形式和内容。参加工程训练的学生已经不再局限于工科学生，在很多院校几乎各专业学生都参加工程训练。因此学生人数在不断增加，规模不断扩大；教学内容不断拓展，更加强调研究性、综合性和创新性；教学形式发生了很大的变化，更加强调学生的主动参与，并向着开放式的方向发展。工程训练是机械类和近机械类工科学生非常重要的实践性教学环节，对于全面培养学生的实践操作能力、工程意识以及发现、分析和解决问题的能力具有重要的作用[1]。同时通过工程训练，可以拓宽学生的视野，加深对通用技术的掌握和对前沿技术的了解，使学生具有创新精神和足够的实践能力。

一、目前工程训练中数控技术实践教学的常见模式

（一）以演示或讲解为主的模式

在金工实习演变为工程训练之前，大部分院校数控技术实践教学采用的都是以演示或讲解为主的模式。早期大部分工科院校都建立了自己的实习工厂，以传统的金属加工内容为主。近年来，受数控人才需求增长的拉动，各院校大都建设了不同规模的数控实验室或实训基地。由于数控设备价格昂贵，部分院校只是建立了设备种类和数量相对较少的实验室。基本上包括数控车床、数控铣床、电火花成型机床、电火花线切割机床等，有一些院校引进了少量的加工中心。由于数控设备数量少，在实践教学中每个学生的独立动手实际操作机会少，这种安排无法适应普及性的实践性教学，只能给学生作演示或按照现场教学模式进行讲解，而数控技术是实践性很强的综合技术，没有通过实践体验很难获得良好的教学效果。因此，随着学校条件的改善，应当逐步加大资金的投入，建设更大规模的数控实训中心，以期

依托项目：北京林业大学2009年校级教学改革研究项目——CAD/CAM实验网络课程开发研究。

① 第一作者：李宁，博士，实验师。主要研究方向：数控加工、机械制造。电话：62338144。E-mail：lining79@sohu.com。通讯地址：北京林业大学工学院，100083。

达到更好的教学效果。

(二) 以数控车、铣实习为主的模式

一些以工科为主的院校建设了具有一定规模的数控实训中心，往往以数控车床和数控铣床为主，其他类型的数控设备为辅。具备了这个条件，学生在数控实习中基本能保证一人或两人操作一台数控机床。实际操作的增加将有助于学生对数控加工的理解，因此教学效果将比以演示或讲解为主的模式要显著。为了与生产企业尽可能保持一致，使教学内容和企业生产紧密结合，各院校在实训数控设备选型上应逐步趋向于采用生产型数控机床而不是教学型的数控设备。目前，部分高校采用的是教学型的设备，这类设备单价比工业用的设备要低，能够完成加工过程，但是其加工精度比较低，系统稳定性较差。

(三) 普遍涉及主要先进制造技术的模式

在国家级的工程训练中心，数控技术实践教学包含了涉及先进制造技术的主要设备。主要包括数控车床、数控铣床、数控冲压机床、数控雕刻机、加工中心、快速原型制造机床、数控电火花加工机床、激光加工机床等。学生接触到的面比较宽广，在实践中能充分比较和理解各类型机床的特点，对各种加工方法的比较有助于加深学生对数控技术的认识。这种模式要求有足够资金投入，并且要有足够的实践教学课时，对教师的要求比较高。

二、北京林业大学数控技术实习教学的现状

北京林业大学工学院实践教学任务主要由实验实习中心承担，实验中心主要承担专业课的实验教学任务，实习中心承担基础实习类的实践教学任务，包括工程训练(金工实习)及电子工艺实习等课程。数控技术实习教学是工程训练中的一部分内容，主要设备隶属于现代制造技术实验室。目前有支撑教师 3 人，专职实验员 1 人，配备研究生助教 1 ~2 人。

目前每学年参加数控实习的有 20 个班，涉及工学院、材料科学与技术学院、经管管理学院等，总约 600 人左右，每学年实际教学时间为 16 周。现代制造技术实验室目前拥有数控车床 2 台、数控铣床 1 台、电火花成型机床 1 台、电火花线切割机床 1 台、加工中心 1 台、激光切割雕刻机 1 台、精雕机 1 台、超声波加工机 1 台、金刚石线切割机 1 台、三坐标测量仪 1 台、快速成型设备 1 台及实验室局域网(16 台计算机)，各仪器设备总价值超过 300 万元。该实验室以先进的制造工程系统为主线，为学生建立与现代化制造工业生产水平相一致的工艺平台。通过数控加工、特种加工、自动化控制系统、CAD/CAM 等，对学生进行现代化工程训练。现代制造技术实验室不仅为本科生提供现代化实践教学基地，还为学生的课程设计、毕业设计、课外科技活动提供实践条件，并承担了一部分研究生的实践教学任务。由于数控设备单价较高，目前现代制造技术实验室内各型号的设备都是单台套。基础性设备都是 2002 年或 2003 年购进的，大都接近使用寿命。由于同型号的产品已被厂家停止生产，因此设备维修是目前面临的一个难题。

三、北京林业大学工程训练中数控技术实践教学模式的改革探讨

(一) 北京林业大学工程训练课程的改革探讨

由于受实验室场地、教师人数及实验设备数量的影响，为了取得最好的教学效果，保证学生的安全及实践操作机会，工程训练中每 2 个自然班的学生分成 5 组，分别在车工、数控、创新、焊接和钳工等工种中轮换，根据教学的学时多少确定学生的实习内容。

北京林业大学实习中心专职从事工程训练(金工实习)在编的一线指导人员 4 人，返聘 1 人(车工)，50 岁以上的 3 人，30～40 岁的 1 人。教师数量相对较少，一人负责一个工种，工作比较紧张，尤其是在特殊时期(教师需要请病假或事假或出差等)显得更为紧张。结合学校实际情况搞好工程训练需要从教学模式上进行深入探讨。

1. 增加工程实践教学时间

20 世纪 90 年代以前机械类学生金工实习一般有 8 周左右的时间，近机类一般有 6 周左右的时间，非机类的有 4 周左右时间，并且实习内容仅局限于常规机械制造领域。目前，工程训练实践教学的内涵大为扩展，而实习时间则不断紧缩，机械类学生实习时间大都为 3 周，近机类的 2 周，非机类工科学生为 1 周或 2 周。在这样紧缩的情况下要提高教学效果难度非常之大。法国学生工科学生实践时间是大学一年级一个月，二年级两个月，三年级三个月。

2. 改变周学时的确定原则，提高一线指导教师的待遇

按照现行分组原则，机械类每个学生每个工种的实习时间为 3 天，近机类的 2 天，其他 1 天，实际指导时间为 100 个工作日，总人数 600 人，最终每个指导教师人均学时为 240 学时，即一个工作日折合 2.4 学时。为提高工程训练教师的积极性，建议学校增加实践教学的周学时数。

另外，在职称评定上，建议学校将部分教师纳入教师系列，部分纳入工程系列，部分教师纳入工勤系列。目前，清华大学及北京航空航天大学的工程训练中心都采用了这种管理模式。由于工程训练的发展很快，对指导教师的要求也在提高，因此引入人才的层次也将越来越高，如果只能纳入工程或工勤系列，可能会影响高层次人才进入实践教学的积极性。同时对于实践教学人员申请各类科研项目等有十分不利的影响，而参加科研是保证实践教学人员丰富自己的知识，跟上科技进步步伐的关键，也是取得更好教学效果的重要途径。

3. 加大实践教学及基地建设的研究力度，增加校际间的交流与联系

实践教学的研究相对于理论课程还比较少，这主要与实践教学的特点有关系，很多从事实践教学的教师不愿意在理论方面总结提高，而从事理论教学的教师对于实践教学的情况也不是很了解，往往不容易发现问题或抓住重点，因此应当鼓励更多的一线实践教学的指导教师参加教学研究项目。

2009 年北京林业大学工学院以实习实验中心为主体，参加了北京市实验教学示范中心的评估并获得通过。通过学习其他国家级和北京市的实验教学示范中心的经验和成果，进一步对实践教学基地的建设开展广泛的研究有助于实践教学的发展，通过了解国内外工程实践教学的特点，结合北京林业大学的实际情况和特点，更好地建设实践教学基地。

通过与有关高校合作、聘请校外专家、参加相关的研讨会等，以形成一种教学改革的氛围，使学校的探索与改革能够在不断地总结经验的同时借鉴外校的先进经验，缩小我校实习中心与国家级及省部级示范中心的差距。实践教学及基地建设往往对硬件设施和软件条件提出严格要求，受财力、人力等办学条件方面的限制，要求更深入研究各种实践教学及基地建设方案，结合本校的实际，在实践中加以灵活有效地运用。

4. 加强安全教育，建设安全保障体系

工程训练安全问题有着不同于普通工厂的特殊性。首先学生大都是初次接触，对设备不熟悉，同时还保留有年轻人的好动性及好奇心。在理论课中学生犯错误是很容易纠正的，而在工程训练中，发生事故往往会对设备造成重大影响，甚至会危害学生的人身安全。一方面要允许学生犯错误，又不能发生财产和人身安全事故对指导教师提出极高的要求。需要指导教师把安全操作规程讲透彻，强调纪律和安全操作的重要性，使学生按照要求安全操作。在实习过程中需要教师随时发现问题并及时纠正。一旦发生事故，无论其严重程度如何，对学生、教师，工程训练中心、甚至学校的负面影响都是特别明显的，因此安全保障体系的建设问题显得特别重要。探索建立健全工程训练安全保障体系，需要学院、学校乃至有关政府部门的高度重视和进一步研究[2]。

(二)工程训练中数控技术实践教学改革的建议

数控技术发展日新月异，包含的内容也越来越丰富。随着传统加工方式的淡化，数控加工的地位日益重要，成为了制造行业的核心内容，因此必须投资，有效强化数控教学的力量，使得工科学生能够真正掌握数控的基本内容和了解数控技术的前沿。

1. 加强数控实践教学的专业师资队伍建设

数控技术发展迅速，为了适应其发展，对教师提出了更高的要求。引进具备相当的理论知识和丰富的实践经验数控师资是一条重要的思路。“双师型”专业教师的引进，有助于现代数控技术人才培养水平的提高。有些院校从社会上引进了一些具有丰富实践经验、又有一定理论水平的工程技术人员充实教师队伍，有效提高数控教学水平，特别是对提高学生的工程实践能力有很大的帮助。相应需要在聘用体制和政策规定上给予相倾斜，使得这类型的教师能够应聘，并在职称、工资、福利等方面享受适当的待遇，使其工作积极性得到充分发挥[3]。另外可以从企业招聘有丰富的实践经验、表达能力强的工程技术人员作为兼职教师，这些技术人员对于技术的发展的前沿有更好的了解，其可以参与教学大纲和教学计划的制定，并直接承担一定的教学任务。按照北京林业大学现在的实习规模至少应增加 1 名数控实践教学的指导人员。

2. 增加设备投入，争取每 5 名学生能在实践中操作 1 台基本的数控机床

目前北京林业大学的数控实习主要以精雕机和数控铣为主，其他的数控设备作为认知实习进行讲解和演示，为了取得更好的教学效果，应购买 2 ~ 3 台数控车，2 ~ 3 台数控铣床，资金投入约 100 万元左右，相应需要进一步扩大实验室场地。

3. 加强校企合作，在企业建立数控实训基地

在设备采购时，应当与供应商达成在生产企业建立实训基地的协议。学生在企业参观、调研乃至进行短期培训，可以全面了解数控设备的设计、生产、包括装配、调试以及故障维修的全过程，形成系统的认识[4]。成为高等学校的实践教学基地也是对企业的一种肯定和宣传，可以达成双赢。

4. 适当采用网络教学，合理使用仿真软件

目前受到教师人数和设备数量及场地的限制，可以进行网络教学。通过视频资料，学生可以更清晰地了解设备操作过程及软件的使用方法，并在实际操作中加以印证，可以提高学生的学习效率和积极性。通过仿真软件学生可以了解自己设计的零件的加工过程和加工工艺性能，并能有效降低发生错误和事故的可能性。仿真软件不仅可以一定程度上解决设备数量少得问题，还可以提高学生的设计能力和加工能力。

四、结 论

科学地设置工程训练项目，同理论教学紧密结合，注重先进性、开放性、综合性和创新性，形成系统性和科学性的完整课程体系，培养具有工程意识和创新能力并具备一定设计能力和操作技能的高素质工程技术人才是工程训练最终目标和发展方向，也是对工科学生的具体要求。工程训练的教学改革同任何一种教学改革和建设项目的引入一样，都必须在师资力量、实践设施、教学计划、教材、教具等诸方面做大量细致的工作，都必须要在整个教学系统中统一组织、统一协调、统一规划、重点建设[5]。工程训练，尤其是数控的技术实践教学的改革需要学院及学校相关部门的大力支持。

参考文献：

[1] 张晓东等. 数控技术专业工程能力实践教学体系的构建[J]. 广东白云学院学报，2009，16(3)：12～16.

[2] 邹卫放. 工程训练中心教学中的安全教育[J]. 实验室研究与探索，2010，29(2)：181～183.

[3] 杨林丰等. 工程训练中心师资队伍建设探讨[J]. 高教论坛，2010，(3)，112～113.

[4] 隋秀梅等. 数控技术生产性实训基地运行与管理模式探索[J]. 中国新技术新产品，2010(4)：253.

[5] 陈国金. 工程训练中创新型人才培养方案研究[J]. 杭州电子科技大学学报(社科版)，2008，4(4)：60～63.

控制类课程实验教学的探索与实践

刘文定[①]，燕　飞，陈锋军，郭文会
（北京林业大学工学院）

摘要：专业课程的实践教学是提高工科学生工程实践能力和创新意识的有效途径。为了培养创新性高素质的人才，我们结合专业特点和实际条件，探究专业课程体系的理论教学、实践教学、教学环境等改革，近年来的实施表明实践教学对学生的工程实践能力、创新能力和全面素质培养有着其它教学环节不可替代的作用；它既是培养有扎实的理论基础，又有夯实的工程实践能力和创新能力的适应人才的必要途径。

关键词：专业课程体系；实践教学；探索性实验；创新能力

一、引　言

培养学生创新精神和综合实践能力已成为大学生素质教育的重要目标和重要内容，其核心就是要求教育把人类素质中更多的新潜能都释放出来，培养全面发展的、具有创新能力、可持续发展的高素质人才[1]。控制类专业课程(包括自动控制理论、现代控制理论、控制系统仿真、过程控制系统、计算机控制系统、智能控制等)是自动化专业的核心专业课程，且均是技术性和实践性很强的学科，针对我校的特点，我们试探在理论课程精讲的基础上，探索实验教学改革，在实验教学中渗透新的教学方法和学习方式，充分发挥学生学习的主动性和创造性，形成在探索中获得知识的教学氛围，使学生感受科学研究的一般过程和体验创新的乐趣，从而充分调动学生的积极性，构建新的控制类课程体系和学生应用能力的培养新体系[2]。

二、以学生为主体，探究专业理论教学新模式

我校 2008 版教学大纲已将控制类专业课程的教学时数(理论教学、实验教学、实践教学等)结合我校特点作了合理的调整(增加了实践教学的学时)。从整体上来看，为全面提升学生的素质教育，专业课程的理论教学时数均有所减少，如何在有限的时间内将基本理论、基本方法、基本概念传授给学生，提升学生的学习主动性和创新性是专业教师面临的新挑战。大三学生经过两年的基础课程学习，知识框架、解决问题的能力、实验技能等已大致形成，课程体系教学组通过大量调研、讨论提出专业课程理论教学以学生为主体，以教师为主导的教学模式。针对专业课和实际系统结合比较紧密的特点，从大量的实际应用例子激发学生的

依托项目：北京林业大学 2006 年校级教学改革研究项目——控制理论系列课程建设与实践。

① 第一作者：刘文定，硕士，教授，主要研究方向：控制理论与控制工程。电话：62338144－230。E-mail：liu_wending@163.com。通信地址：北京林业大学工学院自动控制教研室，100083。

学习兴趣，使其从被动学习到主动探索，例如，过程控制系统课程的选择性控制讲授前，我们给出液态氨冷却控制系统、加热炉多种燃料选择控制系统、蒸汽锅炉安全性和节能性选择性控制等大量实际系统（采用图片和文字），把握时机（控制系统的安全性和系统的动、静态指标发生矛盾时），提出系统需要解决的问题（控制方案）。给学生提供了主动学习的机会，课后学生查阅大量资料，针对问题试探可能的控制方案，带着问题和方案使课堂教学的氛围活跃起来，教师及时根据学生提出各种各样的解决方案，分析存在问题从理论上讲透选择控制，进一步引导学生的思维方向，课后的习题或思考题又可以巩固和加深课堂所学内容，且理论讲课时数大大节省，这种教学模式充分体现了以学生为主体的教育理念（变被动听讲为主动学习），充分融合了素质教育的精髓，很好的体现了学生的主动性和积极性，使学生在学好专业课的同时，增强综合素质，从而实现知识、能力、素质的协调发展。几年的教学实践取得了非常好的教学效果，05、06 届学生的课程考试成绩均有提高，学生参加电子大赛、机器人大赛均取得了好的成绩。

三、基于能力和素质的提升，开展创新性实验

实践是提高学生能力的重要途径，实验教学是专业课教学的一个重要组成部分，它对学生的工程实践能力、创新能力和全面素质培养有着其它教学环节不可替代的作用。

（一）创新实验内容，激发学生的学习兴趣

课堂理论学习已经激发起学生探究专业知识的兴趣，如何在实验教学中，科学、合理地通过情景设计和项目设计，引导学生理论联系实际，进一步激发学生的学习热情和兴趣，促进实践能力及创新精神的提高是我们课题组这几年一直在探索的。以往的实验只从课程教学的单个内容分类，完全分隔开不同课程中理论知识与技术技能的联系。例如，以前的控制系统校正实验内容安排为，给出原系统和系统的频域指标要求，学生按频率法设计校正装置，学生按课题讲授的方法按步就搬做实验，如果一次性不成功，积极性受到打击，不利于发挥学生的主体性，也不利于学生创新能力的培养。为此，我们将它设计为综合性实验，整个实验过程以学生为主导，从激发学生热情和鼓励创新为突破。具体步骤：第一次课堂讲解系统校正的内容（包括校正装置的类型、校正方式、校正步骤、校正的意义等），同时给出综合性实验，实验目的要求学生自行设计实验方案、设计实际实现电路，基本内容包括：明确实验目的，查阅相关文献，拟订设计方法和实验步骤，进行模拟实验，根据实验结果调整或修改设计方案，进行正式实验。本次课后极大地激发了学生的求知热情并使学生在后面的学习和实验中能带着问题来学习和思考。鼓励学生采用计算机辅助设计方法，采用不同的设计方案进行系统设计，第二次采用课堂讨论方式，交流设计内容、分析设计优劣，修正设计方案，第三次将合理的理论设计方案在模拟机上实现，并且比较、分析理论设计和实际系统之间差别及产生的原因，学生通过自己动手设计实验，不仅学到了知识，而且激发了求知欲望和创新能力。有效发挥了学生的主体性，使学生在综合实验中得到相关的理论知识和实验技能，又培养了学生创新实践能力。在学生的实验探索活动中，教师要把学生看成是具有能动性的创造与学习主体，而不是被动接受知识的对象，要尊重每一个学生的个性和人格．对于学生在实验活动中所选择的方法和途径，教师要给予充分的肯定，不要认为学生的方案设计与教师所想象的不同就是不合理的、错误的，不要把学生在尝试中的失败看得一无是处而全盘否定．相反，如果学生完全照搬式一味的模仿，其结果只能限制学生的想象力、创造力，

达不到研究性学习的目的。

（二）创设实际系统实验环境，激发学生创造思维

控制类专业课程均为理论性和实践性很强的课程。如何让学生在学到的专业知识后更好地与实际系统的发展和需求相结合，应用所学知识服务社会，是我们一直在思索的问题。我校自动化专业成立较晚，受客观条件的限制，实验设备与实验场地不足，特别是综合性、实训性实验设备更为缺乏，使学生的实践兴趣和实践成效受到了影响。学生即使有新的想法和思路也无法验证和实现。为此，我们积极申请学校的实验教学经费，2008 年购置了 THJ－3 型高级过程控制系统实验装置建立了过程控制系统实验室，本装置可以模拟过程控制系统的液位系统、锅炉系统等实际生产现场工艺流程，并综合了智能调节仪表控制、单片机控制、PLC 可编程控制、远程数据采集控制、DCS 分布式控制等多种控制。针对该装置我们在《过程控制系统》、《可编程控制系统》等课程的教学内容和实践教学环节作了科学的调整，例如，在讲授串级控制系统中主控制器与副控制器的作用、特点及控制器参数调整内容时，我们首先从隔焰式隧道窑炉温度控制系统入手，提出系统存在的问题、应用所学知识从理论上给出合适的控制方案，方案的实际效果如何，设置了串级控制系统实验，大部分学生带着问题进入实验室，提出许多理论和实践的问题，实验的成功率也很高，通过对学生的回访了解表明学生普遍认为这种教学模式不仅培养了学生对理论基础知识和实验技能的灵活应用能力，更提高了学生的科技创新的综合素质。

（三）科学研究引入实际教学，提高学生的科研能力

科研能力是信息时代对人才质量的基本要求，科研能力的培养，可以有效地训练学生在未知领域的探索精神、独立思考、独立创造性地分析和解决问题的能力[3]。大三、大四的专业课程的教学过程中，学生的基本知识、基本技能、创新意识等逐步形成，为了使有潜力的学生尽早地接受系统的科研能力的培养和训练，摄取学科前沿知识，考虑我校不同研究领域的师资队伍比较强大、较为充足的科研经费（北京林业大学大学生科研创新项目、北京市大学生科研创新项目、国家大学生科研创新项目）、学院路浓厚的学术氛围和大量的纵、横向科研项目，在实践教学中与科研紧密结合，如，寇传阳等同学的鱼形机器人研究获得国家大学生创新项目资助，林言等参与了教师植物阻抗谱科研项目的研究等，课外科研活动和社会实践活动不仅可以扩大学生视野、增长见识、体验研究创新的乐趣，更为重要的是可以使学生将所学的理论知识与实际相结合，使学生的创新意识和创新能力得到有效培养[4]。

（四）实践教学的科学考核，调动学生的主动性和积极性

实践教学的评价对实践教学效果、学生学习主动性、创新性等影响很大，以前，我们主要通过实验态度、完成实验的前后顺序和实验报告来给出实验成绩，往往出现部分勤于思考、独立创新设计的学生实验时间较长等误解，另外，课程考试成绩中实验占的比例较少（实验成绩包含在 20% 的平时成绩中），专业课考试内容也不涉及实验内容，导致学生对实验不重视，被动实验，为此，我们提出科学考核方法，首先，理论考试内容增加有关实验内容，如 06 级过程控制系统试卷增加 PID 控制器参数整定的内容，07 级自动控制理论试卷控制系统综合校正（20 分），对独立完成实验且认真完成实验报告的学生来说得分较高（自动化 07－1、2 班 80% 的学生得 15～20 分）；其次，实验成绩要考虑学生的实验态度（20%）、实验过程的独立性和创新性（50%）和实验报告的撰写（实验数据的分析、实验方案的确定、实验过程中出现问题的解决等）（30%）并且在课程考试中的比例适当提高 20%～40%；对实践性较强的专业课(计算机控制系统、控制系统仿真、过程控制系统等)采用灵活多样的考试方法，如控制系统仿真采用分阶段计算机机考等，科学的考核不仅能充分调动学生的主动性和积极性，还能培养学生分析问题解决实际问题的能力。

四、加强实验室建设，创建有利于培养学生工程能力、创新能力的实验环境

实践能力、创新意识与创新能力的教学实验环境，可使学生在校期间就能受到良好的工程实践锻炼。为此，我们更新了自动控制实验装置，增设了计算机控制系统的实验；构建了传感器实验室、过程控制实验室等，从控制系统的感官部件(温度传感器、流量传感器等)的原理、测量、使用到实际的温度控制系统、压力控制系统、液位控制系统、流量控制系统以及集散控制系统等先进控制系统的组成，控制方案的确定、控制器参数的选取，构成一个小型的工业生产自动化控制中心(过程控制实验室)，使学生将控制理论与生产实践紧密地结合在一起，从而激发了学生的学习热情和创新思维。

针对我院的实际情况(某些实验设备短缺、实验条件难以满足要求)，在自动化05、06两届我们增设计算机虚拟实验。充分利用先进的计算机仿真软件对那些受实验室条件限制的实验及设计性实验进行虚拟研究。例如，流量与压力耦合的控制系统耦合程度、解耦控制器的设计受到实验条件的限制无法完成，对学生充分理解解耦控制概念很不利，而实际系统变量和变量之间的耦合又是非常普遍的问题，采用计算机辅助设计虚拟实验既可克服实验室仪器不足的限制，又大大培养学生使用计算机去分析、设计实际系统的能力，锻炼学生的工程实践能力，提高学生的创新意识。

实验室的管理与建设对实践教学质量的影响很大。作为控制类专业课程的控制系统实验室和过程控制系统实验室建立了一系列管理方法。比如，主讲教师和实验教师共同研究实验内容、实验安排，充分发挥教师的指导作用；实验仪器设备建立档案，实行专人负责，学生使用仪器登记制；提供方便合理的实验时间供学生选择；有条件的实验室鼓励学生进入实验室开展自己感兴趣的创新型实验研究[5]。

五、结束语

专业课程的实践教学是提高工科学生工程实践能力和创新意识的有效途径。近年来的专业课程体系的实验教学改革已经表明实践教学对学生的工程实践能力、创新能力和全面素质培养有着其它教学环节不可替代的作用；它是培养既有扎实的理论基础，又有夯实的工程实践能力和创新能力的适应人才的必要途径。

参考文献：

[1]程东峰．高校个性化教学法初探[J]．辽宁教育研究，2003，(7)：26~28.

[2]王玉冬．普通高校加强个性化教学的探索[J]．黑龙江高教研究，2003 (4)：33~36 .

[3]胡飞虎，张彦斌，陈文革．高等学校人才培养中的教学方法和手段改革探索[J]．电气电子教学学报，2008，(SI)：27.

[4]国英．实现“工学结合”培养模式，提高学生就业竞争力[J]．中国职业技术教育，2008，(18)：7.

[5]朱蓓薇．大学生创新精神和实践能力培养的探索与实践[J]．辽宁教育研究，2008，(6)：80 ~ 81.

信号与系统实验教学改革的探讨

罗琴娟[①]，阚江明

（北京林业大学工学院）

摘要：笔者根据近年来实验课经验对改善《信号与系统》实验教学质量作了一些思考，并结合我院实际情况，提出了一些改革建议和措施，以提高我院学生的信号与系统实验课的授课质量和效率。

关键词：信号与系统实验；MATLAB 仿真；硬件电路

“信号与系统”是一门实践性很强的课程，其实验课对帮助和加深该课程理论理解有着非常重要的作用，在整个课程教学中占有重要位置。该课程的基本方法和理论大量应用于计算机信息处理的各个领域，因此，让学生更好地掌握对信号与系统进行分析的基本方法和理论，尤其是将理论与实际工程应用相结合，无论是对今后专业课的学习，还是学生毕业后从事专业工作的能力，都具有重要的意义[1]。这要求我们必须充分重视《信号与系统》实验课程。

我校自 2001 年起已开设《信号与系统》理论及实验课程，有配套实验箱 16 台，实验每两人一组。实验方式主要以硬件实验箱实验为主。为提高实验课质量，笔者提出在实践教学中采用 MATLAB 软件仿真与“信号与系统”实验箱相结合方式进行实验教学，将信号与系统实验放在计算机软件仿真实验室进行。如此能改善《信号与系统》实验仅开设硬件实验箱实验或仅开设软件上机实验的实验教学形式，不仅能丰富实验内容，提高实验课质量，对于实验教师的业务水平的提高也十分有益。

一、实验课程体系改革思路

在电子仪器设备的更新速度加快、仪器等硬件设备及其维修经费难以得到保证的条件下，加之理论课程改革的不断深化，原实验课程体系很难适应新的教学改革要求。

将传统的“信号与系统”硬件实验逐步过渡到由计算机来进行虚拟实验逐渐成为目前国际上较为流行的做法[2]。实验课程体系改革的思路是在原有硬件实验的基础上增加 MATLAB 上机仿真实验内容。

由于该课程一般都安排在学生的大二学年进行，对于我院的实际情况：学生家庭状况普遍一般，贫困比例在我校各院中位居前列，拥有个人电脑的学生并不多。因此若将《信号与

依托项目：北京林业大学 2009 年校级教学改革研究项目——基于培养自动化专业本科生信息处理能力的设计性实验的研究与实践。

① 第一作者：罗琴娟，硕士，实验师。电话：62338139。E-mail：luoqinjuan@ bjfu. edu. cn。通讯地址：北京林业大学 8 号信箱，100083。

系统》的 MATLAB 仿真实验仅布置为学生课后自行学习，无论是整体理论教学效果还是实验教学质量都将打折扣。而且对于大二学生，上机实验还比较少。因此，《信号与系统》上机仿真实验就成为素质与能力培养的重要一环。一方面解决了大学低年级理论课较多而实验课较少的不协调情况，另一方面通过仿真编程上机实验，学生还可以充分利用课堂上学到的基本概念来解决实际问题，更实际地理解信号处理与系统分析概念。

二、实验改革的具体方案

将“信号与系统”MATLAB 上机仿真学习作为实验课的一部分，而不仅仅是让学生实验课前自行学习的建议。因此提出将信号与系统上机实验与实验箱硬件电路实验结合，将信号与系统实验放在计算机仿真实验室进行。

(一)以 MATLAB 计算机软件仿真为铺垫

1. MATLAB 仿真能充分弥补我院信号与系统硬件实验中遇到的各种问题

通过开设《信号与系统》MATLAB 仿真实验，使得学生提前对于实验内容及实验结果有了一个比较形象的概念，那么对于硬件实验的操作上就更加熟练，实验过程中能做到心里有数，所需实验时间也就会有所减少，那么就能实现每个学生都进行实验操作。而有了 MATLAB 仿真进行信号与系统虚拟实验，硬件电路中出现的滤波器截止频率等的情形，在 MATLAB 软件上经过参数修改问题也就迎刃而解了。

同时，为适应当前课程改革新形势，我校信号与系统授课安排(包括实验)减少至 48 学时，然而本课程的理论学习内容多，而且概念抽象，因此在课上老师没有多少时间去介绍 MATLAB 软件仿真，加之该门课程一般在学生的第三和第四学期开课，除了少数对计算机非常感兴趣的同学以外，多数学生的计算机软件编程能力尚不足。若将《信号与系统》的 MATLAB 仿真实验仅布置为学生课后自行学习，无论是整体理论教学效果还是实验教学质量都将打折扣。因此在我院，针对《信号与系统》实验课，增设信号与系统的计算机仿真实验课程对于学生来说是非常必要的。

2. MATLAB 仿真巩固理论知识作用绝不可忽视

“信号与系统”课的特点是概念抽象，数学含量大，繁杂的教学公式推导及数学结果使学生难于理解[2]，MATLAB 的出现可以实现在实验环境中以计算机为辅助教学手段，用信号分析的软件帮助学生完成“信号与系统”课程的数值计算、信号与系统分析的可视化建模及仿真调试，培养学生主动获取知识和独立解决问题的能力，为学习后继专业课打下坚实的基础。

笔者对大学本科时学习“信号与系统”课程的实际经历也有一些感触，对于 MATLAB 软件知之甚少，同时计算机知识也还比较缺乏，对于信号与系统的学习基本上停留在纯书本理论学习上，而对其具体的应用了解不多，总体感觉该门课程概念抽象，数学含量大且公式推导繁杂，大多数同学都有相同感受。而在后期自动控制等专业课中对 MATLAB 的再次学习和应用逐渐熟悉后，再反过来学习信号与系统课程，就发现理论的学习更加形象，对于信号与系统分析的概念有了一种通俗易懂的感觉，也有了信号与系统理论知识与工程应用相结合的思想。

MATLAB 仿真实验具有显示的直观性、实时性与逼真性，而且操作灵活，能有效提高实验教学质量。

3. MATLAB 仿真能有效提高学习兴趣

计算机虚拟实验教学过程充满着新颖、新奇和新鲜感，能激发学生的求知欲，激励学生进行探究和思考，为培养创新思维奠定基础。为此，可以建立与理论教学并行的、既相对独立又相互联系的计算机虚拟实验教学体系。实验内容可从教材中提取，并经过优化，将部分内容整合形成综合性、研究性实验。由于有了上机实验课，软件的学习学生有时无师自通，教师只要引导学生完成一些入门知识，学生就可进行大多数问题的探讨与实践，并自己能设计一些研究性的实验，从而激发了学生的学习兴趣和热情。当然，也不能忽视硬件实验，因为最终理论的实验都有硬件来完成。

4. MATLAB 仿真有利于计算机水平提高并加强软件应用能力

MATLAB 是一种数学类科技应用软件，它具有的顶尖的数值计算功能、强大的图形可视化功能及简介易学的“科学便签式”工作环境和编程语言。目前，在国外高等院校，MATLAB 已成为本科生、研究生必须掌握的基础软件，国内一些理工院校也已经或正把 MATLAB 作为学生必须掌握的一种软件。通过虚拟实验，学生能尽早地接触现代化的工程技术和设计工具，调动他们的积极性和主动性。

（二）必须仍然以硬件电路实验为主导，提高理论联系实际能力以及动手实践能力

通过计算机软件仿真的方式开设信号与系统实验课的确十分方便，但也存在一定的局限性，软件仿真只是对硬件系统的感性认识。然而在科技发展既高度综合而又高度分化的今天，要求培养的学生，不仅要有坚实的理论基础，更要求经过严格的工程技术训练，不断提高实验研究能力、分析问题的能力和解决实际问题的综合能力。

信号与系统实验内容的计算过程可以通过推算得到，故而，计算机模拟在这里只能作为辅助手段。我们应该仍然强调硬件实验为主，利用信号与系统实验箱，设有信号的基本运算、50HZ 非正弦周期信号的分解与合成、各种有源与无源滤波器、二阶网络函数模拟、信号抽样与恢复等实验电路，配以示波器、万用表等实验仪表，让学生有机会尽早接触正弦波、方波等周期信号，通过多观察、多测试、多分析，理论联系实际，举一反三，融会贯通，掌握观察、测试和分析信号与系统的基本方法，培养使用基本分析工具的能力，为完成后续专业课程打下良好基础[3]。教学生注意学习万用表、示波器、信号发生器等仪器的正确使用方法，平时多了解相关电路的原理、元件的特性等，使实验可以取得更好的效果。

在经过 MATLAB 仿真实验之后使学生获得对于信号与系统处理和分析的一个形象、具体化的概念，在此基础上再进行硬件实验箱实验就帮助学生将理论与实际工程应用真正联系起来，因此 MATLAB 软件仿真既是对理论学习的促进，也是对硬件实验一种必要预习。

三、实验安排的方式

笔者建议每个实验内容安排仍为 2 学时，将信号与系统上机实验与实验箱硬件电路实验结合，将信号与系统实验放在计算机仿真实验室进行。其中 0.5 学时为实验箱硬件实验之前的计算机软件仿真，等同于硬件电路实验前的充分预习。在理论知识充分理解的基础上再进行具体的实验操作。下面以无源和有源滤波器实验为例，进行说明。篇幅所限，本文仅针对无源低通滤波器进行说明。实验目的是测试 RC 无源低通滤波器的幅频特性，学习滤波器的幅频特性的测试方法。无源低通滤波器电路图如图 1 所示。

图 1 所示为一个无源低通滤波器，图中 U1 为信号源，即滤波器输入，本实验输入选取

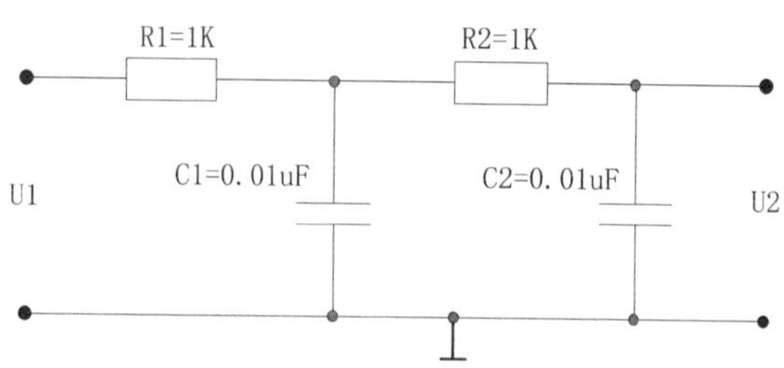

图1 无源低通滤波器

正弦信号，其幅值取1～2V之间。实验时，须在保持正弦波信号输入电压(U1)幅值不变的情况下，逐渐改变其频率，用实验箱提供的数字式真有效值交流电压表(10Hz < f < 1MHz)，测量RC滤波器输出端电压U2的幅有效值，并把所测的数据记录表格。

实验步骤：维持U1 = 1V，调正弦波f从40Hz到10000Hz(取60个点)，用数字式真有效值交流电压表(10Hz < f < 1MHz)分别测量U1及U2有效值。

其中本实验重要实验数据处理是根据实验测量所得的数据，绘制各类滤波器的幅频特性，并根据实验数据，计算出各滤波器的实验截止频率和通频带。

(1)MATLAB软件仿真：硬件电路实验前，没有用MATLAB软件进行仿真实验时，对于实验步骤，大部分同学都能正确理解，实验数据也准确，但面对无源滤波器的60组实验数据，多数同学其实并不了解实验数据的意义与作用，当同学们将实验数据交给老师检查，被问到无源低通滤波器截止频率数值时，多数同学表示不清楚，甚至不知道截止频率基本上可以根据输入输出数据进行简单计算得到。即使实验课之前或理论课上老师已经说明截止频率的理论计算方法：需要求出滤波器的传递函数即滤波器的频率特性 $H(j\omega)$，见式(1)，在此省略计算过程。

$$H(j\omega) = \frac{V_0}{V_S} = \frac{1}{1 + 3j\omega RC - (\omega RC)^2} \tag{1}$$

根据传递函数式(1)获得幅频特性A(ω)，当幅频特性曲线降为A(ω)最大值的0.707倍时对应的频率为截止频率。其幅频特性为

$$A(w) = |H(jw)| = \frac{V_0}{V_S} = \frac{1}{\sqrt{(1 - w^2R^2C^2)^2 + (3wRC)^2}} = \frac{1}{\sqrt{1 + w^4R^4C^4 + 7(wRC)^2}} \tag{2}$$

由式2可知，低通滤波器的幅频特性A(ω)即 $|H(j\omega)|$ 最大值为1，此时 ω = 0。这里学生需要掌握的几个内容：如何根据电路图列出传递函数；如何求出幅频特性；函数求最大值方法以及当A(ω)为最大值(即1)的0.707倍时，求w的值，此时w的值即为低通滤波器的截止频率。

截止频率求值即当 $A(w) = \frac{1}{\sqrt{1 + w^4R^4C^4 + 7(wRC)^2}} = 0.707$ 时的w，对于该一元四次方程，大二学生一般都手工算，所花费时间较长，且对于数学基础不太好的同学，难度很大。而信号与系统实验课目的在于教会学生学会对信号或线性系统进行分析和判断，而不是花大量时间在数学计算上。

因此建议在上硬件实验课前，学生先进行 0.5 学时的 MATLAB 计算机软件仿真实验，之后立即开始 1.5 学时硬件电路实验。要求学生提前预习根据电路图列出各类滤波器传递函数以及幅频特性函数，上机只需要输入幅频特性函数即可得到幅频特性函数曲线，进而形象、直观而切实地理解各滤波器特性，所花费时间仅需 30 分钟。

学生上机实验要求：根据自己已列的各滤波器幅频特性函数见式(2)和已知的电路参数 R，C，利用 MATLAB 编写程序求出各滤波器截止频率，并画出幅频特性曲线。

(2)信号与系统实验箱硬件实验：经过 MATLAB 仿真实验，学生可知低通滤波器截止频率约为6001HZ，且对滤波器输出特性有了非常直观的了解，那么在进行硬件电路实验目的就很明确。

根据 MATLAB 仿真实验已获得的前期知识，学生就可按照实验步骤，有目的地进行操作，获取实验数据。对于实验操作的正确以及实验数据的准确，学生自己也能检查，这样引发学生对于理论数据与实验数据误差原因的分析。学生甚至可以自行设置硬件电路实验，既增强学生动手实践能力，又提高学生学习兴趣，使学生的理论基础更加扎实，学生的工程应用能力显著提高。

四、结 论

结合我校信号与系统实验教学情况，笔者提出采用 MATLAB 软件仿真与“信号与系统”硬件实验箱相结合方式进行实验教学。MATLAB 软件仿真实验课的开设无论是提高信号与系统整体理论教学还是实验教学质量都有非常关键的作用。同时，硬件电路实验能学生提高理论联系实际能力以及动手实践能力。

参考文献：

[1]梁虹，梁洁．信号与系统分析及 MATLAB 实现[M]．北京：电子工业出版社，2002.

[2]宗伟，潘洪湘，王默玉．计算机虚拟实验是“信号与系统”课程实验的发展方向[J]．电气电子教学学报，2002，24 (2)：79 ~ 811.

[3]陈斌，孟瑞华．提高信号与系统实验课程质量的几点尝试[J]．电气电子教学学报，2002，24(3)：70.

PLC 实验方式和内容的分层次设计

路敦民[①]，田　野，郭文会，司　慧，肖爱平，钱　桦

（北京林业大学工学院）

摘要：PLC 是一门实践性很强的课程(技术)。通过实验和实践教学，既可以加深学生对理论知识的理解，也能提高学生分析、解决问题的能力。本文针对学生和该课程的特点，按照分层次设计原则，提出了多种不同层次的实验方式和内容，以期提高该课程的教学和实践效果，提高学生的创新意识和创新能力。

关键词：PLC、实验方式和内容、分层次、创新能力

可编程序控制器(简称 PLC)是专门为工业环境应用而设计的工业控制器。它的功能强，可靠性高，抗干扰能力强、编程简单，体积小，在工业控制领域的具有非常广泛的应用，已经成为工业自动化的主要支柱之一[1,2]。

我校机械专业的 PLC 课程是设置在《电控创新科技训练》课程中的，在后续课程《数控技术》和《机电一体化系统设计》中均有相应的应用和实践。本文针对学生和 PLC 课程的特点，提出了 PLC 实验方式和内容分层次设置方法。

一、实验和实践总体设置

(一)PLC 选择

目前，国内外生产 PLC 的厂家很多，但大、中、小、微型均能配套生产的不算太多。较有影响的、在中国市场占有较大份额的有：德国的西门子公司、日本的公司(OMRON、三菱、日立、松下、东芝等)、美国的公司(GE－FANUC(美国 GE 和日本 FANUC 合资)、莫迪康、AB 等)、国产的台达公司等。综合考虑性价比和学生毕业后的使用需求，选择西门子公司的 S7－200 系列 PLC 作为讲解对象。

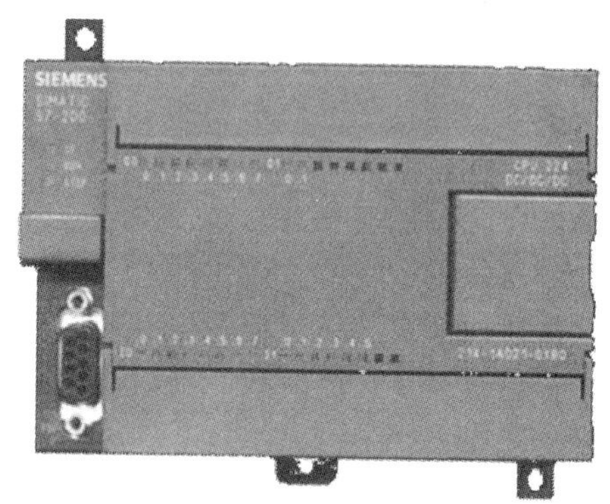

图 1　S7-200 系列 PLC 的外观

S7 系列 PLC 是西门子公司于 1996 年推出的产品，其中 S7－200 属于小型 PLC，其外观

依托项目：北京林业大学 2007 年校级教学团队建设项目——机械专业基础系列课程教学团队、北京林业大学 2010 年校级精品课程建设项目——《数控技术》。

① 第一作者：路敦民，博士，副教授。主要研究方向：机器人技术。电话：62336221。E-mail：dunminlu@yahoo.com.cn。通讯地址：北京林业大学工学院，100083。

如图 1 所示。

(二)实验和实践层次设置

PLC 的实验和实践层次如图 2 所示，由课内实验、后续实验和实践各部分组成。安排顺序如下：

(1)首先按照传统的教学方法，进行 PLC 理论知识的学习，在此过程中学生可以使用 PLC 编程软件进行程序的编写、编译工作，利用 PLC 仿真软件观察程序是否正确，在此过程中不涉及 PLC 硬件的操作和接线。

(2)理论知识学习结束之后，学生具备了一定的 PLC 硬件和软件知识，则利用 S7－200 模拟实验箱进行模拟实验。

(3)在后续的《数控技术》和《机电一体化系统设计》课程中，学生利用 PLC 实现多自由度运动平台的控制。

(4)在毕业设计或实际课题中，学生利用 PLC 完成真正的产品和系统控制工作。

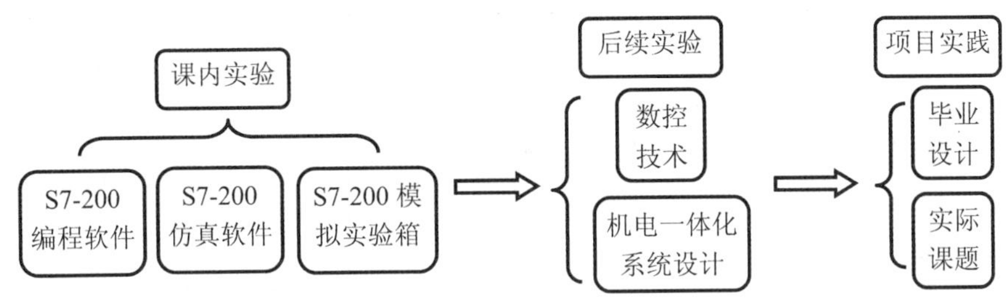

图 2 PLC 实验和实践设置

(三)分层次和成绩评定的量化标准

确定分层标准，对不同学生提出不同的要求，是实施分层次教学的关键。PLC 实验课程的学生分层次标准，综合考虑志趣、知识、能力三个方面，因为知识标准(学习或实验成绩)很容易被量化，所以以其作为主要标准。例如，以前续课程《电工学》的成绩作为 PLC 课内实验的分层次标准，以 PLC 课内实验的成绩作为后续实验的分层次标准。根据学生的不同层次确定实验的种类、难易程度、数量、时间进度等。

实验成绩的量化标准主要考虑完成实验的难易程度、数量、质量、答辩结果、实验总结、创造性等方面。一方面希望能客观、公正、综合地对学生进行评价，另一方面希望能筛选出基础扎实、动手能力强、学习兴趣浓厚、工作认真、有一定创造力的学生进行后续课程、实验的学习和锻炼。

二、课内实验

(一)S7-200 编程软件

STEP 7-Micro/WIN 是西门子公司为 S7-200 系列 PLC 的开发而设计的基于 Windows 操作系统的应用软件。其功能非常强大，操作方便，使用简单，容易学习，并且支持中文界面。其基本功能是创建、编辑和修改用户程序以及编译(这些功能即使没有实体 PLC 也可以进行)、调试、运行和实时监控用户程序(这些功能必须依托于 PLC 实体)[3]。

编程软件的安装和使用可以在 PLC 的硬件、软件理论学习过程中进行。学生的主要任务是练习和熟悉该软件的使用，例如熟悉软件界面、项目文件管理、梯形图或语句表程序的编制和编译，为后续的实验和实践打下基础。

(二)S7-200 仿真软件

1. S7-200 仿真软件介绍

如果没有实体 PLC，而又想校验在 STEP 7-Micro/WIN 中编写的程序是否正确，则可以考虑使用 PLC 仿真软件。虽然西门子公司的 S7-300/400 PLC 有非常好的仿真软件 PLC SIM，但是没有提供 S7-200 的仿真软件。可以在网上下载第三方的“S7-200 仿真软件”。该软件为绿色软件，使用时不需安装。仿真软件只支持常用的位触点指令、定时器指令、计数器指令、比较指令、逻辑运算指令和大部分的数学运算指令等，对于部分指令如顺序控制指令、循环指令、高速计数器指令和通讯指令等尚无法支持。另外对中断和子程序的命令支持的也不是很好。但因其不需借助外部设备、简单易用，仍旧得到广泛应用。仿真软件提供了数字信号输入开关、两个模拟电位器和 LED 输出显示，同时还支持对 TD-200 文本显示器的仿真，在实验条件尚不具备的情况下，或者是初学者练习编程，可以作为学习 S7-200 的一个实验工具[4]。

2. S7-200 仿真软件使用步骤

在 S7-200 的编程软件 Step 7 Micro/Win 中新建一个项目；

输入图 3 所示的程序(可采用语句表或梯形图)，编译正确后在文件菜单中导出为 AWL 文件；

打开仿真软件，点“配置”→“CPU 型号”(或在已有的 CPU 图案上双击)；

在弹出的对话框中选择 CPU 型号，要与项目中的型号相同；

点击“程序”→“载入程序”(或工具栏中的第 2 个按钮:”Load PLC”按钮)；

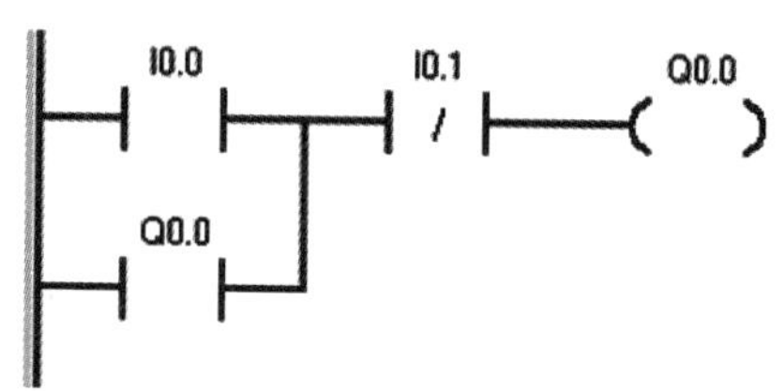

图 3　梯形图程序

在弹出的对话框，只选择“逻辑块(L)”并选择 Step 7 MicroWin V4.0 的版本，点击“确定”；

将先前导出的 AWL 文件打开。若第 6 步选择全部，则此时会提示无法打开文件，这里出现错误的原因是无法打数据块和 CPU 配置文件，不要管它，直接确定；

点击“查看(E)” →“内存监视(M)”(或工具栏中的第 12 个按钮)输入想要监视的地址；

点“PLC” →“运行”(或工具栏上的绿色三角“RUN”按钮)，程序开始模拟运行。此时软件从 STOP 模式切换到 RUN 模式，CPU 模块左侧的“STOP”灯熄灭，同时“RUN”灯点亮，如图 4 所示。

用鼠标单击 CPU 模块下边的开关板上第一个开关(模拟按下启动按钮)，则开关状态改变，触点闭合，PLC 输入点 0(I0.0)对应的灯亮，同时 PLC 第一个输出 Q0.0 对应的灯也点亮。再次按下开关板上第一个开关(模拟启动按钮的释放)，可以看到由于 Q0.0 的自锁作用，Q0.0 仍旧得电。按下开关板上第二个开关(模拟按下停止按钮)，Q0.0 失电，对应的灯熄灭。以上各量状态变化情况也可从内存监视对话框中可见(图 4)。

(三)S7-200 模拟实验箱

本课程将 S7-200 模拟实验箱实验安排于 PLC 理论学习和仿真软件结束之后，此时学生已经对 PLC 的硬件、编程软件有了基本了解和初步应用，接下来可以利用 PLC 实体进行

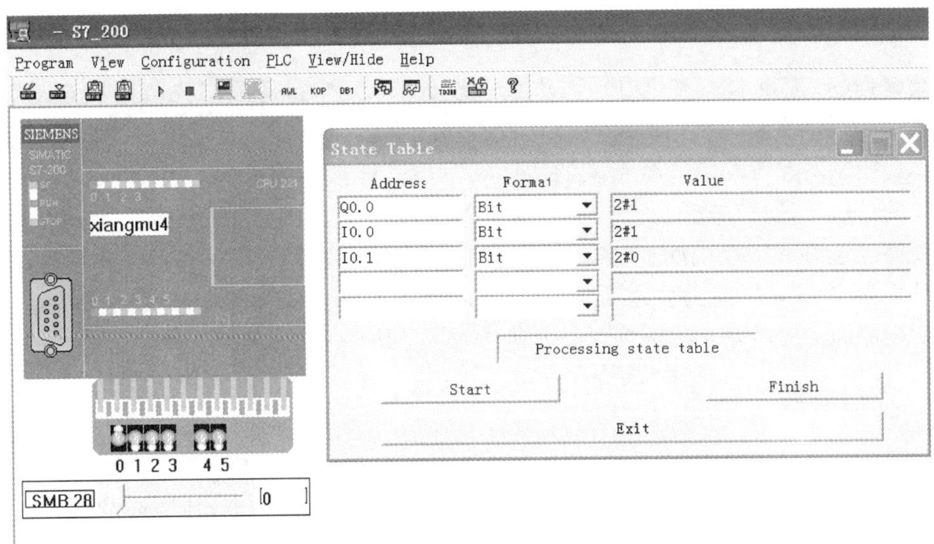

图 4 内存监视对话框

PLC 用户程序的调试、运行和实时监控。S7-200 模拟实验箱中 PLC、电源是完全“真实”的实体，控制对象中 LED 数码显示、霓虹灯、十字路口交通灯是实体，其它水塔水位控制、自动轧钢机控制、仓库自动装货、液体自动混合、电梯控制系统等均利用开关、指示灯来模拟真实的控制对象。实验箱内部的连线已经接好，并将相应的外部引线用插孔的形式安装于实验箱面板上。每次实验，学生只需根据插孔旁的标识，将需要连接的插孔用连接线连接即可。这样学生的接线工作量不是很大，保证了实验的安全性。

使用模拟实验箱做实验，首先也要应用 STEP 7-Micro/WIN 编程软件进行软件的编制和编译。实验箱的电源、PLC 和计算机的编程电缆及其它硬件接线连接完毕后，实验箱上电后，进行 PLC 的通信参数设置，使之能和计算机建立通信，然后利用编程电缆将程序下载到 PLC，再利用编程软件对程序进行调试和运行监控。

和仿真实验相比，实验箱实验更直观和生动，能激发学生更大的学习兴趣。该类实验箱的缺点是电机一类的对象用指示灯来模拟，不能模拟出电机的加速、减速等真正的控制过程。模拟实验中，电梯控制系统实验因为较复杂，有一定难度，故安排为选做实验。图 5 为 S7-200 模拟实验箱照片。

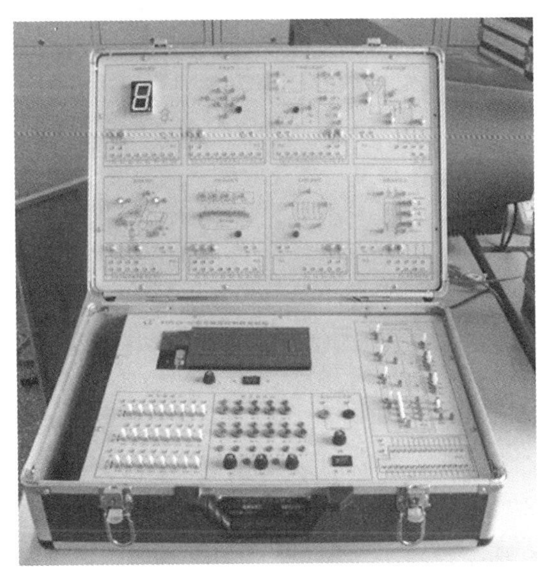

图 5 S7-200 实验箱照片

三、后续实验

后续课程《数控技术》、《机电一体化系统设计》中，控制系统部分包含 PLC 应用内容。针对两自由度运动平台，利用 PLC 实现两个电机的伺服控制以及人机接口等其它量的控制。此时 PLC、控制对象等均是完全真实的实体。学生需要独立完成 PLC 控制系统的搭建、模拟量模块的扩展、通信功能的实现、PID 算法的实现和参数的调整、平台运动方程的解算等工作。硬件的选型和接线接近于真实的项目，软件的编制、调试、运行等工作量更多了，对学生的独立思考和工作能力要求更高了。通过该实验，加深学生对 PLC 的理解，提高其 PLC 的应用能力。

四、项目实践

经过了前几个阶段 PLC 的学习和实验之后(每一阶段的时间不是很长，例如后续实验可能一周左右)，学生可以在毕业设计和实际项目中进一步应用 PLC 解决实际问题。此时，控制对象的控制功能更复杂了。例如，某一机器人的升降控制系统。PLC 的主要功能是实现电源、安全、人机接口、系统管理以及操作台升降步进电机的控制。学生需要完成的工作内容和步骤如下：

(1)根据设计任务书，深入了解控制对象的工艺过程、工作特点、控制要求，并划分控制的各个阶段，归纳各个阶段的特点，和各阶段之间的转换条件，画出控制流程图或功能流程图，确定控制方案。

(2)选择输入设备(如按钮、开关、传感器等)和输出设备(如继电器、接触器、指示灯、电机等执行机构)。

(3)选定 PLC 的型号(包括机型、容量、I/O 模块和电源等)。

(4)分配 PLC 的 I/O 点，编写输入/输出分配表并绘制 PLC 的 I/O 硬件接线图。

(5)编写程序并仿真调试。

(6)设计控制系统的操作台、电气控制柜等以及安装接线图；根据图纸进行现场接线，完成现场施工。

(7)应用系统整体调试。如果控制系统由几个部分组成，则应先作局部调试，然后再进行整体调试；如果控制程序的步序较多，则可先进行分段调试，然后连接起来总调。

(8)编制技术文件。技术文件应包括：可编程控制器的外部接线图等电气图纸，电器布置图，电器元件明细表，顺序功能图，带注释的梯形图和说明等。

项目实践通过较长的时间，使学生通过具体的工程项目在 PLC 及外围元器件的硬件选型、接线、施工，PLC 软件编制和调试，系统硬件、软件联调等方面得到锻炼和实践。，通过学生亲身参与项目计划的制订，项目的实施，有效地建立了课堂和社会生产的联系，能有效地提升学生的专业能力、创新能力、工作能力等多种能力，为学生今后的职业发展奠定基础[5,6]。

项目实践中项目的选取要以教学的目的为依据，既要与书本知识紧密结合，又要有一定的拓展空间。项目的难易程度要针对学生的实际水平来确定，如果太容易，则达不到训练效果；如果太难，学生完不成又会影响他们的积极性。所以应保证学生在老师的指导下，基本完成规定的项目任务。

五、总　结

本文针对我校机械专业的 PLC 的实验教学，提出了分层次设计的实验方式和内容的设置。具体应用可根据学生和教学实际灵活应用，对于大多数学生完成前两个阶段：课内实验和后续实验的任务即可，后一阶段适用于对 PLC 掌握得较好并有研究兴趣的学生。课内实验和后续实验中的实验内容也要划分成不同的难度等级，以便各种层次的学生均能完成和自己能力相适应的任务，在学生的成绩评定方面也要做相应的划分。

参考文献：

[1] 黄露. 浅谈 PLC 实验的教学方法[J]. 南宁师范高等专科学校学报，2009，26(2)：100 ~ 102.

[2] 韩晓新，吴晓庆，邢绍邦. PLC 课程实践教学改革在本科教学中的研究[J]. 常州信息职业技术学院学报，2007，(2)：71 ~ 72.

[3] 王曙光，魏秋月，张高记. S7 - 200 PLC 应用基础与实例[M]. 北京：人民邮电出版社，2007.

[4] 李艳杰，于艳秋，王卫红等. S7 - 200 PLC 原理与实用开发指南[M]. 北京：机械工业出版社，2009.

[5] 杨代强，熊建国，颜家利. 项目教学法在 PLC 课程教学中的应用[J]. 科技创新导报，2009，(20)：211.

[6] 谭仁人，黄应强，王赛. 项目教学法在《PLC 应用技术》课程教学中的应用[J]. 职教与成教，2009，(16)：546 ~ 547.

从电子设计竞赛探索机电专业工程训练体系的构建

肖　江①，撒　潮

（北京林业大学工学院）

摘要：电子设计大赛是检验实践教学体系和工程训练效果的理想平台。本文探讨了以大赛为契机，构建一个完整的工程训练体系，依托工程训练的开展，加快培养和选拔竞赛型人才。经实际实施表明新的工程训练体系是科学、高效的，为培养学生的实践动手能力和创新能力奠定了坚实基础。

关键词：工程训练；电子设计竞赛；实践能力

全国大学生电子设计竞赛是面向大学生的群众性科技活动，是在全国范围内、要求较高、综合性很强的竞赛[1]，对工科机电类专业的课程体系、教学内容、工程训练体系的改革有很大的参考意义，对调动学生的学习积极性和能力的培养也有很大的促进作用，同时也是对机械电子技术及相关学科的教学水平、教学效果的考核。电子设计能力是机电类工科人才培养的最高境界，学生通过参加大赛，其动手能力、针对实际问题进行设计、制作的能力会获得极大的提高，也能为优秀的学生脱颖而出创造条件[2]。

电子设计竞赛既不是单纯的理论设计竞赛，也不仅仅是实验竞赛，而是由一个参赛队共同设计、制作完成一个有特定工程背景的题目的竞赛，既强调理论设计，更强调系统实现；既考核学生综合运用基础知识的能力，更注重考察学生的创新意识。按电子设计竞赛组织委员会的规定，竞赛要在4天内完成方案设计、电路制作、软件编程和设计报告4项工作。电子设计竞赛所涉及到的专业知识面广，其中包括模拟电路、数字电路、传感器技术及应用、微机原理及接口技术、单片机、PLD可编程技术、自动控制原理等多门课程，综合、应用性强，竞赛题目中大都是工业、科研、实验等方面经常用到的电子技术知识，必须依靠多学科知识才能完成。同时，选手们还应具有较强的电路设计能力、实验操作能力、计算机应用能力以及队员之间的团队协作能力等。因此，高校的课程体系和工程训练的教学内容的改革思路也应反映这些特点，使学生的知识和能力达到电子设计竞赛的水平。对工科机电类学生来说，这是对传统教学方法的一个挑战，关键是要构建起适应素质教育需要，符合创新人才培养要求的完整的实践教学体系及教学平台，其中构建完整的工程训练体系更显得极为重要[3]。

依托项目：北京林业大学2008年校级教学改革研究项目——工科专业多层次工程实践训练与创新人才培养模式的研究。

① 第一作者：肖江，博士，副教授。主要研究方向：电子技术应用与检测技术。电话：62338144。E-mail：xiaojiang56@gmail.com。通讯地址：北京林业大学工学院，100083。

一、工科机电专业的工程训练体系

传统的金工实习在我国高等教育的发展史上为培养高级机电类工程技术人才作出了重要的贡献。但是，时代在前进，科技在飞速发展，伴随着新世纪的到来，社会对高素质人才的需求愈来愈迫切，愈来愈高[4]。高等教育也正在逐步实现由应试教育向现代的综合教育转化，以传统的“学习工艺知识、提高动手能力、转变思想作风”为主要理念的金工实习正朝着学习工艺知识、增强工程实践能力、提高综合素质、培养创新精神和创新能力的目标发展。正在实现由传统的工艺实习向现代工程训练转化。同时，综合工程实践教育必须贯穿本科教学的各个教育环节，贯穿于人才培养的全过程。其中，融认识实习、金工实习、电子工艺实习和综合创新训练为一体的工程训练体系则是工程实践教育的重要组成部分。工程训练不仅仅是为一门课打基础的实践教学课，还是将知识、素质、能力和创新融为一体的综合训练课程，它为实施素质教育和创新教育提供了良好的平台，是进行实践教育和综合训练的重要场所。这是理论联系实际，培养学生创新精神的教育模式，是实施素质教育、创新教育的有效途径。工程训练在提高学生的综合素质方面起着其他课程不能替代的作用[5]。

在工科机电专业的工程教育中，工程实践是培养学生实践能力和创新精神的最好课堂。以学习工艺知识，训练操作方法与操作技能，增强工程实践能力，培养创新意识和创新精神为教学目标的现代工业制造工程训练(简称工程训练)，对于培养学生的实践能力与创新精神发挥着其它课程难以替代的重要作用[6]。系统的工程训练是由浅入深，从建立最基本的工程意识开始，由常规制造训练为主体的基础训练，到以各种不同学科的工程需求为导向的专业训练，再到高年级的以机电一体化大工程意识为背景的综合训练，最后完成以科技竞赛为方向的创新训练。

二、工程训练的内容

根据近几年电子设计竞赛所涉及的内容，以及参赛学生所必备的知识结构和实践技能，机电类专业的工程训练分成4个阶段实施。

第一阶段，面向刚进校的一年级自动化专业、机械、交通等工科类所有学生，主要以金工实习、电子工艺实习作为教学内容，在院实习中心完成基础训练。内容包括：焊接技能训练，万用表使用，电子元件识别、测量、印制板制作、万用充电器组装、收音机安装调试、常用工具、测量仪器的使用，学会用万用表、信号源、示波器等设备检查、测量简单电路故障等。这一阶段主要是培养学生感知认识和亲自动手制作的兴趣，打下扎实的工程实践的基础。

第二阶段，面向二年级机电专业的学生，经过基本技能训练和部分专业基础课程的学习，学生已初步具备了对电路原理的理解和分析能力，因此，在第二阶段主要以“电子类基础课程”实验教学内容为主，包括“电路分析”、“电工技术”、“模拟电路”和“数字电路”等课程教学中的基础实验、自主选择实验和综合设计实验等。这一阶段，目的是强化基础实验课所必须掌握的各项训练内容，巩固和加深对理论知识的理解，掌握基本电路的分析方法，培养学生具备完成单元电路实验任务的能力。

第三阶段，开设微机原理、单片机接口技术、EDA 技术、传感器技术及应用、电子系统综合设计等课程实验，建立以 EDA 实践的现代电子技术设计平台，着重创新能力的培养，利用设计组装的系统电路板、电子设计自动化仿真软件 Multisim、Matlab 等工具，建立“软、硬、虚、实”相结合的框架结构，进行现代电子技术设计。这一过程中，要求学生能独立完成从设计到制作的全过程，在虚拟和现实的电路中得到实践和锻炼，使学生在前期所获得的感性认识得到加深，达到理论知识的掌握和综合技能的训练，提高学生的动手能力、设计能力、创新能力，系统掌握电子设计竞赛所需要的知识。

第四阶段，开设必修课“综合创新训练”。综合创新训练是基础工程训练的最高一级训练内容，面向大三学生中的30个左右优秀学生，旨在培养参加全国性的大赛，冲击各类奖项。在整个工程训练体系中，它是一个总结性的阶段，综合考察学生在接受机械技术训练、电子技术训练和控制技术训练后解决实际问题的能力，培养学生的创新意识。在一定程度上它比毕业设计更全面，因为，该课程不但要求学生要将自己的思想转化成图纸，而且还必须制作、调试出来，让学生充分享受成功的喜悦，这对他们的自信心是一次极大的提升。

工程训练横向覆盖机械技术、电子技术、控制技术，它纵向贯穿三个年级，由低到高，由简单到复杂，和四年级的毕业设计相贯通，实现学生工程实践教学四年不间断，和专业理论教学有机衔接，满足“实践—认识—再实践—再认识”的认识论法则。

三、依托工程实践训练培养电子设计竞赛的梯队

电子设计竞赛不仅能够反映学生综合能力，也基本反映出一个学校的教学水平，特别是工程训练的教学水平。培养科技竞赛的梯队人才是高校取得科技竞赛好成绩的关键。依托工程训练的开展，可加快培养和选拔竞赛型人才。对参赛选手的选拔来说，首先具有了广泛的工程实践的基础，这就是位于金字塔最下层的是全体学生及进行的基础工程训练，位于中层的是各类科技竞赛的兴趣小组，位于顶端的是竞赛的参赛人员。参加电子设计竞赛使那些具有良好的理论基础、实践动手能力强，特别是具有创新意识和协作精神的学生有了施展自己才能的空间。通过竞赛，培养了学生查阅资料能力、自学能力、分析问题与解决问题的能力、综合设计与调试能力、科技论文写作能力，培养了学生理论联系实际的作风、团结协作精神和创新意识。在竞赛中取得好成绩的参赛队，在竞赛中也会遇到许多问题，但参赛学生之间配合默契，千方百计寻求解决问题的途径。凡是参加过竞赛的学生，无论是否获奖，他们都认为竞赛对他们是一个非常好的锻炼，学到了很多书上没有的东西，在以后的学习和实验中也体现了它的积极作用。

四、加强工程训练实践所取得的效果

工学院一直十分重视大学生工程实践能力的培养。经过几年的实践，学生的工程素质和实践能力有了显著提高，大学生科技创新能力也有所增强。目前，工程训练覆盖了我院工科的自动化、机械、交通专业的学生。学院从 2005 年开始组队连续 3 届参加大学生电子设计竞赛，在历次竞赛中，学生获奖数量和层次逐年提高，从一开始的成功参赛奖，到 2007 年获得北京市一等奖 1 项，二等奖 1 项，三等奖 2 项，2009 年取得了全国二等奖 1 项的优异成绩。这些成绩的取得在学生中引起了强烈反响，也体现了我校工程素质教育的成果和大学生的科技创新水平，展示了实施大工程背景下应用型人才实践培养体系的成效。通过参加竞赛，学生的实践创新能力大幅度提高，一批优秀人才脱颖而出。参加了电子设计竞赛的学生在毕业设计及以后的工作中，都具有很强的工程实践能力，受到了用人单位的好评和重视。

现在踊跃报名的学生越来越多，学生的参赛意识在不断提高，因此电子设计竞赛是培养大学生综合能力的有效平台。

通过对电子设计竞赛与工程实训体系的探讨，我们可以看到参加竞赛的必要性和意义所在。大学生创新能力培养是一个不断探索的过程，随着新时期发展会被赋予新的内涵。我们应该借助电子设计竞赛加快工程训练体系的改革与建设，探索适合未来社会发展需求的人才培养模式，培养更多的具有创新能力的高素质人才。

参考文献：

[1]高志华. 从大学生电子设计竞赛探讨实践教学的改革[J]. 实验室研究与探索，2000，19（1）：34～36.

[2]余小滢，卞雨池. 电子设计竞赛促进实践教学改革[J]. 实验技术与管理，2007，24（6）：107～110.

[3]夏春华. 大学生电子设计竞赛与电子类专业教学改革[J]. 武汉科技学院学报，2005，18（11）：227～229.

[4]周郴知. 关于工程训练中心建设的思考[J]. 中国教育技术装备，2002(6)：43～441.

[5]卢铁城. 为建设创新型国家培养造就拔尖创新人才[J]. 中国高教研究，2006（10）：10～13.

[6]刘电霆等. 电子设计竞赛对电子信息类课程体系改革的促进 [J]. 高教论坛，2007 10(5)：63～67.

工业设计专业设计实践课程教学模式改革初探

陈净莲①，韩　鹏
（北京林业大学工学院）

摘要：为了优化教学效果，适应培养应用性工业设计专业人才的需要，本文对设计实践课程的教学模式进行了探讨，提出了案例教学和理论教学相结合、项目任务驱动法的实践教学模式，同时探讨了竞赛创新及团队合作方式在教学模式改革中的作用。教学实践表明：这一系列的教学模式改革有利于培养学生的综合设计能力，达到优化教学效果的目的。

关键词：设计实践；工业设计；案例教学；项目任务驱动法；实践教学

培养符合时代要求的综合性设计人才是工业设计专业的教学目标之一，而设计人才的能力是在不断的实践碰撞中逐步充实提升的。在工业设计专业教学体系中，我们通过一系列由浅入深、初级到高级的设计实践课程，使学生经历成为合格设计人才的训练过程。这些设计实践课程包括设计理论和设计实践并重的课程组，如“设计程序和分析”、“设计方法”、“创新快题设计”等课程；也包括针对专一领域的设计专题课程组，如“汽车造型设计”、“园林机械造型设计”、“电子产品设计”、“未来产品设计”等课程。设计实践类课程的教学方法，应有别于传统设计理论课程，强调在实践中学，在实践中得到能力的培养，因此，本文从培养应用型工业设计专业人才的目标出发，根据近几年的教学实践，对设计实践课程的教学模式进行探讨。

一、案例教学与理论教学相结合

案例教学法是通过对一个具体情景的叙述，把学生置于一定的实际情景之中，引导学生对这些情景进行讨论的一种教学方法[1]。在设计实践类课程的教学中，突破了传统单纯理论教学的模式，将产品设计原则与工业设计的专业理论课程相结合，结合产品的设计流程，精心构思一系列专题，围绕着解决这些问题，完成必要的快题设计知识点的传授。更重要的是，同时在课堂中传递设计方法、设计程序、设计分析的思考方法及理念。通过案例对枯燥费解的理论内容进行分析讲解，可以大大提高学生的学习兴趣和教学效果；同时培养了学生理论联系实际，分析问题、解决问题的能力。

例如，在“创新快题设计”课程中，为了使学生对快题设计的方法、程序有所了解，以高年级同学的作业报告书为案例进行讲解。通过案例的分析，学生对快题设计的各个环节，

依托项目：北京林业大学2006年校级教学改革研究项目——工业设计专业实践课程族群的串并系统研究。

① 第一作者：陈净莲，博士，讲师。主要研究方向：工业设计及人机环境工程。电话：62336398。E-mail：jinglianchen@hotmail.com。通讯地址：北京林业大学工学院，100083。

如设计调查与分析、草图方案、细化设计阶段的要求有了直观认识，不仅如此，对整个课程的要求也有了深刻理解。

设计实践类课程的教学过程中，要强调对工业设计专业基础知识的综合运用，如人机工程学、设计程序与方法等专业基础课程。在案例的选择和讲解中也要突出反映这一点。例如，以手机的设计作为案例进行分析，手机的形态设计并非孤立存在，它不是凭空想象出来的，而是根据人手掌的握持功能、手指的测量值、人的听觉、视觉等人机工程学数据以及人的使用心理习惯，除此之外还有技术的可能性(电子元件、电路板的尺度等)，是在对以上各系统进行综合考虑之后设计出来的，是一种能较好体现功能的人造形态。在该案例的分析讲解中强调了人机工程学课程中人体尺寸、人体感觉和认知、信息显示和操作系统等知识点的应用，使学生对所学专业基础课知识有了更深入的认识。在“汽车造型设计”课程中，以宝马公司一款运动概念车的设计过程作为汽车车身设计方法和程序的案例，通过讲解，使学生了解了完整的设计程序和方法，从方案的构思、草图阶段，到汽车车身建模，到深入设计和人机工程学分析，到模型制作，到样车的试制和测试各阶段。同时，汽车车身设计几乎涉及到人机工程学课程内容的所有知识点[2]：人体尺寸、人的感觉特性、显示界面设计、操纵装置设计、座椅设计、工作空间设计等，通过这个案例，也使学生更加深刻理解人机工程学和产品设计的关系，从而在设计实践中自觉地把相关知识应用到方案的构思和深入设计分析阶段。

二、项目任务驱动法引导实践教学

“项目任务驱动法”是一种建立在建构主义教学理论基础上的教学法[3]。在设计类课程中实现项目任务驱动教学法，就是让学生在一个典型设计项目的任务驱动下，展开教学活动，引导学生由简到繁、由易到难、循序渐进地展开一系列设计相关的任务，从而得到清晰的设计思路、完整的设计程序脉络。在完成项目任务的过程中，重点培养学生分析问题、解决问题和设计表达的能力，以及创新设计思维。图 1 表示了项目任务驱动教学法的教学流程。

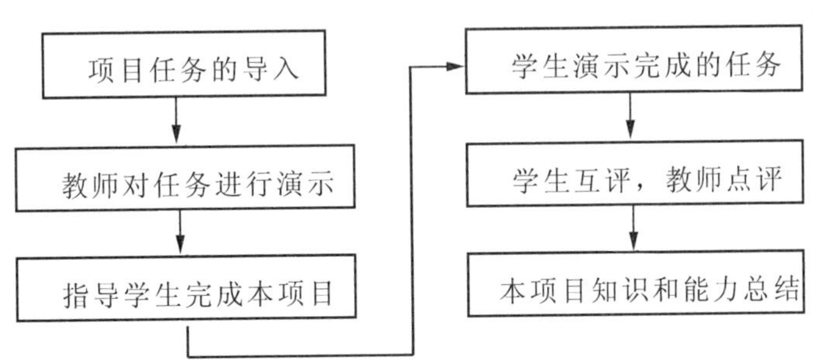

图 1　项目任务驱动教学法的流程

在整个“项目任务驱动法”实施的过程中，教师的角色由过去课堂教学的主导地位变成课堂教学的组织者、主持者，而学生由被动听讲变成积极主动参与新知识的探索。“项目任务驱动法”的实施中重点注意以下环节：

(一)项目任务的导入

项目任务的导入过程中，任务的设计除了掌握设计理论与方法外，还强调创意、创新的设计思维。因此，教师在设计每一个任务时，必须有清晰、明确、合理的教学目标，包括整个任务活动的目标和每个小环节的目标。制订每一个教学目标时应该充分考虑到，此目标是否有利于激发学习者从不同角度、不同层次上对问题进行思考。其次，教师在指导学生向完成任务的目标努力时，应该能够预测到在问题解决的过程中学生何时需要必要的提示和引导。例如，在“创新快题设计”课程中，导入“智能电饭煲”概念设计的项目，在整个任务过程中不仅使学生掌握了设计理论，而且给提供了充分发挥、自由创意的空间，设计思维得到充分锻炼。

（二）项目任务的指导

在项目的指导过程中，引导学生积极主动地参与项目的整个流程，培养学生的创新精神和提高学生发现问题、分析问题解决问题的能力，激发学生的参与热情。首先，教师在设计课前制定详细的设计指导书，对设计过程的每个阶段如选题、市场调查、设计分析、成本分析、产品设计等都有明确要求；其次，在项目指导过程中，应用互动式的教学方法，鼓励学生提出问题，与学生平等地、探讨式地解决问题，例如，组织学生分小组完成调查或设计，在方案的审查过程中，教师与学生面对面交流；最后，在知识体系上，应给出学生更多的知识链接．更多不同的方法，启发学生尝试不同的方法和思维。

（三）项目任务的评价

项目任务的评价是穿插在学生完成任务的整个过程中，以创意新颖、主题突出、分析充分、设计表达完整准确等为评价的指标。组织学生分组进行课堂讨论，作品集中展示，教师集中讲评。通过这种学生互评、教师点评的方式，一方面调动了学生在教学活动中的积极性与主动性，充分体现了学生在教学过程中的主体地位；另一方面使得师生之间、学生之间产生良好的互动，教学相长。为了在评价中做到标准统一，避免评价的随意性，鼓励学生采用量化评价的方法，如心理学量表法等。

三、设计竞赛推动课程教学

目前，国内外设计界、企业举办的各级各类设计竞赛的广泛开展也给工业设计专业的学生提供了很好的设计实践平台[4]。在近几年的设计实践类课程中，把学生的设计作品推向相关大赛已成了又一个学生学习交流的好形式，既推动了课程教学，又增加了学生进行创新实践的机会。在设计竞赛中获奖与否不是最重要的，参赛的主要目的是通过竞赛检验学生的水平，证实学生的实际能力，同时可以找到与其它院校之间、以及实际设计要求的差距，拉近课堂教学与工程实践的距离。在课程中，通过教师的组织和指导，学生多次参加各项全国性设计竞赛并获奖，如参加2009“创新顺德”国际工业设计大赛，3人获优胜奖；参加“北京什刹海胡同游”人力三轮车设计大赛，2人获奖；5位同学的毕业设计作品入选“2009年全国大学生工业设计专业优秀毕业设计展”，等等。从近年来学生参加各类产品设计大赛的投稿与获奖情况来看，我们的人才培养目标和教学结构是相对正确和合理的，教学方向符合工业设计专业实际人才需求，坚定了我们在设计类课程教学中的信心。

四、激发学生参与意识，培养团队合作精神

我们所处的时代是团体奋斗的时代，团队的合作不仅是一种精神，同时也是实实在在的职业行为方式。手工作坊式的个人化行为已经不适应现代社会，设计已经从一种单纯的个人

劳动转变为群体的协作劳动。设计师不是孤立的个体，一个好的设计师必须协调好自己与结构工程师、工艺工程师、检测工程师、技师的关系。因此，我们的专业课程在培养学生分析和解决问题的能力、设计能力的同时，也应该努力培养学生的团队精神和分工协作的能力。

在教学中，引导学生积极参与，在设计中进行优势互补，鼓励学生运用团队合作的精神来共同完成某一课题，使学生从中体会团队的力量和作用。在这一过程中，使学生逐渐学会协调和互相配合，与同伴进行有效的沟通，最终形成产品的一个完整的概念。学生通过积极参与和团队合作，逐渐了解自身的特点，掌握自身优势和劣势，并且在通过与团队的合作中能够寻找到自己的最佳定位，将自己的个性和见解融人到团队的个性中，逐步了解团队配合性的作用。

在具体的教学过程中，设计实施的各阶段均可以采用小组活动的方式。例如，在“创新快题设计”课程中，通过市场调研过程、头脑风暴法的问题思考与寻找过程、方案的推敲与确定过程以及模型的制作过程等各阶段中的小组活动，学生切实感受到团队的智慧和力量。另外，在课程中给同学们提供多次发言的饥会，无论是调研阶段，还是方案推敲过程，采用集体会议的方式，老师与同学进行资源共享，就一个方案进行集体论证，学生介绍调研结果和设计方案，以多媒体演示的形式把整个过程的设计理念以及设计表达展示给大家，在交流中找到自信和不足。经历多次锻炼，学生不仅在专业上有一个系统的学习，并在语言表达方面学会与人沟通和交流，工作协调能力得到锻炼，团结协作、参与意识逐步提高。

五、结　语

近年来，设计类课程的教学实践表明，一系列的教学模式改革有利于培养学生的综合设计能力，达到优化教学效果的目的。而工业设计专业实践课程族群的教学改革是不断努力、不断探索的过程，只有不断探索新的教学模式、教学方法，才能适应培养综合性人才的需要。

参考文献：

[1]李茜. 教学中运用案例教学法的实践[J]. 高教论坛，2008，10：112.
[2]陈净莲. “人机工程学”教学改革的思考与探索[J]. 中国林业教育，2009，6：3~5.
[3]刘春花. 运用“任务驱动法”提高教学效果[J]. 文教资料，2009，10：131~132.
[4]金成玉. 产品设计过程实践点滴[J]. 科技教育创新，2009，10：256~257.

农林类高校环境工程专业实践教学体系改革

齐　飞①，封　莉，张立秋，孙德智
（北京林业大学环境科学与工程学院）

摘要：实验与实践教学是环境工程专业教学的重要环节之一。为充分发挥实验教学的培养作用，本文针对农林类高校环境工程专业的实验、实践教学改革进行探索与尝试，提出了合理、可行的新思路与方法。实践教学结果表明，教学内容及教学形式等环节的创新改革，对提高学生实验能力、创新能力和工程实践能力效果显著。

关键词：实验教学；实践教学；实验能力；创新能力；工程能力

目前，国内环境工程专业的发展极为迅速，其学科设置已经不局限于工科高校。许多农林类高校也开设了环境工程专业。由于非工科高校的发展重点不在工科，因此缺少环境工程专业教学资源、教学经验和技巧。特别是，缺少针对工科专业的实验和实践教学资源，使实验教学和实践教学效果大大降低，限制了农林类高校环境工程专业的发展[1]。

环境工程专业是具有较强实践性和应用性的工科专业，在学生培养过程中，不能仅强调基础知识和专业理论方面的教学，同时应着重培养学生掌握环境工程设计和实验研究的实践能力[2]。高校环境工程专业的教育目标是培养既具有扎实理论基础，又具有较强实践能力的环境保护工程技术人才，尤其强调对学生理论联系实践能力、技术应用能力和科研创新能力的培养[3]。可见，环境工程专业是极为典型的实践性和应用性工科专业，因此在环境工程专业人才培养过程中，应注重理论和实际的结合，强化工程应用能力的培养。强调环境工程专业实验教学和实践教学环节，对于在农林类高校培养高质量环境工程专业人才具有极为重要的意义。

本文针对农林类高校环境工程专业中实验教学和实践教学内容的改革进行探索与研究，通过对以往教学过程中存在问题进行剖析，在实验和实践教学的基础设施建设、教学内容及教学形式等方面进行大胆的改革与创新，以更好地实现对环境工程专业人才的培养。

一、农林类高校环境工程专业实验和实践教学存在的问题

我国环境工程专业高等教育起步于20世纪70年代，80年代进入稳步发展阶段。进入21世纪，环境保护的意识越来越被全民所接受，环境工程专业人才的需求和环境保护产业的兴起，又促进环境工程专业的发展。目前，国内现有250多所高校开设环境工程本科专

依托项目：北京林业大学2010年校级精品课程建设项目——《水污染控制工程》。

① 第一作者：齐飞，博士，讲师。主要研究方向：水质安全保障技术。电话：15910351923。E-mail：qifei@bjfu.edu.cn。地址：北京林业大学60号信箱，100083。

业，每年培养的环境工程人才近 2 万人。

然而，严重的环境污染问题，艰巨的环境污染治理任务，并没有为环境工程专业的毕业生带来良好的就业机会。环境工程专业毕业生的就业形式并不乐观。与之相反的是，给水排水专业毕业生的就业形式要好很多。这种差距主要是与专业间实验和实际教学差距大有关。由于缺乏实验教学和实际教学，导致学生动手能力差、实践能力不足、严重缺乏创新性地思考和解决问题的能力。学生不能解决现场存在的问题，导致国内环保行业总体技术含量不高，难治理的污染问题长期无法解决。虽然，有大量的污染问题需要去治理，但实际上环境工程专业学生并不能在生产实践中解决问题。同时，为有解决实践问题能力的给水排水工程提供了大量的就业岗位。这就出现了社会上给水排水专业就业形势显著好于环境工程专业。由此可见，要提高环境工程专业学生就业率，就必须提高学生解决问题的能力。加强实验和实践教学是解决该问题的根本途径之一。

长期以来在环境工程专业实验教学过程中，重理论轻实践的思想根深蒂固，把理论教学放在教学工作的首位，实践教学则处于次要地位，在实验设置上也基本以验证型为主，特色性专业性不强。这是大多数高校环境工程专业普遍存在的问题。

对于农林类高校来说，其发展的重点在于其学校的特色专业，对环境工程等工科专业的发展缺乏重视，导致农林类高校缺乏缺少环境工程专业教学资源、教学经验和技巧。特别是实验和实践教学所需要的基础实验室和基础设施的缺乏，严重阻碍了农林类高校环境工程专业的发展。

由此可见，农林类高校环境工程专业实验和实践教学环境主要存在以下几方面问题：

(1)重理论轻实践的思想根深蒂固，阻碍了实践教学内容的传播。

(2)教师自身缺乏实践经验，不能有效教授学生工程实践知识和技能。

(3)缺乏专业实验室、基础实验设备和专业实验器材，不能为学生发展提供良好的硬件条件。

(4)缺乏实践教学基地，不能为学生实践能力提高提供场所。

针对上述问题，北京林业大学环境科学与工程学院对传统的环境工程专业的实验和实践教学环节进行了创新改革尝试，通过强化理论课程中的实践问题讲授；完善专业实验室建设和实践教学基地建设；开放科研实验室，设立自主创新实验教学模式等手段，充分调动学生的主观能动性、极大地培养了学生的创新意识与实践能力。

二、环境工程专业的实验和实践教学环节创新改革探索

1. 强化理论课中的实际问题

课堂上仅仅讲授一些理论知识，很难激发所有学生的学习兴趣，势必造成教师过于主动，而学生主观能动性差的问题。激发学生的兴趣，增强学生学习的主动性是提高教学质量的关键因素之一。因此，强化理论教学环节中的实际问题，提高工程实践、实际问题在理论课中的比重，可以实现理论教学与实践教学相结合，以实际工程问题引导学生。这样不但可以激发学生的学习兴趣，更重要的是学生在理论教学环节中掌握了实际问题的解决方法和手段。

此外，强化授课教师的自身工程素养也是提高学生实践能力的关键手段之一。专业课程授课教师应多去现场参观，强化自身工程素养，提高自身设计能力和解决实际问题的水平。

只有这样，授课教师才可以将书本上的理论知识与实践相结合，利用实际问题“激活”枯燥的理论知识，为学生传播更多的工程信息，满足社会对提高工程专业人才实际能力的需求。

2. 加强专业实验室建设和实践教学基地建设

根据北京林业大学环境工程专业2007版培养方案，按照国家教委高等学校环境工程专业本科教学大纲的要求，通过对清华大学、北京大学、北京工业大学和哈尔滨工业大学等学校实地考察，结合学校自身特色办学要求和发展趋势，确定了环境工程实验室建设的总体规划、发展方向和建设规模。北京林业大学环境科学与工程学院新建专业实验室4个，包括环境化学与环境监测实验室、环境微生物实验室、水污染控制工程实验室、大气污染控制工程实验室。这些专业实验室用于常规水质监测和分析仪器设备、大气环境质量监测设备、水处理工程模型和大气污染控制模型等实验设备，可以完成环境工程专业的环境化学实验、环境监测实验、水污染控制工程实验和大气污染控制工程实验。为环境工程专业实验的开设提供了强有力的保障。通过专业实验室的基础建设，使环境工程专业实验总学时达到84学时。此外，为满足开放性、综合性、创新性本科生实验，学院建成两个教学公共平台实验室，包括化学分析实验平台和分子生物学实验平台。教学公共平台的建立为有余力的学生从事综合性、设计性实验以及参与到教师的科研项目提供了基础平台，锻炼他们的科学研究能力。

依据北京林业大学环境工程专业2007版培养方案，学院建设了3个实践教学基地，包括膜法水处理工程实验室、亦庄开发区污水处理厂教学实习基地、高安屯垃圾焚烧厂教学实习基地。这些实习基地建立和开发，为环境工程专业学生对工程技术的认识，提高其工程能力，锻炼其动手能力提供了空间。

3. 增加综合性、开放性、创新性实验教学内容

为了培养实践能力、提高学生创新精神，在实验和实践教学内容减少验证性实验、增加综合性和设计性实验是环境工程专业教学改革的关键之一。我院环境工程专业的综合性、开发性、创新性实验体现在各个专业课程的实验教学环节中。特别是在水污染控制工程实验和大气污染控制工程实验中，大量涉及综合性实验，将环境监测实验、分析化学实验以及环境工程微生物实验等课程内容融合到水污染控制工程和大气污染控制工程的综合性实验当中。这样的实验安排，打破了传统的课程实验教学内容与组织方式，充分显示了环境工程专业是一个多学科交叉的新专业，突出了专业的综合性、应用性和实践性。另外，在综合性、开放性及设计性实验中，实验环节、实验条件及实验时间均由学生自行设计和安排，给学生极大的自主性，培养了学生的创新意识，受到广大学生的欢迎。这些实验的开设，大大促进了我院学生综合素质的提高，特别是学生动手能力和工程实践能力方面的加强。这些综合实验的开设弥补了各门实验课程之间内容缺乏真正整合和统一的缺陷，具有较强的综合性。在实验过程中，学生可以充分运用所学的书本知识，并升华到指导环境工程的具体工程实践中，使学生将专业知识与职业实践结合起来，增加其职业适应性。

4. 开放科研实验室，开展自主创新实验教学

为进一步激发学生进行科学研究的兴趣，提高学生创新能力，加深其对工程领域和实际问题的理解，依托于北京市高等学校工程中心，我院为环境工程专业学生开放了科研实验室，增加了科技创新选修实验和大学生科技立项等自主创新性实验教学环节。这些内容的设置，使学生真正走入科研实验室，参与教师的科研项目，从事部分工程和科研工作，强化了学生对专业的认识，对工程问题的理解和对专业科研方向的了解。科研实验教学以学生为主，教师为辅。学生首先在教师的引导下充分理解科研实验内容，并进行相关文献查询。而后，学生自行设计实验步骤，自主准备实验材料，自行安排实验进度。通过科研实验教学，不但能够使学生了解前沿的水污染控制技术，进一步培养学生的科研兴趣，同时对提高学生发现问题、思考问题和解决问题能力有很大帮助，为其在后续研究生阶段的学习奠定了良好的基础。

三、结　论

实验教学是工科专业本科教学的重要组成部分，其教学质量的好坏直接影响到人才培养的质量。培养环境工程专业学生的实验动手能力、思考与解决问题能力、工程实践能力是极为重要的。因此，注重与社会需要接轨，改革专业实验教学方法与内容，独立设置环境工程实验课，大幅增加特色综合性专业实验，这些重要的教学改革对在农林学科高校塑造工程类人才极为重要。面对科学技术的迅猛发展及对本科生更高层次的要求，在今后的工作实践中，我们还需不断探索实验与实践教学的内容与方法，对进一步推进和提升实验教学的质量、创新人才的培养，提高学生的实验动手能力、工程设计能力和科研创新能力具有重要意义。

参考文献：

[1]郭昌梓，孙根行.《水污染控制工程实验》教学改革的探讨[J]. 实验科学与技术，2008，6(2)：98.

[2]王向东，金燕，曾抗美等. 环境工程专业实验教学改革与实践[J]. 实验技术与管理，2005，22(8)：103.

[3]邹东雷，赵晓波，黄继国等. 大型综合性水处理实验在教学过程中的作用[J]. 中国大学教学，2005，25(7)：28.

膜分离实验教学实践与探讨

贠延滨[①]，孙德智，王毅力
（北京林业大学环境科学与工程学院）

摘要：膜技术现在应用的越来越广泛，通过结合环境专业的特点，对膜分离教学实验进行多方位的探讨，培养学生观察能力、动手操作能力、分析问题和解决问题的能力，进而促进膜分离实验教学的发展。

关键词：膜；分离；实验教学

作为一种新兴技术，膜分离技术是以选择性透过膜为分离介质，对混合物进行分离、提纯、浓缩的一种分离过程。由于具有多学科性的特点，膜分离技术兼有分离、浓缩、纯化和精制的功能，又有高效、节能、环保、分子级过滤及过滤过程简单、易于控制等特征，目前已广泛应用于食品、医药、生物、环保、化工、冶金、能源、石油、水处理、电子、仿生等领域，产生了巨大的经济效益和社会效益，已成为当今分离科学中最重要的手段之一。

北京林业大学环境科学与工程学院根据分离技术发展要求和环境专业本科生培养目标，建立了膜分离实验室，膜分离实验具体内容包括：离子交换实验、电渗析实验、反渗透实验、超滤实验、内置式膜生物反应器实验、外置式膜生物反应器实验。实验基本目的是让学生掌握：①熟悉膜分离基本原理、膜系统的结构及基本操作；②了解膜系统操作的影响因素如温度、压力、流量等对分离效果的影响；③学会测定纯水渗透通量和纯水渗透系数；测定纯水渗透通量与操作压力的变化关系；测定膜脱除率与操作压力的变化关系。

根据以上情况，我认为膜分离实验教学应该从以下几个方面来着手。

一、膜分离基础知识的讲授

实验前的讲解对学生来说非常重要，由于膜分离过程是化学、化工、材料、环境等学科的交叉，所涉及的知识面非常宽，对于环境工程和环境科学专业的本科生来说，有很大的难度，所以膜基础理论必须深入浅出，结合实例分析和日常生活来讲解。从而让本科生了解膜分离的基础知识，包括：膜技术定义、膜技术优缺点、膜的分类、膜组件形式、膜分离原理、典型膜分离过程及应用、膜分离实验基本内容等。

可以将离子交换实验、电渗析实验、反渗透实验结合到一起作为脱盐过程来讲解。首先讲授离子交换树脂的发展历程、基本原理、应用及其在水处理中的优缺点。其主要缺点是再

依托项目：北京林业大学2008年校级专业建设项目——环境工程专业课程体系与实践教学体系构建。

① 第一作者：贠延滨，博士后，副教授。主要研究方向：膜分离技术。电话：13810855917。E-mail：ybyunbj@ sohu. com。通讯地址：北京林业大学60号信箱，100083。

生周期长，废液量大，同时对于溶液中存在多种离子时，需要针对不同离子选用不同的树脂，普遍适用性差。然后引入电渗析技术，由于电渗析原理比较复杂，需要重点介绍，最好能结合 Flash 动画讲解，对电渗析目前的应用现状和发展前景进行分析，阐述电渗析最大的缺点，即在运行过程中易浓差极化而导致结垢，离子交换膜需要经常清洗。介绍反渗透技术的原理、发展过程和当前普遍应用的原因。最后通过比较离子交换树脂、电渗析、反渗透之间的优缺点，讲述脱盐技术当前的应用现状和发展方向。例如，在超纯水制备上，反渗透的出水一般作为电渗析的进水。在火力发电厂的水车间，由于以前主要用离子交换树脂作为水处理的主要设备，现在一般将反渗透的出水作为离子交换树脂的进水，达到废物利用的目的。而且现在发展一种 EDI 技术，即将混床离子交换树脂填充在电渗析的淡室中，具有连续的再生能力且不需要化学药品，是一种离子交换与电渗析相结合技术。最后阐述膜蒸馏过程在脱盐技术上的最新进展。

超滤技术不同于以上的几种脱盐技术，超滤可以作为反渗透预处理技术。比较超滤与传统的预处理工艺之间的优缺点，比较超滤与反渗透之间的差异，介绍超滤技术的市场和应用，重点介绍膜生物反应器技术，该技术是将超微滤技术与生物反应器相结合的生化反应系统。综合了膜技术和生物处理技术带来的优点，极大地提高了生物反应器中微生物浓度和系统对污染物的处理能力。介绍膜生物反应器技术的原理、分类及应用。

二、具体操作过程的讲解

通过掌握膜技术基础知识，使学生对膜技术有基本的理解，但在实验前要对每个系统按照流程进行详细的讲解，包括设计思想，并且不断提问，增加学生对基本知识的掌握。同时对每组实验系统同实际大工程系统之间的差别要讲出来，使学生了解中试设计思想和大工程设计思想之间的差异。最后强调有关实验注意事项和操作规程，然后进行示范操作[1~3]。

实验讲解时，教师提出问题，例如，多介质过滤器的构造、工作原理？反渗透前为什么要加预处理？二级反渗透与一级反渗透之间的差异？如何再生离子交换树脂？电渗析为什么有 3 个进水口，其作用是什么？外置式膜生物反应器与内置式膜生物反应器之间的差别？指出超滤系统的水流方向？等等。让学生思考、讨论，再层层引导，进而将实验与理论有机结合起来，这样既能有效地向学生传授知识，也有利于学生思维灵活性及创造性培养。

三、实验过程

在学生实验过程中，要不断巡视、及时检查学生实验操作情况，获得真实信息，检查操作是否规范，以便进行相应调整，力争达到预期目的。在此期间，教师可针对出现的问题，引导学生仔细观察，从而做出正确的判断，最后教师提出实验中的关键点和注意事项。例如，学生在离子交换树脂操作时，经常会把空气引入离子交换树脂柱中，一定要讲授排气方法和如何防止此类问题的关键点；在测试水溶液电导率时，由于学生对电导率仪不熟悉，经常忘记清洗电极，导致测试不准，所以要对学生进行电导率仪测试进行培训；电渗析需要手动倒换电极，而学生经常忘记，等等。要善于对正确操作者给与及时表扬，对实施操作过程中的每一步骤，给予及时恰当的评价，当赞扬与评价相结合时就可以充分发挥信息反馈的诊断作用、指导作用和激励作用，进而提高学生学习的兴趣。学生在实验过程中会不断地提出问题，教师要认真解答。

四、实验报告的撰写

实验报告是实验的总结，除了要求学生能合理表达和解释实验结果，正确分析和处理实验中的相关数据和现象外，还要根据不同的实验，设计课后作业，为了加深学生对膜系统的了解，在作业中一定要绘制系统图。由于整个实验基本是自动化或者半自动化，所以绘制每种设备的系统图非常重要，通过绘制系统图，一方面使学生掌握不同膜分离过程的分离机理，另一方面可以让学生深刻理解不同膜分离过程的设计思路和设计流程。为了避免照抄或者拷贝，尽量让学生使用手工画图。教师根据实验报告中的实验系统图、实验数据记录、结果分析、思考题回答和学生出勤状况，及时对学生作出实验成绩评定，真正做到公平、公正，教与学相互沟通，达到预期的教学目的。

五、增加设计性实验，培养学生的创新能力

本科生质量的好坏关键在学生是否具有良好的创新意识和较强的创新能力。提高学生创新能力的关键在于良好的实验条件，创造良好的实验环境是提高学生参与实验教学环节兴趣的重要因素。兴趣是成功的源泉，也是提高学生创新意识和创新能力的催化剂[4,5]。目前实验内容和实验方案在我们的实验教学中是固定的，该模式利于学生掌握理论知识。为了进一步培养学生的创新能力，建议一方面增加自主性实验，让学生独立制定实验方案，独立准备实验，最后在教师的指导下，修改完善后实施，鼓励学生选择较为复杂的体系，让学生在过程中提高实验兴趣。另一方面针对学生的实验装置，尽量采用手动控制，即可锻炼学生的实际操作能力，又能提高学生对系统的熟悉度。另外使膜过程即可单独运行，也可以相互集成，这样就增加了实验的设计性，从而达到培养学生的创新能力的目的。

膜分离实验教学改革是一项系统工程，需要对实验仪器不断进行更新，对教学方法和实验目的不断进行调整和探索，才能形成一种科学、合理、有效的实验教学模式。北京林业大学环境科学与工程学院一直致力于膜分离实验室条件的改善，创造良好的实验环境和实验教学氛围，为培养具有创新意识和创新能力的人才提供物质基础。通过膜分离实验教学，使学生了解膜分离基础知识，理解不同膜分离过程应用中的关键点，掌握不同膜分离装置的设计思路。提高学生将理论应用于实践的基本能力，培养合格的环境专业性人才。

参考文献：

[1]夏林波.《分析化学实验》教学实践与探讨[J]. 辽宁中医药大学学报，2008，10(9)：190.
[2]赵秀芬，刘树堂. 高校本科实验教学现状分析及改进措施[J]. 考试周刊，2009，28：206.
[3]赵明蕊. 分析化学实验教学改革探索[J]. 河南职工医学院学报，2008，20(4)：405～406.
[4]宋吉英. 仪器分析实验教学探讨[J]. 新课程研究，2009，147：99～100.
[5]张印强，权义萍. “分析仪器设计”综合性实验教学的探索[J]. 中国电力教育，2009，135：122～123.

大学生创新性实验项目实施的探讨

伦小秀[①]，王举位

（北京林业大学环境科学与工程学院）

摘要：通过加强对大学生科研训练与创新能力的培养，对构建大学生科研训练体系及培养大学生创新能力的途径作了初步探索。针对油松排放的三种主要单萜烯：α-松油烯，β-蒎烯，3-蒈烯的定性和定量分析，有利于进一步弄清臭氧及二次有机气溶胶的来源，为城市绿化工作中科学选择搭配树种、科学植树提供依据，对加快大气环境治理步伐有重要意义。尽管目前创新性实验项目的实施还不够成熟，但学生从中能学到很多东西。创新性实验项目不仅锻炼学生的创新思维，提高他们的创新实践能力，同时还可以培养他们对科学的严谨性，以及锻炼他们的耐心，养成细心、独立思考等好习惯。

关键词：创新性实验；科研训练；创新能力；实践能力

引　言

《中共中央国务院关于深化教育改革全面推进素质教育的决定》中明确规定，素质教育就是要提高国民的素质，以培养学生的创新精神和实践能力为重点。大学生创新性实验是目前大学生参加实践活动、培养创新能力和协作精神的重要手段之一。大学生创新性实验项目主要目的在于加强学生对专业课程理论知识的理解，注重培养学生实际操作能力、创新意识及创新技能[1]。国外高校很早就把科研训练纳入到大学本科生教育中，国内的高校大都在近几年开始把对本科生进行科研训练作为教育改革的一项重要举措，纷纷出台相关实施计划。创新实验以培养学生探索精神、科学思维、实践能力、创新能力为核心，推进学生自主学习、合作学习、研究性学习。创新实验完全实行开放式管理(实验项目开放、设备和环境开放、时间开放等)，既可以由学生自发组队，自主完成，也可以为学生指定指导老师，由学生和老师共同拟定题目，学生独立完成。大学生创新性实验计划通过立项的方式，使学生参与到创新实验中来，直接面向问题，在实践过程中，综合运用所学知识，在指导老师的辅助下，独立地发现问题、提出问题、收集资料、分析归纳，从而提出解决问题的路径和方法，从而加强了学生实践能力的培养[2]。

大学生创新性实验计划自 2007 年实施以来，得到了全国各大高校的高度重视[3]，北京林业大学对这项工作认真对待、积极布置与落实，教师对这个项目的申请比较踊跃，学生的参与热情很高。笔者 2008 年 4 月申请的《松树排放 VOCs 生成二次粒子的组分及粒径分布特

依托项目：北京林业大学校级大学生科研训练项目——松树排放 VOCs 生成二次粒子的粒径分布特征研究。

① 第一作者：伦小秀，博士，副教授，研究方向：大气污染控制。电话：62336615。E-mail：lunxiaoxiu@yahoo.com.cn。通讯地址：北京林业大学 60 号信箱，100083。

征研究》获得校级大学生创新性实验项目立项，并让学生参与，其中的子课题《油松排放VOCs组分的测定及其浓度日变化规律研究》作为北京林业大学环境科学与工程学院2005级本科毕业论文展开实验。大学生创新性实验计划激发了学生的创新思维和创新意识，让大学生参与和体验科学创造、研究与实验的过程，提高大学生的创新能力和实践能力，在高校初步培养了一批创新型人才，成果初见端倪。但总体来说对大学生实施科研训练在国内还处于起步阶段，相关机制还需要完善，实施途径和方法也需要探索和拓展[4]。以下是笔者对大学生创新性实验项目实施的几点思考和体会。

一、加强大学生科研训练与创新能力培养的重要性

大学阶段正是人生观、世界观形成的时期，培养学生科学研究的精神、态度、道德和能力具有重要作用[5]。现代高等教育对于大学生的培养已从知识型向素质型转化，着重培养学生的学习能力、动手能力和综合解决问题的能力。通过开展科研创新活动，使得理论知识有了实践依托，从而使学生对已学的教材有更深刻地了解，对未知课程培养学习兴趣，对实验技能有更熟悉的掌握[6]。通过查阅资料，收集信息，可以了解到本学科最前沿的科研进展情况，接受到最边缘最新的高精尖科研信息，极大地丰富了课外知识，开阔眼界；通过实践操作，逐步学会从事研究工作的步骤和方法，为以后学习和工作打下坚实的基础，使教与学达到有机统一，充分调动教学双方的积极性和主动性。只有充分激发大学生们的科研意识和培养他们的科研习惯，才能使他们在日常学习中感受到压力、竞争和挑战，学习的目标性和激励性会大大增强[7]，而只有在大学生的科研意识被激发之时，才能充分开发他们的学习潜力，养成敏锐的学习触角，培养良好的科研习惯和思维，其自身的科研能力才能得以提高，才能适应信息网络时代对人才的发展需求。

实践证明，开展大学生科研训练是提高其创新能力和实践能力、提高其综合素质和社会竞争力的重要环节。通过科研训练，激发了学生们成才的欲望和创造的热情，鼓励优秀学生脱颖而出，同时也培养了学生们科学研究的团队精神[8]

二、创新项目的选题是项目成败的关键

按照大学生创新性实验项目实施要求，创新性实验项目的选题大部分来源于学生，应当说，相当部分的学生还是具有一定的创新意识的，但由于其自身知识积累以及认识能力等方面的局限，本科学生往往很难把握本学科最新发展的前沿动态和相关学科知识的横向关系，由此使选题的创新性、方案设计的合理性都受到了一定的限制，若盲目确定选题和方案，则很难在项目研究过程中使学生的知识水平和创新能力真正得到提高[3]。因此，首先要从选题着手进行可行性分析。对于学生提出的初步想法在选题方向、方案原理设计等方面给予必要的、适度的指导，然后再由学院或学校组织相关学科专家对项目选题的创新性、合理性、可行性进行评审，并对不够完善的项目选题提出修改意见，使创新项目从选题开始就趋于最优，从而为创新项目的顺利开展，实现创新计划的最终目的奠定基础[9]。

关于这点笔者深有体会，在准备大学生创新性实验立项的时候，笔者让学生申请的题目是《北京市植物排放挥发性有机物对大气二次粒子的贡献研究》，在院里评审的时候很多老师都觉得这个题目定的有点大了，一是北京市的植物种类繁多，分布面积广，对调研要求很高；二是实验设备跟不上，研究中的仪器，比如高效液相色谱(,HPLC)，气溶胶粒度积分仪

(DMPS)两样仪器本学院都没有；三是对于一个本科生而言，工作量很大，很难在半年左右的时间里完成。后来考虑到实验设备、实验场地等条件，经过两次修改调整，最终题目定为《油松排放 VOCs 组分的测定及其浓度日变化规律研究》，很快实验就得以开展，并且取得了很好的效果。

三、毕业论文与科研相结合，培养学生创新意识

本科阶段的科研与创新能力的培养是我校向科研教学型大学转变的重要一环。而科研项目的实验研究在能力培养中显得尤为突出。笔者在科研课题与本科毕业设计相结合方面做了一些尝试，并收到了良好的效果。由于课题是省部级以上科研项目，具有一定的理论深度和应用价值，确确实实能正确引导学生的科研入门以及培养和锻炼其独立的科研能力与创新能力。

(一)激发学生学习的积极性

通过将毕业论文与科研相结合，提高了学生的学习兴趣和主动性。在毕业论文的完成过程中，学生经历了查阅文献资料、自己确定实验方案、动手设计实验等一系列的锻炼，促进和培养了观察能力、想象能力、动手能力以及运用基本理论知识和技能分析和解决问题的能力，进而锻炼了独立思考问题能力和培养了创新意识，激发其求知创新精神，同时在研究过程中体会创新性工作的乐趣，在乐趣中得到锻炼和成长。

(二)提高专业知识技能

创新性实验给每位学生提供了必要的实验条件，创新性实验和毕业论文相结合，提高了毕业论文的严格管理要求，使同学们通过毕业论文受到研究与创新性专业课题的训练，让他们在毕业前通过实践增长见识、开阔视野、提高创新能力，为他们今后继续深造或就业奠定良好的基础[10]。

(三)提高团队合作创新能力

一般一个大课题要由几个学生承担，这些子课题往往是互相联系和互为依托的，在各自分工的基础上还需要相互协作，这样课题就形成了一个团队，团队创新要求大家必须要有协作的精神、沟通的技巧和开放的胸怀[11]。这个过程中，学生个人的知识、技术、智慧为团队共享、共用，促使创新思路的形成，最终达到优化创新方案、缩短创新进程，增强创新能力，提高创新效率的目的。

(四)开创新的培养模式

以科研项目为依托，构建多层次学生科研创新能力培养模式，同时也建立了以导师为指导核心的本科生人才培养模式，通过这种模式能让同学们得到更多的锻炼，培养独立思考的能力。

(五)提高科研基础训练

在实验中，教师要引导学生获取最基本的科研与创新方法，如：如何搜集、分析、整理资料，如何提炼论点，如何论证阐述等，使学生初步掌握科研创新的方法和途径。这样他们才能在以后的学习和工作中不断研究、解决各种各样的新问题。在实验中学生遇到的问题要及时反馈，经过自己反复思考之后再引导学生，让学生再查找相关文献落实实验步骤。学生遇到问题是一件好事，一个创新性课题必定有其独特的地方，也就是别人还没有涉及到或者只是做了一些浅层次研究的领域，在这个领域里如何开展深入的研究，这要依托于实验方法

和实验条件，在实验条件具备的基础上让学生自己设定实验方法，这样就能让学生在研究中得到训练，在训练中得到收获。

（六）注重培养科研能力

在培养学生科研能力的过程中，可以采用分层递进和启发引导等辅导方法[12]，在解决问题的同时，培养学生发现问题和解决问题的能力。如在课题设计阶段对学生进行逻辑思维的培养；在课题实施阶段对学生进行操作技能的培养；在课题总结阶段对学生进行从感性认识提高到理性认识，从理论上进行提高的培养。

笔者培养的本科毕业生在实验初期很迷茫，不知道该从何处着手。笔者首先给学生精心挑选了一些参考文献，同时给学生讲授了该工作的背景和意义，启发学生去思考如何逐步实现试验的目标。不久学生就提出了一些步骤和措施，笔者在与学生讨论后确定了实验研究的步骤，并让学生自己动手设计实验装置。经过了两个月的艰苦努力以及与相关老师的探讨，终于设计并请人制作了大气反应现场模拟装置。利用此装置进行了一系列的实验，试验过程中同样遇到了很多困难，学生的积极主动性很高，不断与笔者讨论并解决了这些困难。最后在进行数据处理和结果讨论的时候，学生不能很好地提升本工作的意义，笔者指出了几点重要之处，让学生自己查阅文献，升华试验结果。学生在这个过程中感觉科研能力和动手能力都得到了很大提高。

四、结　语

参加北京林业大学2008年创新实验中感觉到，大学生创新性实验计划要深入发展，并取得预期成效，还有许多工作要做。例如，在设计创新实验题目时要注意题目的科学性，要具有创新性，针对性，实用性和可行性。另外，大学实验室是培养和锻炼学生实践动手能力的主要场所，因此加大实验室的完善力度以及开放力度，给学生提供一个充分开放和自由的实验环境，为学生实施创新实验提供良好的外部环境，有助于培养学生的独立思考能力以及实际操作能力。

尽管目前创新性实验项目的实施还不够成熟，但同学们从中还是能学到很多东西的，创新性实验项目不仅锻炼同学们的创新思维，提高他们的创新实践能力，同时还可以培养他们对科学的严谨性，以及锻炼他们的耐心，养成细心、独立思考等好习惯。随着大学生创新性实验项目的不断实施，相信会逐步改变目前高校中存在的学生实践能力不强的现状，推动高校新型人才的培养的进程，达到为社会培养合格人才的目标。

参考文献：

[1] 王祖源，毛骏健，吴於人．实施“国家大学生创新性实验计划”的体会[J]．中国大学教学，2007，(9) 26～28.

[2] 韦巧艳，李坚斌，刘曼萍等．参加本科大学生创新性实验心得与体会[J]．广西大学学报(哲学社会科学版).2009，31：145～146.

[3] 陈洋，闫达远，明道福．国家大学生创新性实验计划实施的实践与思考[J]．北京理工大学学报(社会科学版)，2009，11(2)：93～95，105.

[4] 夏欧东，曾志嵘，杨军等．大学生课外科研训练的实践与思考[J]．西北医学教育，2006，14(5)：493～494.

[5] 田喜洲．论大学生科研能力的培养[J]．重庆大学学报(社会科学版).2002，8(6)：128～129.

[6] 刘学忠．论大学创新精神与创新能力培育的教学环境[J]．中国高教研究，2007，(8)：50～51.
[7] 毕开凤．论当代大学生科研意识和科研能力的激发与培养[J]．杭州商学院学报，2004，1：63～65.
[8]谢丽萍．本科生科研训练的探索与实践[J]，科技咨询导报，2007，22：244～245.
[9]郑秀英，张进明，白守礼，郭广生．提高本科生实践创新能力的探索[J]．中国大学教学，2007，(2)：47～49.
[10] 朱昌平，黄波，朱陈松等．通过"三层次实验"培养学生实践创新能力[J]．实验室研究与探索，2007，26：(7)：5～8.
[11] 赵国冬．实验创新与大学生创新能力的培养[J]．人才培养，2009，1：30～31.
[12] 李薇．关于培养学生科研能力的思考与实践[J]．药学教育，2004，20(2)：27～29.
[13] 乐政龙，王荣槐．当代大学生要提高论文写作能力[J]．高等函授学报(自然科学版).2001，14(2)：1～2.

固体废弃物处理处置课程实践教学探讨

李　敏①，王　昊，孙德智
（北京林业大学环境科学与工程学院）

摘要：固体废弃物处理处置是一门实践性很强的学科，实践教学对学生专业技能的掌握程度影响很大。本文分析了目前固体废弃物处理处置课程实践教学的现状，对该课程实践教学环节的设计、教学形式和操作方法进行了探讨，初步构建了固体废弃物处理处置课程的实践教学体系。

关键词：固体废弃物处理处置；实践教学

实践教学是环境类专业本科生培养计划的重要组成部分，是培养具有创新精神和创新能力人才的需要，是深化高校本科教学改革的需要，也是提升高校办学水平和竞争力的需要。现代高校的实践教学是一个复杂的系统，是与理论教学紧密联系的一系列教学活动的组合。当前，加强实践教学已经成为世界各国高等教育发展的必然趋势。与国外相比，我国的高等教育中，无论是实验，还是课程设计、实习、毕业设计和其它实践教学环节都相当薄弱，严重制约了我国高校教育事业的发展以及学生质量的提高。

“固体废弃物处理处置”是高等理工学校本科环境类专业的一门主干课，在我国高校环境类专业开设的历史已有20多年，北京林业大学也于1998年开设了此课程。近年来，在教育部高等学校环境工程专业教学指导委员会的指导以及各院校教师的努力下，该课程的理论教学内容已经逐步走向规范化，并初步形成了“固体废弃物处理处置”课程的理论教学体系[1]。但是由于该课程涉及的内容非常广泛，无论是固体废物的来源、种类、分布，或是固体废物的形态、性质、处理处置以及资源化方法都非常复杂多样，因此其实践教学环节的设置及实施比其它环境类课程困难，目前远远落后于理论教学的发展[2,3]。

我校以前该课程没有设置专门的实践教学内容，只是在专业综合实习中安排了参观垃圾填埋场等实践活动，对于环境科学专业的学生来说，基本可以满足需要。但目前我校环境工程专业已恢复招生，“固体废弃物处理处置”课程不仅作为环境科学专业学生的选修课，而且成为环境工程专业学生的必修课，因此，对该课程的教学活动提出了更高的要求，尤其是实践教学环节显得非常重要。如何结合北京林业大学的专业特点，科学合理地设置固体废弃物处理处置课程实践教学的内容，探讨实践教学的方式、方法就显得非常必要。

依托项目：北京林业大学2008年校级教学改革研究项目——《固体废弃物处理处置技术》课程实践教学体系构建、北京林业大学2008年校级专业建设项目——环境工程专业课程体系与实践教学体系构建。

① 第一作者：李敏，博士，副教授。主要研究方向：水处理理论和技术。电话：62336615。E-mail：liminbjfu@126.com。通讯地址：北京林业大学60号信箱，100083。

一、实践教学环节现状

我国各高校目前开展了形式各异的“固体废弃物处理处置”实践性教学环节。主要形式有：实验课、课程设计、各种形式的实习和参与创新项目等。

(一)实验课

清华大学、天津大学、北京化工大学、华东交通大学、吉林大学、北师大、北航等高校开设了固体废弃物处理处置实验课[4]。内容涉及固体物质磁选、破碎、筛分、浮选以及废弃物颗粒分级、浸出毒性鉴别等。其中清华大学固体废弃物处理处置课程实验共16学时，包括：生活垃圾的采样与分析；电子废物分选实验；城市垃圾消解及加速产气实验；有机废物好氧堆肥实验；垃圾热解实验；危险废物化学稳定化实验和固体废物浸出毒性实验。清华大学的固废实验课是目前设置较为全面的。

(二)各种形式的实习

目前很多高校的“固体废弃物处理处置”实践教学活动是以认识实习、生产实习、毕业实习等形式开展的，这种方式有助于开阔学生视野、提高学生的感性认识、让学生了解实际工作中的需求。通过参观垃圾填埋场、焚烧厂、堆肥厂等单位，让学生对工艺流程、工艺设备有直观生动的认识，可以帮助学生更好地了解书中的理论知识与实际生产之间的联系和区别，体验实际工作的复杂性和多样性，在一定程度上对理论教学起到补充作用。

(三)课程设计

课程设计也是一些高校开展“固体废弃物处理处置”课程实践教学的一种方式，如：清华大学、北师大、北科大、天津大学等学校均开设了固体废弃物处理处置课程设计，时间一般为1~3周不等。课程设计内容包括：城市垃圾收集线路设计、城市生活垃圾综合分选处理系统、有机垃圾厌氧堆肥工艺、工业废弃物处理及资源化系统等方面。

(四)创新能力的培养

除了以上的各种形式外，第二课堂、综合实验、参与科研项目等方式也可以作为“固体废弃物处理处置”课程的实践教学环节，如中国矿业大学积极开展了第二课堂活动，对徐州市垃圾产生量、垃圾成分比例、垃圾分类收集情况等进行调查和分析，并让学生参与垃圾填埋场的运行监测，了解垃圾填埋场的日常管理和运行过程。同济大学开展了本科生创新型实验教学试点，在培养学生独立从事实验设计、开展实验以及与科研工作相结合等方面都取得了有益的经验[5]。

目前，各院校都在积极探索“固体废弃物处理处置”课程的实践教学体系，虽然已经开展了形式各异的实践教学活动，但由于学时有限，且固体废物的处理处置系统相当繁杂，因此，该课程的实践教学环节总体来说还比较薄弱，内容不够深入，缺乏系统性和规范性，仍是环境专业本科教学中面临的一个普遍性问题，还需要进一步的探索、实践和交流。

二、我校“固体废弃物处理处置”课程实践教学内容和方法的改革

(一)实践教学内容的改革

1. 课程设计

根据我国各高校“固体废弃物处理处置”课程实践教学环节目前的设置情况，在注重实效、讲求实用、以培养学生能力为主的原则下，我们在2007年修订新的本科生培养方案时，

对“固体废弃物处理处置”课程的教学大纲做了调整，增加了1周的“固体废弃物处理处置”课程设计，要求学生掌握城市生活垃圾卫生填埋场的设计原理和基本设计方法，了解城市生活垃圾的收集运输方案，使学生能够完成一定规模城镇或城区的生活垃圾卫生填埋场的初步设计，在设计中充分考虑填埋场的衬层系统、渗滤液的收排及处理系统、气体的收集及处理系统，能够绘制出填埋场的工艺流程图、平面布置图等工艺图纸，为今后从事相关工程技术、设计和科学研究工作打下基础。

2. 专业综合实习

为增加学生对固体废弃物处理处置流程的认识和了解，我们在环境专业综合实习中设置了1周的“固体废弃物处理处置”课程实习，内容包括：参观城市生活垃圾转运站、城市生活垃圾卫生填埋场、生活垃圾堆肥厂、垃圾焚烧厂等固体废物处理处置工艺。通过实习，让学生熟悉城市生活垃圾的收集转运情况，城市垃圾转运站的典型处理工艺流程(包括：称重系统、垃圾收集推进系统、除尘除臭系统、垃圾压缩系统、密闭式垃圾转运车、污水处理系统、自动控制及监测系统、美化绿化系统)；熟悉城市生活垃圾卫生填埋场的结构、日常操作、垃圾渗滤液收集处理系统、填埋气体导排、处理及利用系统，掌握填埋场的工艺流程；熟悉生活垃圾好氧发酵技术，了解发酵工艺废水和废气的收集、处理系统，了解堆肥产品的外观、腐熟度的检测方法、堆肥产品的质量控制及应用途径；熟悉垃圾焚烧炉的工作原理、特点、焚烧炉的形式和结构。了解垃圾焚烧发电的现状，理解垃圾焚烧的四个阶段，了解高温烟气的二次燃烧过程及作用，了解焚烧尾气控制技术及尾气冷却与废热回收系统，了解避免产生二次污染的措施。

3. 课程实验

实验教学环节对于提高学生动手能力、促进理论知识的理解消化、使学生掌握实践技能并主动学习具有重要作用。由于实验条件的限制，目前我校还没有设置固体废弃物处理处置实验课程，但考虑到实验教学环节的重要性，我们提出应结合综合实习的现场参观，增设一定学时的实验课，如：垃圾渗滤液水质分析实验(包括：现场采集垃圾填埋场渗滤液水样，测定水样的COD、氨氮、色度等指标，掌握垃圾渗滤液的水质特征及处理方法，了解填埋场环境监测的方法)；生活垃圾堆肥质量检测实验(采集已经熟化的堆肥样品，分析部分堆肥指标，熟悉堆肥质量的检测方法)；固体废物浸出毒性实验；林业废弃物综合利用实验等，可以根据实验课学时从中选择2~3个实验。

4. 开放性创新实验

课程实验是对所有学生开设的，要求学生必须参加，在此基础上，可以设置一定学时的开放性创新实验，以满足部分学生希望掌握更多固体废弃物处理处置实验技能的要求，这样才能满足不同程度学生的不同需求，实现因人施教、个性教育。开放性试验一方面可以专门在固体废弃物处理处置课程中设置，作为学生的选作实验，其具体内容和开设方式可以和从事相关领域研究的教师协商，在教师科研项目的基础上设置一些开放性试验；此外，也可以让本科生直接参与到教师的科研项目中，做为学生开放性试验的一种开展形式，由具体科研项目的教师给学生打分作为实验课的成绩。

(二)实践教学方法的改革

1. 创新性实践教学环节与教师科研项目相结合

创新性实践教学环节对于拓宽本科生的专业视野、培养学生科学研究的思维方法、科学研究能力和创新能力具有重要作用。现在有专门针对本科生的国家级、市级和校级“大学生科技创新计划”项目，应当鼓励学生申报创新项目，将创新项目与教师的科研课题相结合，通过课题研究，使学生从文献查阅、科研选题、实验方案设计、实验装置设计、实验操作、结果分析、数据整理、撰写论文等一系列环节了解科学研究的基本方法，使学生的科研和创新能力得到一次较为全面的训练和提高。

2. 建立校内实验平台

目前校外实习的落实变得越来越困难，实习单位对学生实习普遍呈不欢迎态度，由于企业的技术保密、管理体制的逐步变化、安全意识的逐步提高等原因，使得企业接受众多学生长时间留在本单位参与实际工作和设备操作变得几乎不可能实现，即使是对于“走马观花”式的参观，企业也不愿接受，这无疑增加了本科生教学实习的难度。因此，在校内建立基于固体废弃物处理处置课程的实验平台，以提高学生综合实验技能和分析问题、解决问题的能力就显得很有必要。

3. 与企业合作，开发校外实习基地

广泛联系从事固体废弃物处理处置工程项目设计、建设和运行管理的企事业单位，对于可以提供短期参观实习的单位安排专业综合实习中的内容，通过参观实习帮助学生建立感性认识。目前，我院已经与北京市高安屯垃圾填埋场、高安屯垃圾焚烧厂、六里屯垃圾填埋场、阿苏卫垃圾填埋场等单位建立了良好的合作关系，每年都在这些单位进行短期的实习参观活动。2009 年，我院在北京市高安屯垃圾填埋场、高安屯垃圾焚烧厂建立了实习基地，该实习基地的建立为我院学生日后的参观教学活动创造了很好的条件。

三、对“固体废弃物处理处置”课程实践教学体系的思索

实践教学的建设是我国高校面临的一个长期而重要的任务。相对“水污染控制工程”和“大气污染控制工程”来说，“固体废弃物处理处置”课程的实践教学体系目前还缺乏统一的认识，各高校根据自己的情况做了很多有益的探索，但还是比较零乱，缺乏完整性、系统性和规范性。构建科学合理、相对规范、可操作性强、具有学校优势和特色的“固体废弃物处理处置”课程实践教学体系是一项长期的、需要不断实践、不断改进的任务。

虽然我校在新版“固体废弃物处理处置”课程教学大纲中列出了实践教学环节，但课程设计、实习、实验等实践教学环节与理论教学之间的联系还没有完全理顺。如何合理配置各教学环节的工作量，处理好课程设计、实习、实验与课堂教学内容的过渡衔接问题，科学合理地设置理论教学和实践教学环节的结构，有效实现各教学环节的功能仍然是需要思考和完善的问题。由于新培养方案中“固体废弃物处理处置”课程还没有开始实施，在实施过程中也可能会出现一些意想不到的问题和不足，这些都需要进一步探索和改进。

四、结　语

“固体废弃物处理处置”课程实践教学环节可以采取实验、课程设计、实习、第二课堂、开放性实验、参与科研项目等多种方式开展。北京林业大学的“固体废弃物处理处置”课程实践教学环节设置了 1 周的课程设计和 1 周的实习，并计划结合实习开展一些具体的实验项目，这样的设置不仅适应教学指导委员会的要求，也为培养从事该行业的专业技术人才奠定了基础。

参考文献：

[1] 谷晋川，梅自良，江元霞等. “固体废物的处理处置”课程短学时教学体会[J]. 高等教育研究，2006(22)：37～39.

[2] 李彦文，尹华，赵玲等. 固体废弃物处理处置实践教学探讨[J]. 实验室科学，2008(2)：161～163.

[3]张黔玲，张培新，文岐业等. “固体废弃物处理处置”多媒体课件开发[J]. 计算机与应用化学，2003(20)：496～498.

[4] 吴彩斌，王全金，刘雪梅等. “固体废物处理处置”实践性教学构建研究[C]. 大学环境类课程报告论坛，2007：130～133.

[5]邵立明，章骅，何品晶等. “固体废物处理处置”课程实验教学方案浅析[C]. 大学环境类课程报告论坛，2007：114～117.

环境监测实验教学改革与实践

豆小敏①，孙德智，梁文艳，王毅力
（北京林业大学环境科学与工程学院）

摘要：本文在教学实践的基础上，分析了我国高校环境科学和环境工程专业必修课“环境监测实验”在教学中存在的问题，针对教学内容分散，重分析、轻监测，监测内容缺乏优化更新，实验参考教材与现行监测规范和国家标准脱节，实验教学课时和教学空间有限，多以模拟样品的分析测试环节为主，学生主动性不足等问题进行了思考，针对相关问题提出了“环境监测实验”课程改革方案，在教学内容、教学方法和教学手段等方面付诸实施，达到了强化学生实践能力培养、提高实验教学质量的目的。

关键词：环境科学专业；环境工程专业；环境监测实验；思考；改革；实践

专业课实验教学是整个教学体系中一个非常重要的环节，它对于培养学生的创新精神和实践能力、提高学生的综合素质和培养质量尤为关键。环境监测实验是境监测课程的实践教学环节，是高等理工科院校本科环境科学专业和环境工程专业的必修课。其教学目的在于通过环境监测实验和实习，使学生熟练掌握环境监测的基本知识和实验技能，掌握监测方案的制订、监测布点、采样、分析测试等实际操作，监测数据处理以及监测报告的编写；提高学生的实践动手能力，为从事环境监测、环境评价、环境工程等环境保护工作打下基础[1]。

目前，随着环境问题的日益突出和公众环境意识的提高，社会对于环境监测从业者提出了越来越高的要求，例如在环境突发事件应对、环境污染事故处理、环境事件仲裁过程中，要求环境监测工作者及时、准确、客观的给出相关环境要素的监测结果[1,2]。针对这样的培养目标和社会需求，我们对环境监测实验教学环节中存在的问题进行了深入的分析，并针对突出问题，进行了教学改革和创新，具体归纳如下。

一、目前环境监测实验教学中存在的问题

（一）教学内容分散

目前高校环境监测实验教学存在的问题之一是教学内容分散，实验内容有待优化。通常是众多监测指标的一个汇集，实验结果不能反映环境要素的整体，只反映了个别信息，不能基于实验结果对环境要素做出综合评价，从而达到环境监测的目的。特别体现在地表水和天然水体、土壤及植物污染和大气质量监测部分实验内容零散，例如一些院校在环境空气质量

依托项目：北京林业大学2008年校级专业建设项目——环境工程专业课程体系与实践教学体系构建、北京林业大学2010校级专业建设项目——环境科学专业建设。

① 第一作者：豆小敏，博士，讲师。主要研究方向：水质净化原理与技术。电话：62336615。E-mail：douxiaomin@bjfu.edu.cn。通讯地址：北京林业大学60号信箱，100083。

监测部分仅开设了 TSP 和噪声的监测，不能据此对环境空气质量做出评价。

(二)监测实验分析化

目前的环境监测实验教学多以“样品分析”为核心，忽视“环境监测”的整体技术流程。具体教学环节重视样品的分析测试技术，往往忽略了针对监测目标的监测方案制订、监测布点、样品储存和运输、符合规定的样品前处理环节，使得环境监测实验有向第二门“分析化学”或“仪器分析”发展的趋势。特别是培养过程中不重视引导学生对于环境监测目的的认识，往往限于测试几个指标，对监测性监测、特例性监测和研究性监测区分不清；不能基于监测目的规范整个监测流程；不能针对复杂的、具体环境问题，依据相应的环境监测规范设计环境监测方案[3]。

此外，在教学实施过程中，一些教师为了保障有限学时内实验的成功率和结果的可控性，分析测试的水样和土样往往采用去离子水或清洁土样配制，进行污染物添加，得到浓度已知的简单样品，而环境样品往往复杂多样，可能含有多种干扰分析测定的物质。这样的教学过程不能使学生加强对复杂样品处理的认知。

(三)实验内容有待优化更新与创新

目前高校环境监测实验教学内容延续了传统的经典实验，但是如果实验内容选择不当，将可能与分析化学、仪器分析、水污染控制和环境工程微生物等课程的实验重叠。虽然不一定是分析指标的完全重合，但可能是分析方法的简单重复。例如“活性污泥生物相观察”容易与环境工程微生物实验重叠。所以，在选择实验内容时，一定要慎重，避免相同实验内容的重复训练，挤占宝贵的实验学时。

此外，环境监测不是按照监测规范和相关标准机械地进行的，我们所面临的环境问题是复杂和多样的，所以要求学生具有创新性的思维[3]。学生在走上工作岗位后，需要自主地开展工作，那么我们的环境监测实验必须有自主性和创新性的训练过程。

(四)实验教材与环境标准脱节

环境监测过程必须依据相应的技术规范进行监测，采用现行的国家标准或环境行业的标准方法来进行分析测试，从而对结果进行整理和报告[4]。目前虽然涌现了一大批优秀的环境监测实验教材，但教材编写过程中对于环境监测的规范性和标准性重视不够，限于学时限制和实验室分析条件，实验教材的内容经常对于环境监测的国家标准或行业标准方法进行了适应性的改编和节选，没有呈现完整的监测流程。

(五)实验教学时间和空间限制

传统的教学是在教室内完成的，但是环境监测面对的是环境要素的监测，是具体的环境问题，如何在实验室内完成“监测”环节的教学，让学生获得对“监测”技术流程直观且感性的认识，一直是环境监测实验课教师思考且必须解决的问题。传统的做法是省略掉“监测”这一环节，认为学生已经在“环境监测”的理论课上获取了“针对监测目标的监测方案制订、监测布点、样品储存和运输、样品前处理环节”这些理论知识，直接拿人工配制的模拟水样给学生作分析测试，使我们漏掉了最关键的“监测”环节[5]。

(六)实验过程指导与学生引导有待加强

实验教学过程中教师的主导作用不能弱化，教师是指导、引导学生，协调实验过程，确保实验进行的重要责任人。但是，普遍存在讲解完实验原理、步骤后，实验过程疏于指导的情况[5]。另一方面，由于目前实验过程中仪器数量和实验空间的限制，实验过程大多采用分组、小组协作的方式。分组后往往出现学习好的同学、动手能力强的同学积极主动，在整个实验过程都能够动手操作和思考，而个别积极性不高的同学处于一种懈怠状态，被动甚至不动的状态。作为任课教师，如何让实验课的主体——每个学生在整个过程中都最大可能地积极主动地思考、动手，完成教学内容，这是任课教师需要认真考虑和解决的问题。

二、应对挑战进行环境监测实验教学改革的思考和尝试

针对目前高校环境监测实验教学中存在的问题，结合我们在实践教学过程中的体会，面对挑战，本文作者对环境监测实验教学内容和教学方式进行了思考，并在实践中进行了以下尝试。对于环境监测实验教学思考和改革的总体思路如图1所示。

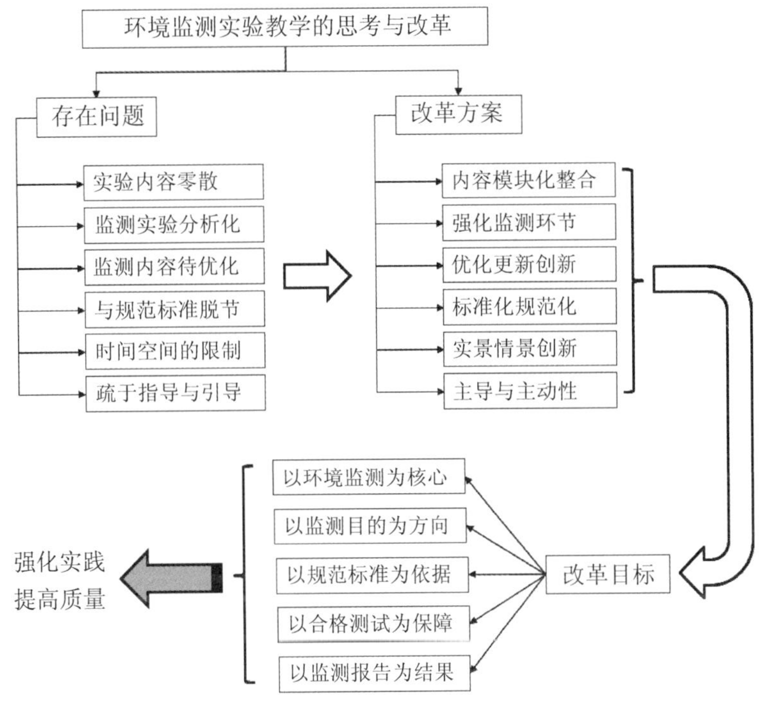

图1　环境监测实验教学问题思考与改革方案

(一)实验内容模块化整合

环境科学与工程学院组织学院全院教师进行了环境监测实验培养方案和教学大纲的修订。修订后的培养方案，依据国家环境科学与环境工程教学指导委员会对环境监测实验课程的要求，将实验教学内容整合为四个模块，具体见表1。修订后的教学内容以污水、地表水、空气质量及噪音，污染植物与土壤四个环境要素为监测对象，针对监测对象，监测指标选择突出了基础性、普遍性和实用性，力求经过培养，使学生走上工作岗位后，面临的监测任务业已熟悉，能迅速胜任实际工作需要。新的教学内容设计也体现出综合性的特点，例如，实验 中通过对pH、SS、COD、BOD_5、NH_4^+-N的测定，便涵盖了《污水综合排放标准》所规定的主要指标，通过这些指标的监测，可以总体反映监测对象－污水的基本特征。从实验工作量角度看，以往对于污水COD、BOD_5、NH_4^+-N的实验教学分开进行，约需要12学时，而经过整合后，合理安排分组和实验时间，加大实验强度，珍惜实验学时，在有

限的 8 学时内使得学生掌握了全面的污水监测。同样的实验内容改革思路体现在了模块二、三和四中。

表 1 环境监测实验教学改革后监测内容模块化整合详情

模块划分	名称	实验内容	实验技术	所参考国家标准及环境行业标准[4]
一	污水取样及常规指标监测	监测规范；基于监测目的和现场情况的监测方案；现场样品采集和信息记录；样品保存运输；pH、SS、COD、BOD_5、NH_4^+-N 分析；监测结论和实验报告形成(8 学时)。	消解、蒸馏、滴定，分光光度比色法。	GB 18918 – 2002，GB 8978 – 1996，HJ/T 91 – 2002，HJ 505 – 2009，HJ/T 86 – 2002，HJ 535 – 2009，HJ/T 399 – 2007，HJ/T 91 – 2002.
二	地表水水质监测	监测规范；基于监测目的和现场情况的监测方案；现场 DO、色度、水温的监测，样品采集和信息记录；样品保存运输；TOC、高锰酸盐指数、NO_3^--N；监测结论和实验报告形成(8 学时)。	仪器分析法，滴定法和比分法。	GB 3838 – 2002，HJ 501 – 2009，GB/T 11892 – 89，HJ 493 – 2009，HJ 494 – 2009，HJ 495 – 2009.
三	城市空气质量及噪声监测	监测规范；基于监测目的和现场情况的监测方案；TSP、PM_{10}、甲烷烃和非甲烷烃、NO_X、环境噪声监测现场监测和实验室分析；监测结论和实验报告形成(8 学时)。	仪器监测、气相色谱法、比色法。	GB 3095 – 1996，GB 22337 – 2008，国家环保部公告 2007 年第 4 号，GB/T 15432 – 1995，GB/T 13906 – 1992，GB 10071 – 88，HJ/T 38 – 1999.
四	污染土壤及植物中重金属(镉)的监测	监测规范；基于监测目的和虚拟现场的监测方案；样品采集、运输保存方案；样品前处理演示；污染土壤及植物中重金属(镉)的监测分析；监测结论和实验报告形成(8 学时)。	消解、萃取、原子吸收	GB 15618 – 1995，GB/T 17140 – 1997，GB/T 18834 – 2002，HJ/T 166 – 2004.

(二)强化监测环节教学

对于强化监测环节教学环节的具体改革思路如图 2 所示，改变以往以“样品分析”为核心的旧教学模式为以重视“环境监测”为核心的新模式。使学生从课堂学习认知的环境监测目的和监测行为得到巩固，使学生能够区分因不同的监测目的而采取不同的监测行为。例如，我们在实验教学中针对校污水处理站处理效率而采取的监测，如针对野鸭湖湿地土壤和植物采取的监测均属于研究性监测。基于监测目的不同，指导学生进行监测方案的设定，并依据相应的监测规范和国家标准进行样品采集，在实验内依据国家标准方法和环境保护行业标准方法进行分析测试，最后参考相应的污染物排放标准或环境质量标准，对监测结果进行分析，完成监测报告。

(三)教学内容优化更新与自主创新

在环境监测实验教学内容优化改革过程中，环境科学与工程学院组织全体任课教师，集中对教学内容进行筛选讨论，请实验内容可能重叠的相关教师拿出他们的教学大纲和培养方案，将所有相关实验拿到一起综合考虑，这样即做到了相关课程的衔接，又避免了内容重

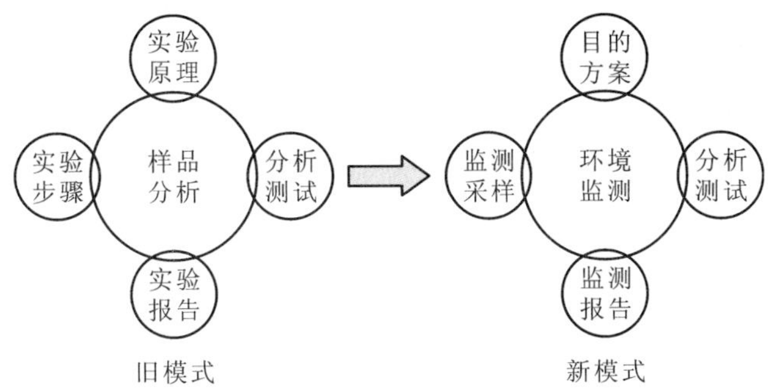

图 2　从以“样品分析”为核心的旧模式到加强“环境监测”的新模式的转变

叠。此外，在不重叠的前提下，由于学时有限，对与污水和废水、地表水和地下水、土壤植物和环境大气四大环境要素有关的指标也进行了筛选，力求将能够反映环境要素质量、与相应环境质量综合标准或排放标准对应、最有代表性的监测指标选作实验内容，具体见表 1。

为了能让学生在环境监测实验中获得创新性锻炼，我们针对性地设计了教学方案。例如，在模块四——城市空气质量及噪声监测实验中，提出了针对交通道路、校园花园、化学实验室环境空气与噪声进行研究性监测的框架，要求学生能够自主设计监测方案，有针对性地开展监测获得，形成监测报告。

（四）实验教材参考现行规范和标准

实验教材以现行环境监测国家标准和环境行业标准为主，同时参考优秀的环境监测实验教材。在教学实验中，向学生传递“依据国家标准、行业标准及国家有关部门颁布的相关技术规范和规定进行监测”的信息。对于具体的监测项目，当国家标准或行业标准中存在多个等效分析测试方法时，综合考虑方法的普及性、经济性和方法本身的环境友好性。

在实验教学过程中，我们及时跟踪国家环境保护标准的变化，力求将最新的环境保护标准所规定的监测技术、方法更新到我们教学过程中来。同时，注意向学生辨析不同、相似或等效监测方法的适用范围和分析误差。例如，水质氨氮的测定，存在 HJ/T195－2005、HJ 537－2009、HJ 536－2009、HJ 535－2009 四种方法。通过方法适用性的辨析使得学生明白这四种监测方法具体的应用条件。此外，当 2009 年颁布了这四种分析方法的新标准（代替 1987 年旧标准），我们及时在实验教学中进行了更新。

（五）教学过程实景化和情景化

针对环境监测实验教学中时间和空间受限的情况，我们提出要不受限于教学大纲规定的学时，让学时在准备实验阶段走向监测现场，进行实景化教学。例如，在实验模块一的准备阶段，利用学生没课的时间去校污水处理站，依据《地表水和污水监测技术规范》（HJ/T 91－2002），制订了详细的监测方案。在现场，按照“污水处理设施效率监测——采样点的布设原则”进行布点采样，按照“监督性监测”设定采样频次，并按规范规定的方法进行采样和样品现场处理。同时进行采样点位的登记，通过与管理人员核实，填写“废水监测基本信息登记表”。特别向学生强调规范规定的“水样保存和盛装容器选择”，样品的现场处理、保存和运输，以及分析的时效性。例如，在模块二——地表水监测中，我们带领学生前去清河和奥林匹克公园，按照规范和标准进行现场监测和实验室分析，形成监测报告。

对于不能亲临现场的“监测”环节教学，我们建议采取情景教学的方式，例如在“模块四——土壤及植物中重金属的监测”教学过程，我们不能带领学生在课余去污染现场，我们结合在北京野鸭湖湿地植物土壤监测开展的科研实验，用 PowerPoint 向学生展示了监测目的、监测方案，监测频率，用实景照片展示了采样方式，展示了土壤采样器实物和使用方式，并用实际土样进行了阴干、粉碎、四分等环节的实际演示，强调了粉碎过程的注意事项。

（六）发挥教师主导作用与加强学生主动性

实验过程教师应该坚守岗位，强化对学生的指导、引导，并对学生实验活动进行管理，充分发挥教师的主导作用，能够掌握每个小组、每位同学的实验进程，做到随时观察、随时指导、随时讨论。同时，为了能够最大限度地调动每一位学生的积极性和主动性，我们在教学实践中提出了轮值组长负责制，即由实验分组内的三位或四位同学轮流当值当次实验的组长，负责组内每个人监测方案和采样计划的综合整理、采集样品的登记、实验仪器架设指导、分析过程试剂药品协调、结果自查等工作。

三、小　结

环境监测实验是环境科学和环境工程专业的必修课，但目前普遍存在教学内容分散；重分析、轻监测；实验内容有待优化更新，实验设计自主性和创新性不够；实验教材与监测规范、标准脱节；教学时间和空间受限；实验过程管理松散等问题。针对这样的问题，环境科学与工程学院组织全体教师对环境监测实验教学进行了讨论和论证，提出了改革方案。我们对原来相对零散的教学内容进行了模块化整合，加强了环境监测全流程教学，对实验内容进行了优化，全过程依据环境监测规范及相关国家标准和环境保护行业标准。设置了自主性和创新性实验。另外，在实验中强调教师的主导作用，对学生管理环节采取了轮值组长制。以上改革方案已在教学实践中得到实施，并不断积累经验，思考和解决新出现的问题，以期通过环境监测全流程的训练，增强学生实践技能，提高培养质量。

参考文献：

[1] 奚旦立，孙裕生，刘秀英. 环境监测[M]. 北京：高等教育出版社，1996.

[2] 李金玲，王军. 高校环境监测实验教学的新形式[J]. 实验室科学，2008，6：39～41.

[3] 夏静芬，唐力，罗薇楠. 以能力培养为核心的“环境监测实验”教学模式的实践探索[J]. 高等理科教育，2008，6，115～117.

[4] 国家环境保护总局，环境监测管理办法[S]. 北京：国家环境保护总局令第 39 号，2007.

[5] 戴竹青，王密华. 环境监测实验教学改革探索[J]. 实验科学与技术，2010，8(1)：135～137.

基于用人单位调研的市场营销学课程实践教学方式分析

李小勇[①]，姜婷婷，曾晓晔
（北京林业大学经济管理学院）

摘要：市场营销学课程是高校经管类专业的核心课程，对于提高毕业生就业竞争力具有重要意义。实践性是营销课程教学的最大特点。基于用人单位的调研表明，案例教学、模拟实践、校企合作等能够有效提高学生营销实践能力，在市场营销学实践教学中应得到重视，并灵活应用。

关键词：市场营销学；实践教学；案例教学；模拟实践；校企合作

营销是人才市场供求最热门的话题，全国对营销人才需求量名列前茅。目前我国营销人员，尤其是高级营销人员每年缺口达300万人。从经管类毕业生工作取向来看，绝大多数毕业生目前都在从事产品推广、市场开拓、品牌建立、广告管理、渠道建设、客户服务、促销设计等营销相关工作。目前，市场营销方向已成为许多毕业生重要职业选择。新的教学计划修订后，许多专业也把市场营销课程列为主要必修课，以期加强学生毕业竞争力。

和其他课程相比，市场营销学更具有综合性、实践性和应用性。市场营销学课程的教学效果很大程度直接决定了许多学生毕业技能和职业取向，教学方法是否完善直接关系到营销人才培养模式是否健全。目前单纯的课堂教学远远无法适应市场营销职业的发展需要，如何在课程教学中有效地体现课程的实践性和应用性，一直是市场营销教学需要积极探讨的课题。

在近年来的市场营销课堂教学工作中，在教学方法上，做出了初步的探索，积累了一定的经验，主要表现在以下几个方面：一是案例教学，对一些重点内容，针对性收集案例，通过对案例讲解、分析和讨论，加深了学生对知识的理解和应用。二是聘请专业人员讲学，邀请一些有丰富营销经验的专业人士前来讲学，如北京三元牛奶销售公司副经理、联想信用管理部负责人、和田宽食品有限公司总经理助理、LG公司洗衣机事业部经理等，通过他们的亲身讲述，使大家对营销实践的开展有了进一步的认识。三是作业设计，如让学生选定具体企业，进行实地调查，设计相关的营销方案，并撰写报告。

这些教学活动的开展，教学方法的改变，受到了大家的欢迎，也为市场营销课程实践教学环节的改革探索提供了有益的借鉴意义。但是，这些探索活动基本上还处于起步阶段，比

依托项目：北京林业大学2008年校级教学改革研究项目——以就业为导向的市场营销学课程教学方法研究与实践。

① 第一作者：李小勇，副教授。研究方向：营销管理。E-mail：leexy76@ sina. com。通信地址：北京林业大学39号信箱，100083。

较零散，还缺乏系统性和规范性，随着对营销人才要求的提高，需要对教学方式进一步深化改革，以进一步增强学生就业竞争力。

一、研究内容及方法

为更好地完善和改进《市场营销学》课程实践教学方式，切实提高实践教学针对性和教学效果，研究小组经过分析，对研究内容作出了设计。

（一）研究内容

本研究在综合考虑时代背景和市场需求的前提下，目的是建立一整套以用人单位需求为导向的、比较完备的《市场营销学》课程实践教学体系，切实提高学生的专业能力、解决问题能力和就业竞争力，提高高校向社会输送人才的质量，并在一定程度上指导学生就业。根据研究目标，具体研究内容设计为以下两个方面：一是营销课程实践教学方式理论研究，根据已有研究成果，结合调研实际，对各种实践教学方法进行对比分析；二是营销课程实践教学方式实践研究，以目前已实施的教学方式为基础，对案例教学、模拟实践、校企合作进行重点研究，探讨这些实践教学方式的有效性。

（二）研究方法

在研究方法上，采用案头调研和实地调研相结合的方法，重点收集第一手资料。案头调研是对目前营销课程教学方式资料的搜集和筛选，主要为实地调研做准备。实地调研主要采取访谈、发放调查问卷、E-mail 等方式，了解企业对《市场营销学》课程实践教学的看法。在实际问卷调研过程中，发放问卷 300 份，回收有效问卷 271，问卷填写对象是各用人单位的营销/销售部门，或企业负责人。

二、研究实证结果

问卷调查表明，认为当前营销类毕业生实际操作能力弱的企业负责人数为 234 人，比例高达 86%，由此可见，实践能力弱是当前营销类毕业生的通病。加强实践部分、锻炼学生的实践能力也成为了高校市场营销学教学的任务之一。

（一）营销课程实践教学方法

通过查阅二手资料，根据自身实践，并结合企业访谈和调查问卷分析，依据用人单位的意见和建议，目前市场营销课程实践教学方式主要有：案例教学法、情景模拟法、实战（实践/实训）法、项目（任务）教学法、体验式教学、校企合作等[1]。这些方法在教学内容、教学地位、学生地位、教学中心、教学特点等方面都具有自己的特点。案例教学法中的案例真实，有一定的实践教学意义，但易流于传统理论教学。情景模拟教学法主要特点是情景逼真，寓教于乐，实践性虽增加但不强。校企合作表现为产学研结合，工学结合，顶岗实践，实践为主理论为辅。实战（实践/实训）法注重实践，介于传统教学和校企合作之间。项目（任务）教学法，则通过项目（任务）小组锻炼学生多方面能力，但有时仅为完成任务。体验式教学形式多样，注重学生的亲身体验，需要教师的正确引导。无论是哪种教学方式，教师演变成为组织者、引导者，学生成为主要参与者，已经成为大势所趋。

（二）案例教学

案例教学方法目前已在市场营销教学中大量采用，并且已被证明是行之有效的教学方法。通过案例教学，学生不但可以尝试着运用理论分析框架对现实的复杂经营问题进行分析和判断，从而提高学习的主动性、对专业知识的应用能力和对未来工作的适应能力，而且通过案例学习时师生之间、学生之间相互讨论的互动式学习方法大大提高了学习的兴趣和效率[2]。

调研表明，几乎所有企业都认为案例教学是市场营销课程实践教学的重要方式，这也是提高学生分析问题和解决问题能力的重要手段，在目前教学过程中也普遍得到采纳。学生也十分欢迎这种授课方法，也收到了较好的教学效果。但案例教学目前存在的问题主要有：案例选取不科学，教师选择案例比较随意，且案例陈旧，大多是经验介绍型，“拿来主义”脱离了教师和学生工作生活实际，使得学生难在“身临其境”；而且内容基本上都是“大而全”，对企业营销管理的方面都有描述，却深入不够，影响了教学效果。教师往往注重理论研究，对市场营销的实践不甚了解，这就导致理论和实践的脱节。知名企业的案例优点是为大家所悉知，分析起来学生感触多，缺点是案例往往比较宏观，学生对全局难以有效把握，结果流于一般经验介绍。而对于一般企业，学生因为没有事先的基础认知，对于基本背景难以明确，结果在分析的时候，无法得到深化讨论。另一方面，案例教学方法有待进一步提高，因为案例教学并不等同于举例说明，学生积极性难以调动，难以参与到案例教学中来，这使得案例教学的效果大打折扣。

针对当前案例教学中存在的问题，一些企业认为，在案例教学中，案例的选取是关键，好的案例能达到事半功倍的效果。在调研讨论过程中，一种新兴案例浮出水面。所谓新型案例是指根据老师、在读学生、已毕业学生、企业经营管理人士具体完成某项营销任务的真实经历，师生一起编写教学案例，以小见大，增加针对性，使得学生对案例情景有更真实的体会，能够融入案例背景，进一步增强案例教学效果。新型案例在表现手法上面，主要采取叙述法，即对当事人的经历进行详细描述，以故事方式描述当事人在进行经营决策时的情景。

(三)模拟实践

模拟实践是市场营销学课程实践教学方式的重要手段，许多企业对此给予了高度评价。市场营销课程的模拟实践可以有多种方法。

一是充分利用营销实践模拟平台的软件，利用计算机模拟实际，以此提高学生的实际动手能力。营销模拟教学是建立在计算机基础上的一种教学方法，通过对现实营销环境的设计、模拟、以及提供各种决策参数，让学生置身一个模拟的营销环境中对经营问题进行判断、分析、决策，在这个过程中，学生通过自主性、互动性学习讨论与沟通，既提高了学习的兴趣与效率，也享受其决策带来成功的喜悦和失败的沮丧。本研究将充分利用经济管理学院实验室营销模拟软件，在营销世界中展开一场“虚拟而又现实”的营销大战。通过实战模拟，进行市场细分和选择目标市场，学会竞争分析、资源分配、整合营销策划和实施。帮助学员学习制定以市场为导向的业务战略计划，认识营销战略对于经营业绩的决定性作用，体验内部营销和外部营销间的关系。深刻领悟企业综合竞争能力的来源，理解客户终身价值的意义，从注重产品与推销转变为注重客户满意。将公司现有的各种资源及想要达到的目标与市场需求有机地结合起来，把消费者需求和市场机会变成有利可图的公司机会。随着市场竞争的加剧，哪家公司能最好地选择目标市场，并为目标市场制定相应的市场营销组合战略，哪家公司就是竞争中的赢家。这种方法在实际教学过程中获得了学生好评，也获得了企业的认可。

二是积极组织学生参加市场营销策划大赛和创业计划大赛。大赛以市场营销知识为基础，以企业营销策划方案设计为中心，以大学生创业计划竞赛为形式。竞赛的计划、组织和实施都由学生自主进行，教师的作用是动员、策划，指导学生收集、分析、整合资料以及营销策划方案的制作。同时为学生做针对比赛的讲座。由教师初评并给出入围作品的修改意见，学生修改后组织决赛答辩。组成由教师和企业营销专家组成的评委进行评议，最终产生冠军。学生可以在学到知识的同时，提高营销企划方案的设计能力，锻炼增强组织管理的能力。由于学习和兴趣相结合，学生的学习积极性得到充分调动，达到变被动学习为主动学习的目的。教师指导学生也更有针对性，教学效果可望大大提高。90%的企业鼓励学校采取这种实践教学方式，认为能够有效锻炼学生交流沟通能力、团队合作精神，同时也有效地考察了学生的营销知识应用能力和实际问题解决能力，取得较好的效果。

三是企业实习。学校组织或同学自行联系企业的营销部门进行实习，由教师布置或同学自行确定主题，教师进行指导，结合企业实际情况进行有针对性的实习。调研结果表明，80%以上的企业偏向招聘有实习经历的学生，认为他们能有效节省企业成本。

（四）校企合作

校企合作模式顺应了时代发展要求，符合市场对营销人才的需求，极大地消除了传统教学模式的弊端，是高校市场营销学教学的发展方向[3]。其主要优点如下：其一，将学校和企业有机结合，将课堂教学和实际工作有机结合，有利于培养满足企业需求的营销人才。其二，学校和企业发挥各自优势，有助于教师教学水平和科研水平的提高，有助于学校根据市场需求变化进行相应教学改革，有助于学生顺利完成角色转换。其三，企业可以借用高校成熟的人才培养模式对员工进行再教育以适应激烈的市场竞争，同时企业可以较低成本获得高校优秀人才，还可借助高校的科研优势和品牌优势为自身谋求更大的利益。其四，相比于当前已有的其它教学模式，学生的专业素质和能力可得到最大程度的锻炼和提高。其五，校企合作在一定程度上有助于缓解学生就业难题。

校企合作，在企业建立实习基地也是市场营销学课程实践教学方式的重要途径，许多学生、教师对此抱有较高的期望。85%的企业也认为，这是提高学生营销实践能力的有效手段。但是在实际工作中，企业虽然肯定校企合作的效力，但是合作意愿并不强烈。我们就《市场营销学》这门课程采取校企合作方式对企业负责人进行了调查，请他们以企业的立场考虑是否有意愿和高校开展教学合作，发现选择"暂时未作考虑"的居多，有184人，分析原因如下：其一，一些填表人认为自己不清楚或无法代表企业的意愿。其二，部分企业及其负责人对校企合作模式还不了解甚至未曾听说。其三，部分企业不愿意和高校开展合作，认为无利可图，这一模式本身还不够成熟。这一现象也说明了高校要想和企业开展合作仍须做出较充分的准备和较大的努力。

三、研究结论及建议

调查问卷分析显示，无论性质、规模、所属行业如何，均认为高校的市场营销课程教学是非常有必要的，80%以上企业有招聘营销类岗位的毕业生时，明确要求学生学习过市场营销学课程，同时用人单位都非常重视毕业生的实践操作能力和专业技术水平，他们需要的是能够创造价值的营销人才。但目前大多数企业认为毕业生在实践能力方面存在着较大的不足。空有满腹经纶却贡献不出什么实际价值，是当前高校毕业生的通病。新兴案例选取、计算机模拟实践、营销策划大赛、校企合作等实践教学方式能够有效地提升学生实践能力。

根据以上分析，针对企业需求，在今后的市场营销学课程实践教学过程中，应该制定综合的实践教学方案，采取多种方式，改进现有案例，完善和更新企业营销模拟软件，偿试组织大规模的营销策划模拟大赛，以切实提高学生动手能力和解决实际问题能力。案例教学时，教师应注意采用新的、典型的市场营销案例，国内国外皆有，并减少教师的主导部分，鼓励并引导学生的主动参与和思考，通过案例的学习培养学生发现、分析和解决问题的能力。模拟情景实践的设计应尽量贴近现实工作场景，调动学生的学习兴趣和积极性，使学生能够提前感受和熟悉营销工作环境和流程。高校可以与有合作意向的对口企业就市场营销学课程开展合作，从学期开始就安排学生去企业顶岗实习，企业根据自身情况和学生情况为学生安排合适的岗位，学生在企业中学习市场营销有关的知识并将所学知识与实践结合。

参考文献：

[1][美]Harvey Daniels，Marilyn Bizar. 余艳译. 最佳课堂教学案例——六种模式的总结与应用[M]. 北京：中国轻工业出版社，2004：1 ~ 10.

[2]俸润华. 案例教学法在市场营销教学中的应用[J]. 广西教育，2008(6)：36 ~ 37.

[3] 吴俊杰. 高校市场营销人才校企合作培养模式探讨[J]. 技术经济与管理研究，2005(1)：112 ~ 113.

非化学专业有机化学实验教学改革的探索

廖蓉苏①，刘　松，丁来欣，杨今朝，陈红艳

（北京林业大学理学院）

摘要：针对非化学专业有机化学实验教学存在的问题，进行实验内容和教学方法的改革探索：将实验的基本操作训练融入综合型实验中；把性质实验与实际应用相结合；在实验中融入科学研究方法；开设多选实验，使实验教学适应现代化教育培养创新型人才的需要。

关键词：非化学专业；有机化学实验；教学改革

化学是一门实验科学，实验教学作为课程教学的重要环节，由于它的实践性特点，在学生的动手能力、观察问题与解决问题的综合能力，以及科学素养的培养方面较理论课具有更明显的优势，在创新人才培养中具有不可替代的作用[1~3]。近十几年来高校教学一线的广大教师，就化学实验教学改革已做了不少工作，但是对于非化学专业、低年级、少学时基础化学实验课，应该如何改革才能充分发挥实验教学在培养创新人才中的作用，相对研究的较少，在部分教师和学生中还存在一些陈旧的错误观念：①受应试教育的影响，仍存在有“重理论，轻实验”的思想，认为在考研或其它相关考试中都是以理论知识考核为主，掌握课堂理论是教学的首要任务，实验是为理论教学服务的。②非化学专业的学生，今后做化学实验的机会很少，了解一些基本实验常识即可，没有必要把时间和精力花费在实验课上。③非化学专业的化学实验学时一般较少，例如，有机化学实验通常在30学时左右，认为在这样少的学时内，能够做好基本操作训练就不错了，简单地把掌握实验操作技术作为教学主要目标，忽略了对学生综合应用能力和创新精神的培养。

这些错误观念的存在，不仅直接影响到实验教学质量的提高和实验教学改革的深入开展，并且还影响到学生后期的学习与工作。由于培养出来的学生面对实际问题表现出动手能力较差、不能有效地综合运用化学知识解决相关问题，难以适应社会现代化发展的需要，缺乏竞争力，限制了学生未来的发展。针对化学实验教学中存在的上述问题，我们在有机化学精品课程建设中，就非化学专业、低年级、少学时有机化学实验课程的教学内容和教学方法进行了改革探索，取得了一些经验和体会。

一、有机化学实验教学内容和教学方法的改革探索与实践

要做到在较少的有限学时内，既使学生掌握实验操作技术和方法，又要强化能力和素质

依托项目：北京林业大学2007年校级精品课程建设项目——《有机化学》。

①　第一作者：廖蓉苏，学士，教授。主要研究方向：有机化学和植物化学。电话：62338137。E-mail：liaorongsu@163.com。通讯地址：北京林业大学理学院，100083。

的培养，就必须以现代化的教育理念为指导，抓好每一个实验教学环节：精选实验内容，合理安排实验次序，改革传统的实验教学方式方法，调动学生学习积极性，才能达到预期的教学目的。

（一）精简单元操作实验，把基本操作训练融入综合型实验中

基础有机化学实验的特点是各种实验类型比较多，实验所用玻璃仪器多而杂，实验装置较为复杂，因此实验操作技术和方法亦比较多，掌握实验操作技术是基础有机化学实验的重要教学目的之一。传统的做法是，一般先进行单元基本操作训练，然后再做较为复杂的有机化合物合成和提取分离实验，后者往往包含了多个相对独立的知识点和基本操作技术[4]。但是，这需要比较多的实验学时。针对少学时有机化学实验的具体情况，我们删除了单元操作实验，将基本操作训练融入到有机合成和提取分离实验中。例如，第一个有机实验内容为“无水乙醇的制备”，它包括了回流、蒸馏、无水操作、干燥剂的使用、共沸物等等若干个独立单元操作和知识点。实验内容综合化，既节省了实验学时，又避免各单元操作相对孤立、脱节的现象。通过综合型实验使学生在接触有机化学实验的开始，就学习和体会到综合运用各种知识解决实际问题的过程和重要性，对培养学生的综合应用能力非常有益。在不同类型的综合型实验里，各种基本操作的重复应用，同样使学生达到了熟练掌握基本操作技术的目的。虽然刚开始学生不太适应实验节奏，有些手忙脚乱，但只要在实验前做了充分的预习准备，经过两、三次实验下来，都能较合理的安排实验时间，顺利完成实验内容。删除单元操作实验后省出的实验学时，又可以增开实验，使少学时的有机实验内容更加丰富充实。

（二）改造性质实验，把性质实验与实际应用相结合[5]

有机化学性质实验大都是比较简单的验证性实验，通过性质实验验证各类有机化合物的化学性质、鉴定各种官能团的存在，以此加深对课堂理论知识的理解掌握。实验改革后，我们选择删除了部分性质实验，把性质实验的操作过程和现象拍成照片，制作成多媒体课件放在精品课程网站上，提供给学生自学，同样可以达到对课堂知识复习巩固的目的。保留下来的性质实验，分散融入到其它综合型实验中，使性质实验与实际应用相结合。比如，把碘仿反应放在“乙醇蒸馏与分馏的比较”实验中，用于检验蒸馏和分馏馏出液中乙醇的存在；把糖和蛋白质的性质实验，放在“野菊花蕾植物化学成分预实验”中，在预习实验时，给同学提出下列思考题：如何证明植物材料中是否含有糖类和蛋白质？实验时应该注意哪些问题？哪些植物成分会对糖和蛋白质的鉴定产生干扰？这样就把单纯的验证性实验应用于实际问题的研究中，通过性质实验学生掌握的不仅仅是糖和蛋白质的化学性质，更重要的是学习了研究问题的方法，学习把课堂知识应用于解决实际问题当中[6]。

（三）在实验中融入科学研究方法，合作完成单因素实验条件的优化

传统的实验教学方法是：教师首先详细讲解实验目的、原理、注意事项、操作步骤等等，学生再按照教材按部就班的完成实验内容，实验过程成为“照方抓药”式的机械流程操作，其结果学生只是完成实验操作而已，收获甚少，失去了实验教学的主要目的。为此，我们尝试把科研工作的方法引入到实验教学中，调动学生实验的积极性[7]，例如，“薄层色谱法分离糖类化合物”的实验，实验内容为葡萄糖—乳糖混合物和果糖—蔗糖混合物的分离，其中果糖—蔗糖混合物的分离效果并不是很好，为此，我们选择了两个实验班做了分离条件优化的尝试。实验前通过同学预习和教师讲解，使学生对薄层分离原理有比较清楚的了解，明确溶剂（展开剂）对分离效果的关键作用，同时告诉大家教材上给出的果糖—蔗糖混合物的分离效果并不理想，可以调整溶剂配比，摸索出更加优化的分离条件，不过这需要全班同学相互合作，共同完成溶剂条件的单因素优化实验。同学们的积极性一下子被调动起来，纷纷发表自己对调整分离条件的想法，从溶剂的极性、溶解性质和对溶质的亲和能力等多个角度展开热烈讨论，最终参考教材上所给出的溶剂配比方案，确定出4个溶剂分离条件，每一条件分别由3~4组同学来做(3~4个重复)，每组的实验结果(比移值)都写在黑板上。实验结束后，分析对比各组的实验结果，很容易就得出较优的实验条件。看到通过自己摸索出的优化实验条件，大家都很高兴，许多同学说："老师，以后其他班再做实验就可以按照我们的实验条件来做了；如果其它实验也能这样做就更好了！"。这次实验使我们体会到，同样的经典常规实验，只要改革单一的传授教学方式，采用探究、参与、实践等灵活积极的教学方法，就可以收到很好的教学效果。

（四）开设多选实验，注重个性化教育

创新型人才培养，要求因材施教，注重个性化教育，创造有利于学生个性发展、自由探索的良好学习环境[8]。但是，传统的教学模式是整齐划一的，教学内容、教学方法都是统一的。实验课内容完全由教师制定，实验课上全班学生都做同一实验内容。这样做的优点是统一内容，便于课堂管理。可是由于学生没有选择的余地，对部分基础较好、能力较强的学生就可能影响到他们的实验兴趣，限制了实验能力的发展。为了鼓励学生个性发展，创造更有利的学习环境，在实验条件允许的情况下，我们将统一实验内容改为多选实验内容，让学生选择自己感兴趣的实验去做。例如：在做"油脂的提取"实验时，把原来单一的由花生仁中提取花生油，改为由花生仁、核桃仁和黄豆中提取油脂，同学可以任选一种植物原料提取油脂，并要求同学把自己的原料出油率写在黑板上供大家比较。该实验极大地提高了学生的实验兴趣，并且从实验中了解到花生、核桃和黄豆三种植物的出油率，丰富了知识。在做"乙酸乙酯的制备"实验时，同时增开了"乙酸丁酯的制备"实验，由学生任选其一来做。这两个实验，在实验原理上相同，操作过程基本一致，但在后者中引入了共沸蒸馏的概念，操作上增加了分水器的使用，对化学实验比较感兴趣的同学选做这一实验，可以拓宽知识面，更有挑战性。做"水蒸汽蒸馏提取八角茴香油"的实验时，增加了"桂皮精油的提取"内容供学生选做。这样在同一实验中有多种实验内容给学生选择，一方面可以拓宽学生的视野和知识面，另一方面学生选择了自己感兴趣的内容来做，可以调动学生实验的积极性和主动性，激发探究实验现象的兴趣，产生探究实验的动力。

二、充分发挥教师在实验教学中的指导作用

实验教学的实践性特点，使实验教学活动具有较强的动态变化性，尤其在综合性、探究性实验中，由于学生的主体作用更加突出，不确定性增强，实验指导教师的主导作用就显得尤为重要。如何把握、引导实验教学活动，成为决定实验教学效果的关键。对于一个具体的实验内容来说，指导教师首先要做好充分详细的备课，对实验的目的、重点、难点有非常清楚的理解，对实验的每个环节都要熟悉掌握，在实验讲解中如何设问、如何引导学生思考都要精心设计，有了充分的准备，才能发挥好一个实验领导者、组织者的主导作用，才有可能取得预期的教学效果。实验过程中，指导教师要经常来回巡视，及时发现、纠正学生的错误操作，解答问题，指导学生观察实验现象，督促做好原始记录，在操作过程中培养学生良好的实验习惯和严谨的工作作风。实验结束后，要求学生完成实验思考题，做好总结讨论，使

撰写实验报告的过程成为学生进一步学习分析问题、总结提高的过程。

创新型人才的培养和教学质量的提高，对实验指导教师提出了更加严格的要求：一是要有高尚的师德师风，强烈的责任心，热爱学生，在教学过程中以自己的品行潜移默化的影响学生；二是具有较高的业务水平和能力，既要有扎实的教学基本功，又要有广阔的视野，了解本学科的发展前沿，才能适应新形势的需要[9]。教师和学生是教学活动的两个方面，只有两方面的积极性都充分调动起来，教学活动才能有声有色，达到最佳的教学效果。

参考文献：

[1] 童叶翔，施开良，黄乐览. 以科学发展观为指导培养化学创新人才[J]. 大学化学，2006，21(1)：8~12.

[2] 施开良，姚天扬，俞庆森. 创新型人才培养规律和模式的探讨[J]. 实验室研究与探索，2004，23(3)：1~3.

[3] 李英俊，孙淑琴，于世均等. 多种模式开放实验室培养创新人才的探索与实践[J]. 实验室研究与探索，2007，26(3)：121~124

[4] 谢从霞，孙雪梅，罗世忠等. 开设基础化学准设计性实验的探索与实践[J]. 大学化学，2009，24(6)：26~28.

[5] 申湘忠. 浅谈基础化学实验的选题[J]. 大学化学，2009，24(2)：10~13

[6] 吴传保，刘利江，曾湘晖等. 化学实验教学中培养应用能力的重要性[J]. 实验室科学，2009，(5)：31~32.

[7] 申湘忠，胡传跃，易涛等. 化学实验创新教育的探索与实践[J]. 湖南人文科技学院学报，2009，(4)：71~72.

[8] 许国安. 构建基础实验，平台，培育创新型人才[J]. 实验技术与管理，2009，26，(12)：18~21.

[9] 裴钢. 高校培养高素质创新型人才的几点思考[J]. 中国高等教育，2008，(19)：30~32.

对指导大学生科研训练实践的几点思考

丁来欣[①]，廖蓉苏，曹　萍，刘　柳

（北京林业大学理学院）

摘要：本文对指导大学生科研训练的实践环节进行了总结和思考，提出应发挥学生在科研训练项目中的主体作用，讨论了教师在大学生科研训练中的作用，阐述了科研训练提高了学生的综合素质和能力。认为大学生科研训练活动在提高了学生的实践能力和创新能力的同时，为提高本科教学水平做出了贡献。

关键词：指导；大学生科研训练计划；实践；能力

大学生科研训练计划在我校已实施多年，这是我校建设研究型大学的重要举措之一，通过大学生科研训练计划的实践，已经把本科教学从以传授知识为主要特征的教学型式逐步转向以培养学生自主学习，提高其认知能力的研究型教学模式，也是目前大学生参加实践活动、培养创新精神的重要手段之一[1]。通过科研训练活动给学有余力的学生一个接触科研实践的机会，了解科研全过程，培养了他们认真、严谨的学风，提高了大学生各方面的能力，使其总体素质提高。科研训练活动不仅使参加活动的学生受益，而且对于学生的学风以及学生对于科学研究的兴趣、向往都有一个正面的影响。这对于大学生适应当前科学技术的飞速发展和社会经济及社会生活的迅猛变化，提高自身的综合素质起到了重要作用。本文作者通过对几届大学生科研训练的指导，对项目实践环节进行了总结和思考，为今后能更好地指导大学生科研训练提供了参考。

一、发挥学生在科研训练项目中的主体作用

（一）项目实施方案的制定

学生是科研训练项目中的主体，应选择合适的科研项目，使项目的内容与学生所学的课程及专业方向有关，以利于学生把所学的理论知识运用到实践中去，项目的内容不宜太难[2]，不需要学太多的理论知识以及花费太多的实验时间，因为本科生利用课余时间在1年左右的时间内完成项目内容，时间上是比较紧张的。多数项目的内容由教师确定，项目内容应兼顾可行性和新颖性，项目的实施方案由教师和学生共同制定。在制定方案的过程中，首先让学生经历查阅资料、文献，以及对所查资料进行分析研究的过程，使学生对项目的目的、内容、研究方法予以理解，然后教师指导学生提出实施方案，讨论其可行性。对于具体实施细节问题是否可行，教师应加以解释说明，使学生理解其原理、原因。方案应建立在前

① 第一作者：丁来欣，高级实验师。主要研究方向：天然产物化学、实践教学。电话：62338137，E-mail：dinglaixin@sina.com。地址：北京林业大学理学院，100083。

人研究的基础上，具有创新性，这样学生通过查阅大量的文献不仅提高了查阅资料的能力，而且对整个实施方案的目的、内容、研究方法有一个全面的了解，同时也能激发学生主动学习、主动研究科研项目的积极性。

（二）重视学生的实践过程

在化学类科研训练项目的实践过程中，实验操作和分析测定过程由学生完成，教师予以指导。在实验过程中，有些操作学生不熟悉，有些仪器学生不会使用，需要教师指导，有些实验技术需要教师针对实验情况反复予以指导说明并进行一些示范。例如薄层层析和柱层析法，要制备薄板和层析柱，对于不同的混合物，要选择不同的展开剂或洗脱液进行分离，往往要选择多种不同配比的展开剂或洗脱液才能将混合物分开，并且要判断混合物是否已经得到分离等等，在教师指导下，学生能在较短时间内掌握实验方法，得到满意的实验结果。但是这些工作不能由教师代替，教师去做肯定效果会好，但学生得不到实践的锻炼，不能很好掌握相关实验技术，不能培养他们发现问题、探索问题、解决问题的能力。学生在实践中得到锻炼，受到教育，不仅提高了他们的学习能力、动手能力，还可以克服某些大学生眼高手低的毛病，懂得科学研究是一项艰苦的工作，来不得半点虚假，只有实事求是，不断实践，才能取得成果。

（三）学生撰写实验报告或科研论文

项目实验结束后，要撰写实验研究报告或科研论文，这对于没有经过毕业设计的 2 ~ 3 年级大学生来说，有一定的难度，但是这个步骤对于科研训练项目是不可缺少的内容之一，不可由教师代替。教师应该指导学生如何对繁杂的实验内容和实验数据进行整理、归纳，对于可疑的实验结果，应该重新补作实验。在此基础上，对于项目的内容、目的原理、实验手段和过程、实验结果和讨论给予清楚简洁的文字描述，归纳总结。特别对于撰写科技论文，教师往往要协助修改十余次之多，虽然需要付出大量的劳动，而学生在反复修改的过程中得到了规范撰写论文的锻炼，使他们归纳总结、分析和阐述问题的能力以及文字水平得到一个大的提高，这是提高学生科研工作能力的一部分，作者指导的学生大部分在中文核心期刊、中文科技期刊上以第一作者发表了论文。

二、教师在大学生科研训练中的作用

（一）加强教师的指导作用

在大学生科研训练中教师是指导者，教师的言行和作风以及对待各种问题的态度，都应该起到表率作用。指导教师应该为人师表，有认真、严谨、求实的科学态度和工作作风，了解并熟悉本学科前沿，具有一定的理论知识基础和实践经验的积累，具有奉献精神[2]，懂得科研训练是使学生得到科学研究最基本的训练，它不同于课堂教学的知识学习方法。从项目的确立到查阅文献、写项目申请书到实验方案设计、进实验室进行实验、总结归纳实验结果、分析问题、写总结报告或科研论文等，指导教师在每个环节都应做出正确的指导，而不是包揽代替。应该启发学生学会观察问题、思考问题，在实践中学习，把学到的理论知识应用到实践中去。要使大学生能够在科研训练的各个步骤的实践中得到锻炼，提高自己各方面的能力，从而达到提高大学生的综合素质和培养创新能力的目的。

（二）引导学生自主地学习

在大学生科研训练活动中，通过完成一个具体的科研项目让学生初步掌握科研方法，培养学生的创新精神，所以主要目的不在于尽快得到某些技术成果，而在于在实践中启发引导学生学会学习，要让学生自主地进行学习和实践，发挥他们的主观能动性。教师要尽可能为大学生提供独立活动的机会，而不是整个实验方案、操作流程、仪器装置、药品试剂等都由教师确定，学生只进行操作而已[3]，要让学生即动脑又动手，有一定的独立性。在整个实践过程中，学生经常会碰到一些问题，例如有些化学实验现象和预计的现象不同，像溶液的颜色有变化、溶液出现沉淀等，不要立即回答学生的问题，而是启发他们思考问题，溶液是否发生了化学反应、会有哪些物质沉淀出来、怎么解决这些问题等等。又例如配制一定盐酸浓度的溶液，实验发现实测值与计算值总是不符，学生经研究发现原因是由于浓盐酸易挥发，使酸的浓度下降，所以实测值比计算值要低，从而给学生留下深刻印象。指导教师应经常提出一些问题供学生思考，使他们在实验中学会观察并发现问题，带着问题去思考、去学习，包括主动学习一些没有学过的知识，在实践中寻找答案，这样学习效果更好。

（三）和学生加强交流，确保科研项目顺利进行

教师要经常和学生平等地交流，使学生感受到教师的科学态度和丰富的理论知识及实践经验，使学生对科研项目的完成充满信心，鼓励学生提出自己的设想，对原有方案、方法提出意见或质疑，同时这也有利于教师及时了解学生实验情况，发现问题，及时解决，使学生感到教师是自己的良师益友。例如对于实验方案，学生在实验中根据实验情况可以提出改进意见，如实验条件的改变、研究内容的增减等等，经过讨论选择最优的实验方案。在实践中，教师的指导是学生能顺利完成科研训练项目的保障[3]。由于学生处于 2～3 年级，专业课还没有学完，也没有经过毕业设计的锻炼，因此对于科研训练项目的要求、内容、研究方法不同程度地有些茫然，缺乏自主掌握实验进度的能力。同时科研工作本身是一个艰苦的探索过程，还可能经历失败，实践中许多重复性的、琐碎的操作，可能使他们感到科学实践与期望值有一定的距离，产生畏难情绪，出现对实验兴趣下降，敷衍了事的现象[4]。这就需要指导教师及时了解学生情况，指导调整学生的思路，例如每个实验都有它的目的，如果缺少了某些实验，就可能使整个项目研究的内容不完整，研究水平下降。要教育学生合理安排时间，克服困难，按计划完成项目。

三、提高学生的综合素质和能力

（一）提高学生的专业知识水平，培养创新精神

人的能力是从实践中产生的，也只有在实践中才能提高，通过科研训练实践活动，使学生对于进行科研的方法和步骤有了初步的但又是完整的认识。通过科研训练使学生知道对于科研课题应该怎样去查阅文献，怎样根据题目的内容和目的设计实验方案，怎样选择实验方法和仪器设备，怎样处理实验数据分析实验结果，而不只是一个模糊的概念，不知从何下手，茫然不知所措。在进行实践的过程中，不仅使学生学会了科研的方法，同时也大大巩固了学生所学的理论知识和实验技能，使学生的专业水平得到较大提高。在实践的过程中也培养了学生的创新精神，通过鼓励学生提出自己的观点和建议，特别是具有创新性的建议，给学生一个想象和发挥的空间，例如干燥少量天然色素的乙醇溶液，不能用冷冻干燥的方法，也不能用喷雾干燥的方法，用减压干燥效果甚微，而用加热的方法在 50℃ 下色素逐渐变色，后来学生想到了用冷风吹干的方法，效果很好，教师及时予以鼓励，激发了学生的研究热情。培养了学生的创新精神。

(二)激发科学兴趣

兴趣是指人对某些事物特别关注、爱好，因此可能特别了解这些事物甚至精通。通过科研训练项目的实践，可以给学生展示多方面的科学信息，通过对这些信息的了解，以及相应的科学技术在生活生产中的应用，可以激发学生对科学的兴趣，而对科学的兴趣可以使学生对所学知识发生了研究的兴趣，这是学生进行科研活动的主要驱动力之一。兴趣会使学生产生强烈的求知欲，就会主动地去学习和钻研。因此，老师应想方设法去调动和激发学生对科研和创新的兴趣[5]，使他们对本学科前沿的研究信息和成果有所了解，拓宽知识面，以利于学生对科学的渴望和尊重。例如提取艳丽的蓝紫色勿忘我花色素，其主要成分为有利于人体健康的花青素，花色素可作为食品添加剂等，这种来源于生活又应用于生活的科研项目，引起学生极大的研究兴趣。

(三)尊重科学规律，建立诚实守信的道德规范

通过科研训练的实践，使学生体验到科研活动要尊重科学规律，不能只凭兴趣。有的学生在开始参加科研活动时，是从兴趣出发，表现出随意性，在碰到困难时就灰心，垂头丧气，或者有功利目的，看到预期目标难以达到，就会兴趣下降。有时表现在对实验中出现与预期不符的结果时，不是按照科学规律去发现问题、解决问题，而是不提出问题，蒙混过关[4]。教师应及时引导学生，尊重科学规律，培养探索意识，敢于质疑，只有敢于提出问题、解决问题，学生才能进一步掌握科学知识。要教育学生坚持诚实守信，在申请书中要求完成的任务，在实际实践过程中也应该完成[6]。那么做人也要诚实守信，在学生学习阶段就应该培养他们良好的道德规范，例如在实验中有时会出现不符合实验规律的结果，这时应指导学生重新补作实验，发现问题，解决问题，而不是掩盖问题，或修改数据。要教育学生实事求是，尊重科学，独立思考，善于动手，勇于探索，敢于创新，反对只说不作，抵制弄虚作假的不良作风。这对于培养德才兼备的优秀人才是非常必要的。在撰写论文时也应该尊重科学规律，如实反映实验研究的过程和实验结果，这样学生会取得更大的进步，完成预期实验目标，甚至会有新的发现，取得新成果。

(四)培养学生的合作精神

对于有1人以上学生参加的科研训练项目，教师要注意培养学生的合作精神，要根据学生知识掌握的程度、性格、接受能力的差异，以及兴趣等方面的原因争取因材施教，让学生在项目实施的过程中既有分工又有合作，相互帮助，相互促进。让参加科研训练的学生都能得到实践的锻炼，使学生的能力得到发挥，同时体验到合作带来的成功，这样可以保证项目的顺利进行，也让学生体验到工作中合作的必要性，对他们以后步入社会是有益的。

通过大学生科研训练活动各个实践环节的锻炼，逐步形成、发展和丰富了学生的认知结构，初步掌握了从事科研的一般方法，使学生各方面的能力得到提高，同时培养了学生的科学道德观。科研训练活动为培养优秀学生以及培养学生的创新能力做出了贡献，同时也促进了教师的科研工作，从而为提高我校的本科教学水平和促进科研工作开展起到了不可低估的作用。

参考文献：

[1]鲍鸿，王钦若，罗小燕等．浅谈开展大学生科研训练活动[J]．广东工业大学学报(社会科学版)，2003，3．增刊:．40~41．

[2]刘 娅，颜海燕，陈国刚等．浅谈教师在 SRP 教育中的作用[J]．陕西师范大学学报(哲学社会科学版)，2007，(36)．专辑:．225～226.
[3]张晓光．科研训练计划对大学生创新能力的培养[J]．煤炭高等教育，2004，5：119.
[4]沈明卫，涂澄海，何勇．大学生科研训练计划实践中的问题思考[J]，实验技术与管理，2008，7：133～135.
[5]陈贤武．浅析大学生科研训练中的德育价值[J]．江西农业大学学报(社会科学版)，2007，4：138～140.
[6]杨宏伟．对大学生科研训练的实践与思考[J]．实验技术与管理，2006，(23)：1：15～16.

培养大学生创新能力的几点体会

翁　强[①]，刘树强

（北京林业大学生物科学与技术学院）

摘要：培养大学生的科技创新能力是高等教育的一项重要任务，而学生科研能力的培养是培养创新人才的有效途径。几年来的实践表明，对大学生尤其是生物学专业的大学生的科研能力的培养要分层次、有步骤地进行。由于不同年级大学生的专业基础和动手能力相差较大，因此在他们科研能力水平的要求上不能相同。

关键词：科学研究；创新能力；综合素质

"创新是一个民族进步的灵魂，是国家文明发达的不竭动力。一个没有创新的民族难以屹立于世界先进民族之林"。历史也一再证明，科技强则国强；而科技发展的生命力在于创新。目前，培养大学生的科技创新能力是高等教育的一项重要任务，高等院校必须承担起培养大学生创新创业能力的职责[1]。作者作为本科生专业任课教师和大学生创新项目指导教师，分别先后承担了5项教育部国家大学生创新性实验计划项目和3项北京林业大学生物科学与技术学院本科人才创新培养基金的指导任务。通过指导学生创新实践活动，作者认为提倡本科生参与科研活动，有利于提高学生综合素质，有利于培养高素质、创新型人才，是时代发展的需要。

在校大学生要不要参与科研，是个有争议的问题。部分人认为大学生不可能参与科研，其理由主要有两点：一是学生以学为主，学习任务重，没时间从事科研活动；二是学生没有能力参与科研。作者认为，学生固然要以学为主，但怎么学是大有学问的。在现代信息社会，被动地接受各种知识是不可能的，教师的传授只能是在最基本的方面，更多的精力要放在培养学生如何学习，如何创新以及提高学生综合素质上来。至于学生没有能力参与科研这一观念，是对科研的狭隘认识（简单地认为进行高科技项目攻关才是科研）所致[2]。实际上科研的范围要广泛得多，可以进行的科研也很多。我们的实践表明，大学生本身并不缺乏科研创造能力，关键在于我们必须转变观念，积极引导和培养学生，建立大学生创新教育培养模式和科研创新运行机制。作者认为，对大学生尤其是生物学专业的大学生科研能力的培养要分层次、有步骤地进行。由于不同年级大学生的专业基础和动手能力相差较大，因此在他们科研能力水平的要求上不能相同。经过几年指导大学生创新实践活动，我们总结如下几点体会与大家交流。

依托项目：北京林业大学2009年校级精品课程建设项目——《动物生理学》。

① 第一作者：翁强，博士，副教授。主要研究方向：动物生殖生理学。电话：62338104。E-mail：weng3@msn.com。通讯地址：北京林业大学162号信箱，100083。

一、树立创新实验活动的信心

通过几年对学生的指导和与学生的交流，我们认为对大学一年级学生科研能力的培养应在学生认真学好各门功课特别是专业课的同时，利用寒暑假吸收学生参加老师的科研课题和高年级学生的创新课题，吸收他们参加研究生和高年级本科生组织的科研讨论会，有目的地让他们接受一些进行科学研究的思想和意识，在这些过程中，我们认为参加创新活动的高年级学生和研究生的“传、帮、带”，学生之间的科研切身体会交流，对启蒙低年级学生的创新活动意识，培养创新活动兴趣会起到事半功倍的效果。例如2009年暑假我们举办了为期十天的本科生创新活动培训班，参加培训班是国家大学生创新性实验计划项目组成员和拟申请国家创新活动项目的部分大一学生，培训班的内容包括实验技能和专业基础理论知识学习（英文教材）、英语文献检索方法学习、野生动物生理学研究前沿领域介绍、现代实验技术在野生动物生理学研究中的应用、学生创新活动心得体会交流（高年级本科生介绍申请文本、申请答辩PPT制作、科研论文写作等）以及技能培训：组织标本制作、组织学、免疫组织化学和免疫印迹技能培训等。通过十天的创新活动培训，大一的本科生纷纷表示收获很大，创新活动并不是像他们原来想象的那样高不可攀，懂得了书本和文献中的知识如何在实践活动中应用，极大地树立了他们创新实验活动的信心。2009年秋季，参加培训班的同学申请到了3项国家大学生创新性实验项目。

二、选好题是完成项目的关键

二年级大学生要在接受一些进行科学研究的思想基础上，有意识地学习和了解进行科学研究和解决科学问题的基本知识和技能。我们的体会是在老师的指导下，选择深浅适宜的研究课题，并且所选课题能够利用已有的实验条件和技术是可以被解决的，这对于选好题目并能否顺利完成所申请的创新项目十分重要。二年级的大学生由于部分专业课还没有学到，对一些实验方法理解和应用还把握不够，应避免选择大而全的题目，告诉他们好的课题同时必须要有可行性。例如学生在选择立项时，一些学生往往片面认为只有做分子才是搞科研，做研究，而忽略了做科学研究本身的意义。这时我们一定要告诉他们，科学是怎样通过设计实验和研究方法来解决问题的艺术，而并非一种单纯的实验手段、实验技术；即使用生物化学和分子生物学研究手段得出的结果，也必须在细胞，组织乃至整体水平上去进一步评价其生理意义。在创新实践项目选题的过程中，还要注重培养学生科研创新能力，这对于后续科研活动的开展十分重要。如在选题的过程中，要培养学生相关文献检索与阅读能力、选题的切入点和语言及文字表达能力；让学生掌握实验记录、学术论文、研究简报、文献综述、调研报告等文体的格式；锻炼学生撰写项目申请书以及口头表达申请项目概况的能力，以及使学生了解科研活动中科研立项申请的流程等。

三、培养勇于探索的科学精神

对三年级大学生要提供参与科研活动的条件，鼓励学生大胆探索、大胆怀疑，指导当中应以具有创造性、发现性的归纳和类比的思维方式启发、诱导学生的创造性。通过一段时间的科研探索，当学生们看到自己亲手做出的好的实验结果时，就会感到惊奇和兴奋，好的实验结果更会使他们产生一种成就感。例如我们指导的学生在做野生动物黄鼠类固醇激素合成酶序列分析时，与人类、家畜动物和实验哺乳动物比较时有较高的同源性，学生亲手做出这样漂亮的结果，自然倍感骄傲。作为指导教师在指导实施创新项目同时，培养学生做事的责任感和持之以恒、坚忍不拔精神也十分重要。科学研究过程更多是面对问题与失败，需要时间来不断总结与反思，只有不断地发现问题、解决问题、克服困难，才能取得成功。出现问题不可怕，失败不可怕，重要的是能以坚忍不拔的精神不断地去总结问题、分析问题，对症下药地解决问题。比如在实验过程中，总会遇到预料不到的问题，阻碍实验的进行，或者得到的实验结果与预期不符，这时候我们要结合自己亲身实验经历，鼓励学生自己开动脑筋去查阅文献资料，并发挥自己的主观能动性及创新意识，去查找问题的根源，解决实验过程中遇到的种种问题。另外，在创新实验探索的过程中，要鼓励学生通过阅读外文文献，掌握专业英语词汇，通过与外文文献通讯作者学术交流，不断地提高国际学术交流能力。

四、出研究成果是最好的激励

虽然对大学生参加科研活动应强调重在参与，强调对科研过程的培训，应以综合提高为目的，但是也不能忽略实验结果的交流和肯定。实践结果表明，学生的实验结果长期得不到发表和肯定，就会丧失对科研工作的兴趣，同时也会影响低年级学生申请创新项目的积极性。作为指导教师要及时指导，使学生的研究结果能达到发表水平，并积极创造条件推荐发表。五年多来，我们所指导的 15 名大学生先后 7 次在国际学术会议上发表他们的研究成果，在 SCI 源国际杂志《Journal of Development and Reproduction》发表了两篇论文，产生了较好地影响。通过参加国际学术会议，学生能够在这些国际学术会议上发表结果，会增加学生进行科研工作的自豪感，还能够与站在领域前沿的国际研究者进行交流，受到这些著名研究者的熏陶，拓展学生研究领域的视野，增强学生进一步深入研究的渴望。第一批我们指导参加大学生创新活动的学生，经过我们的推荐，05 级三名同学分别去了瑞典卡罗林斯卡医学院、美国科罗拉多大学和普渡大学留学。今年参加大学生创新项目的同学又有几名分别去了美国、加拿大和比利时留学。大学生创新实践活动有了出色成果，学生有了好的发展，这种榜样的力量是无穷的，就会极大地提高低年级学生对创新活动的申报和参与活动的热情，同时也为低年级同学树立了以后要看齐或超越的目标，从而形成一种良性循环，使得优秀的研究成果层出不穷。

五、指导教师要有奉献的精神

教师对创新活动的认真指导是学生科技创新活动高起点、上水平的关键因素。作为指导教师，都有自己授课和指导研究生的工作，在日常繁忙的教学和科研工作中，要拿出大量精力指导本科生科研创新工作，需要指导教师要有一种奉献精神。大学生一般从未从事过创新研究工作，而科研项目实施包括调研、立项、实践能力训练、科研能力提高、科研方法学习、科学素养培养，成果总结发表等较完整的训练、培养过程。如在我们指导下参与创新项目的大学生，大多为 2，3 年级的本科生，部分专业课还没有学到，理论知识、实验技能和研究工作都需要指导教师在完成自身的教学与科研工作之外，抽出大量的时间对这些本科生进行悉心指导。要完成好指导创新科研工作，我们认为指导教师要有足够的精力和热情投入到这项工作中去，需要指导教师要有一种奉献精神[3]。我们的体会是只要我们教师认真对待、不辞辛苦、勇于奉献，以创新项目为基础，有机地将毕业论文(设计)与创新项目内容加以整合和衔接，通过 1 ~2 年的共同努力，一定会出高水平的研究成果。

探索创新人才培养模式是提高教育质量、培养创新性人才的迫切需要，几年来的实践表明，由于不同年级大学生的专业基础和动手能力相差较大，因此对大学生的科研能力的培养要分层次、有步骤地进行。作为指导教师要调动教师教书育人的积极性，发扬教师的奉献精神，在指导学生创新项目实施同时，将教书育人功能延伸和拓展。

参考文献：

[1] 宫丽华. 高校要着力营造大学生创新能力培养的生态环境[J]. 教育理论与实践，2007，27(30)：48 ~50.

[2] 张兆国，孙勇，李佳民，纪文义. 在大学生中开展科技创新活动的思考[J]. 东北农业大学学报(社会科学版)，2006，4(3)：52 ~53.

[3] 许美玉，翁强. 影响大学生科研创新活动因素的几点思考[J]. 中国林业教育，2008，26(6)：14 ~16.

《土木工程材料》课程实验教学改革研究

冀晓东①

（北京林业大学水土保持学院）

摘要：通过分析土木工程材料课程实验教学的现状，得出实验内容有待精选，实验教学内容与工程实际脱节，实验教学与科研衔接不够，教学手段单一的问题；提出优化实验教学体系，结合工程实际和科研课题开展实验教学，引入实验教学辅助手段，调整考核评价办法等措施。经过采取以上改革措施，土木工程材料课程实验教学效果明显改善，学生的创新意识和科研素质得到训练。

关键词：实验课程；教学改革；创新意识；科研素质

土木工程材料是土木工程专业的一门重要的专业基础课，学生通过对该课程的学习，掌握主要土木工程材料的性质、用途、制备和使用方法以及检测和质量控制方法，了解材料性质与材料结构的关系以及性能改善的途径，为以后的专业课如砌体结构、钢筋混凝土结构、土木工程施工等提供理论及相关的专业基础知识，也为今后从事专业技术工作提供必要的基础理论和技能训练，并能在实际工作中做到合理的选择、正确地使用土木工程材料[1]。

实验教学是土木工程材料课程重要的教学环节，学生通过实验教学，验证基本理论，学习试验方法、锻炼实践动手能力、科学研究能力和养成严谨的科学态度，可以培养学生的创新意识和独立分析问题、解决问题的能力[2~4]。

一、土木工程材料课程实验教学现状

近年来，为了提高本科教学质量，提高教学效率，改善教学效果，我校的土木工程材料课程教学也进行了改革，取得了一定成效，但由于受到各种条件的限制，土木工程材料实验教学仍然存在着一些急需变革的问题。

（一）材料种类多，实验内容有待精选

土木工程材料种类繁多，包含了土木工程建设涉及的各种材料，理论课中讲授的材料包括胶凝材料、混凝土材料、金属材料、高分子材料以及复合材料等多种材料，每种材料又有多种不同的性能测试，内容庞杂而散乱；另一方面，为适应素质教育的需要，土木工程专业课程学时一再压缩，我校土木工程材料课程学时压缩为 40 学时，其中实验学时仅为 10 学时，显然不能满足所有材料实验的要求。

依托项目：北京林业大学 2009 年校级教学改革研究项目——《土木工程材料》教学改革和课程建设的研究。

① 作者简介：冀晓东，副教授，博士，主要研究方向：土木工程材料课程教学研究。电话：62337121。E-mail：jixiaodong@ bjfu. edu. cn。通讯地址：北京林业大学水土保持学院，100083。

(二)教学内容与工程实际脱节

土木工程材料是土建类专业的一门专业基础课，是一门与建筑工程紧密相关的课程。我们在实验教学过程中，往往强调对教材规定的各种材料即定几个性质指标的测定，而忽视了材料表现出来的性能与所处环境的联系；在工程实践中，对材料性质的测定也是在发现问题、解决问题中确定，要求检测人员去确定测试的指标和方法，而我们在实验教学过程中，是给学生规定了步骤和检测的指标，学生成了完成指令的“机器”。

(三)实验教学缺乏与科研衔接

加强素质教育，培养创新型、研究型、综合型人才已成为目前高等教育的共识，通过土木工程材料试验，锻炼学生的动手能力，激发学生的科研兴趣和创新力，是教、学、研的有力衔接，当前土木工程材料试验课中，较为重视教学过程，而忽视后期学生学习与科研的衔接，一部分学有余力并有浓厚科研兴趣的同学，得不到及时指导和帮助，而仅靠有限的课内实验学时显然是达不到科研训练的目的。

(四)实验教学手段单一

当前科学技术飞速发展，多种技术都已经用来作为课堂教学的辅助手段，如多媒体技术、计算机模拟技术等等。而在实验教学过程中，却仍然采用的是传统的老师示范讲解，学生依照老师的讲解开展实验。一些实验过程中出现的实验现象、产生机理，影响材料性质、性能的因素，无法依靠实验本身揭示，这就使得实验效果大大折扣，

二、土木工程材料实验课程改革对策

面对土木工程实验课程教学中所存在的问题，我校土木工程材料教学研究组经过调研和研究，提出如下对策：

(一)优化实验教学体系

为达到人才培养目标，根据土木工程专业特点，结合学科的发展，紧跟国家相关的新规范、规程和标准，我们对实验教学体系进行探索与改革，优化实验教学内容，逐渐形成了“整合必选实验内容、鼓励学生自选材料实验”的土木工程材料实验教学体系改革的原则。

必选实验是土木工程专业材料实验教学必须完成的内容，安排在计划学时内完成。我们确定了材料基本性质、水泥、砂石、混凝土、沥青混合料及建筑钢材等六个项目为必选项目。由于水泥混凝土、沥青混凝土都涉及到砂石的性质测定，而混凝土自身性质又与水泥的性质直接相关，同时材料的基本性质测定又可以与具体材料的性质测定相结合。因此我们对这六个材料实验进行了整合，实验顺序进行了调整，材料基本性质和砂石实验结合进行，然后进行沥青和沥青混凝土性能实验，水泥性能和混凝土性能结合进行，最后进行建筑钢材性能测定。这样我们就把六次实验内容整合成了四次内容，那么我们就有了两次自选实验可以开展。

对于自选实验，完全发挥学生的主观能动性，由学生自己确定两种实验材料(当前土木工程中，常用的新型材料均可选择)、要测定的材料性质(在土木工程中决定材料性能的主要性质均可)，并由学生自己确定进行实验的步骤和用到的设备，老师提供材料和技术支持。

(二)结合工程问题和科研课题进行材料实验

高校是国家很重要的科研阵地，在工程中出现的这样或那样的难题往往难以解决，高校

教师成为攻克难题、帮助工程顺利进行的重要力量。比如运行一段时间的大型桥梁、重要建筑，为了提高使用效率、改善使用功能或者恢复设计承载能力，往往要委托科研机构进行检测、计算和分析。如果把这些实际工程项目的课题和实践教学活动结合起来，将会大大激发学生从事实践课程的热情，比如结构检测和计算中要涉及到材料的强度问题，把这个强度的检测和课程实验中的材料强度实验相结合，将会使得实验本身更生动、更有实际意义。

当前国家、社会对于科研投入非常大，高校老师参与的科研课题越来越多，如果在科研过程中，把本科生引进来参与一些与其课程实践内容方向一致的实验中，学生对于实验本身的理解、对于材料性能的掌握会大大提升，并会激发其积极设计自选实验，从而达到良好的实验课程教学效果。

(三)引入教学辅助手段

一提到实验课的教学，往往就是老师布置任务，规定实验内容、给出实验步骤，实验老师示范，学生照做、完成实验报告，这样的程序化的实验方式前文已经讨论，并给出了改进的对策，但是有很多有关材料的性质、性能及其内在机理，很难在实验过程中直观的表现出来，仅仅靠我们老师的理解一遍又一遍的口述、讲解，很难使学生理解抽象的问题。

当前已经广泛应用到课堂教学的多媒体手段包括视频、动画等及借助计算机模拟技术的过程模拟技术等，都可以借用到实验教学过程中来。比如我们要讲述混凝土在受力过程中，内部的破坏过程，我们通过实验过程就难以观察到，就可以通过计算机模拟技术，全方位的加以展示混凝土的内外在荷载作用下的响应，学生就很直观的了解到混凝土的破坏过程，和课程实验验证相结合，教学效果大大提高；又比如我讲到新拌混凝土的和易性时，由于影响混凝土和易性因素众多，会造成混凝土表现出不同的状态来，我们就通过引入施工现场不同条件下混凝土的录像，通过录像展示在不同因素影响下，混凝土所表现出的不同的和易性，加深了学生的理解。

(四)调整考核评价方法

在我们对实验教学体系进行了调整，引入先进的教学辅助手段、结合科研和工程项目展开实验教学工作以后，再用传统的考核评价方法就难以对学生参与实验课程成绩做出合理、公正的评价。所以我们对于调整后的实验课程的考核评价采用表1中指标进行考核。

表1　土木工程材料实验课程考核指标

考核指标	实验设计	实验操作	实验报告	创新指标	团队合作	合计
分值(%)	30	20	30	10	10	100
得分(%)						

在本考核中实验报告仅占30%，而实验设计也占到了30%，同时考虑了实验设计在材料选择、实验设计、实验操作的创新性，在本指标体系中鼓励团队完成实验。通过本指标体系的考核，学生将按照老师要求积极进行实验设计、认真进行实验操作，根据实验过程与结果保质保量完成课程实验，并促使学生提升实验的质量，避免了千篇一律的设计与报告，促进了同学之间的合作训练。

三、改革效果分析

通过我校三届土木工程专业学生的实验教学改革尝试和后期跟踪调研，我们认为实验教学改革是成功，达到了预期的效果。

（一）学生参与实验、设计实验积极性提高

由于优化了实验教学体系，把实验的主动权还给了学生，激发了学生探索未知世界的欲望和参与实验课程的热情，找各种理由请假不参加实验课程的现象不见了，找老师讨论实验设计的多起来了。对照新的考核指标体系，以前学生相互抄袭报告的现象不见了，而是相互探讨实验方案和检测指标的分配，避免重复，从而了解了更多的土木工程材料的相关性质。

（二）学生加深了对原理的理解

由于是学生自己选择要测试的材料和指标，因此学生的主观能动性被充分地调动起来，他们更多地主动查资料、互相讨论、与老师交流，并结合新的实验课程辅助教学手段的演示，学生对实验现象的实质原理有了更深地理解。我们对改革后的三届学生进行了跟踪调查，在后继课程中，如混凝土结构、砌体结构、钢结构等课程中，对有关材料性质、性能的理解更加透彻，对后继课程的学习感觉更加轻松、学习效果也更好了。

（三）学生的创新意识、科研素质提高

通过实验课程的改革实践，让学生作为实验的主导者，很好地锻炼了他们的创新意识科研能力。在参与北京高校结构设计大赛中，近几届学生在材料选择上就表现出了很好的创新精神，得到了评委会的赞赏。通过引导学生实验设计与工程实践、科研课题相结合，激发了学生的科研兴趣和求知的主动性，更多的学生把主要精力转移到了学习中来，从参与到科研课题的几个同学的表现来看，比往届同学表现出了更好的科研素质。

通过近几年改革实践的探索，取得了良好的效果，更加坚定了我们继续教学改革的决心和信心，我们知道，在教学过程中仍然还存在着这样或那样的问题，这就是我们要改革的内容，为了学生得到更好的训练，为了更好的教学效果，我校土木工程材料课程实验教学改革将持续进行下去。

参考文献：

[1] 黄政宇. 土木工程材料[M]. 北京：高等教育出版社，2006. 12.
[2] 冀晓东. “土木工程材料”课程教学改革研究[J]. 中国林业教育，2009，Vol. 27(6)：58～62.
[3] 李书进，厉见芬. 土木工程材料课程实践教学探讨[J]. 高等建筑教育，2008，VoL. 17(3)：121～123.
[4] 霍洪媛.《土木工程材料》课程改革的探讨[J]. 华北水利水电学院学报(社科版)，2007，Vol. 23(3)：108～109.

以学生为本构建学生创新能力训练方法

——以北京林业大学水土保持学院为例

王燕俊[①]，张洪江

（北京林业大学水土保持学院）

摘要：教育部实施国家大学生创新性实验计划旨在探索并建立以问题和课题为核心的教学模式，倡导以本科学生为主体的创新性实验改革，调动学生的主动性、积极性和创造性，激发学生的创新思维和创新意识，逐渐掌握思考问题、解决问题的方法、提高其创新实践的能力。本文以北京林业大学水土保持学院的实际为例，在自查了学院的6个国家级大学生创新性实验计划项目的基础上，阐述了学院实施"国家大学生创新性实验计划"项目的具体管理过程，分析了学院大学生创新能力的训练方法，总结了计划实施所带来的启示和成效。

关键词：国家大学生创新性实验计划；创新；训练方法

"国家大学生创新性实验计划"是"十一五"期间教育部为推动创新性人才的一项重要改革举措，是直接面向大学生，注重培养大学生的自主性、探索性、过程性、协作性和学科性训练的科研项目。2007年，我校被教育部、财政部研究确定为首批实施大学生创新性实验计划项目高校之一。学校按照教育部的有关规定及时组织二级学院开展"国家大学生创新性实验计划"的立项申报工作，水保学院第一时间着手落实教育部和学校的会议精神，以《国家大学生创新性实验计划指南》为指导，以学生为主体，以项目为载体，以兴趣驱动、自主实验、重在过程为原则[1]，切实将本计划作为学院本科教学质量和教学改革工程的建设项目之一，与其他教改项目紧密结合，以计划的实施为契机，努力构建适合学院人才培养目标、具有特色的创新人才培养模式和培养方案，积极推进大学生创新能力训练体系的构建。2007～2009年，水保学院一共申报了21项大学生创新计划，其中6项被确立为"国家大学生创新性实验计划"。本文基于对学院6个项目的认真检查，探讨学院"以学生为本"构建学生创新能力的具体训练方法。

一、以学生为主，管理方案突出严格规范的指导性

国家大学生创新性实验计划的主体是本科学生，学生的创新理念需进行广泛宣传。学院在规范性的指导下，积极为本科学生搭建以训练项目创新为主的平台。

依托项目：北京林业大学2007～2009年国家大学生创新性实验计划项目。

① 第一作者：王燕俊，在读硕士，编辑。主要研究方向：管理学、农林经济、教学管理。电话：62338689。E-mail：mona510@163.com。通讯地址：北京林业大学67号信箱，100083。

（一）广泛宣传，积极组织学生申请

国家大学生创新性实验计划立项资助对象是品学兼优，学有余力，对科学研究或创造发明有浓厚兴趣，善于独立思考，具备从事科学研究或发明创造基本素质和潜能的学生[2]。凡在校的全日制本科生均可申请，原则上以二至三年级的学生为主。

学院成立了以教学副院长主管，本科教学秘书及各相关专业所在教研室主任组成的国家大学生创新性实验计划管理小组，按照学校要求，积极立项。同时联系学院的团总支，分年级、分班级通知，充分利用网络、短信平台、电话等多种形式向学生宣传介绍大学生创新性实验计划的情况，并专门召开国家大学生创新性实验计划动员大会，向学生全面传达并介绍开展国家大学生创新性实验计划的目的、意义和原则，倡导学生发挥自主创新能力，鼓励学生跨学科合作研究，激发学生申报热情。

（二）加强指导，规范学生申报程序

学院安排经验丰富的指导教师，专门指导学生按照项目的申报要求填写《北京林业大学国家大学生创新性实验计划项目申请表》，由指导教师和主管副院长严格审核，依照科学、公正、公开原则排序，由高到低评审出国家大学生创新性实验计划拟资助项目，择优推荐并上报学校。项目负责人严格按照其立项任务书，认真填写《北京林业大学大学生创新实验工作手册》，确保项目按期完成，分阶段汇报项目开展情况。项目完成后，经指导教师审核，学院组织专家对项目进行验收、答辩和审核。

二、从兴趣出发，训练方法强调创新实践的自主性

学院在规范管理的基础上，按照“兴趣激发、自主实验、教师辅导、重在过程”的原则和“公正公开、自由申请、重点资助、规范管理”的程序[3]，突出国家大学生创新性实验计划训练方法的自主性。

（一）以学生为本，项目以团队为主

为增强锻炼学生独立分析、解决问题及动手实践的能力，在项目申报时，以 3 人以内为一个项目小组，每个项目的组员可以来自不同班级、不同年级，具有不同的知识结构和思维方式，他们组成一个团队，在导师指导下，从项目的选题、申请答辩以及实施项目，均须项目组成员通力合作，共同完成，培养学生的交流沟通能力和团队合作精神。

（二）学生热情高涨，参与面广

国家大学生创新性实验计划的项目立项，为学院大学生搭建起了实践创新的平台，学院指导教师积极参与，并对指导项目给予适当的经费资助，以便保证项目的深入开展，同时，学院对参与项目的优秀成员，在免试保送研究生时优先推荐。学院高年级的学生参与热情高涨，学生表现出极大的积极性和主动性，高年级带动低年级，形成了浓厚的创新科研氛围。

（三）学院大力支持，指导深入

学院给予项目大力支持，积极召开项目说明会，为全部项目配备了具有副教授以上职称或博士学位、为人师表并具有丰富科研经验的指导教师，在学生有任何问题的时候，都能联系到专门的指导教师。水保学院的教学、科研副院长亲自指导项目组，确保项目站在科学前沿，具有一定的创新性。

同时，学院的重点实验室对各项目给予了很大的支持，使得项目能够在实验地，实验仪器等方面便利使用，确保实验能够顺利进行。

(四)项目来源丰富，社会性强

学院倾向于面向三、四年级学生，进行项目创新训练，这些项目的来源与社会需求相结合，对收集到的各地方科技部门的难题以及指导教师的科研项目等课题进行选择与处理，指导教师带领项目组的学生参与实验和实习，有助于提前指导学生进入毕业论文(设计)阶段。例如，水保的项目分别为“北京市几种常见造林树种抗盐碱性对比实验研究”、“北京西山酸枣的水土保持作用研究”、“接种菌根的胡枝子对煤矸石山的生态重建作用”、“黄土高原农村庭院模式效益评价——以陕西吴起为例”、“ 阔叶林凋落物的定期清理对土壤产生的不利影响”、“近40年来沙区人居环境变迁——以宁夏盐池县为例”等，项目题目的确定是在专业教师结合社会需求的启发下细化所得。同时，学生也可直接参与专业实验室的科研活动，或者参与社会的科研项目，重点在于训练科研意识与综合能力，为将来走向社会做准备。

(五)讲究科学研究，训练方法是关键

学院对于大多数参与“国家大学生创新性实验计划”的学生的训练重在过程。注重创新性实验项目的实施过程，强调项目实施过程中学生在创新思维和创新实践方面的收获。要让学生体验科学研究的过程，着重于科学研究方法的训练[4]。创新的过程就是一个发现问题和解决问题的过程。在经费有限，实际操作的过程中，面对多次项目具体研究方案的修改，学生通过组内讨论、查阅资料、调研思考、跨学科交流，学会了全面分析问题和解决问题，训练方法的着眼点更在乎学生自我动手解决问题的能力。

(六)因材施教，客观认定科研成果

学院以实施大学生创新性实验计划为契机，深化教学改革。坚持整体优化、口径拓宽与特色突出、因材施教的原则，科学构建课程体系，将课程设计、专业实践、毕业论文(设计)与大学生创新性实验计划紧密结合，由指导教师为参加项目的学生制订个性化培养方案和相关配套措施，对其学习能力、项目成果给予及时的认可和精神鼓励。项目组成员可以得到科技实验加分，并可以作为本科毕业设计，也可以利用成果发表文章，对学生的激励很大。

(七)搭建交流平台，营造创新氛围

学院组织项目小组之间开展学术交流，参加学术团体组织的学术会议，为学生创新研究提供交流经验、展示成果、共享资源的机会。学院还定期组织项目指导教师之间的交流，以便及时调整和完善对各项目的指导方法。同时，学院还鼓励学生将项目成果在所在班级和专业进行汇报，带动广大学生投入科技创新，营造良好的科研创新氛围，形成创新性学院文化，为进一步深造和社会的接轨打好坚实基础。在项目实施的过程中，学生与教师共同探讨研究计划和实验方案，学生活跃的思维也会使教师在讨论和解答问题的过程中受到启发，在沟通交流中，拉近了师生间的距离[5]。

三、结束语

水保学院通过国家大学生创新性实验计划项目的实施，“以学生为本”构建了学生创新能力训练方法，进一步增强了“以学生为主体，教师为主导”的教育理念，有助于完善人才培养模式和加强教学与科研相结合、推进学生科研训练、培养学生创新精神和实践动手能力。学院将继续深入开展该项目的实施，并在实践中加以推广和改进实施方法，推动教学发展。

参考文献：

[1]刘子建，李勇军．创新实验教学提升学生实践能力和创新能力[J]．高等理科教育，2008(4)：81～84．

[2] 马玉香，宋朝晖，赵亚红，刘青广．“国家大学生创新性实验计划”项目实施与管理研究——以石河子大学为例[J]．现代教育，2009(12)：236～237．

[3]贾历程．实施国家大学生创新性实验计划的若干思考[J]．中国电力教育，2008(12)：123～124．

[4] 张晓京．推动“以探究为基础的学习”——关于实施“国家大学生创新性实验计划”的几点思考[J]．中国大学教学，2008 (1)：27～28．

[5]曾兴雯，赵树凯，赵韩强，郭涛．实施“国家大学生创新性实验计划”的实践与思考．中国电子教育，2008(3)：48～51．

研究和建立计算机基础课软件多样化实验平台

徐秋红[①]，孙　俏，蔡　娟，韩　慧，姚建成，刘士营

（北京林业大学信息学院）

摘要：组建大学计算机基础课程的多样化实验教学平台，由学生自由的选择实践方式，培养他们自主地应用计算机技术从事学习和工作的能力。本文阐述了建立大学计算机基础课程的软件多样化实验教学平台的目的和意义，并且总结了目前刚刚建立的软件多样化实验平台的组织方式和运行模式，探讨该实验平台的组成内容是否合理，实施的手段是否可行。

关键词：多样化实验教学平台；大学计算机基础；开源软件

普通高等院校的计算机基础教学始于20世纪80年代末和90年代初，因受到当时计算机应用环境和高校自身财力的限制，高等院校开设的计算机基础课程大多采用DOS操作系统平台，在命令操作环境下学习计算机语言来设计程序。进入90年代后，随着Windows操作系统平台占领了个人计算机市场，以及个人计算机在我国的大规模普及应用，使得非计算机专业人士能够方便快捷地掌握基本的计算机使用方法成为了现实，高校也在四年的本科教学中对非计算机专业学生开设了大学计算机基础课程。近20年的教学进程中，大学计算机基础课程从名称到内容都在不断的改变和调整着，但是教学实验平台上以Windows操作系统为唯一教学平台的局面却始终没变。

基于这一教学特点，也使我们自己将自身推入了一种尴尬的境地。学生们在随后的专业学习中，凡要使用计算机做学习和研究工具的，也就顺理成章的首选Windows操作系统平台环境及同系列的工具软件。这种教学平台的单一化，以及过多地依赖于一种操作系统环境的方式已经成为了学生们的固有习惯。随着一批批的学生离开校园去从事各行各业的工作，他们今后的个人需求很可能会受到各人习惯的制约和影响，也可能导致他们在参与国际化竞争时，使自己陷入一种非常不利的境地[1]。

一、改变单一化教学平台和提倡多元化教学已成为必然趋势

在计算机教育普及的初期，使用单一化教学平台的确帮助我们在现有的技术和经济水平下完成和达到了教学目标，但是，随着人类科技水平的快速发展，知识产权保护已经成为世界各国经济发展的一项利器，越来越多的企业为了自身发展，正在考虑或已经开始采用开源

依托项目：北京林业大学2009年校级教学改革研究项目——计算机应用基础课软件多样化教学实验平台的研究与实践。

① 第一作者：徐秋红，本科，副教授。主要研究方向：计算机应用技术。电话：62336516。E-mail：shinestar1129@126. com。通讯地址：北京林业大学信息学院计算机教研室，100083。

的软件平台，社会的各个领域也将会越来越多的需求具备多平台应用能力、有适应能力和创新能力的人才，这也迫使我们大学的计算机基础教育必须快速改变原有的教学内容，以适应新的社会需求。

随着计算机网络在我国的快速普及和发展，我国青少年在各个阶段的教育水平都在不断的提高，进入高校的绝大部分新生已经在中小学时期基本完成了计算机的普及教育，他们的计算机水平已不在零起点，其自身具备的计算机基础可以帮助他们比较容易的接受大学计算机实验教学的多样化实验平台的实践过程，并在学习大学计算机基础课程的进程中，逐步学会自主选择适宜的软件工具来辅助自身的学习。

国外的计算机教育一向是提倡和采用多平台教学模式，例如，美国的大学生基本都会使用两种操作系统：Windows 和 Unix/Linux[2]。从去年开始，北京地区的高中计算机教育已经开始进行基于开源软件的高中《信息技术》教材设计的研究[3]。随着国家越来越重视“自主创新、自主知识、自主技术”，这也为大学计算机教育提出了一个新课题：如何在大学计算机基础教学中培养学生快速适应网络学习，掌握自主学习及灵活运用知识的能力。

二、选择适宜的计算机基础实验教学的软件平台

大学计算机基础教育主要是完成计算机基本原理的学习，让学生掌握与专业相关的计算机应用技术，培养使用计算机进行辅助学习和研究的能力，所以大学计算机基础课程实验环境的丰富与否，将会影响课程教学的效果和学生学习的效果。为了能在现有的计算机实验硬件条件下建立软件多样化实验平台环境，首先要按照教学大纲要求，筛选适合教学的多系统环境下的多种应用软件，然后在实验机房的计算机中实际试行搭建多种组合形式的实验平台。

大学计算机基础实验教学主要包含 6 个内容：操作系统应用、办公自动化操作、数据库管理、网络技术应用、多媒体技术应用和程序设计。在实验平台的组建中，不同操作系统平台下将配置不同形式的应用程序，其中，Linux 系统环境下配置的开源软件是一个新的实验组合。而在选择 Windows 系统环境下的应用程序软件时，则考虑在同等技术标准下，增加配置国产软件。以下是我们按照实验教学内容和要求而选取的多款系统软件和应用软件：

(1)操作系统平台：为了不影响学生机房的其他课程实验，除了保持原有的 Windows 操作系统平台以外，在同一台计算机中又安装了 Linux 操作系统平台，使愿意使用开源软件的学生可以根据自己的需要，选择在 Linux 平台上加装适宜的应用程序来操作。

(2)办公自动化软件：为学生提供多种版本套件。其中，WPS Office 和永中 Office 既有运行于 Windows 系统的版本，也有运行于 Linux 系统的版本，Open Office 为 Linux 系统版本，还有 Windows 系统版本的 MS Office。

(3)数据库管理软件：在 Windows 操作系统环境下安装微软的 access 数据库应用程序；在 Linux 操作系统环境下安装开源数据库 MySQL。

(4)网络的实验环境：除操作系统安装时已自行安装的固定浏览器(Windows 系统一般使用 IE 浏览器；Linux 系统一般使用 Firefox 浏览器)以外，则由学生通过网络，自己查寻、下载和安装自己喜欢的浏览器或文件下载工具。

(5)图像处理软件：除保留原来已有的 Photoshop 处理软件以外，还向学生提供和介绍开源软件 Gimp(该软件既有适宜 Linux 操作系统的版本，也有适宜 Windows 操作系统的版

本)。

(6)开设的程序设计课程：主要是 C/C + + 和 VB，除了 VB 的适用环境必须选择 Windows 操作系统以外，C/C + + 的程序设计环境就自由多了，我们向学生提供了适宜性较强的 Dev - C + + 编译器(可以正常地运行在 Windows 7、Windows Vista 等多种 Windows 版本平台下)，还提供了 Linux 操作系统环境下的开源编译程序 gcc。

三、组建多样化实验平台的方法

在不增减设备，也不影响原机房教学环境的原则下，我们采用了两种方式为实验机建立多平台操作系统，即在实验机上增加安装 Linux 操作系统。

(一)分区管理方式下建立多操作系统平台环境

我们选择了硬盘容量相对较大的 DELL OPTIPLEX 740 型计算机(200GB 硬盘，1GB 内存)，从硬盘中划分出 10GB 的存储空间来加装 RedFlag Linux 6 操作系统。每台计算机通过自身加装的系统硬件保护卡来自动管理和保护硬盘上的多个分区，以确保 Windows XP 系统、Windows Server 系统和 Linux 系统被安全使用和方便选择。

根据基础课实验内容的需要，Linux 系统平台上可以选择安装的实验应用程序包括：永中 Office 办公软件或 WPS 办公软件；Gimp 图像处理软件；MySQL 数据库管理软件、gcc 编译程序和 QQ 聊天工具等。

学生实验时，开机后如果选择 Linux 分区选项来启动计算机，可以选择使用超级用户 root 或者普通用户去登录系统。如果以 root 身份登录系统，则要注意不要删除关键的系统文件，否则将会导致下次系统无法正常开机。因为目前我们的实验机房中安装的是“海光 MAX 版保护卡”，它只针对 Windows 系列操作系统的磁盘分区实施完全保护和立即恢复，而不支持 Linux 的 EXT2/EXT3 文件系统的立即还原。为避免 Linux 系统文件因意外删除而导致出错，可以在开始学习操作系统时，只允许学生使用普通用户账号登录，以后再提供超级用户的口令。

对初学者而言，利用 Linux 系统的窗口界面实施系统操作与操作 Windows 系统一样的容易和方便，而且在磁盘管理窗口中还可以直接访问开放状态下的 FAT 或 NTFS 磁盘分区。Linux 操作系统中配置的网络 IP 地址可以与本机的 Windows 系统共用同一个 IP 地址。

(二)利用虚拟机软件实现多操作系统平台环境

虚拟机(即虚拟计算机)是一个应用软件，它可以仿真一台计算机设备环境，例如，提供虚拟的 CPU、硬盘、内存、光驱等驱动接口设备，甚至还有一个 BIOS[4]。在这个虚拟机上，可以安装一个真实的操作系统。我们就是利用这种形式的虚拟计算机，建立了 Linux 操作系统实验平台。

首先在学生实验机上创建虚拟机。启动学生实验机中的某个 Windows 操作系统平台(例如 Windows XP)作为宿主计算机，运行 VMware 软件安装程序(我们选择安装的是 VMware Workstation6. 0 版软件)去创建一个虚拟机。

第二步，安装 Linux 操作系统。启动已建立的虚拟机环境，利用 Linux 系统的镜像文件 iso 进行系统安装，或者选择从光盘安装，使用 Linux 系统安装光盘完成安装过程。

第三步，配置 Linux 系统的网络环境。如果学生机房中有空闲(未用)的同网段 IP 地址，则可以利用 VMware 的 bridged 方式，分配给虚拟机的 Linux 系统一个与宿主机系统同一网段的 IP 地址，将虚拟系统作为网络内的一台独立的联网计算机，实现访问网络内其他的机器和访问 Internet。但是，如果没有多余的 IP 地址，则应该考虑选择 VMware 的 nat 方式[5]。一般默认使用 vmnet8，由宿主机系统里的 VMware services 为虚拟机系统自动分配一个 IP 地址。在虚拟机的 Linux 系统网络配置中选择 DHCP，采用自动获取 IP 地址的方式上网，实现通过宿主机系统用 NAT 协议访问网络内其他机器和登录 Internet 网。

第四步，建立 Linux 系统与宿主机之间的双向访问。在虚拟机的 Linux 系统与宿主机 Windows 系统之间建立双向访问实质上是在它们之间建立可以互访的共享文件夹。在虚拟机系统中通过执行"Edit virtual machine settings"命令，在宿主机的磁盘中指定一个文件夹，将其设置为共享存储区，从而实现由虚拟机的 Linux 系统在进入/mnt 设备文件时能够访问这个共享存储区。

四、组建和完善多样化实验平台是一项长期的工作

多样化实验平台的组建方式和组建内容将会随着大学计算机基础教学内容的调整而不断变化，实验平台建立的安全性和可靠性也会随着计算机硬件的逐渐更替而不断的完善起来。我们组建多样化实验教学平台的目的不是要取代什么软件，而是在可能的条件下提供给学生们更丰富的学习环境和更大的选择空间，在辅助他们学习和掌握计算机操作方法的同时，鼓励他们使用开源软件从事学习和研究，这不仅能够提高学生自身的信息素养，而且也适应当今社会的开放文化和多元文化的趋势。

参考文献：

[1] 冯博琴. 计算机基础教学新阶段的教学改革研究[DB/OL]. http：// www. cqtbi. edu. cn / gongchen / teachsource / yyjc /computer/xueshu. htm. 2008，10.

[2] 黄永中，赵国栋，张捷. 美国大学开源软件项目概述[DB/OL]. http：//epub. cnki. net/grid2008/brief/. 2007，4.

[3] 玉淑美. 基于开源软件的高中《信息技术》教材设计研究[D]. 广西师范大学，2008.

[4] 王春海. 虚拟机配置与应用完全手册[M]. 北京：人民邮电出版社，2003，8.

[5] kid | 赛迪网. VMware 和 Qemu 虚拟机的网络综合设置方法[DB/OL]. http：//soft. zdnet. com. cn/software_ zone/2008 /0620/939111. Shtml，2008，6，20.

园林专业植物类实习教学整合优化模式的研究

孙　明①，张启翔

（北京林业大学园林学院）

摘要：实习教学是园林专业植物类课程中的重要一环。本文结合现状分析了园林专业植物类实践教学中存在的一些不足和尚待改进的地方，提出了整合、优化实践教学的基本设想及初步实践，如全学程或全周期的实践教学模式，优化教学实践教学评价和考核体系，结合科研课题进行课程实习和毕业实习，引入竞赛机制的模式等。希望通过实习教学的改革和整合，实现园林植物实习教学的整体性、贯通性、强化性。

关键词：园林专业；植物实习教学；整合优化

一、园林专业植物类实习教学模式面临的主要问题

目前园林专业植物类实践教学的设置多附属于理论课程教学，其角色仅仅是理论教学的辅助手段。而事实上，实践教学应是理论教学的必要补充和发展[1,2]。通过实践环节，不但可以强化学生的理论知识，而更重要的是培养其动手能力、分析解决问题的能力和综合创新能力。而现阶段园林专业植物类专业实习教学环节存在以下问题：

（1）实习模式单一，实习环节课时量偏少。原有的园林专业实习模式基本还是以各门课程为单位进行的单一实习。这种实习模式阻断了各门课程之间的联系性，不利于学生建立一个完整系统的知识结构体系，更不利于学生专业综合素质和专业技能的提高[3]。

（2）实习教学主体内容不够明确。目前在专业教学计划中，只以专业方向确定实践内容，规定实践教学的学时学分，究竟每项实习的目的是什么，实践活动设计是否可以实现培养目标都未明确，更缺乏深入研究。实践活动安排集中，依然是理论集中学、实习集中做的状况，实践的内容与理论教学对应性不强，学生不能及时在实践中加深对理论理解也难有效地用理论指导实践，不利于提高学生综合运用知识的能力，实践教学结构不太合理，大部分是实习内容缺乏联系，整体性较差，尚未达到从素质、技能和综合能力三个层面，依据学生掌握知识和技能的渐进规律提出科学的细分化目标。

（3）课程实习没有与毕业实习（设计）相结合，毕业设计和毕业实习时间严重不足。园林专业学生的毕业设计一般安排在大四的上学期末，而这个时候学生还有多门专业课程还没有结束，一边进行毕业设计一边还要学习专业知识，时间不允许集中系统地安排毕业设计[4]。

依托项目：北京林业大学2007年国家级特色专业建设项目——园林专业。

①　第一作者：孙明，博士，副教授。主要研究方向：花卉资源与育种、园林植物栽培。电话：62336321。E-mail：sun.sm@163.com。通讯地址：北京林业大学155号信箱，100083。

另外在这个时间段里，许多学生还未找到工作，为了能在毕业前找到好的工作单位，自然就将毕业设计放到从属地位；已找到工作单位的学生，认为毕业设计对将来就业影响不大，投入精力明显不足。有些用人单位要求已确定工作单位的学生提前上岗，致使这些学生无暇顾及毕业设计。大学阶段的毕业设计关系到毕业生职后人生的发展轨迹，而毕业设计和毕业实习时间不足，导致毕业实践流于形式，不能为今后工作起到应有的作用。另外，论文实习阶段设定在第7学期末开始，不易保证实习时间与植物生长季节的完全吻合，不可能也没有足够的时间完成合格的毕业论文。

二、园林专业植物类实践教学模式的优化

针对以上实践教学的问题，我们进行了园林专业实践类教学模式的优化：

(1)实行全学程或全周期的园林专业植物类实践教学模式。学生从第4学期起即参加指导老师的科学研究工作，直到毕业时完成毕业论文。这种教学模式由于充分考虑了园林植物生长的季节性和周期性特点，有利于学生对某种园林植物的全生长周期进行观察和研究，有利于学生完成完整系统的实验。又因为这一模式较少受教学执行计划的限制，故在操作上具有灵活性和机动性。另外，从一年级入学，就开展“一人一棵树一盆花”活动，需要每个学生都认养一棵树一盆花，通过认养期间不间断的观察、记录，从入门就培养对植物的兴趣，并掌握植物生长发育规律，丰富植物栽培及养护知识。全学程或全周期的园林专业植物类实践教学模式可以使学生从开始就夯实园林植物基础，为今后植物科研、植物配置打下良好的基础。

(2)改变现有园林专业植物实习类实践教学评价和考核体系。改变传统的以实习报告为主的评价和考核模式，尝试进行考核体系的改革，以平时成绩为主，增加加分环节，鼓励学生积极参与教师科研或设计项目，指导教师按照表现评定加分分数。充分调动学生的学习主动性和积极性。改变过去学生习惯死记硬背、照搬照抄、习惯模仿别人作品、考试只求通过、学习没有动力、效果较差的现状。

(3)结合科研课题进行园林专业植物类课程实习和毕业实习的实习模式。园林学院多数教师都承担着大量的科研与社会服务工作。充分利用这一优势，每学期通过教学科统计各教研室教师科研项目中可用于课程实习或毕业实习的教学的试验环节，明确需要的人数和试验的时间，并提供给相关课程任课教师以利于安排相关实习教学[5,6]；通过这种方式还可以鼓励学生参与教师承担的科研项目和园林规划设计招标项目，并以此完成毕业设计和实习。通过该措施的实施，调动了学生参与实践性教学的积极性，提高了实践教学的效率。

(4)园林专业植物类课程实习及毕业实习引入竞赛机制的模式。结合园林教学实习基地建设，开展各类专业实习的综合实践，主要针对本科三年级学生，鼓励学生自由结合形成团队，参加大学生创新计划，课程竞赛等，如花境(坛)设计及施工竞赛[7]，小庭院设计与施工竞赛，岩石园设计与建造，专业苗圃的设计及建造。配合这些综合实践，可以带动各课程的相关实习，如花卉学中花境植物种类的选择与栽培，树木学中常用园林树木的色彩季相变化，小庭院常用花灌木的修剪与造型，岩石园植物的引种及栽培，培养学生的独立科研、承担项目的能力。竞赛成绩计入专门综合实践课程的评分中，通过这种方式进一步提高的学生综合运用知识的能力和实践动手能力。

三、实践教学模式优化的意义

通过实习教学的改革和整合，实现了园林植物实习教学的整体性、贯通性、强化性。

(1)整体性。以往的实践教学环节分散在不同的教学时期和各门课程中，主要作为理论教学内容的验证手段。这种结构缺乏相互协调，没有形成实践教学的整体。无助于学生能力的培养。加强实践教学必须体现实践教学体系的整体性，表现在实践教学内容，教学时间在整个教学过程中的位置，尤其是与理论课的相关关系，以及各个实践教学环节相对独立，相互协调，避免重复出现，在制定人才培养方案时以社会需求人才的知识结构和能力结构来制定实践教学的内容。

(2)贯通性。实践教学与理论教学组成为教学全过程不可分割的整体，不仅仅在形式上体现为全过程交叉排课，更为重要的是在内容上互相贯通，进度上互相衔接，真正实现理论与实际紧密联系，动手与动脑紧密结合。

(3)强化性。以技能为基础的实践能力培养有它的特殊性，即在适当时间安排集中性的强化练习，会促成技能形成与能力发展的飞跃，收到事半功倍的效果。

在教学内容的组织上，注意相关课程之间的衔接、配合与分工，协调各门课程之间的教学内容，从而避免了相互重复和脱节现象，可以使实习实验资源得到有效整合，达到资源优化利用、节约教学成本的目的[8]。通过实习教学的整合优化，学生不仅巩固了专业知识，掌握了园林植物专业的主要内容，而且能够系统的完成课程论文和毕业论文。在学习过程中，学生动手能力、知识应用能力及创新思维能力得到锻炼和提高，为学生的学习、就业、个人创业、自身发展打下一个良好的基础。

参考文献：

[1]罗勇，李政．论园艺专业植物类课程实验的整合[J]．西南农业大学学报(社会科学版)，2008，6(3)：175～176.

[2]姚安庆．农学类专业生产实习和毕业实习整合优化模式的研究[J]．中国农业教育，2003，6：15～16

[3]李银河，杨柯，郭英等．园林专业实用型人才培养模式初探[J]．绵阳师范学院学报，2009，28(8)：142～146

[4]张涛，段大娟，聂庆娟等．园林专业毕业实习与毕业设计改革的探索[J]．河北农业大学学报(农林教育版)，2007，9(2)：40～42.

[5]蔡晓华．园林专业实践性教学改革的实践与探索[J]．河北农业科学，2008，12(4)：153～154

[6]王万喜，贾德华．园林专业实践教学环节的优化探讨[J]．中国科教创新导刊，2008，11：27～28

[7]郭先锋，杜明芸，赵兰勇等．园林专业花卉学课程教学改革的探索[J]．中国林业教育，2009，27(1)：70～72.

[8]钱春，刘素君，尹克林．高校园艺专业实践教学模式初探[J]．西南农业大学学报(社会科学版)，2006，4(3)：250～252.

生物模拟法在植物营养学教学中的实施

杨秀珍①
（北京林业大学园林学院）

摘要：植物营养学是一门实践性很强的科学，加强实验教学改革对于培养学生的综合素质和创新能力具有重要意义。生物模拟法在过去5年的教学实践中，收到了良好的教学效果。学生自主设计实验方案，并且亲自实施，既较好地理解和掌握了基础理论知识，又培养和锻炼了专业实践能力，还大大提高了学生主动学习的积极性。实践证明，这是一种适合于观赏园艺专业本科生教育的切实可行的教学法。对提高学生实验能力，培养创新型人才有着重要的作用。

关键词：植物营养学；生物模拟法；教学改革

我院观赏园艺专业以培养观赏植物资源开发、生产栽培、研究以及组织管理高级技术人才为目标的学科。植物营养学是是体现观赏园艺专业学生知识结构和能力培养的标致性课程之一，所涉及到的基础知识包括植物学、花卉学、植物生理学、土壤肥料学等，是多学科交叉和综合的产物，具有课程内容繁多、涉及面广、实验性强等特点。

对于观赏园艺专业学生来说，植物营养学课程的的学习中，不仅仅要求学生掌握扎实的专业基础理论知识，而且要掌握开花植物的生长发育习性、施肥原理与技术、花卉品质与施肥之间的关系等。所以，该专业学生的培养方式，不但要采用课堂讲授的方法和学生自主学习的形式获得理论知识，更重要的是通过不同形式的实践教学，让学生亲自投入到生产实践中去验证书本上的知识，同时探索更多的新知识。因此，重视和加强实验教学，改革实验教学模式，是培养学生实验能力的必然选择。

近年来，随着创新人才教育的开展和“教育部高等教育面向21世纪教学内容和课程体系改革计划”的实施，逐渐使实验教学由过去单纯验证理论知识的旧模式，向培养学生综合素质和创新精神的新模式转型[1]。

因此，在教学改革中，如何调动学生的学习积极性，使基础理论在学生实验过程中得到加强和拓展，实验结果升华到理论高度，理论知识和实践知识有机地融合于学生的知识体系中，是每一个教师应该思考的问题。

一、实验教学中存在的问题

长期以来实验教学只是附属理论教学的一部分，已习惯于以教师为中心，“照方抓药”

依托项目：北京林业大学2007年国家级特色专业建设项目——园林专业。

① 作者简介：杨秀珍，副教授，博士。主要研究方向：园林花卉栽培、植物营养学。电话：82376017。E-mail：yangxiuzhen1@263.net。地址：北京林业大学园林学院，100083。

的传统教学模式，实验前，实验教师拟订好实验方案与步骤，为学生准备好实验设备，学生按照教师事先拟定的实验步骤或按实验指导书要求，一步一步地采集数据，一步一步地按规定好的程序观察实验现象；学生不能随便提出设想或要求改变实验条件，只能按实验指导书上或教师的意愿利用刚学过的书本上的现象结论、抄写出实验开始前就知道的结果，最后提交一份实验报告。这是我们十分熟悉的以培养动手能力为目的的课程实验过程，这种实验学生根本不需要解决和分析什么问题。只要按规定就能完成实验要求，这必然使学生养成了智能上被动和主观上依赖的实验习惯，学生的创造性得不到发挥，个性得不到发展，创新意识和创新能力就此被埋没。

二、生物模拟试验在观赏园艺专业教学中实施的意义

生物模拟法是借助盆钵、培养盒(箱)等特殊的装置种植植物进行植物营养的研究，通常称为盆栽试验或培养试验，是植物营养学研究方法中使用较多的一种方法。盆栽试验与田间试验不同，它是在严格的人工环境控制的条件下，给予特定的营养水平进行植物营养问题的研究。其优点是便于调控水、肥、气、热和光照等因素，有利于开展单因子的研究。这种方法成本低、占地面积小，容易操作，是最适合大学本科教育的一种方法。

植物出现异常，无非是营养、水分、光照、温度的不适合，还有病虫害、有毒物质的污染、农药毒害等各种各样的原因。其中，哪个是主要原因必须在现场立即作出判断，并能够作出对策，这是本专业人才应该具备的素质。面对生长发育不正常的植物，如果通过植物外观的观测，就能够知道这株植物本身需要什么，不需要什么，这是观赏园艺工作者应该具备的知识和能力。

三、发掘教学资源调动学生的研究积极性

农林院校实验设备简单，实验课少这是不争的事实。如何利用现有的教学资源，更好的发挥教学功能，达到良好的效果，是教学改革成功的保证。

我校有较好的温室设施和苗圃用地，一年四季可以利用温室进行草花育苗，可以得到生长整齐、无病虫害的实验用苗。苗圃用地可提供光照充足，通风良好的环境，便于进行实验。

对于园艺专业大三的本科生来说，育苗方法在前一年的《园林花卉学》、《园林苗圃学》课程中已经实践过，有了较扎实的基础。

针对专业特点，遵循以人为本的原则，以草本花卉作为实验对象更能启发学生对实验的兴趣。学生可根据自己的喜好，选择各类草本花卉，如矮牵牛、孔雀草、金鱼草、观赏向日葵、新几内亚凤仙、金盏菊等生长较快的草本花卉，模拟不同营养环境进行试验。如氮、磷、钾用量设定为最适、营养不足、营养过剩等实验处理，以获得氮、磷、钾营养对植物生长及开花影响的信息。

四、加强实验能力的培养

从能力学的观点分析，大学生的科学实验能力主要体现在四个方面：

一是实验课题的选定。实验的课题通常都是在对过去相关实验进行分析后确定的。通常最简捷、最便利的途径就是查阅文献。因为科学文献记载了前人已做过的实验和已获得的结

论以及尚未解决的问题，从中可以找出科学的空白点。通过这样的训练大学生应该懂得，实验课题的确定，必须联系实际，既要充分考虑实验课题的科学价值，又要认真考虑实验条件等具体情况，选择最有把握的、可行性强的课题。

二是实验方案的制定。实验方案是指导实验的重要依据，其设计和制定的相关内容包括确定实验方法、步骤和手段，以最经济的人力、物力、财力和时间来有效地实现实验目标。由于实验方案在根本上决定着科学实验的成败，因此大学生必须予以高度重视。在设计和制定实验方案时，应当遵守“随机化原则”、“重复化原则”和“可比性原则”，以保证实验方案得到科学的设计和系统的制定。

三是实验步骤的实施和操作。实验步骤主要包括以下几个环节：其一，实验用材的准备，这是保证实验质量和试验结果准确、可靠的基础。其二，预试验，即对实验方案、实验设备进行实践性检验，以便发现问题、及时补充、修改原实验方案。其三，操作、观察、记录。按既定程序进行实验具体操作，全面细致地观察实验过程，作好记录，对实验过程出现的现象，必须准确及时地记录在案。

四是实验结果的解释和评价。有实验结果得出结论，对实验发现做出解释，是科学实验的目的所在。大学生应当牢记，对实验结果的正确解释和评价，离不开逻辑思维和理论指导。因此，大学生应当做到：概念明确、判断恰当、推断合理，使实验结论的表述符合逻辑规律。

（一）指导学生进行实验方案的设计

教师走下讲台到学生中去，营造师生之间良好的人文氛围，是贯彻“以人为本”、深化课堂教学改革的需要。因此，应该注重教师的角色定位，即教师由传统意义上知识的传授者转变为大学生创新思维发展的促进者，由实验技能的演示者转变为学生实验的指导者。

实验方案的设计是生物模拟实验的关键部分，为此，在实验方案设计前，给学生充分的时间搜集资料，与学生一道探讨学生设计的实验方案，让学生自己分析各种实验设计的利弊，并营造和维护学生实验探究过程中积极的心理氛围，使实验成为展现学生创新能力的舞台。科研能力是操作能力、思维能力、实验设计能力、分析解决问题能力、资料处理以及论文撰写等能力的综合。在生物模拟试验过程中应该有意识地逐步培养上述能力，要根据实验教学的重点、难点，充分利用现有的实验条件，为学生提供一种通过设计实验，熟悉实验设计方法，明确实验设计原则的途径。

例如，按照教学计划，以“氮、磷、钾营养对几种草本花卉生长开花的影响”为题目，指导学生进行实验设计，制定施肥处理方法和数据采集方法。实验设计过程，也是调动学生活学活用所学知识的过程，虽然学生的设计方案是在理论教学指导下进行的，但对于初次接触该类实验的学生来说，难以掌握较合适的尺度，指导教师的启发和指导是很有必要的。发挥学生的主观能动性，以氮、磷、钾三大要素营养液施肥用量为例，让学生自主设计试验区和处理方法，设定不同的施肥梯度处理，然后对学生的方案进行评价和修改。对于实验方案中出现的一些问题，教师不急于替学生解决问题，而是通过提示让他们自己找出问题的所在，从而帮助他们提高分析问题和解决问题的能力。

几年的经验证明，让学生阅读一些相关学术论文，对实验设计很有帮助。学生对这种有目的、有针对性的阅读很有热情，积极性也很高。

针对大学生检索和查阅论文的能力有限等特点，指导教师主动给学生推荐参考资料与文献，在参考前人研究的基础上做自己的实验设计，更有针对性和目的性。例如，在《氮营养对新几内亚凤仙生长开花的影响》的实验中，学生参考了较多科研论文，实验设计很成功，看到了不同钾施肥量对新几内亚凤仙花朵大小、叶色、茎干粗度、植株直立性的影响，真正意义上理解了氮元素的营养功能。

(二)实验过程的操作与数据的采集

从学生提出的方案中选出较优秀的2~3例进行实验计划的实施。

实验过程的操作是生物模拟试验的重要环节，包括栽培管理，施肥实验处理等。植物生长过程是个千变万化的过程，异常现象的突然出现、如病虫害等问题，都会直接影响到实验结果。教育督促学生细心关照实验用苗，学会应对异常的措施。

数据的采集包括栽培植物生长发育调查、生理失调想象观测和实验室分析等部分。

对于实验过程中出现的一些问题，教师不急于替学生解决问题，而是通过提示和他们一起分析问题，让他们自己找出问题的答案，从而提高他们分析问题和解决问题的能力。

(三)实验结果总结与实验报告

只要认真踏实地完成试验，有充足完善的数据，就一定能写出好的实验报告。

从4月上旬至7月中旬，经历了育苗—移植—实验处理与数据采集—取样分析—实验结果总结这一系列工作，学生已经掌握了较多数据，为实验报告的写作奠定了基础。布置学生写实验报告是最后一项工作，作为指导教师，给出一个写作大纲：

(1)实验目的。

(2)试验地点与实验材料。

(3)实验方法。

(4)实验结果与分析。

(5)讨论与结论。

有了以上这样一个框架，学生的写作容易规范。(1)、(2)、(3)项的写作通常没有问题，(4)、(5)二项是难点，学会实验结果的总结和分析是关键。教师要指导学生将实验数据制成图或表，并对试验结果进行描述，在总结出实验结果的基础上，启发学生对问题的分析能力。如生长量变化的原因，开花早晚的影响因子，为什么会出现生长不良，生理失调症状是如何发生的等问题。

知识来源于实践，“干中学”是最好的学习方法，从播种育苗—移植—施肥实验处理与数据采集—取样分析，这一系列的工作的整个过程中，始终贯穿着对学生思维能力、实验设计能力、分析解决问题能力的培养和锻炼[3~6]。对于实验过程中出现的一些问题，教师不急于替学生解决问题，而是通过提示和他们一起分析问题，让他们自己找出问题的答案，从而提高他们的创新能力和综合能力。

五、几点感想

几年来的教学工作仍有许多不完善之处，今后的工作重任需要进一步探索和思考。以下是自己的一些感想和见解：

(一)可行性强的试验方法

对草本花卉进行生物模拟试验，是一种容易被园艺专业学生接受的实验方法，实验规模小，易操作，环境条件容易控制，尤其适合于农林院校的教学实验，可行性强。

(二)学生为主体，教师为指导的实验教学模式

课程实验必须从传统的“以教师为主”转变为“以学生为主体、教师为指导”的实验教学模式，结合课堂知识和自学知识，学生自主设计实验方案，这样才能调动学生的积极性，从根本上解决学生创新机会不足的弊端，实验教师不会过多干涉学生对实验项目的选择，但对每一个实验过程的操作规范，教师要严格把关，这样才能促进分析问题和解决问题能力的培养和提高。

(三)干中学，实现从实践到理论的升华

没有实践的理论是空洞的理论，实践中，才能帮助学生对园艺栽培过程的问题有更清晰的理解和认识。实践中，学生才会有所发现、有所创造，这样的实验教学反过来可以拓展和深化课堂教学，这才能达到新世纪人才培养的要求。

参考文献：

[1]杨艳燕. 生物学实验教学的改革与创新体系的探索[J]. 中国教育理论, 2003, 10 (1): 331.
[2]李传印. 改革生物学实验教学提高学生的科学素养[J]. 生物学通报, 2004, 39 (3): 42 ~ 431.
[3]杨革. 微生物学实验教程[M]. 北京: 科学出版社, 2004, 129 ~ 1371.
[4]吴燕等. 从生物学实验教学看学生创新能力的培养[J]. 实验室研究与探索, 2005, 24 (2): 69 ~ 711.
[5]屠萍官. 生命科学实验体系构建与创新人才培养[J]. 实验技术与管理, 2002, 19 (2): 4 ~ 71.
[6]冯建成, 罗素兰. 本科微生物学实验教学改革初探[J]. 生物学杂志, 2007, 24(4): 66 ~ 67.

系列化教学实践环节与创新型人才培养研究

张晓佳[①]，瞿　志

（北京林业大学园林学院）

摘要：城市绿地系统规划是一门理论性强的课程，教学内容覆盖面广、规划理论知识铺垫多。针对课程特点，笔者尝试性地进行了系列化的教学实践安排，使教学实践环节与各阶段教学内容紧密相扣，切实做到理论与实践相结合，并从中培养了学生自主创新能力，从而达到了引导学生主动、自发学习知识的教学目的。

关键词：城市绿地系统规划；系列化；教学实践；创新性人才

城市绿地系统规划课程是风景园林专业的骨干课程之一，是一门兼顾了理论性强、实践性强、教学内容覆盖面广等几个方面特点的课程。针对这些课程特点，笔者在精品课程建设的过程中，对教学实践环节进行了多种尝试，不断调整，进而形成了与课程教学内容紧密结合的、多角度、多层次的系列化教学实习和课程实践环节，为完成培养学生规划思想方法和熟悉掌握规划工作内容的教学目标进行了有益的探索。

一、系列化教学实践环节的重要性

随着人们对城市发展和城市生态环境改善的日益追求，城市绿地系统规划工作越来越受到重视，其工作的内容和方法也是风景园林专业从业人员所必备的专业知识之一。鉴于其规划知识理论性强的特点，在教学环节中进行必要的课程内容实践就显得尤为重要。

（一）教学实践环节是培养学生创新能力的重要环节

教学实践环节全过程是由学生独立自主完成，思考、实践的主动权在学生方，促使学生改变等待、依赖思想，能充分发挥学生的主观能动性和积极因素，这是培养学生实践能力和发挥创新精神的前提基础。多层面、多角度的课程实践设置，可以通过一系列的训练提高学生对所学知识综合运用的能力，能激发学生的兴趣，这是培养学生实践能力和发挥创新精神的动力源泉。

（二）教学实践环节是理论与实践相结合的重要环节

城市绿地系统规划课程由于教学内容理论性强，内容抽象，对于初涉专业课程的学生来说不易接受。教学实践环节的设置引导学生通过多种途径学习的课程知识，把研

依托项目：北京林业大学2010年校级精品课程建设项目——《城市绿地系统规划》、北京林业大学2009年国家级特色专业建设项目——风景园林专业。

① 第一作者：张晓佳，博士，副教授。主要研究方向：城市绿地系统规划。电话：82375032－819。E-mail：zhangxjbjfu@126.com。通讯地址：北京林业大学园林学院，100083。

究视野扩展到相关的知识领域、切身体验和规划操作过程中，得到实实在在的训练，并从中感悟理论知识的真谛。同时，通过引导学生对课程实践环节的工作程序和工作方法的指导，可以培养学生发现问题和处理问题的能力，创新素质在这种潜移默化的过程中得以形成和提升。

（三）系列化教学实践环节的重要性

城市绿地系统规划课程作为首批专业课之一被安排在第七学期，是风景园林专业教学体系中重要的过渡环节，目的在于确立学生城市绿地的基本概念，为以后各类城市绿地规划设计课程的教学奠定基础。因此，课程内容囊括了城市绿地各论和城市绿地系统及城市绿地系统规划总论几个层面的内容，教学内容由简到繁、前铺后续、相辅相成，而所有的教学内容都围绕着“规划”这一概念和理念进行。

针对以上课程内容的要求，结合学生创新能力培养和理论结合实践的要求，笔者在多年的教学实践中总结并实践了围绕“规划思想的形成”这一课程教学核心的一系列教学实践环节，目的在于：一方面与各教学环节对接，加强学生对教学内容的理解；另一方面所有的教学实践环节都应该渗透对学生“规划”思考方法的训练，使学生在训练的过程中加深对“规划”概念的理解和认知，从而达到课程教学的目的。

二、系列化教学实践环节的构建思路

（一）针对不同的教学层面，分角度规划课程实践环节

现有的城市绿地系统规划课程是原有《城市园林绿地规划》课程的发展，课程内容分为两大部分。一部分是城市各类公园、绿地的规划设计内容，以培养学生对城市各类绿地的认知为目标，为学生日后学习各类规划设计课程奠定基础；另一部分是城市绿地系统规划教学内容，以培养学生建立完整的城市绿地系统概念和规划思路为主要目标，训练学生掌握城市绿地系统规划的工作程序和方法，最终能够具备完成相应工作内容的能力。

基于上述两个不同的课程教学层面，立足于不同的规划设计角度进行课程实践环节的设置。前者应以帮助学生熟悉各类绿地基本概念和规划设计要求为重点，帮助学生完成对日后从事专业的初步认识和理解；后者则应侧重于培养学生从宏观的角度出发思考问题和处理问题的和能力，有助于学生掌握规划概念、规划思想和规划方法。

（二）针对不同的规划知识，分层次规划课程实践环节

为了更好地适应社会对城市绿地系统规划工作内容发展的需求，2007 年新一轮教学大纲确立以“各类绿地规划设计为辅、城市绿地系统规划为主”的教学内容，加重了城市绿地系统规划的教学内容，形成了以绿地的功能和分类为基础、绿地指标为标准、绿地系统结构为骨架的规划概念和思路，拓展了教学内容覆盖面，将培养学生综合实践和规划操作能力作为重要目标。

依据新大纲的要求，课程将确立规划概念、形成规划思路、掌握规划方法作为基本原则贯穿于课程始终。每个教学环节的课程实践都紧密地围绕这一原则布置内容，引导学生从规划的角度审视学习内容，促进学生形成规划的思路，并最终在城市绿地系统规划课程设计环节进行深入的思考和实践，已达到课程实践环节的设置要求。

三、各教学实践环节安排及创新能力的培养

(一)教学实践由浅入深、由简到繁，系列化衔接

城市绿地系统规划课程教学实践环节的改革重点在于帮助学生在一系列的实践调查与归纳总结的过程中，加深对理论知识的记忆，深度理解规划理论知识。同时，通过老师对课程作业的评析，指导学生学会一定的学习方法和工作协作方式，并从中获益。

教学实践环节与课程的理论教学紧密联系，从城市绿地功能和分类的考察—城市各类公园绿地规划设计案例考察—城市局部区域各类城市绿地分布及附属绿地考察—城市绿地系统现状调查—城市绿地系统规划课程设计几个层面，由浅入深、由点到面、由局部到整体逐步建立学生绿地系统的概念和规划的思路。

每个教学实践过程结合作业安排，落实学生对基础知识的把握、对实践考察中现实问题的深度思考、对绿地的系统性理解等三个递进式层次的学习进程，引导学生深入地理解城市绿地系统的各部分知识内容，并使之与实际情况相结合，加深对专业知识的理解。

(二)教学实践内容要求及训练目的

教学实践内容包括城市绿地功能和分类的认识、各类公园绿地调查、各类附属绿地调查(居住绿地与道路绿地为主)、城市绿地系统现状调查、城市绿地系统规划课程设计等。

教学实践环节的训练目的在于鼓励学生主动思考理论知识，并与实地考察相结合。课程通过循序渐进、逐步深入的实践环节安排引导学生建立完整的城市绿地系统规划知识结构。提交成果包括研究论文、汇报组织、班籍交流等多种形式，以此促进学生归纳整理和语言表述能力的提高。

1. 城市绿地功能和分类的考察

内容要求：结合城市绿地功能和城市绿地分类的教学内容，完成以北京林业大学为中心的方圆 1 公里范围内各类绿地的性质、分类、功能的调查。要求准确分析判断绿地类型，并能够全面地考察各绿地的功能。

提交作业：完成调查报告一份，结合简单的分析图和图片，图文并茂地表达专业内容。

训练目的：通过实地调查，切身体会城市绿地的类型和功能的关系，帮助记忆相关理论知识。

2. 城市各类公园绿地规划设计案例考察

内容要求：结合城市公园绿地规划设计课程内容的讲解，布置学生分组完成对某公园的考察，包括：公园的周边环境、公园的性质定位、公园的空间布局、公园的竖向及种植特点及公园内局部场地平立面草测等内容。要求班内各组分头调查不同类型的公园，捕捉该类公园的规划设计要点，并进行归纳梳理。待完成各自的作业内容后，班内各组之间进行交流，如此可以确保全班同学在最短的周期内熟识最多类型的公园绿地，以提高教学效率。

提交作业：分组集体制作完成 ppt 交流稿一份，每人完成公园调查图纸一张。

训练目的：要求学生熟悉各类公园绿地的分类标准，掌握各类公园绿地的规划设计的不同要求，并且通过草测平面的方式，训练制图表现技能。

3. 城市局部区域各类城市绿地分布及附属绿地考察

内容要求：选择北京市西北部地区方圆 5 公里范围作为调查对象，调查范围内必须有不同的公园绿地类型、多种的防护绿地及附属绿地类型。要求从区域整体布局角度考虑，调查

城市各类绿地在城市中的分布状况，从城市绿地系统的角度出发，考察城市各类绿地的布置和建设特点，着重考虑各类绿地的相关性分析，将城市绿地分类、城市绿地布局、城市绿地规划设计要求等多层面的理论内容与实体城市空间建立联系，以期提高学生对城市绿地系统的空间感性认识。

提交作业：分组完成调查报告一份，集体制作 ppt 交流稿一份。

训练目的：在以往学习内容的基础上，从规划的角度审视城市绿地，建立城市绿地系统的概念，在实地考察中掌握记忆各类城市绿地的规划设计要点。

4. 城市绿地系统现状调查

内容要求：选择北京近郊区小城镇作为调查对象，调查建成区范围内各城市绿地的类型、规模、建设管理现状等。系统分析调查区域内各类绿地布局，从城市绿地系统规划的层面考察城市绿地，总结城市绿地建设现状的优势和不足之处，提出城市绿地建设方向。

提交作业：分组完成调查报告一份，城市绿地现状分析图若干。

训练目的：完整地考察一个小城镇的绿地系统，从城市绿地系统的角度研究城市绿地现状，为后期的城市绿地系统规划课程设计奠定工作基础。

5. 城市绿地系统规划课程设计

内容要求：课程设计阶段是学生对整个课程学习的一个总结性作业。在前期城市绿地现状调查的基础上，完成全套的、城市绿地系统规划工作内容。在城市绿地系统规划课程设计过程中，熟悉和掌握城市绿地系统规划的程序和工作内容，加深对规划理论知识的理解，形成规划工作思路和方法。

提交作业：分组完成一整套城市绿地系统规划成果，汇报 ppt 一份。

训练目的：熟悉并掌握城市绿地系统规划的内容，理解记忆城市绿地系统规划理论知识，模拟规划程序进行方案介绍、规划评议、修改完善等环节，加深学生对规划工作的理解和体会。

（三）分组协作固定化与创新能力的培养

1. 小组协作，固定组员，明确分工

由于城市绿地系统规划的研究对象是城市范畴，因此教学实践环节所面对的研究内容和范围相对较大，在教学实践中适宜采用分组协作的方式进行，并将组员固化，保证同学之间的深度交流、改进交流方式，有利于同学之间的磨合，为最终的城市绿地系统规划课程设计工作的共同完成奠定工作基础。

教师在学生分组协作的过程中需要起到监督、促进的作用，要按时收缴、查阅学生的工作计划、讨论记录，及时返还评语，以便适时掌握各组的工作状况，监督学生各司其职。通过这些环节，能够促使学生在合作过程中充分地发挥个人的能动性和建立相互学习的习惯，共同完成学习任务。

2. 激发师生互动，培养学生的创新精神

对于课程实践环节的总结，采用学生自主总结、全班汇报、组间交流等方式。通过课程实践的内容要求，引导学生自主思考各教学环节的理论知识，并通过调查报告和图纸制作等环节，展示规划认知和思考内容。教师要观察和倾听学生的讨论，发现学生的问题，引导学生自我发现问题，鼓励组间比较和讨论。讨论交流之后，要分组进行反思整理，总结“今天讨论的核心问题是什么？本组的表现如何？他组的优点在那里？个人对学习内容还有何疑问?”等问题，反思报告作为实践环节的重要作业内容一起呈交。

整个的教学实践环节的训练教师以引导为主，不做过多干涉和参与，意在挖掘学生的创造性思考。通过如此的互动交流和对学习过程的反思，可以促使学生加深对知识的记忆，学习效果长久。

四、结 语

系列化教学实践环节的安排在教学过程中得到了很好的效果，摆脱了以往实践环节脱钩的问题，运用串联式的实践和考察反复强化和巩固学生的专业理论知识，促使学生在较短的学习周期内即能初步接受规划的思想和概念，乃至掌握一种规划工作内容，在教学过程中真正地理论和实践相结合。从精品课程建设的角度来说，这种教学实践的安排是一种有益的尝试。

园林植物基础实习课程教学实践与教改方向探讨

李湛东①

（北京林业大学园林学院）

摘要：《园林植物基础实习》是一门为园林学院大一新生新开的课程，目的在于激发学生学习园林植物的兴趣，为园林植物的学习打好基础，为应用园林植物创造条件。两年来，新的课程积累了一些实践经验，同时也有一些问题。本文在总结经验的基础上，找出存在的问题，并提出了进一步进行教学改革的具体方面。

关键词：园林植物基础；实习细则；教改方向

园林植物是园林的重要成分，园林植物的识别是应用的基础，也是园林专业学生应该掌握的基本技能[1]。由于园林植物种类的多样性、生态习性的复杂性以及观赏特性的多变性等等特点，使得园林植物的学习在整个与园林相关的专业中成为重点与难点[2,3,4]。其原因并不在于难学而在难记，同时学生的兴趣又是影响园林植物学习的重要因素。这些都直接影响到学生将来对园林植物的应用，因为园林植物是实践性非常强的学科，没有一定课时的实习，学生很可能只记住了一些名称和结论[2]，对园林植物的整体认识与生态习性都不能有直接的感性认识。曾经相当长一个时期，园林植物知识的掌握水平与应用能力是北林园林专业的特色与标志，但现在这个特色在逐渐的弱化。

针对这个现状，北京林业大学园林学院从2007年新开了《园林植物基础实习》这样一门必修的综合实习课程，主要面向全院园林、观赏园艺、风景园林以及城规专业的大一新生而设，属于专业基础课。专业基础课程教学在园林人才培养体系中占有重要地位[4]。该课程历时一个学年，总学时数为一周，为园林植物的入门课程，可以尽量使学生的园林植物学习贯穿在大学四年中，强化园林植物的学习。同时，这门实习课程的目的还在于通过实习使刚刚接触园林专业的学生对园林中的植物材料有一个直观的亲身感受和认识，使学生对园林植物材料从学会欣赏到初步辨识、喜爱再到逐渐熟知，增加学生对园林植物作为园林景观元素的重要性的认知，同时也训练学生观察生活、体会以园林植物为主的周围环境的能力[5]。本课程另一个重要目的还在于为学生在后续课程（观赏植物学、园林树木学、花卉学等）的学习奠定必要的基础。

园林植物基础实习课程由8次不同（季节）时间、不同地点和不同类型与应用形式的实习

依托项目：北京林业大学2008年国家级教学团队建设项目——园林专业教学团队。

① 作者简介：李湛东，博士，副教授，主要研究方向：园林生态、园林植物。E-mail：zhandong@ bjfu. edu. cn。通讯地址：北京林业大学10号信箱，100083。

和两次讨论课组成，大一的学生从秋季新入学自“十一”花坛开始一直到来年的“五一”结束。通过将不同季节的园林植物的美来引导学生喜爱植物、热爱专业，这是本课程的又一个特点。

由于本实习课程是一个新开设的课程，承担本课程的教学是有园林学院十多位教师共同承担的。两年来的教学，无论对于当初课程的设置的目标、教师的教学还是对于学生的学习以及学习效果都需要做一个较全面的总结，为接下来的课程改革与实践奠定基础，为这门课的进一步发展创造必要的条件。

一、《园林植物基础实习》教学的现状与成绩

（一）在课程结束后学生普遍认为有收获

这门实习课时间安排上零散，基本上按照北京植物花期安排，持续长达一年。学生在这门课的认识上有一个逐渐的认识过程。笔者在上课过程中的先后对四个班级共125人的调查显示，学生在第一学期期末与第二学期期末的满意度从82%上升到95%，认为有收获的比例从75%上升到96%（见表1）。说明本课程的特点是一个需要逐渐认识、逐渐积累的过程。鉴于这种特点，课程开始时的教师导语就显得尤其重要。

表1 《园林植物基础实习》课程两个学期效果比较

	对园林植物的喜爱程度	平均植物识别	通过本课程学习有收获	课程的满意度
第一学期	62.4%	18.4种	75.2%	82.4%
第二学期	85.6%	31.2种	96.0%	95.2%

（二）实习内容、地点基本固定

目前的课程设置基本是每学期四次半天实习，一次校内讨论，讨论课安排在最后。刚开始设置课程时，大纲上的时间有长有短，有半天，也有一天，比如香山红叶等就安排为一天，教务处课表安排较为困难。现在的地点和时间就基本固定（见表2），每次的时间缩短，实习的次数和地点增加。

表2 《园林植物基础实习》课程时间、地点及实习主要内容

主题	地点	时间	主要内容
国庆花坛	天安门广场	0.5天	观察、欣赏、感受、了解以天安门国庆花坛为主的节日花坛；
香山红叶节	香山公园	0.5天	以感受、欣赏园林植物秋季景观为主，比较园林中不同植物的秋色叶变化，认知秋季季相的多样性；
植物冬态	北京林业大学校园	0.5天	感知并欣赏园林植物的冬态，尤其是身边的植物的观察，理解园林植物不同部位的观赏特征；
温室植物	北京植物园温室	0.5天	了解园林植物的多样性，类型、生态习性、形态、种类等。
讨论课	北京林业大学	0.5天	对本学期实习内容进行总结，讨论；
校园春色	北京林业大学	0.5天	认识校园身边植物春天的变化与色彩；
樱花节	玉渊潭公园	0.5天	开始了解植物专类园、樱花的观赏季节与特点；
桃花节	北京植物园	0.5天	以桃花为主的植物主题与专类园观赏特点；
园林植物群体景观	奥林匹克森林公园	0.5天	了解植物的群体美的特征，园林植物在不同尺度的绿地中的作用；
讨论课	北京林业大学	0.5天	对本学期实习内容进行总结，讨论。

（三）考核形式多样化

考核形式由实习报告、考勤、讨论课成绩等成分构成，学生们们往往对实习报告以及汇报提纲的准备比较下功夫，督促了学生的实习过程的参与程度。事实上，学生对于这门课程的参与程度相当的高。

二、《园林植物基础实习》课程目前存在的问题

（一）实习的目的与内容需要进一步明晰

尽管已经规定了实习地点，但每年的内容都会有不同，而实习大纲的要求又过于简单，造成教师们对于指导内容的把握上往往吃不准深浅，学生们也往往对实习的目的感觉模糊。加上本实习课程内容性质的“潜移默化”以及慢热的特点，学生往往开始的重视度不够。此外还有大一的学生们专业知识还没有建立，首次的实习报告不可避免的多为“游记”性质的“中学作文”类型，若不加以引导，学生会形成实习报告的不正确的固定形式。

（二）实习的要求需要进一步明确

这门课目前由园林学院植物相关的十多位教师们共同开设，这门课程的特点之一是由有着不同园林植物研究与应用基础的各个教师为学生们指导实习，不同的老师可以为学生展示和提供不同的园林植物的应用方向的知识，提供不同的视角观察体会园林植物的美。这既是本课程的特色之一，又是本课程的问题所在，也就是说，实习教学中“共性”的部分究竟占多少比例才合适?!

（三）缺少实习细则

目前大纲中以及在近两年的教学实践中逐步摸索出来的内容、场地等，但对于具体的学生通过实习应该掌握的内容的规定还不明确，对于学生考核的度量标准上还不够统一、对于实习效果的评估上还没有一个科学的方法标准。因而，亟须尽快制定出以上相关内容的实习细则。

三、《园林植物基础实习》教学改革方向探索

两年来，《园林植物基础实习》课程的教学实践既有成绩又有问题，成绩的获得为这门课进步奠定了重要的基础，问题的出现为本课程的教学改革指明了方向。

针对以上出现的问题，笔者认为园林植物基础实习课程的改革与实践应该从以下几个方面着手：

（1）制定详细的实习细则：制定每次实习的教学内容详细要求、规定重点教学内容的底线，制定讨论课主题和重点，编写实习细则手册；通过制定实习细则，对实习课程进行有效规范，达到教师教学心理有底、有案可循，无论哪个老师上课都可以有完整的内容依据，即规定必须完成的教学内容和自由发挥的空间；同时，学生学习起来就会更加明确而具体。从而达到本课程设立时所立的教学目的。也就是既让老师在有案可依的基础上发挥各自特长，又让学生明确实习的主张，并能与老师良性互动，共同完成教学过程。

（2）寻找开辟更多的备选实习场地：实际教学过程中，经常会由于时间、课表安排以及其他原因等不能在计划的实习场地完成教学实习内容，这就需要有足够的备选实习场地。针对目前实习场地的可丁可卯状况，需要寻找并开辟可选场地 2～3 处，以备不时之需或由教师们选择使用；

(3)制定学生实习报告要求：由于本课程是针对大一学生的园林植物“入门”课程，时间跨度一个学年，学生的专业知识从无到有有一个逐渐建立的过程。因此，每次实习报告的要求就会有所不同。针对每次实习内容，规定实习报告内容要求，使学生知道实习的重点，以及需要培养的技能。同时制定实习报告评分标准，将评分标准发给学生，让学生知道实习的重点以及努力的方向。

(4)实习效果的评价：制定相应的实习课程评价调查方法，由老师组织上课学生进行问卷评估，以期对教学实践进行完善；讨论课的形式，要求学生准备讨论提纲和 PPT，并作为学生成绩的一部分。

(5)集体备课与教师讨论会，这是保障和提高这门课程教学质量的重要支撑条件。目前很少有课程能像《园林植物基础实习》这样是同时由如此多的不同老师开设的，这是本课程的重要特色，同时也为集体备课提供了一个很好的条件。本课程参与老师较多，每个老师相应的经验，通过交流，总结好的经验，为把本课程打造成精品课程奠定良好的基础。

参考文献：

[1]周春玲，孙玉林，刘盂．园林植物识别教学方法的探索[J]．中国林业教育，2009，27(1)：76～78.

[2]常缨，吴秀菊，李晶．植物学课程体系改革的实践与思考[J]．黑龙江高教研究，2002 (4)：123～125.

[3]王彩云，包满珠，胡惠蓉．花卉学产学研相结合的探索与实践[J]．华中农业大学学报(社会科学版)，2000(4)：83～85.

[4]杨琴军，陈龙清，季华．浅谈专业基础课教学改革与学生能力培养的整合—以园林树木学课程为例[J]．中国林业教育，2006 ，24 (3)：14～17.

[5]陈模舜，李钧敏．植物学野外实习教学改革实践与探讨[J]．生物学杂志，2003 ，20 (3)：43～45.

第三部分　双语教学改革

世界经济概论课程双语教学的调查与研究

吴红梅①，田明华，侯方淼，付亦重
（北京林业大学经济管理学院）

摘要：双语教学是指在教学中同时运用母语和一种外语(主要是英语)进行非语言类专业课程学习的过程。文章在对"世界经济概论"课程的双语教学进行调查和研究的基础上，给出了结论和对策。

关键词：世界经济概论；双语；教学

前 言

双语教学是指在教学中同时运用母语和一种外语(主要是英语)进行非语言类专业课程学习的过程，使学生达到既提高专业水平，又提高外语水平的目的。随着我国日益广泛地融入经济全球化过程，对国际化、复合型人才的需求也变得越来越大，双语教学就逐渐成为高校教育改革的方向之一。

目前绝大部分双语教学是用英语作为课堂主要用语进行学科教学。它有两个关键性特征：第一，强调在非语言类的专业学科中用英语教学，强调通过非语言类专业学科知识的学习达到英语学习的双重目的；第二，强调运用英语进行课堂教学的交流与互动。

从近年研究双语教学的文献来看，大体可以分为两类：一是综合研究。二是就双语教学的某一个方面重点阐述。对双语教学进行综合研究的占了全部研究文献的一半，这说明理论界对这一问题的关心与重视，同时也说明双语教学的基本概念、基本理论尚未取得共识。[1]

从已有文献来看，大多数研究认为双语教学的产生背景是：①全球经济一体化对中国高等教育的影响。②社会对复合型高级专业人才的需求。③外语教学改革的需要。

实行双语教学必须考虑各校的具体情况、学生的英语水平和接受能力。目前的模式有以下几种：①逐步渗透型。即逐步增加英语在专业课堂上的使用比例，最终达到全英语授课。②穿插型。中英文两种语言可有所侧重地交插进行。③开设选修课型。学生自己选择，因材施教。④渐进型。从低年级到高年级逐步推广，应用英语的课时逐步加大，直到可以全英文授课。[2]

一、世界经济概论课程双语教学的调查情况与分析

国际经济与贸易专业毕业学生大多会从事涉外工作，因此是一个对英语的要求相对来说

依托项目：北京林业大学2008年校级教学改革研究项目——世界经济概论课程中英文双语教学的研究与实践。

① 第一作者：吴红梅，博士，副教授。主要研究方向：国际经济与贸易。电话：13661168562。E-mail：yueq@mail.tsinghua.edu.cn。通讯地址：北京林业大学经济管理学院，100083。

较高的专业，开展双语教学可以解决专业教学和外语教学相脱节的问题。作者在国际经济与贸易专业2006级的两个班当中开展了“世界经济概论”课程的双语教学。通过本课程中英文双语教学，能够增添学生运用英语的机会，提高学生应用英语进行听、说、读、写的能力。在课程双语教学结束后，进行了针对双语教学效果的问卷调查，结果分析如下：

(一) 双语教学的必要性

双语教学有无必要性是一个根本性的问题。随着时代的发展和中国日益紧密地融入经济全球化的历史进程，中国的发展需要的是复合型的人才。而对于这一类人才的培养来说，双语教学是否有其必要性值得探讨。通过调查发现，从学生的角度来看双语教学，88%的学生认为有必要开设双语教学课程，这说明学生对双语教学是持肯定态度的。对于那些认为没有必要开设双语课程的学生，通过访谈发现学生对双语教学的不认同主要源于他们认为英语的过多使用会影响到他们对专业知识的理解。

(二) 学生的英语水平

学生的英语水平是进行双语教学的重要基础。学生在双语教学过程中的接受能力如何直接影响到教学效果的好坏，而这种接受能力很大程度上是取决于学生的外语水平。“世界经济概论”课程对学生的英语水平要求较高，涉及到大量的国际经济与贸易的专业术语，英语水平的高低直接影响到双语教学的效果。问卷从两个方面调查了学生的英语水平。通过对学生的英语四级通过率的调查发现，86%的学生都通过了英语四级，即大部分学生英语水平还是不错的。但是高的四级通过率并不能充分体现学生的真实英语水平，毕竟公共外语与专业外语的学习内容和方式是有差异的。为了不对学生的接受能力产生过高的期望，又对学生的英语听力进行了调查，结果有46%的学生选择较好，47%的学生选择一般，其余7%的学生选择较差。可见学生的英语水平和程度还是存在很大差异的，如何使各个层次的学生都能够从双语课程的教学中，既掌握相应的专业知识，又使自身的英语水平得到提高，是摆在未来的一个重要问题。

(三) 教材的选择

教材是制约双语教学改革的一个重要因素。当前各高校使用的教材大致有三类：全中文教材，全英文教材以及中英文对照教材。双语教学需要选用合适的教材，以便达到最优的教学效果。通过调查学生对使用教材的看法，可知有82%的学生选择中英文双语教材，有18%的学生认为可以直接选择英文原版教材。可见大多数学生并不希望使用全英文教材，与之相对应，中英文对照教材对他们来说是更适合的。而对于“世界经济概论”课程来说，由于目前还没有找到非常合适的中英文对照教材，所以授课以英文课件为主，另外辅之以英文资料汇编，这显然不能够满足学生的需求。在未来，选择引进或自己动手编写适用的中英文对照教材是一项重要的工作。

(三) 多媒体课件

运用多媒体教学一方面可以节省大量的课堂板书时间，提高每一节课的教学密度，丰富课程的教学内容；另一方面通过生动的多媒体课件对课程中的重点、难点内容进行提示和分析，有助于学生理解和掌握每一节课的教学内容。在我校普遍采用多媒体教学手段的前提下，电子课件成为教学过程中的最重要环节，会极大地影响到教学效果。调查结果显示，在课件语言的选择上，选择纯英文或是纯中文的为29%，其余71%的学生选择了中英文混合的语言。可见大多数学生并不希望使用全英文课件，与之相对应，中英文混合课件对他们来说是更适合的。

（四）授课模式

在调查当中，涉及到了授课语言和课程组织形式两个方面。对于授课语言，11%的学生选择了全英文授课，57%的学生选择了部分中文，大部分英文授课，32%的学生选择部分英文，大部分中文授课。可见大多数学生并不希望教师在教学当中完全使用英文，与之相对应，部分中文，大部分英文的授课方式对他们来说是更适合的。对于课程组织形式，33%的学生选择以教师授课为主，67%的学生选择应该加大学生的课堂参与度。看来在双语课程中，学生希望改变传统的灌输式授课形式，加大讨论，加强交流。

（五）教　师

授课过程当中，最为关键的要素之一是教师。教师如何授课以便与学生达到互动，对于教学效果来说是非常重要的。在调查当中，有72%的学生认为教师的专业知识水平是最为重要的，与之相对应，有28%的学生认为教师的英语能力是最为重要的。可见大多数学生还是认为专业知识的学习对于他们来说更为重要，与之相对应，英文的学习只是专业知识以外的收获，因此从教学成果的角度来看，应该更看重专业知识的学习，其次才是英语水平的提高。

二、结论与对策

（一）需要选择合适的双语教材

教材是制约双语教学改革的一个重要因素。当前各院校使用的教材有三类：全中文教材，全英文教材以及中英文对照教材。通过调查可以看到，在学生英语基础不是非常好的情况下，选用全英文教材并不合适。因为这类教材往往并不是根据中国学生的特点编写，而且当中有太多专业术语和长而复杂的句型，将会影响到他们对专业知识的理解。[3]适合学生实际的教材是中英文对照教材，一方面其中的英文能够强化学生的英语水平，提高专业英语能力；另一方面，其中的中文可以帮助学生准确理解相对应的英文，在提高专业英语能力的同时，也提高了对专业知识的理解。

问题在于当前中英文对照教材的数量十分有限，虽然绝大部分学生愿意采用中英文对照的双语教材，但市场上可供选择的中英文对照双语教材十分有限，很多课程都没有此类教材，这也是制约双语教学普遍开展的一个重要原因。尤其是像“世界经济概论”这一类课程，很难找到相匹配的中英文对照教材。因此，应该组织相关学者针对学生的需求进行编写，是解决教材问题的一个有效方法。

（二）授课模式应当灵活

通过调查发现，双语教学中英语和中文的合理使用是个难点。对于“世界经济概论”课程来说，不同章节的知识难度存在不同，同时学生的英语水平也存在着差异。因此在两种语言的选择和分配上，必须要灵活掌握，不断进行调整。对于学生容易掌握的，难度低的章节，采用的英文可以多一些。而对于学生感觉困难的，难度高的章节，则可以适当地多用一些中文帮助学生理解。同时，老师应该与学生保持顺畅的交流和沟通，了解学生对所教授内容的感受和看法，以便随时进行调整。

（三）对于专业知识的学习更为重要

通过调查可知，总体而言，当前大学生的英语听力相对都比较弱，难以接受全部使用英语授课的教学模式，这是我们在进行双语课程教学时必须要考虑的一个重要因素。[4]事实上，学习专业知识才是双语教学的本质，英语作为一种语言，只是学习西方先进专业知识的工具和手段。在学生对于英文的理解和接受程度还没有达到非常高的水平的情况下，并非教师使用的英语越多越好。因为这会影响学生对于专业知识的学习，而作为非英语专业的学生，专业知识的学习更为重要。学生也感觉到自身英语水平制约了他们对专业知识的接受，所以希望在双语教学当中选用双语教材，双语课件。

(四)加强对于教师的培训

师资力量是制约双语教学效果的另一个重要因素。在实践中，承担双语教学任务的老师大多是英语能力较强的专业教师，但是这些专业教师并非英语专业出身，同时又承担有大量的专业方面的科研任务，因此其英语水平总会有其不尽如人意的地方。而双语教学又是英语和专业知识的结合，对这两个方面的要求都很高。如何解决其中的矛盾是双语教学改革中一个棘手的问题。因此必须要加强师资培训。在这一点上，我校做出了很多的努力。对于有时间的教师，提供各种方式的出国进修计划。对于没有时间的教师，会提供更为可行的国内培训，让专业教师辅修英语，既提高了大家的英语水平，付出的成本也相对较低。

(五)循序渐进调整课程设置

通过调查可知，学生英语的综合水平较好，四级通过率较高，但是存在应用能力不足，尤其是听力水平有待提高的问题，这势必会影响双语课程的教学效果。为保证双语教学的顺利开展，应该对相关课程设置做合理调整，循序渐进地为开展双语教学搭建知识“阶梯”。例如一年级的大学基础英语教学应注意培养学生“听说读写”能力的全面发展，其中特别要注重“听说”能力的培养。二年级应当开设专业英语课程，使学生在学习双语课程之前能够积累一定量的专业词汇，并具备一定的专业阅读、听说的能力。在此基础上，三年级再开设双语课程。这种循序渐进的课程设置，有利于双语课程的教学取得更好的效果。

参考文献：

[1]滕智艺. 高职双语教学改革调查问卷分析及探讨——以广西经济管理干部学院为例[J]. 农家之友，2009(9)：40～43.

[2]仇燕苹，翟仁祥.《国际经济学》双语教学影响因素研究——基于问卷调查分析[J]. 河南广播电视大学学报，2008(10)：88～89.

[3]张楠，李丹. 应用型大学实施双语教学的问卷调查与分析——以天津工程师范学院为例[J]. 天津工程师范学院学报，2009(6)：59～62.

[4]戴夏晶. 金融专业双语教学探讨——基于我院金融专业双语教学的调查问卷分析[J]. 现代商贸工业，2009(14)：180～181.

本科生细胞生物学双语教学的初步探讨

郭允倩①，荆艳萍，卢存福，姚洪军
（北京林业大学生物科学与技术学院）

摘要：针对本科生细胞生物学的双语教学的实际情况，从教学目的、教材选择、教学方式、注意事项和若干原则方法等方面进行了论述，给出了若干实践经验。

关键词：细胞生物学；双语教学；教学改革

2001年我国教育部颁发了《关于加强高等学校本科教学工作提高教学质量的若干意见》。该文件要求积极推动使用英语等外语进行教学，特别是高新技术领域的生物技术等专业，更要先行一步。2005年教育部在《关于进一步加强高等学校本科教学工作的若干意见》的文件中再次强调要提高双语教学课程的质量，继续扩大双语教学课程的数量，进一步明确了我国高校双语教学的方向。目前，各高校正在积极推广双语教学。我校领导非常重视双语教学，开设了培训班，聘请外语学院经验丰富的教师对各个专业的骨干教师进行双语教学师资培训，进行课堂教学演示、交流，并请专家点评和指导，很大程度上促进了双语教学的开展。细胞生物学是生物学的一门重要的专业基础课程，我校对细胞生物学的双语教学处于起步和探索阶段，本文主要针对细胞生物学双语教学的教学目的、教材选用、教学方式、注意事项和若干原则方法等进行初步探讨。

一、教学目的：专业与语言兼顾，专业为先

双语教学是使用外语和汉语两种语言进行教学，通过双语教学，学习者不仅可以学到专业知识，还能够提高对外语的语言运用能力。我国高校双语教学的目的是提高外语水平，培养“专业＋外语”的复合型人才。

针对细胞生物学而言，教学目的主要有以下几个方面：1. 理解掌握细胞生物学课程的专业基础知识，2. 在掌握专业知识的基础上，掌握相关的专业词汇和英文表达，3. 提高专业英语的听说读写译能力，能够自己查找阅读相关的专业英文文献，为将来从事科学研究打下基础。

从教学目的来看，学懂掌握专业知识是放在首位的，掌握相关的专业词汇表达等是同时或是在这之后进行的，一定不能只顾“双语”的形式而忽视了最基本的教学目的。对于英文

依托项目：北京林业大学2009年校级教学改革研究项目——《细胞生物学》双语教学的改革与实践、北京林业大学2009年校级精品课程建设项目——《细胞生物学》。

① 第一作者：郭允倩，博士，讲师。主要研究方向：干细胞的多能性与分化。电话：62336628。E-mail：guoyunqian@ bjfu. edu. cn。通讯地址：北京林业大学118号信箱，100083。

基础薄弱的同学，更应该想办法保证他们掌握专业知识。

二、教材选择原则：因材选书，英文为主，中文为辅

一般来讲，教材应该使用全英文，原版英文教材信息量大、图表案例丰富、更新周期短，优势明显。细胞生物学的英文教材主要有 Alberts 等编写的"Molecular Biology of the Cell"（Garland Science，5th Edition，2007），Gerald Karp 等编写的"Cell and Molecular Biology：Concepts and Experiments"（Wiley，5th Edition，2008），这两本教材是细胞生物学领域非常经典的教材。然而，原版教材在使用过程中也存在着问题，其内容与我国实际教学内容并不是完全相符，而且如果想要全面掌握所学的专业知识，同时又想提高语言能力，必须阅读大量的母语材料。中文教材主要有翟中和等编著的《细胞生物学》（第三版）、王金发等编写的《细胞生物学》。

对于英文基础较好的同学，可以完全使用英文教材，而对于英文基础比较薄弱的同学可以先以中文教材为主，逐步过渡到英文为主、中文为辅。我校细胞生物学课程在逐步实施双语教学的过程中，首先，教师购买和收集了相关的各类英文原版教学信息资源，包括原版教材、图片、Flash 动画、音频、视频等教学素材。其次，结合我校特点，对教材内容合理取舍，精选和更新教学内容。完善细胞生物学双语教学多媒体课件，辅以动画、电影等。逐步建立起适合我校生物学专业学生的双语教学教材和课件。

三、讲授、考试方式：由中英搭配逐步过渡到全英文

课堂讲授可根据实情采用多种中英文搭配方式，并逐步过渡到全英文。讲授时有两个要素，一是课件板书，二是教师口授。这两个要素的中英文搭配需要认真考虑。对于教学课件，大多数老师采用的是英文课件，辅以中文，而讲授时则是以中文为主，辅以英文。这种方式既能保证学生用英文掌握专业知识的目的，又能适当降低学习的难度。随着课程的逐步进行，学生渐渐熟悉了细胞生物学的一些专业词汇，再进一步增加讲授时使用英语的比例。

考试方式也应由中英搭配逐步过渡到全英文。考试有两个要素：命题与答题。有的老师采用全英文命题，有的老师采用中英文混合命题，学生可以选择用中文或英文答题，在我校细胞生物学双语教学的考试中，采用的是中英文混合命题，学生可选择用中文和英文答题。用英文答题可以适当加分，统计下来，大多数同学还是选择用中文答题，这说明在有选择余地的时候，大家还是习惯于中文，无形中滋长了学生的惰性心理，只要能够看得懂题目，即使上课不听讲，通过自学中文教材也能够通过考试，这样就失去了双语教学的最初意义。如果学习过程是通过英文完成的，学生就有能力完成英文的测试，而不用担心学生看不懂题目或者无法解答。从长远来讲，双语教学应该采用全英文命题和全英文答题的策略。

教师应采用多种方法帮助学生更好更快地掌握专业词汇。双语教学中一个大的障碍是"专业词汇"，很多高校在开设双语教学的同时，还开设专业英语课，主要要求学生掌握专业词汇和专业术语，这对双语课程的学习很有好处，所以建议把专业英语课安排在双语教学课程之前。在专业英语课上，教师不仅给学生介绍词汇，还应该传授学生专业词汇的构词法特点，以及专业句法的结构特征。这样虽然学生不能学完所有的词汇，但是可以举一反三，灵活运用以理解以后的生词和句子。比如"cyto -"这一构词成分来自希腊语，在生物学中则是指细胞，"cytoplasm"是细胞质，"cytoskeleton"是细胞骨架，还有很多类似的词等等。另外在双语教

学中，可以在课前打印一份常用术语的中英文对照表，用于学生课前预习和课后复习[1]。

四、教学质量的保证：教师水平提高、精心备课、分清轻重、互动授课

教师自身业务素质的提高是教学质量的重要保证，教师在授课前和过程中，应注意以下几个问题：

（1）不断增强自身专业和语言水平。要具备扎实的专业知识功底和专业英语水平，尤其“说”的能力要强，发音标准、表达清晰。

（2）精心备课。分别准备中文和英文两份教学大纲和教学课件。

（3）根据内容轻重难易采取不同方式教授。课堂上要更加注意把握时间，更多时间放在对重点和难点问题的中英文讲述上，相对简单的内容留给同学们自学。

（4）注重课堂互动以调动学生积极性。细胞生物学课程本身知识点多，而且很多过程非常抽象，学生难以理解，例如“细胞通讯”一章中的细胞信号转导通路，全中文的课堂教学学生都可能听不明白，那么用英文的效果就可想而知了，因此一定要求同学从“被动地听”转变为“主动地学”。这就要求教师激发学生兴趣、调动学生积极性来配合。

五、实践中总结出的若干原则方法

因材施教，逐步过渡。教育中一个最基本的原则是“因材施教”，不同高校的学生水平不一，不能用一种模式去要求。根据学生的实际知识和英语水平，有的学校可以全部使用英文完成所有教学过程，有的可以采用部分章节双语、部分章节母语的授课方式，还有的学校可以在双语教学的同时考虑开设中文授课的平行班，保证英语基础薄弱的同学顺利学习专业课。自愿选择可以调动学生学习的积极性，有利于学习效率提高和整体班级的进度。

调整难度，适增课时。双语教学对师生来讲都不是一件容易的事情，英语讲述慢于中文讲述，而且对于重要的内容，英文讲解之后又要用中文解释，整个教学课程需要花费更多的时间，所以适当调整课程的难度与深度，并适当增加课时是必要的。这就需要学校教务系统的支持和帮助。

灵活举措，降低成本。原版教材通常很贵，学生很难承受得起，我国一些出版社经过许可影印原版教材，像Gerald Karp第三版的书就有高等教育出版社的影印版，还有就是学校通过补贴一定的教材费用，以及学院统一采购，供很多届的同学借用等，使成本降低。在学校教务处和学院的支持下，我们生物学专业就购买了很多专业英文书籍，大大方便了同学们的学习。

六、结束语

双语教学的实行和推广是一个长期的任务，而且是一个系统工程，我校领导和教务部门十分重视双语教学工作的开展，大力资助双语教学改革项目；积极输送教师出国进行访问交流，今年我们学校的一名细胞生物学骨干教师就在美国康奈尔大学进修，并详细了解了该大学的细胞生物学课程的教学方法。在校领导和教务部门的大力支持下，相信我校细胞生物学双语教学水平一定可以稳步提升。

参考文献：

[1]黄崇岭. 双语教学的理论与实践. 上海：上海译文出版社(M)，2008 . 172~186.

计算机图形学双语教学实践与合理化措施探讨

曹卫群①，杨　刚
（北京林业大学信息学院）

摘要：计算机图形学是计算机学科最活跃的领域之一，也已成为国内外很多高校计算机相关学科的主干课程，采用双语教学对跟踪国际上最新的研究和教学成果具有重要意义。该课程研究内容的视觉特征以及近年来在教师素质、学生英语能力、获取信息的能力等方面的提高为双语教学的开展提供了条件。论文从课堂教学、实践教学环节、课后自学环节等方面介绍了作者的教学实践，分析了作者在近五年来双语教学实践中发现的问题并讨论了应对措施，指出可以通过改编原版教材、改革考核形式以及采用渐进式加入和强化专业英语词汇教学相结合的方法让学生逐渐适应双语课堂教学和双语课件，以解决计算机图形学双语教学中存在的突出问题。

关键词：计算机图形学；双语教学；教材；课堂教学；课件设计；考核形式

引　言

2001 年教育部印发《关于加强高等院校本科教学工作质量的若干意见》，大力推进普通高等院校本科生双语教学改革以来，各高校相继开展了各门各类课程的双语教学研究[1~3]并对双语教学的理论进行了系统化研究[4~6]。而计算机图形学作为一个交叉学科，是近些年来发展最快的计算机领域之一，国内外很多高校都对本科或研究生开设了计算机图形学课程。目前，国内已有一些普通高等院校开展了该课程的双语教学改革[7~10]。北京林业大学于 2005 年《计算机图形学》课程双语教学改革立项，并同时开始实施该课程的双语教学，于 2009 年设立了《计算机图形学》双语教学校级精品课程。作者在过去几年的教改研究和教学实践中，对《计算机图形学》课程双语教学方法和模式进行了有益的探索。

一、计算机图形学课程特点及其双语教学的必要性和可行性分析

计算机图形学是研究如何利用计算机生成、处理和显示图形的一门学科，它建立在传统的图学理论、现代数学和计算机科学基础上，与信息科学、微电子学、几何学、图论以及各应用领域的学科密切相关。计算机图形学自 20 世纪 60 年代开始形成至今，已成为计算机学科中最活跃的分支之一，是信息技术领域的重要内容和技术基础，被广泛地应用于生产生活各个不同的领域[11, 12]。国内外很多高校都对本科或研究生开设了计算机图形学课程，从

依托项目：北京林业大学 2009 年校级精品课程建设项目——《计算机图形学（双语）A》、北京林业大学 2008 年校级教学改革研究项目——计算机图形技术类系列课程教学方法研究与实践。

① 第一作者：曹卫群，博士，副教授。主要研究方向：计算机图形学，数字林业，计算机模拟。电话：62336705。E-mail：weiqun. cao@ 126. com。通讯地址：北京林业大学信息学院，100083。

2000年起，教育部将计算机图形学列为高等学校本科生的公共选修课之一，如今该课程已经成为大学计算机相关学科的主干课程。采用双语教学的形式进行计算机图形学课程教学在传授理论算法的同时，使学生掌握本学科专业术语的英文表达方法，可以培养学生跟踪计算机图形学领域的最新教学、研究成果的能力，从而有助于对学科知识本身的学习和理解。另一方面，便于教师利用国际上一流大学和研究机构在计算机图形学研究与教学方面的教学与科研资源，丰富教学内容和教学方法，有助于促进教师水平的提高。

计算机图形学课程教学的主要目的是使学生了解计算机图形学的基本概念、掌握计算机图形学的基本算法，培养学生利用计算机解决图形问题以及进行图形程序设计的能力，为学生从事计算机图形学相关领域的研究与应用开发奠定基础。这是一门理论性非常强的课程，所涉及的理论、算法相对来说比较抽象，与同学平时所接触的概念理论差异较大。另一方面，计算机图形学课程又十分强调实践，要求学生对计算机图形学算法理论的理解不能只落在文字上，而是需要学会用编程实现。采用中文教学的形式对很多学生来说已经有相当的学习难度，采用双语教学则又由于语言理解方面的障碍进一步增加了难度，同时，对教师的教学也提出了相当高的要求。

但是，正由于计算机图形学的研究对象为图形，有明确的视觉特征，使我们可以利用多媒体技术，以图片、视频、动画的形式，对复杂抽象的概念理论进行讲解，从而弱化语言文字本身在教与学中的地位，使学生可以突破语言障碍直接获取知识本身，同时获得专业英语环境的熏陶，培养对英语学习的信心和兴趣，和应用英语的能力。除此之外，由于C/C++等计算机程序设计语言在很大程度上与英语这一自然语言相关，计算机图形学课程双语教学过程中采用英文对算法程序进行讲解甚至比用中文更为有利。特别是图形学编程常用的图形库OpenGL，其函数名称通常反映了函数的功能，因此，英语教学有助于学生对函数的理解。

此外，近年来随着我国计算机图形学研究的深入展开和国际学术交流的推广，高校教师队伍中涌现出一批具有丰富的计算机图形学领域的科研经验、英语基础扎实的学者，是开展计算机图形学课程双语教学的有力执行者。另一方面，由于多年来，我国狠抓英语教学，大学生的英语素质也有明显进步，也为双语教学的开展提供了条件。

计算机和互联网技术的发展，极大地丰富了人们获取信息的手段，教师和学生可以很方便地查阅、浏览国际国内计算机图形学领域教学和科研的成果，有助于计算机图形学双语教学的开展。

二、教学实践

在对计算机图形学课程教学进行广泛调研的基础上，北京林业大学自2005年以来先后设立了《计算机图形学》课程双语教学改革项目和《计算机图形学》双语教学校级精品课程项目，并面向大学三年级学生进行了双语教学实践。到目前为止，已经开展了五轮教学，最初四轮主要是作为面向非计算机专业学生的选修课，从2009年开始作为必修课，选择了计算机相关专业的学生。

我们在教学过程中从课堂教学手段和组织形式、实践教学环节以及课后自学环节几个方面分别进行了研究。

（一）课堂教学手段与组织形式

设计了形式灵活多样、直观形象的多媒体教学课件，充分运用现代信息技术，弱化语言的作用，利用图片以及动画等多媒体手段讲解算法理论，把抽象、复杂的理论以直观的形式表达出来，以利于学生对算法知识的理解、接受，提高教学效果。

在教学课件的语言设计方面，进行了不同的尝试。最初采用了以英文为主、对其中重要的专业术语采用双语表达。大部分学生反映对这种形式的课件不适应，难以很快理解其意，从而失去了教学课件在课堂上辅助教师讲解的作用。因此我们对课件的设计进行了调整，对课件内容分别用中、英文进行表达，在一定程度上改善了课堂教学的效果。

在课堂教学环节除了加强教师讲授部分的教学方法建设之外，重视与学生的互动，设置了讨论课和习题课，激发学生主动学习的能力。其中讨论课让学生根据教师所设定的题目查阅国内外相关文献、资料并推荐代表进行总结报告，培养学生文献检索、中英文文献阅读以及进行文献综述的能力；习题课则主要针对学生作业、实验中出现的典型问题以及优秀作品进行讲解和展示，以加深学生对课程的算法、理论的理解，帮助学生克服从算法理论到编程实践的转换中出现的困难，加强学生对算法理论的实践能力，培养学生的学习兴趣。

此外，我们注意进行实例化教学。在课堂教学过程中，配合理论教学，对部分经典的计算机图形学算法的编程进行讲解，从最简单的编程实例开始进行解析，为学生冲破语言和理论的障碍，快速上手实践、循序渐进地提高算法编程能力奠定基础。

（二）实践教学环节

本课程设置了 6 次实验，每次 2 学时，共包括 5 个实验题目。实验题目与教学内容密切结合，使学生在学习完一个章节之后有编程实践的机会，加深对所学内容的理解，培养学生对编程和算法理论学习的兴趣和能力。

在本课程 5 个实验题目中，有 4 个为算法编程，具有一定的综合性。大部分学生反映实验难度大，难以适应。我们一方面通过给定程序框架来降低题目难度，另一方面通过提供相关编程实例，让学生学会在读程序的过程中学习编程，并达到完成实验的目的，同时还通过课堂精解算法编程实例，除去算法编程的神秘感。这些措施确实起到了一定的作用，使更多的学生可以着手进行算法编程，但容易丧失实践环节培养学生独立分析、解决问题能力的作用。因此，随着实验的开展，我们逐步减少资源提供，鼓励学生自己寻找相关的资源，使学生能由浅入深、渐入佳境，建立了促进理论联系实际、培养独立思考和动手能力的实践教学组织体系。

在这里由于语言本身所起的作用相对较小，我们没有过分强调语言的使用，对学生所使用软件的版本没有硬性规定。

（三）课后自学环节

为了给学生提供主动学习、主动思考的平台，我们还向学生提供中英文学习资料以及编程案例，并以课后作业的形式布置编程实践任务，并且开发了交互式计算机辅助教学系统，向学生发布，便于学生在课下对课程的复习。

三、合理化探讨

在我们过去几年的教学实践中，教师和学生作为教学的两个主体都反映出一些问题。主要集中在教材、教学语言、课件语言以及考核形式等几个方面，我们根据这些问题分别进行了合理化探讨。

(一)教材的选用

双语教学由于对英语的纯正性有较高的要求，因此，双语教学课程通常选用原版国外教材。对于《计算机图形学》这一课程来说，国外的教材很多，但是都很难直接作为本科教学的教材。一方面是内容太多，不适合我们的课程设置；另一方面，部分内容相对于非图形学专业的本科生来说，知识背景要求过高。我们在过去的教学中，给学生指定了一系列参考书，并未确定教材。这样学生可以参阅更多的学习资料，但是，不利于对知识的系统复习，特别对学生的考试复习有较大影响。

因此，对于《计算机图形学》课程双语教学的教材，可以借鉴国外的教学方式、方法，整合国内外现有的教学资源，根据课程教学内容的结构体系和教学目的进行重新组织编排，形成改编讲义。这样，可以给学生提供较好的系统预习和复习的资源，应该会对教学效果起到一定的促进作用。

(二)课堂教学语言的选择

在我们的教学实践中，课堂教学语言曾尝试了全英文、半中文半英文和全中文等形式。只有极少数学生可以接受全英文授课，大部分学生还是倾向于全中文授课。这一现象与其它高校开设双语教学课程所遇到的情况类似[9]。在北京工业大学计算机学院的《计算机图形学》双语教学实践中，采用了渐进式加入的方法，让学生逐步适应英文授课[9]，不失为一种好的思路。

此外，由于计算机图形学专业英语的词汇量有限，掌握足够的词汇量的投入并不是很大。因此，我们可以在教学中，特别设置专业词汇记忆和考核部分，强调专业英语词汇的学习，从而督促学生以英语为工具进行计算机图形学课程的学习，提高英语的应用能力。

(三)课件语言的设置

在论文的3.1节我们提到，在我们的双语教学课件中，最终采用了“分别用中、英文进行表达”的形式。这种课件形式的调整一方面在短期内改善了学生课堂学习的效果，但是，也在一定程度上削弱了双语教学的特征和作用，不利于对学生英语能力的培养。与课堂教学语言类似，其选择决定于大多数学生从课堂学习中的收益大小。以此为原则，我们也可以尝试采用渐进式加入与强化专业英语词汇学习相结合的方法，让学生通过自身英语能力的提高逐渐适应真正意义上的双语课件，适应双语学习环境。

(四)考核形式的选择

我们的考核形式，曾经分别尝试过开卷+中英文结合，以及闭卷+纯中文的考试。前者，学生基本上都是照搬参考资料上的英文原文，而后者，大多数学生都是找到对应的中文参考资料进行复习。两种考试形式对学生学习英语的促进作用都不甚大。

在考试中增加对专业英语词汇翻译的考核，在一定程度上会对学生学习专业英语词汇的积极性有所促进。此外，我们可以在日常教学中强化专业英语词汇学习的基础上，进行中英文结合的闭卷考试，设计有双语教学特色的考核形式，对学生在专业知识的掌握和英语能力的提高两方面起到促进作用。

四、结论和未来工作

推行双语教学是我国高等教育改革的趋势，而在普通高校推行《计算机图形学》课程的双语教学是可行的，并且在一定程度上对学生的英语能力有促进作用。但是，该课程的双语教学尚处于探索阶段，其双语教学环境有待建设和发展，很多环节有待进一步探索和完善。

我们的未来《计算机图形学》双语教学研究工作，考虑在以下几个方面进行：

(1)加强课程网页以及计算机辅助教学系统的研发，为学生课下学习提供便利。

(2)教材的建设：结合现有的英文原版教材以及国内成熟的教材的优势，在英文原版教材的基础上改编符合我校《计算机图形学》课程双语教学要求的英文讲义。

(3)教学方法的进一步提高：根据教学中反映出的问题，对教学方法进行调整，强化专业词汇的学习，使学生真正适应双语的学习环境。

(4)考核形式的改革：设计有双语特色的考核形式，起到促进学生综合能力提高的作用。

参考文献：

[1] 教育部. 关于加强高等学校本科教学工作，提高教学质量的若干意见[Z]. 教高[2001] 4 号，2001. 8. 28.

[2] 孙丽萍，高孝成. 高校数学专业开展双语教学的时机与模式[J]. 长顺师范学院学报(自然科学版)，2006，25(6)：129 ~ 130.

[3] 张燕，唐晓初. 计算机辅助设计课程双语教学的实践与思考[J]. 图学教育研究 2004(8)：402 ~ 405.

[4] 任福祥，罗良针. 高校双语教学质量评估指标的构建研究[D]. 南昌：南昌大学教育学院硕士学位论文，2007.

[5] 林令霞. 大学双语教学改革的整体构想[J]. 现代教育科学，2004(5)：115 ~ 116.

[6] 曹东云，钟志贤. 高校双语教学存在的问题与对策研究：ISD 视野[D]. 南昌：江西师范大学课程与教学研究所硕士学位论文，2005.

[7] 李兵，周咏翎，刘希玲. “计算机图形学”双语教学探讨[J]. 长沙铁道学院学报(社会科学版)，2006，7(4)：166 ~ 167.

[8] 刘晓霞，张兴平，王冰. “计算机图形学”双语教学的实践与探索[J]. 高等理科教育，2007，71(1)：127 ~ 130.

[9] 臧辉. “计算机图形学”双语教学的探讨[J]. 黄石理工学院学报，2009，25(5)：63 ~ 66.

[10] 段娟，张庆宇. 计算机图形学双语教学感想[J]. 计算机教育，2008(8)：5 ~ 6.

[11] 唐荣锡，汪嘉业，彭群生，汪国昭. 计算机图形学教程(修订版)[M]. 北京：科学出版社，2000.

[12] 彭群生，金小刚，万华根，冯洁青. 计算机图形学应用基础[M]. 北京：科学出版社，2009.

建构主义理论在双语教学中的应用

——以《旅游环境解说》为例

蔡　君①

（北京林业大学园林学院）

摘要：建构主义认为学习者在学习过程中会主动建构意义。建构主义方法能够有效地培养学习者的学习自主性，社会交往能力及互动技巧，从而发展成更为自信及负责的人。本文以双语课程旅游环境解说为例阐明如何在双语教学中运用建构主义理论。作者从情境创设，协作及交流，意义建构四个方面介绍了建构主义方法的应用。希望在双语课程中应用建构主义理论的实践将会提高双语教学的效果。

关键词：建构主义理论；双语教学；旅游环境解说

双语教学是当前中国高等教育改革和发展的一个重点，但如何有效实施双语教学是个难点。因为学生英语水平参差不齐，双语师资不足，对于双语形式下的教学缺少经验积累和理论指导。

建构主义学习理论的核心是强调学习的主体——学生对知识的主动探索和主动发现，进而建构其自身的知识体系。建构主义理论能够为双语教学中教学方法及模式起到指导作用，能够提高学生的认知能力，分析及解决问题的能力，培养学生的探索精神及协作精神，在掌握专业知识的同时提高英语应用能力。

一、建构主义理论简述

建构主义理论最早由瑞士著名心理学家皮亚杰在20世纪60年代提出（Piaget & Inhelder，1969）。他认为儿童是在与周围环境的相互作用过程中，逐步建立起对于外部世界的认知，从而发展自身的认知体系[4]。其后在皮亚杰认知结构的基础上，其他心理学家和教育家如科恩伯格（O. Kernberg）、斯腾伯格（R. J. sternberg）、卡茨（D. Katz）等对认知结构的性质与发展条件等方面作了进一步的研究，形成了比较完整的理论体系，也使建构主义理论在教育实践中的应用成为可能[4]。

建构理论认为在任何学习过程中，学习者都会参与信息和态度的构建。对于外部的客观世界，学习者通过自身的经验来理解并赋予意义。学习是在一定情境下通过人际间的互动而实现意义构建的过程，而非简单地由外到内的单向灌输，知识的获得过程是通过新信息与学

依托项目：北京林业大学2009校级专业建设项目——旅游管理专业本科人才培养模式探讨。

① 作者简介：蔡君，博士，副教授。主要研究方向：旅游管理。电话：82376017－603。E-mail：junecai1102@live.cn。通讯地址：北京林业大学园林学院，100083。

习者原有的知识经验整合作用而实现的。因此建构主义理论认为“情境”“协作”“会话”“意义建构”是学习过程中四大要素。意义建构是学习的终极目标，是指学习者最终能够了解事物的性质、规律及事物之间的联系[8]。

建构主义提倡在教师指导下，强调学习者主体认知作用的学习。教师是意义建构的帮助者和促进者，学生是信息处理的主体，是意义的主动构建者，而非被动的接受者。教师的主要作用是激发、培养学生的学习兴趣；创设符合教学内容的情境，搭建新旧知识之间的联系，帮助学生建构知识体系；同时教师应根据课程内容组织协作学习(讨论、辩论、交流)，并通过提出问题、教师辅导、小组报告或陈述等方法引导启发学生以有利于学习过程中的意义构建[9]。

综上所述，建构主义理论的核心是以学习者为中心，重视学习者原有的知识和经验。教师的作用不是简单地填灌，而是引导学生从已有的知识经验中处理和转换新的知识。教师不仅仅是知识的传递者，还应该了解学生对知识现象的理解，并引导学生进行意义建构。

双语教学是在学生的英语知识背景和专业知识背景之上搭建融语言能力和专业技能培养的跨学科师生互动过程，传统的“填灌”式教学模式在双语情境下更加凸显了其局限性和机械性的缺点。而建构主义理论具有为教师在双语教学实践中建立新模式、探索新方法的指导作用[11]。

二、“旅游环境解说：理论与实践”课程概况

(一)“旅游环境解说：理论与实践”课程性质及特点

“旅游环境解说：理论与实践”(下简称旅游环境解说)是为旅游管理专业本科生开设的一门必修双语课程。

第二次世界大战后，在环境保护运动的推动下，“环境解说”这一概念和“国家公园”一起，不仅在美国受到普遍认可，对欧洲国家也产生了深远影响。有关解说的研究也得到逐步完善；高等院校等正规的教育体系开始培养解说专门人才；在国家公园、休闲旅游场所等开始重视并提供专门的环境解说服务；出现从事环境解说人员自己的行业协会等等。环境解说特别适用于与自然资源规划与管理、旅游管理、环境保护、遗产保护、博物馆等相关的专业。

在我国大陆地区环境解说尚属较新的研究领域，开设此类课程的高校屈指可数。但随着旅游的迅速发展，以及资源及环境保护的迫切需求，旅游环境解说对于公园及旅游景区的管理及提供更高质量的游憩体验，自然及文化资源保护等都具有重要意义。

该课程的主要教学目的是包括：①使学生对旅游环境解说发展的历史及解说的重要作用有明确的认识；②对于旅游环境解说的基本理论、原则和方法有基本的理解；③培养学生在标识牌设计、展览策划、解说词撰写等方面的能力，④通过理论及实践教学环节，培养学生发展解说项目和解说规划技术的基本能力。因此是一门兼具理论和实践的双语课程。

目前本课程在3年级下(第6学期)开设，所选教材为在北美开设此类课程的院校广泛采用的《环境解说》(Environmental Interpretation)[3]及《21世纪解说》(Interpretation for the 21st Century)[1]。前一本教材注重实践，后一本教材偏重理论。

(二)双语教学过程所面临的问题

1. 学生对课程内容感到生疏,课文理解难度大

在知识体系构建中,与本课程相关的有"导游实务"、"旅游文化"、"生态旅游导论"、"旅游心理学"等课程。其中"导游实务"关联较紧密。但即便学过上述课程,部分同学仍然觉得课程内容新,英文课文及 PPT 文本阅读难度大,容易失去兴趣。

2. 学生英语水平参差不齐,课堂英语所占的比重及形式不易定位

在两个班的学生中,英语水平高的同学希望教师能够更多地在课堂中使用英语,他们也努力用英语回答问题。而另外一部分同学则要求老师用中文授课,PPT 文本中英文对照。

因此,如何照顾到大多数同学理解课程内容,又不失双语课程的特色,提高学生的专业英语应用能力,是仍在探索的问题。

三、建构主义理论在"旅游环境解说"双语教学中的初步应用

建构主义认为,学习者的知识是在一定情境下,借助于他人的帮助(协作、交流等),通过意义的建构而获得。理想的学习环境应当包括情境、协作、交流和意义建构四个部分[9]。

(一)"情境"的创设

1. 利用现代教育技术创设情境

现代教育技术为多媒体、音像材料等在课堂上的应用提供了便利条件。对于双语教学来说,PPT 每张幻灯片的文字不宜太多,太多的英文会使学生的理解跟不上幻灯片的放映速度,产生焦虑感。因此,在制作 PPT 时,笔者把原版教材内容大段的文字拆分,一小段一小段地呈现出来,先出英文,再配中文。这样有助于鼓励学生对英文的阅读,后出的中文部分可以帮助和验证学生的理解。而与课程内容相关联的图片或案例可以减少枯燥感,引起学生的关注,激发学生的兴趣。笔者利用近几年在国内外学习考察时积累的大量图片及音像素材,包括一些实物的运用来创造情境,辅助说明课程内容,能够更直观生动地说明问题,活跃课堂气氛,加深理解及达到建构意义的目的。

2. 根据课程内容创设情境

环境解说最终是要应用到具体的景物、场所、现象的展示说明。如在讲"解说写作"这部分内容时,主题(theme)的建立是关键问题。因此在课堂小组讨论中,创设了①为中国园林博物馆②北京春季花卉展览这样两种情境,要求小组学生在 10 分钟内选择其中一种情境发展展览展示主题。然后各小组同学介绍其各自发展出的主题,教师进行评述。从而把主题解说这样一个比较抽象的概念具体化,了解掌握如何撰写主题。

在"带团游览(guided tour)"这个环节中,在 PPT 幻灯片上展示了三段由简单到深入的英文导游解说词,分别请三组同学扮演导游和游客展开情景对话,然后请听的同学评价比较这三段解说词。这样无论是参与的同学,还是听讲的同学,都在双语基础上更深入地理解了导游应该如何激发游客的兴趣,回答游客的问题,传达地方精神和相关知识。

3. 案例分析

《环境解说》(Environmental Interpretation)这本原版教材本身比较注重解说实践操作,书中也给了很多的案例研究,结合笔者自身的积累,主要通过两种方式展开案例分析及研究。一种是配合课程内容的案例分析,如配合"为展览展示添加趣味"这个环节介绍圣地亚哥动

物园的和波音飞行博物馆的一些趣味展示。另外一种方式给学生案例线索，要求学生根据线索再进一步扩展丰富案例研究内容，撰写案例研究报告，安排课堂讨论。后一种方式更强调学生的主体地位，能够加强学生在自主学习，分析比较，思维创新等方面的能力培养。同时，也加强了学生专业英语的阅读理解及写作能力。

4. 实地场景及实践教学环节

建构主义理论重视学习者原有的知识和经验。学生已经学过“导游实务”，因此在“带团游览(guided tour)”这个环节中，以元大都城垣遗址公园为解说现场，要求学生以小组为单位，在实地调查公园的基础上，选择设计一条步行路程不超过15分钟的主题游线，在该游线上小组成员每人选择一景点或景物进行中英文双语讲解，要求把过去学过的导游知识结合进来。这次实地场景解说的结果，学生们总体上都做了准备充分，表现得情绪饱满，热情，是在教室陈述中无法表现出来的。但这样的安排也存在一些问题，由于学生选择的线路之间最远超过2000米，老师需不停地穿梭在带状公园里，个别学生小组等待时间过长，如果增加一个老师，在两处景点同时开始，则会减少上述问题的出现。

该课程的实践教学环节安排在北京动物园，主要配合展示和标识(exhibits and signs)这部分课堂内容。相比较其他类型的公园，动物园是展示和标识比较密集的公园，有多种类型的解说展示形式，学生们可以直观地感受各种类型的解说展示及标识。实习内容包括调查展板的风格形式(解说主题，题目，解说文字，解说图片，标志，颜色，材料等)；观察动物在生态系统中生存繁衍的适应形式，注意展牌标识是否帮助游客了解这些知识？以及观察解说展板和标识的双语或多语的应用情况。实习作业包括以小组为单位，评价和改善解说标识和展牌(通过观察和游客调查)，以及在观察和调查基础上，临摹或重新设计好的或需要改进的标识或展牌。在评价中关注展牌的主题，标题，文字内容，图片、符号、颜色及位置，中英双语等。

这样的实践环节创设了学生体验、实践、参与、交流和合作的情境，使书本中静态的内容鲜活起来，更有效地实现学生对当前所学知识的意义建构。

(二)协作及交流过程

建构主义理论认为，每个学习者都有自己的经验世界和知识架构，不同的学习者可以对某种问题形成不同的假设和推论。而学习者可以通过相互沟通、争辩和讨论，合作完成一定的任务，共同解决问题，从而形成更丰富、更全面的理解。

协作发生在学习过程的始终。协作对学习资料的搜集与分析与整理，假设的提出与验证，学习成果的评价以及最终的意义建构均有重要作用。

在环境解说这门双语课中，小组作业是课外学习的重要形式。本课程安排了三个小组大作业，除了前面提到元大都及动物园的小组作业，还有自导解说路径规划/社区解说项目规划(Self-guided trail planning/Community interpretive program planning)。小组成员之间相互依赖、相互合作，共同负责，以完成对知识的建构。小组成员之间通过讨论交流共同制定任务目标和工作步骤、内容及具体分工，每个同学的思维成果为小组所共享[5]。

教师参与指导小组的任务目标制定和具体的工作思路的展开。如在自导解说路径规划/社区解说项目规划的小组作业过程中，教师在课外参与小组的交流讨论，对小组阶段性工作给予改进性意见[6]。

因此在协作学习和交流过程中，激发了学生们的兴趣，举一反三地把当前所学知识与原有的经验联系起来，共享智慧和思维成果，从而使新的知识意义得以主动建构。

(三)意义建构

意义建构是学习过程的终极目标。所要建构的意义包括事物的性质、规律及事物之间的内在联系。在意义建构过程中要求学生主动搜集、阅读并分析整理有关的信息和资料，对所学的问题提出假设并加以验证。同时把当前所学内容与自己已有的信息和经验相联系并加以思考，如果能在协作、交流过程中进行，学生会更有效地进行意义建构[7]。

环境解说是经过规划的信息和教育传达活动，通过直接体验或媒体展示，使游客能够深入了解和领悟文化、历史和自然资源的知识和现象。通过课堂互动，实地场景解说，角色扮演，参与处理解决实际问题，小组作业等情境创设，协作及交流过程，达到有效的意义建构的目标。

四、建立以建构性学习为宗旨的学生表现评价体系

建构主义理论认为教育评价应该是动态的、持续的，能够体现学习者进步的学习过程。因此针对学生表现，采用终结性评价与形成性评价相结合的方法，较之单纯的终结性评价，更能够激发学生学习的自主性[10]。形成性评价是对学生日常学习过程中的表现、所取得的成绩以及所反映出的情感、态度、策略等方面的发展做出评价，旨在确认学生的潜力，改进和发展学生的学习。形成性评价可以包括自我评价，教师对学生的评价，学生之间的评价等。

本课程的考核方式采用期末闭卷考试(60%)和平时成绩(40%)相结合的方式。小组作业包括小组成绩、个人成绩和小组同学互评成绩，减少小组团队中“东郭先生”，鞭策小组成员的共同努力，各负其责。

构建性评价体系可以减少学生的应试学习现象，激励学生的自主学习兴趣，重视学习过程，真正做到意义建构。

结语

“教育意味着发展头脑而非充塞记忆(Education Means Developing the Mind, Not Stuffing the Memory)”。建构主义强调学生是认知主体，是意义的主动构建者。建构理论应用于教学，需要前期的大量准备工作，如果没有精心的规划和准备，是不会成功的。双语教学的实施，无论对于教师还是学生，都是一种挑战。因此双语教学环节的设计如果能够围绕意义建构而展开，运用传统及现代教育技术手段创设一系列情境为学生提供独立探索、主动发现、协作学习的机会，将比传统的教学方法达到更好的教学效果。

参考文献：

[1]Beck, L. & Cable, T. T.. Interpretation for the 21st Century: Fifteen Guiding Principles for Interpreting Nature and Culture [M]. Champaign, IL: Saga more Publishing. 1997.

[2]Bruce A, Marilyn, Creating and sustaining the constructive classroom [M]. Corwin Press, 1998: 16.

[3]Ham, Sam H. Environment Interpretation A Practical Guide for People with Big Ideas and Small Budgets[M]. Golden, Colorado, USA: Fulcrum/North American Press. 1992.

[4]Piaget J, Inhelder B. the psychology of the child [M]. New York: Basic book, 1969: 6.

[5]陈莉. 社会建构与外语教学[J]. 四川外语学院学报. 2003, 19(6): 143～145.

[6]邓家干. 建构主义理论在《DSP原理与应用》双语教学课程中的继续实践[J]. 广西大学学报(哲学社会

科学版)，2006(增刊).
[7]范琳，张其云. 建构主义教学理论与英语教学改革的契合[J]. 外语与外语教学，2003(4)：28～32.
[8]何克抗. 建构主义——革新传统教学的理论基础[M]. 北京：中央广播电视大学出版社，1998.
[9]胡家英，李晓岚. 建构主义教育理论对大学英语教学改革的启示[J]. 黑龙江教育学院学报，2004，23(5)：50～51.
[10]刘桂兰，肖勤. 运用建构主义理论探索双语就教学策略[J]. 江西教育科研，2006(7)：74～75.
[11]于斌华. 双语教育与双语教学[M]. 上海：上海教育出版社，2003.

《旅游地学基础》双语教学的实践与探索

李丽娟①
（北京林业大学园林学院）

摘要：本文总结了旅游地学基础课程双语教学实践中在教材选择、辅导材料提供、教学形式与方法及教辅环节四个方面的经验，在此基础上结合个人的教学体会，对今后的双语教学在教材整编、教学进度和方式安排、课时限制、考核形式确定等方面进行了探索性的思考。

关键词：双语教学；教学实践；教学体会与探索

所谓双语教学(bilingual education)，即用非母语进行部分或全部非语言学科的教学[1]。2001年国家教育部发出的《关于加强高等学校本科教学工作提高教学质量的若干意见》的文件中，明确提出"积极推动使用英语等外语进行教学"[2]。此后，各高校陆续增加双语教学在课程教学中的比例，这有助于培养既精通专业知识又有较高外语水平的综合人才，可满足时代发展对复合型人才的要求。

旅游业是一个涉外性较强的行业，对从业人员外语水平要求较高。为了适应旅游行业发展对人才的需求，对旅游管理专业基础课——旅游地学基础课程开展双语教学是非常必要的。这有助于提高学生的专业外语水平，有助于培养具有国际交流与合作能力的高素质人才。

一、旅游地学基础课程实施双语教学的必要性

(一)让学生掌握专业领域前沿知识

国际领先的研究成果几乎都以英语为载体，采用双语教学，引用国外原版教材，可以把国际上在旅游地学研究方面的最新成果介绍给学生，使学生能够放眼世界，了解这一领域的研究前沿，拓展获取专业知识技能的空间，为他们未来在本专业的发展夯实根基。

(二)提高学生的外语水平

旅游地学基础作为旅游专业基础课程开设在大学第一个学期，这样通过双语教学，使用英文原版教材，进行中英文双语授课，积极为学生创造语言实践机会，增加课堂英语讨论的时间，既能让学生及时巩固高中英语知识，又能让学生熟悉旅游地学方面的英语专业词汇，提高专业英语听说读写译的综合应用能力。

依托项目：北京林业大学2009年校级专业建设项目——旅游管理专业本科人才培养模式探讨。

① 作者简介：李丽娟，在读博士，讲师。主要研究方向：生态旅游资源开发及规划。电话：82375032－8042。E-mail：lljqsj@ yahoo. com. cn。通讯地址：北京林业大学园林学院，100083。

（三）适应旅游专业学生就业需求

旅游管理专业学生的就业方向主要是旅游企业和旅游规划、管理部门，这一行业涉外性较强，对从业人员外语水平要求较高。为了适应旅游行业对人才的需求，提高旅游管理专业学生就业机会，对旅游专业基础课程——“旅游地学基础”课开展双语教学是必要的，能够培养出适应旅游业发展需求的既掌握专业国际前沿知识又有较高专业外语水平的全面发展的复合型人才。

二、旅游地学基础课程双语教学实践

（一）教材选择

英文原版教材的选择对于双语教学至关重要，合适的教材既要全面介绍学科专业基础知识和国际上最新研究领域，又要难度适中，案例丰富，适合本科生学习。

查阅多本英文原版旅游地学基础方面的教材，经过仔细阅读筛查、比较分析，考虑学生的英语水平和专业知识，最终确定 C. Michael Hall and &Stephen J. Page《The Geography of Tourism and Recreation——Environment，place and space》（third edition）和 Edward F. Bergman&William H. Renwick《Introduction to Geography ——People，Places and environment》（second edition）两本书作为英文原版教材；鉴于有些学生高中阶段没有学过地理学，地学基础较薄弱，将高等教育出版社出版的陈效逑编著的《自然地理学原理》和陆林主编《人文地理学》两本书作为中文参考书，以补充地理学方面的基础知识，使其尽快掌握相关知识，更好的适应英文原版教材。国外原版教材内容较新，案例丰富，图表数据翔实，多从实例中引出相关知识和理论，实用性强；国内教材侧重理论和基础知识的学习，层次清晰、系统全面，两者互相补充，相得益彰。

（二）辅导材料的提供

配合各章节内容，提供丰富而难度适中的中英文课外阅读材料作为课堂教学的有效补充，可以满足不同英语水平学生的需求。英语基础好、学有余力的学生可以直接阅读英文专业文献，了解国外研究的最新成果，并可以互相交流阅读心得与体会，提高专业英语的阅读和应用水平。而对于一部分英语基础相对较弱的学生可以先阅读中文参考资料，对相关内容有所了解后再阅读英文文献可以减低学习难度，有效克服学生直接阅读外文文献的畏难情绪，提高阅读效率，保证专业课的学习效果。

（三）教学形式和方法

双语教学是一个艰难的渐进过程，采用恰当的教学形式和多样化的教学方法，有助于激发学生的学习兴趣，提高教学效率，确保双语教学目标的实现。

1. 教学形式

双语课程教学形式的选择应充分考虑课程性质、学生的专业基础和外语水平，初期通过让学生翻译一段专业英语文献来了解学生的英语水平和专业基础，根据情况决定双语教学的比例，一般采取中英文双语授课，前期中文讲授为主，后期逐渐增加英语授课的比例，循序渐进，让学生逐渐适应，通过教学实践，学生反映能够掌握专业知识和理论，同时又学习了相应知识和理论的英语表达方法。

2. 教学方法

为了克服学生双语学习的畏难情绪，提高学生学习的积极性，针对旅游地学基础这门课程的特点，采用灵活多样的教学方法，引导并激发学生的学习兴趣，提高学生学习的热情和主动性，保证教学效果。

(1)增加互动环节，教学相长。双语教学不应局限于教师外语授课，更应强调师生间的互动和交流，充分调动学生学习的积极性和兴趣，发挥其在教学中的主体地位，使教学相长。对于相对容易理解的内容(如世界气候分布与旅游的关系)布置学生自学，然后让学生在课堂上讲解讨论，并鼓励学生用英语表达，从中了解学生对知识的理解程度，加以适当指导，这样做充分发挥学生学习的主动性；课堂教授多以实例为主，通过给出旅游景观的基础资料让学生自己总结其与地理学相关理论和知识的内在联系，进而把学生在高中学过的地理学相关知识引申出来，既复习了高中地理学的知识，又将旅游学与地理学的关联性巧妙地讲解出来。如在讲解地貌与旅游的关系时，先介绍地貌旅游景观(如丹霞地貌)的基本特征，然后让学生思考其形成原因，进而把地理学中地貌、气候等相关知识引出，让学生了解怎样用地理学的知识去解释旅游景观的成因，增强学生在教学中的主体地位，并激发浓厚的学习兴趣。

(2)精选英语视频资料作为补充。为了提高课堂教学的生动性，根据旅游地学基础课程的特点，配合各章节教学内容的讲授(如气候与旅游、地貌与旅游、水文与旅游、人口与旅游等章节内容)，精选美国国家地理、Discovery 环球旅游系列和其他多种英语视频资料作为补充，由于是美语发音，中文字幕，适合不同外语水平学生学习。观看之后再进行相应教学内容的讨论和总结，既能补充专业知识，又能提高学生英语听力水平。观看视频资料使课堂教学内容更加生动鲜活，学生兴趣浓厚、印象深刻，学习积极性高、主动性强，成为课堂教学的有效补充。

(3)采用启发式教学，激发学习兴趣。双语教学更应充分发挥学生在课堂教学中的主体地位，采用启发式教学方式，鼓励学生在课堂上尽量用英语勤思考，多发言。在课堂教学中多给案例和数据、图表等信息，引导学生积极讨论并得出结论。这样经过学生独立思考引申出的专业知识和理论，学生学习印象非常深刻。此外通过布置作业，让学生选择自己感兴趣的旅游景区来介绍景区的旅游资源及旅游环境与地理学的关联性，让他们主动查阅相关资料加以归纳总结，在这一过程中提高了学生搜索英文文献资料和专业英语阅读及写作水平。选择部分学生作业做课堂演示，大家互相学习讨论，取长补短。通过两年的教学实践，学生对这个作业兴趣浓厚，对所介绍景区有个全面的了解，通过总结旅游景观与地理学理论和知识的关联，加深了对课堂教学内容的理解，同时培养学生以英语为工具获取学科知识的习惯和进行英语交流的能力。

通过采用灵活多样的教学方法，在教学中注重学科知识和英语的双向渗透，提高了学生的学习兴趣和专业英语听说读写的应用能力，较好地实现了双语教学既增长专业知识又提高英语水平的教学目标。

(四)教辅环节

为了保证双语教学效果，除了课堂教学外，还增加了多种教学辅助环节来丰富教学方法，如课前辅导、email 交流沟通、中期问卷调查反馈等。通过实时沟通，及时了解学生对教学内容的掌握情况及对教学的意见建议，解答学生疑问，随时调整教学进度和方法，以保证双语教学的顺利进行。

三、思考与探索

经过两年的双语教学实践，教学内容和方法不断完善，学生从中受益匪浅。但是双语教学作为一种新的教学模式，还需要深入思考，认真分析，具体可以从以下几个方面进行实践探索：

(一)教材的整编

目前旅游地学基础课程的双语教学采用的是多本中英文教材作为参考，学生使用起来不是很便利，因此应结合课程性质和旅游管理专业大一学生的实际特点，考虑将几本中英文参考教材进行整合，并将近期刊发的相关研究内容和实例结合起来，整编出适合旅游管理专业本科教学的一本教材供学生使用，这样学生参考起来较为方便，可以达到事半功倍的效果。随着双语教学实践的不断深入，逐渐积累经验，完善教材。

(二)教学进度和方式的安排

双语教学进度和方式的安排要根据学生的英语实际水平。在没有按照英语水平分班授课的条件下，要考虑到学生英语水平的差异和对双语教学的接受程度，适时调整双语教学进度，由浅入深、循序渐进。教学方式可采用前期以中文讲授为主，随着学生对专业英语词汇的掌握和阅读水平的不断提高，逐步提高英语授课的比重。切不可操之过急，打击学生学习信心，对英语基础薄弱的学生尤其要给予相应指导，介绍中文参考书，鼓励先看简单的英文资料，随着畏难情绪的逐渐消除再扩大阅读量，提高双语学习的积极性。

(三)课时的限制

为了减轻学生负担，各门课程课时压缩，这对用英语讲授专业知识的双语教学课程来说压力更大。在有限的课堂教学时间里，一定要精讲多练，充分利用“多媒体”教学手段，增加图表、图片、动画等内容，既能扩大知识信息量，提高授课效率，又能生动课堂教学效果，激发学生的学习兴趣。同时利用教务处教学平台，将课程教案上传，供学生下载和复习使用，减少课堂记笔记的时间，使学生能集中精力理解课堂教学内容，积极参与讨论，充分发挥学生的教学主体作用。

(四)考核形式的确定

考试是检验学生学习效果的一种方式，双语教学是一种新的教学模式，其考核形式也应灵活多样，避免一次闭卷考试决定成绩。因学生的外语水平参差不齐，考核方式不要因学生英语水平低而影响其课程成绩，这样会影响学生学习的积极性，毕竟双语教学的首要目的是学习专业知识，其次是提高专业外语水平。因此，要设计出多样化、多级别的考核形式，将期末考核、平时测验或作业以及学生的课堂发言、学习态度等结合起来作为学生成绩评定的依据，由学生根据自身特点灵活选择，鼓励学生多用英语。同时进行教学前期、中期和后期学生考核成绩的纵向对比，有显著提高的给予表扬和鼓励，激发学生的学习热情和兴趣。

四、结　论

旅游地学基础课程两年的双语教学实践取得了良好的教学效果，有效地提高了学生运用英语进行专业学习的能力和英语综合运用能力。但双语教学目前还处于探索阶段，有很多问题需要研究，如双语教学目标和标准的确立、双语教学模式的构建，教材的选择与供给，增加双语教学教师间的交流等。此外，国外开展双语教学时间较久，积累了丰富的理论和实践经验，学校应提供双语教学的教师国外考察学习的机会，这将有助于借鉴国外经验，提高双语教学的水平。

参考文献：

[1]罗任俊. 论双语教学在我国高等教育改革中的作用[J]. 高等理科教育，2004(1)：120~122.

[2]李莉，刘帅. 模拟电子技术课程双语教学初探[J]. 高教探索，2007专刊：89~90.

[3]曹秋菊. 对经济类专业双语教学课程体系构建的探讨[J]. 当代教育论坛，2006(6)：114~115.

[4]李春茂，王国惠，李春雷. 关于双语教学热点问题的冷静思考[J]. 实验技术与管理，2006，23(8)：112~114.

[5]吴平. 五年来的双语教学研究综述[J]. 中国大学教学，2007(1)：37~45.

第四部分　教学管理改革

实验教学中心量化管理模式的探索与实践

陈　劭①，杨尊昊，谭月胜，钱　桦

（北京林业大学工学院）

摘要：现代高级人才培养对实践环节提出了更高的要求，作为我校唯一工科实验教学中心，参与实验指导教师众多，设备资源丰富，学生受益面广，实践教学任务量庞大，如何合理地运用有限的人力和物力资源，调动实验人员的积极性，使实验中心高效率运转，是亟待解决的难题之一。本文在分析工学院各实验分室整合为实验中心后，切实加强实验室统一管理、统一建设、实现实验资源优化、资源共享的同时探讨建立全新高效的实验室量化管理模式。结合当前实践成果，分析探讨如何转变工程实践观念、建立实验室量化考核机制等途径，实现充分发挥实验教学特有的功能，增强办学效益，提高实验教学质量，使之成为培养高素质人才的实验教学示范基地。从而建立实验教学中心的量化考核与规范化管理紧密结合的实验教学管理模式。

关键词：实验教学中心，量化考核，规范化，管理模式

高校的实验室是进行实验教学和科学研究的重要场所，是教学工作的重要组成部分，具有自身的教学特点和规律性[1]。实验室管理水平的高低也是学校办学水平的重要标志，近年来学校高度重视实验室建设，通过多渠道增加实验投入，极大改善了实验条件。随着实验水平提高、实验内容增加、实验规模扩大，在如何进行实验室工作规范化管理、优化整合资源、提高办学效益、提高学生综合实践能力等方面越来越受到关注，相应的实验室量化管理机制建立实施成为本实验教学中心重要的内容之一。

所谓实验中心量化管理，就是以实验室的中心化为前提，以实现实验人员承担任务数量化考核管理项目为内容，以对考核结果的解释与处理为年终总结，并以实现实验中心优化管理、提高实验教学质量为终极目标的一种管理方法。针对我校工程实验教学中心的建设与发展，深入探讨建立量化考核机制对实验室工作规范化管理，充分发挥实验教学特有的功能，增强办学效益，提高实验教学质量，使之成为培养高素质人才的实验教学示范基地具有重大现实意义。

一、实验中心的量化与规范化管理必要性

随着我校教学改革的不断深入，专业规模扩大、学生人数激增，实验规模迅速扩大。新技术的不断涌现，高技术水平的实验内容增多、对实验课程的要求更加规范严格，对先进实验设备投入也逐年增多等等使实验管理工作总量急剧增加，实验在教学工作中占了相当大的

依托项目：2009 年北京市实验教学示范中心建设项目——林业工程装备与技术实验教学中心。

① 第一作者：陈劭，博士，副教授。主要研究方向：汽车应用与检测技术，林火扑救装备与技术。电话：62338143。E-mail：chenshao@ bjfu. edu. cn。地址：北京林业大学 8 号信箱，100083。

比重，实验室的工作成为重要的教学组成部分。2005 年末我校进行本科生教学水平评估，其中实验室的建设、学生的动手机会及实践能力的培养也是最重要的评估项目[2]。

量化管理是实验室工作科学化、规范化的重要手段。量化管理将改变过去那种实验员忙闲不均、干多干少一个样的松散工作管理局面，它以数字的形式规定每个实验员的工作总量，以数字形式反映出实验人员的工作效率、工作质量，从中反馈出实验任务安排是否得当，各项工作管理是否合理等，为实验室的科学管理提供客观事实依据。

量化管理对实验人员的工作情况的考核从传统的凭领导印象、群众人缘、模糊的带有主观因素的定性考核指标，过渡到以明确的定量考核为主，定性考核为辅的模式上来，有利于考核的公正性和统一性，是实验员的工作表现、工作成绩的全面的、科学的、具有可操作性的考核管理模式。

量化管理摒弃以往分散粗放的经验管理模式，充分体现“多劳多得”、“奖勤罚懒”、“公平竞争”的原则，充分调动工作人员的劳动积极性、上进心。另外，从实验员的角度来看，大多数都是勤勤恳恳、爱岗敬业的，都希望自己的工作态度、工作成绩得到客观、公正、科学的反映、对待。

中心实施了一系列实践教学管理文件，如“实验室工作人员考核办法”、“实验室工作人员培训管理办法”和“教师从事实验室工作与建设的规定”等。量化的结果也使实验员工作得到客观评价。在实现实验室的中心化管理之后，从机制上具备实行量化管理的前提条件，实行量化管理是规范实验室工作管理，提高工作效率的有效途径[3]。

二、实验中心的量化管理的主要目标及实施方法

(一)量化管理的主要目标实现

1. 落实每学期实验任务，实现年度任务总量控制目标

量化管理的一个关键，是建立一个合理的工作目标，即一个合理的工作量的额度。这个额度如果过高，超过工作人员的能力、心理所能承受的限度，会使实验员感到高不可攀、望而生畏因而打击工作人员的积极性；额度过低，又会造成实验任务完不成，学生不能得到良好的训练，也不能发挥实验员应有的能力，降低实验人员的工作积极性[4]。因此，这个额度既要符合客观情况完成实验教学任务(如考虑实验中心全年教学工作任务，各实验项目的工作强度，人员配置等)，又要符合工作人员的业务素质，工作能力，工作条件等。

通过全面测算，参照全院教师的年工作量标准，制定每位实验员 260 学时为全年满岗工作量标准，超过按照超额给予奖励，不足将按平均年度工作量差值给予降低业绩津贴标准。

2. 区分工程训练、机类实验与电类实验量化目标的差异

工程训练是高等院校工科学生的技术基础教学性实习，是专业基本操作技能训练的重要一环，是教学计划的重要组成部分，在实习教师的指导下进行，通过实习操作，使学生获得必要的技能和技巧，基本掌握钳工、电气焊、车工的加工、操作方法，了解数控机床编成、操作方法和加工过程，机器人基础训练等。每个标准班要按内容分成 5 个大组循环，该项工作相对集中，总量大，专业面广，作为一类工作量量化目标。

机类实习实验包括计算机绘图、材料力学、工程材料及机械制造基础、互换性与技术测量、测试技术、机电控制工程基础、流体力学、机械原理、机械设计、液压与气压传动、汽车构造等内容，相对分散独立，受实验设备台数限制、实验 重复次数多，因此在教学时数

控制下，制定重复系数，该类实验工作量化定为二类目标。

电类实验教学数量最大，最集中，可按整班开设实验。内容涉及电工电子基础实验、微机原理与接口技术、单片机原理与应用、可编程序控制器原理及应用、EDA、信号与线性系统、电气控制与 PLC 技术等。该类实验工作量化定为三类目标。

3. 补充修正大赛项目实验、大型实验室建设项目工作量

合理的定量是定量管理的核心，一种量化管理方案能否实施，很大程度上取决于它的合理性、科学性、可操作性及管理者的水平。

在保证日常实验工作同时，中心也承担大量科研任务、大学生专项大赛实验任务，以及实验室重大建设项目、承担对外开放服务等任务，因此，中心要根据实际工作投入情况、项目实施结果、获得表彰奖项等情况，对实验工作量考核进行补充修订。首先中心鼓励实验指导教师参与课程以外的实验，同时尽量以项目管理方式折合教学课时，记入全年总工作量。

（二）实验质量控制与监督机制建立

量化管理的目标应与提高实验质量相一致，因此，把好实验质量关极为重要。实验中心不能片面追求工作数量，还要严把质量关，如果实验不能满足教学需要，发生教学事故，实验内容出现错误，学生普遍有意见，将被扣减实验工作量。上述机制实施获得中心成员的认可。

1. 作为管理手段，量化质量控制。

作为硬性的管理手段，把质量控制量化，即把实验项目的开出率、差错率数量化，使它与实验员课时数量有机地结合起来。方法是：根据实验类型难易程度赋予相应的系数，综合性、创新性强、过程复杂的实验质量修正系数越高，差错系数越小，二者合并计算，反映实验质量。这样，就能使质量与数量相结合，达到控制质量的目的。当然，具体系数数值应在实践中根据各实验室实际情况加以调整。

2. 有效的监督机制才能达到提高质量，促进工作，保障效益的目的。

量化管理的阶段性终结，也最终要以量化考核的结果的处理为终结。考核的结果将作为年终考核、评优的主要参考依据。量化考核数量的高低，标志着一个实验员完成工作的多少，完成工作质量的好坏。好的，还要给予支持、奖励。完成工作不达标的，要给予相应的批评、惩罚。只有奖罚分明，才可以最大限度地调动起实验员的积极性和责任心。以数量分值为评价依据，才能做到公平、公正、公开。当然，监督机制的建立与健全，有赖于院领导和全体中心人员的大力支持，才能有效地、健康地发展下去。

3. 提高实验人员的实验的认识水平。

实验室是进行实验教学和科学研究的重要场所，是教学工作的重要组成部分，具有自身的教学特点和规律性。实验室管理水平的高低办学水平的重要标志，是学生工程实践能力提高的最直接反映。尤其是在高新技术不断涌现的今天，实验室为广大实验员提供了广阔的施展才华的平台[6]。要让实验员清醒地意识到，自己所面向的不仅仅是实验设备，而且要开放式地面向学生和教师。因此，要不断强化实验员对实验室工作的事业心和责任感，在完成全年实验工作量同时，避免事故，自觉地把好质量关。

（三）实验中心的量化管理模式建立

在原有实验室工作机制与业绩考核办法的基础上，出台新的中心工作规范，加强有针对性的日常考核；出台更科学、更具引导性的综合业绩考核办法，形成公平、公正、竞争向上的良好氛围。

按照中心目前的分布特点，划分为三大区域，一是以森工楼为中心的专业基础实验区；二是以金工厂为中心的实习区，三是以专业机械实验为主的北区。中心实行人、物统一管理，设备资源共享、实验室时间、场地开放。实验运转经费依据中心年度预算，由教学、行政院长统一管理。实验室建设经费通过项目建设办法在立项解决。实验总量在每学期前的上半学期由中心主任分配、协调，在年终考核时由中心主任汇总，教学管理室审核。截止目前，实验中心的量化管理机制已运行六年。取得显著效益。

三、实验中心的量化管理实施结果评价

要建立新的体制和方法，其目的是为了更有效地利用资源，使理论、实践教学、科学研究协调发展，使高等学校的实验室真正成为教学与科研的基地[5]。而实验中心的量化与规范化管理实施正是此背景下展开的，经过几年的努力，取得了如下主要成果：

(一)建立了高素质、稳定的实验教学团队

古人言：师者，传道授业解惑也。没有教师，教学无从谈起，没有一支过硬的师资队伍，也难以培养出合格的人才，而一支高素质、稳定的实验队伍，对学生实践能力的培养致关重要。几年来，我们通过加强实验室中心化规范化建设，积极引进充实教师队伍、加强培训观摩研究等措施不断提高教师整体素质水平，己形成了一支高学历层次、年富力强、有责任心的稳定的实验教学队伍。经过总体实验教学工作量测算，2006 年初开始同部分在校优秀研究生签订实验室助管员短期协议，充实主要实验力量，取得良好效果。从 2007 年 9 月开始，中心又与新到任具有博士学位年轻教师签订协议，参与相关实验室的建设与管理工作，2009 年中心正式招聘硕士学位研究生担任实验员，这些年轻教师极大充实了实验室教学力量，提升了实践教学质量[2]。

(二)通过量化考核机制调动实验人员积极性

实验中心在 2005 年末参与教育部开展的本科教学水平的评估工作。实验室评估是对实验室工作的全面考核，涉及到实验室的设置、设备、队伍、环境及制度等方面，评估范围广，内容多。通过按照评估标准开展自评工作，对实验室建设及水平有了自我认识，找出实验室工作存在的问题和差距，并及时进行整改、提高，使实验室工作规范化、科学化、制度化。其中量化考核机制调动广大实验人员的积极性，形成自觉开发新实验项目，主动承担实验室建设工作。在年终总结时，量化考核较为客观公正评价实验员工作成绩，优秀获得相应表彰奖励，不合格受到相应处罚。

(三)提高实践教学质量，调动学生的主动性

量化考核机制在激励实验人员完成工作量同时，严把了质量关。提高实践教学质量，关键还在于严格教学要求，用灵活多变的教学方法。由于在教学过程中突出了一个“严”字，这就改变了“实验不预习照样做”、“不求甚解，懒于思考”等不良倾向，培养学生严谨求实的科学作风，加强安全意识教育，杜绝实验教学事故。在实验中注意尽量采用启发式教学，让学生多观察、多分析、多动手，并分析错误的操作有可能给生产造成的不利影响及损失，从而加深学生对实验原理及理论知识的理解。同时教师还要布置一些实验思考题，让学生带着问题做实验，使他们既要动手，又要思考，调动了学生的主动性，培养了学生分析问题及解决问题的能力，从而提高了教学质量。

（四）建立了北京市实验教学示范中心

经过坚持不懈努力，2009 年 6 月获得北京市实验教学示范中心称号。标志着本实验中心进入新的里程碑。

综上所述，在实验室中心化规范化建设过程中，量化考核机制发挥关键作用，对该机制的探索与实践，较为客观、公平、公正评价实验员实验教学工作，但是该机制的实施并非一成不变，定量考核也不是万能的，应该结合实验教学的实际情况，与定性考核机制相结合，充分调动实验人员的积极性，最大发挥实践教学资源的效益。

参考文献：

[1] 编委会. 最新高等院校实验室建设与管理及教学指导手册. 中国教育出版社，2006. 11.

[2] 陈劭，钱桦，谭月胜等. 机械工程试验室中心化改革成果评价[J]；中国林业教育；2009 年(增 1)：104 ~ 106.

[3]韩海荣. 教育创新与创新教育探讨. 中国教育出版社，2007. 12.

[4]陈作明，赵丽杰. 实验教学工作量考核的改革与探索[J]. 重庆交通学院学报(社会科学版)，2007，(01).

[5]李进新，刘云，曹首军. 对实验室工作人员工作量化考核指标体系的探讨[J]. 实验技术与管理，2003，(01).

[6] 潘雄飞，赖天华，肖晓华. 西南石油大学基础实验室的规范化管理[J]. 实验科学与技术，2007 年 01 期.

机械专业基础系列课程教学团队的建设与成效

钱　桦①，于文华，赵　东
（北京林业大学工学院）

摘要：本文以建设高水平优秀教学团队为重点讨论议题，从以精品课程建设为重点，强化课程建设；依托教研室，开展教学活动，发挥教学团队的作用；以教学研究为突破口，加强团队教师的教育创新能力；采取切实可行的措施，不断加强青年教师的培养，持续发展团队等方面总结了机械专业—基础系列课程教学团队的建设与成效，并提出了今后的工作重点。

关键词：高等教育；课程教学团队；教学质量

高等学校本科教学“质量工程”中的一个重要建设项目就是“教学团队与高水平教师队伍建设”。在高新技术不断涌现，科技创新成果倍出的今天，高等教育也呈现了快速发展的局面。教学中，教学内容日益增多，学生的需求也日益多样化，需要教师对学生传递的信息量越来越大，对教学效果的要求越来越高，传统的“单兵作战”的教学模式难以适应这些变化的需要，客观上要求教师间进行合作，高素质教学团队则是实现教师合作的有效形式。因此教学团队建设目前正引起国家和各高校的广泛关注和高度重视。由于课程是高校教学工作中最为重要的细胞单元，其建设情况如何将直接决定教学质量的好坏，因此在高校教学团队建设的众多内容中，课程团队的建设占据了相当重要的位置[1,2]。基于此背景和客观需求，2007 年，机械专业基础系列课程教学团队被列为北京林业大学校级优秀教学团队进行建设，该团队主要面向机械专业，涵盖力学、工程图学、机械制造和机械设计四大类专业基础课程，属于系列课程类团队。该团队的基础始于 1959 年机械专业办学以来，多年来积淀了明确的教学指导思想和发展目标，逐步形成了学术道德高尚、队伍职称和学缘结构合理、师资力量雄厚、团队协调合作、教学研究成果丰硕的、可持续发展的优秀教学队伍，2007 年来，又着重在以下列几方面开展了教学团队建设工作：

一、以精品课程建设为重点，提升团队课程建设能力

由于本团队是面向机械专业，涵盖力学、工程图学、机械制造和机械设计四大类专业基础课程的系列课程类教学团队，因此，团队课程建设的能力，直接体现了团队建设水平的高低。课程建设中精品课程建设是重点。我们一改以往精品课程建设近局限在该门课程任课教师的范围内的建设模式，以团队为一个整体来组织精品课程的建设。首先，认真梳理本团队

依托项目：北京林业大学 2007 年校级教学团队建设项目——机械专业基础系列课程团队。

① 第一作者：钱桦，博士，教授。主要研究方向：金属材料及成形技术。电话：62336031。E-mail：qianhua@ bjfu. edu. cn。通讯地址：北京林业大学工学院，100083。

承担的所有课程，遴选出体现团队特色和特征的主干课程，然后有计划的分年度列为精品课程进行建设，通过几年的努力，搭建了主干专业基础课程精品课平台，构成了系列型精品课程，即建设了“材料力学”、“机械设计”、“工程材料及成形技术”和“工程图学”4门主干专业基础课程校级精品课程，使得精品课程相互支撑、构成专业基础课程平台，有效地保障专业基础课程的教学质量。同时，在精品课程的建设中，也提升了团队的课程建设能力。

围绕精品课程的建设，团队从课程研讨、教学研究、实验建设、教材建设等方面组织开展了工作。结合精品课程建设，在团队范围内组成不同的教学组合(可以跨教研室)共同开展课程研讨，如教学内容、教学方法以及课程的发展方向等。结合精品课程建设，团队组织教师开展教学研究，2007年来共获得3项校级教学研究项目，1项北京市教学研究项目。如我们积极开展的“机械设计类课程研究性学习”的研究与探索(北京市教学研究项目)，将机械原理和设计课程设计的题目统一并对传统题目进行改进，科学安排设计内容，采用研究设计小组形式开展设计活动，使学生的协作能力，获取信息能力，创新能力，学习热情等得到显著提高，有利于发展符合时代特征的人才培养模式，促进了教学质量提高。结合精品课程建设，还进行了机械基础实验课建设，现已完成第一轮07级的实验教学，相关的实验教学大纲，实验指导书和实验报告等文件齐备，2009年将“机械基础实验”教材纳入教材编写计划，已经获得学校批准立项，正在撰写过程中。结合精品课程建设，积极开展教材建设，本教学团队以承担机械类专业的主干技术基础课程为主，依据我校特点主要采取选用教材为主。同时我们还参编了北京高校机械原理教学研究会组织编写的《机械原理》、《机械原理辅导与习题解答》立体化教材。“工程材料及成形技术”主要采用国家规划教材，并参编了由清华大学组织编写的“材料成形技术”。“工程图学”则采用我们主编的电子化教材，其电子版作业、实验指导等配套教学辅助资料齐备。“工程训练”则采用自编的实训指导书。

目前，自编教材“机械创新课程教程”和“机械基础实验指导书”已经在校级立项，正在撰写中，拟在2011年正式出版。

二、依托教研室，开展教学活动，发挥教学团队的作用

教研室是高校教学、科研最基层的学术组织，是组织和团结教师完成学校和社会工作的基本单位。教研室不仅仅是一个学术组织，同时还承担着完成学校交给的组织教师政治或业务学习，组织完成各项教学和科研工作，团结和凝聚教师队伍的任务[1][2]。教研室也是团队建设中的重要部分，围绕着团队建设，以本教学团队为主，组建了“工程力学”、“工程图学”、“机械设计”和“机械制造”4个教研室。选择好团队带头人是培育高素质教学团队的关键。教学带头人和教学骨干就是团队带头人，他们是团队的引导者、组织者、推动者，是团队的领军人物，这一角色的作用主要在于设定团队目标，制定计划，组织人力，建立操作程序和种种制度，不断创新进取。因此，在高素质的教学团队中，带头人必须是高校中在教学和科研方面具有较高权威的专家、教授。具有强烈的事业心和高度的责任感，创新能力强，具有亲和力，善于调动积极性、主动性，善于同团队成员沟通、调解内外关系，能够营造和谐愉快的工作氛围。我们选拔本团队的骨干教师担任教研室主任。目前，通过教研室教学活动的逐步开展，将团队建设和教研室建设有机结合，相互补充，促进了团队建设。首先，教研室建立了日常的教学活动规范，将课程管理常规化、规范化，同时，在团队的统一领导下，又可跨教研室开展教学研究，形成了课程之间的交流和衔接。例如，机械设计的教师通

过承担力学、工程图学课程，加深了对课程间前后关系的理解，使得力学、工程图学和机械设计等课程能更有机的结合在一起。

三、以教学研究为突破口，加强团队教师的教育创新能力

在教学团队的统一部署下，团队教师紧紧围绕培养学生创新能力、实践能力等教学研究的热点问题，积极申报课题，开展教学改革和研究。如"工程制图考核方法的探索与实践"、"理论力学课程的网络化建设"和"机械设计类课程开展研究性教学的探索与实践"等。教学研究成果都在课程教学中得到应用，取得了良好效果，2007 年来，团队教师发表教学研究论文 27 篇。

"工程图学"课程一直是工科专业的重要专业基础课程，近几年来，随着计算机技术的发展，三维设计方法和软件已经逐渐渗透到了工程图学教学过程中，原来的教学思想和方法需要进行较大的修改。为此，我们团队从教学方法、教材习题建设以及考核内容等方面进行了较深入的研究，例如基于三维软件的平面图形教学方法研究，研究了制图教学中平面图形部分与三维软件的结合方法，提出了在新的教学环境下该部分的教学模式与处理方法。实践表明，三维软件与制图教学的融合能够极大的提高学生的学习兴趣，制图的许多概念也更容易理解。基于三维设计环境情况下投影变换教学问题的分析与探讨，认为在三维投影环境中斜视图的投影方法可以用于投影变换中换面法的教学，将视图复制、旋转，然后再进行投影的方法可以用于投影变换中旋转法的教学中。基于 Solid Edge 读图作业类型及读图方法的探讨，认为将二维视图、剖视图通过 SE 工程图中建立 3D 模型的工具转换到零件设计环境，通过读图理解物体的形状，然后用零件造型工具完成视图所表达的物体，再通过投影、剖切等工具完成题目的要求是一种较好的方法。我们还进行了工程图学课程网络化教学平台的建设与应用，在该课程的网络教学环境中，包括了使用说明、网络教程、教学课件、习题解答、实验指导书、考核说明、网上作业等内容。通过教学实践和学生的使用发现网络教学资源具有教学内容更新方便、快捷、不受版面限制的优点，可以充分利用丰富多彩的界面去描述教学的内容，表达自己的教学思想。同时学生可以随时看到最新的教学资源，了解到本学科最新的科技成果。随着计算机技术的进步，绘图的手段已经从单一的手工绘图向计算机造型、绘图为主的方式进行转变。以纸质试卷为考核媒介的考核方式已经不能满足本课程的考核要求。为此，我们对以计算机文件为工程制图试卷的考核方法、试题内容、试卷传输方式、阅卷方法等进行了研究。提出了以 Solid edge 为三维平台进行考试的题目选择、阅卷和存档方法。并在学生中进行了广泛的电子化考试的教学实验。

理论力学课程的网络化化模块包括了课程内容、学习指导、讨论园地、疑问解答、测试题库、练习题库、计算机辅助分析、趣味力学、力学名人等内容。通过一年多来的建设与实践，基本实现了课程学习功能、学习指导功能与学习测试功能三位一体化，提高了教学效果，培养了学生的学习兴趣和工程意识；结合软件《理论力学问题求解器》的使用，初步形成了一个培养学生利用计算机处理理论力学问题的全新模式；趣味力学等栏目的建设实现了本学科内容的深化和与材料力学、结构力学和数学建模等课程的有机融合。

"机械设计类课程开展研究性教学的探索与实践"中将机械原理和设计课程设计的题目统一及对传统题目的改进，科学安排设计内容，采用研究设计小组形式组织教学活动，使学生的协作能力，获取信息能力，创新能力，学习热情等得到相应提高，有利于发展符合时代

特征的人才培养模式，促进了教学质量提高。通过研究性学习活动的开展，学生的一些研究成果参加了北京市机构创新设计大赛。

在团队的统一部署下，教师积极组织、指导学生参加"机构创新设计大赛""机器人大赛"和"周培源大学生力学竞赛"等科技竞赛。一方面是锻炼教师队伍，通过竞赛实战，已经逐步形成了一支学历层次较高、年富力强的中青年指导教师队伍。通过竞赛指导，教师们与其它著名工科高校相互交流，及时掌握本团队所涵盖的主干专业技术基础课程的发展动态，技术走向等，也积累了指导学生的经验，丰富了自身的课程教学内容。逐步探索了以竞赛的形式培养学生自主创新和工程能力的方式方法，取得了可喜的进步。2008 年获得北京市"机构创新设计大赛"二等奖 1 项，三等奖 2 项。指导学生发表论文 2 篇，获得国家实用新型发明专利 2 项。连续 2 年作为国内唯一一所林业院校代表队参加了"CCTV 机器人亚太地区国内选拔赛"。首次参加了由清华大学主办的"周培源大学生力学竞赛"。团队教师指导大学生科技训练项目 8 项。

四、采取切实可行的措施，不断加强青年教师的培养，持续发展团队

提高教学质量的关键在教师、重点在青年教师。为了保持团队的可持续发展，加强师资队伍建设，2007 年来，有 5 名教师在职获得博士学位，同时引进清华大学博士后 2 人，中科院自动化所博士后 1 人。本教学团队原有 24 人，其中具有博士学位的 8 人，占 33. 3%，教授 3 人，副教授 6 人，现有 26 人，具有博士学位的 15 人，占 58%。教授 4 人，副教授 9 人。年龄在 50 岁以上的 9 人，40 岁以上 6 人，30 岁以上的 10 人，20 岁以上的 1 人，形成了一支结构合理、学历较高、年富力强的师资队伍。

我们对青年教师实行导师制，由有经验的骨干教师担任青年教师的教学业务导师，通过助课、观摩、与导师共同备课，导师听课等环节，使得青年教师较快的熟悉了教学环节、教学方法，近几年新进教师的教学评价都在 85 分以上，姜芳老师还获得学校教学基本功比赛二等奖。

我们先后有派出 7 人参加北京市精品课程培训，3 人到清华大学、北京航空航天大学的工程训练中心进行交流学习。10 人次参加了教育部相关教学指导委员会组织的"力学""工程图学"、"机械制造""机械设计"等课程的全国性交流会，通过交流使得教师们及时地掌握了所授课程的发展动态，促进了教学研究的开展。

五、教学团队进一步的建设计划

目前，团队的建设中处于中期阶段，在总结经验的基础上，通过向国家优秀教学团队学习，我们下一阶段的主要工作是：

第一，进一步加强教材建设工作，对已经立项的教材，从团队的角度积极组织编写，力争如期完成，正式出版。

第二，进一步强化教研室建设，使得团队建设得到保障。如教研室课程管理的建章立制等。

第三，加强团队的网络化管理建设，2010 年开始，建立团队网站，将团队相关资料收集、整理、公布，并通过网路加强教师之间的沟通、交流，便于团队的建设和发展。

参考文献：

[1] 彭道黎等. 林学专业教学团队的建设与体会、中国林业教育，2009 年 1 月：27 ~ 30.

[2] 杨明波等. 材料科学与工程学院课程教学团队建设的措施与成效　重庆工学院学报(自然科学)，2008 年 2 月：157 ~ 160.

关于加强我校教研室教研活动的几点思考

田　慧[①]，刘淑春
（北京林业大学理学院）

摘要：教研室是高等院校教研活动和教学管理的基层单位，加强教研室的教研活动是提高本科教学质量的关键环节。文章通过分析教研室教研活动的现状及存在问题，提出了加强教研活动的相应措施：针对教师和学生的需求开展教研互动，规范教研活动内容，采取丰富多彩的活动形式，营造良好的教研室氛围，完善教研室管理制度。

关键词：教研室；教研活动；教研室管理

教研室是按学科、专业或课程设置的教学研究组织，是高校教研活动和教学管理的基层单位。[1]教研室的基本任务是根据学校的办学宗旨和人才培养目标，完成教学任务并开展教学研究活动。教研室的教研活动以教学工作为中心，以教改研究为抓手，是提高本科教学质量、促进教学改革与发展的关键环节。

一、当前我校教研室教研活动的现状及存在问题

较长时间以来，由于高校扩招，教学工作量猛增，导致教研室的组织和功能日渐弱化，教研室管理处于边缘状态，教研室建设存在重硬件、轻软件的现象，教研活动也相应的表现出重事务、轻研究的趋势，已经成为制约教学质量进一步提升的瓶颈，具体表现为如下几个方面：

（1）教研活动的内容偏离"教研"这个中心。教研活动以上传下达、任务布置为主要内容，沦陷于一般性行政事务或一般性教学事务中，教研活动多流于形式。

（2）教研活动形式单一，缺乏切实有效的形式，对教师没有吸引力。开会成了教研活动的主要形式。

（3）教研活动的开展缺少人力物力支持。教研室没有专门的活动经费，外出调研、组织讲座等工作的开展受到经费约束。教研室活动时间无法保证，教研活动的时间常常安排在全院大会、政治学习之后，留给教研活动的时间非常有限，难以展开。

（4）教研活动仅局限于内部"封闭式"活动，与其他教研室、其他学校联合开展教研的"开放式"活动没有或很少。

（5）教研活动缺乏有效的交流，如教研活动多为"一言堂"而非"多言堂"，听课没有有效的反馈，讨论没有明确的主题，课题没有横向的交流。

---

① 第一作者：田慧，硕士，助理研究员。主要研究方向：教学管理。电话：62338375。E-mail：tianyeth_ 76@ sina. com。通讯地址：北京林业大学理学院，100083。

二、针对教师和学生的实际需求开展教研活动

（一）建立基于教师专业发展的教研活动。

近年来，由于高校的扩招，很多新进教师都省略了“助教”这一环节，直接走上讲台成为授课的生力军。而且新教师多以综合院校毕业的应届博士为主，普遍缺乏授课经验。在入职初期，新教师普遍存在焦虑情绪和对教学的不适应感，特别是非师范院校的毕业生更容易出现难以把握重点、缺乏互动等问题。教研室要针对新教师的这种特点，开展集体备课、观摩听课、说课、教学经验交流等形式多样的教研活动，促进新教师的快速成长。对于处于成长期的骨干教师来说，他们有了一定的教学经验，更要通过教研室组织的教研活动探讨教学方法、教学手段的改革与运用，如启发式教学法的研究、如何将学术前沿知识纳入课堂教学的研究等，帮助他们尽快成熟。对于经验丰富的老教师来说，更要发挥其在教研室“传、帮、带”的作用，把其教学中的特色、理念和风格传承下去。知识研究表明，知识本身具有“报酬递增”的特征，即分享知识的人越多，知识的效益就越大。从社会依存的理论来看，教师的学习与发展并非单纯个人努力的结果，教师的专业发展是一个需要与同事合作分享专业知识与情感体验的过程。[2]无论对于教师的入职教育还是在职发展来说，形式丰富的教研室活动能促进同事之间的对话与合作，促使教师以“扬弃”的方式获得专业发展，促成教育理念的传承与发展。

（二）建立基于学生需求的教研活动。

高等教育归根结底是以学生为主体、教师为主导的教育，这决定了教研活动要充分考虑到学生的需求，以人为本，因材施教。

要选择合适的教学内容。教学计划修订后，学时普遍减少，减学时不是随意的砍内容，要在教育部颁布的课程基本要求的基础上，根据学生的具体情况加以制定。[3]如我院数学教研室开展了与高中新课改内容衔接的教研活动。新一轮普通高中课程改革实验的逐步全面推开，使得高中数学除覆盖了高中阶段传统的数学知识外，还增加了向量、算法、概率、统计、导数及应用等大学中的高数、线代、数理统计知识，二者内容的重叠造成了学时的浪费和上课效率的降低。删减与中学数学重复的章节，设置出更为适合学生实际需求的教学内容，做到学生在高中与大学学习的有效衔接。二是与我校各专业需求衔接。对我院承担的数学、物理、化学等大学公共基础课的教学上，各教研室强调要在广泛调研的基础上，根据学校不同专业学生的具体需求做适当微调，有针对性地增加后续教学需要的基础知识，强化专业学习所需要用到的重点内容，处理好基础课与专业课的前修与后续的矛盾关系。

要选择合适的教学方法。教师不但传授知识技能，还要重视学生学习兴趣、信心的培养，发展学生的创新意识。教研室要开展启发式教学的研讨活动，精心设计能够引导学生思维的问题，实现师生的良性互动，留给学生充分的思维空间。探讨综合性、设计性、开放性实验教学如何开展，提高学生的动手能力。

三、教研活动的内容与形式应该丰富多彩

（一）集体备课

教研室应该大力提倡以课程组为单位展开集体备课，着力改变扩招后因教学任务繁重、时间紧张导致的集体备课日渐式微的现象，这对基础课等班级较多的“大课”而言更为必要。

集体备课不是简单的统一教案、统一讲法，而是大家在各自备课的基础上，针对教学大纲的要求，对课程的重点难点的把握、教学进度的安排、教学策略的选择、例题习题的运用、板书的合理设计等方面进行观点交流、思维碰撞。集体备课也可以表现为说课的方式，由每个教师主讲一节，口头表述其教学设想及其理论依据，然后由听者评说，达到互相交流，共同提高的目的。说课的内容包括说教材内容、说学生特点、说教学方法、说教学程序。

（二）观摩、听课与评课

教学观摩最常见形式是由教学经验丰富的教师讲授的教学示范性的观摩。还有一种形式的观摩是以教师之间互相促进为目的，授课者可能是教研室其中任何一位教师甚至是初登讲台的新教师，我们把这种观摩通常叫做听课。

不论是观摩还是听课，有反馈即评课才能达到共同提高的目的。值得注意的是，转变传统的评课方式，是能否达到预期效果的一个重要方面。传统的评课在于评课者的结论碍于同事情面，多以价值判断居多，语言也比较抽象概括，意义不大。描述性评论是美国著名教学学者卡利尼创造的一种集研究、教学、评价和培训四位一体的方法论。[4]描述性评论尊重每一个教师的独特性，尊重教学实践的丰富性，通过对教学策略、进度安排、提问技巧、互动细节、学生领悟等现象采取形象化的描述，达到彼此互进的目的。教研室在组织听课时，要开展注重细节、发现亮点、指出不足的描述性评课，反对简单概括的价值判断或者没有任何反馈的徒具形式的听课。

（三）教学基本功比赛

课堂教学不仅是学生学习的“主战场”，也是教师传授知识、培养思维方式的重要殿堂。狠抓教学基本功是提高课堂教学水平的关键。教研室通过举办青年教师教学基本功比赛，发现几个讲课能手，重点培养，再由点到面，互相借鉴，逐步影响全院教师对课堂教学的重视。此种形式更适用于中青年教师水平的提高。我院共有 12 人次在学校获奖，先后有 4 人代表学校参加市级比赛。在北京市第四、五、六届青年教师教学基本功比赛中我院有 2 人获得一等奖、最佳教案奖、最佳演示奖，1 人获得二等奖、1 人获得三等奖的好成绩。教师成绩的取得，来自于其身后整个教研室的全力支持。在选出初赛选手后，教研室通常会组织有经验的教师从语言、逻辑、教案、课件、板书等方面给予精心指导，再经历数次教研室试讲、全院试讲等几个阶段直至推到外面参加决赛。在这个过程中，不仅是参赛选手有了提高，其他教师也参与其中，获益匪浅。

（四）专题讨论

教研活动的焦点就是问诊课程教学并开出合适的“处方”。建立在对话、互动、分享、反思基础之上的专题讨论能使教学研究逐步走向深入。此种教研活动多适用于不易理解或争议问题的澄清和教学最优化的设计。首先要找准问题。这些问题可能来自课程的重点、难点，也有可能是某个教师的经验亮点或存在问题，最好是全体教师所共同关注、有困惑和亟需解决的。教研活动中的研究主题切忌大而全、面面俱到，不要试图通过一次或几次教研活动解决教学中的多个问题，而是应该由浅入深地展开系列专题讨论。其次要精心组织。一次效果良好的专题讨论应该提前制定计划，下发研讨提纲，主持人不但要组织讨论，还要及时梳理问题、汇总意见、清除分歧乃至达成共识。

（五）课题研究

教研室要积极组织教师申报教改课题、科研课题，既可将教学中出现的难点问题作为教改课题申报研究，也可以讲教改的成果作为经验推广运用到课堂教学中。这种活动层次高、效果明显，但周期长、难度大。值得注意的是，教改研究并不是简单的一个或几个参与者的活动，教研室应该在课题的横向交流上发挥作用，如组织教改课题的经验交流会，实现资源和成果的共享。以往我校教改课题归教务处、科研课题归科研处管理，教师立项后基本是单兵作战，与教研室关系并不大。教改课题归属学院二级管理后，教务处审核课题的立项，学院负责课题的过程管理，使得学院在组织课题的交流上更为方便。如我院数学教研室某教改课题的成果——线性代数自测系统（单机版和网络版）经在课题主持人授课的班级试用后学生反馈很好，经过项目的经验交流，教研室准备在全校范围内适用。

（六）横向交流

教研室应该组织形式多样的横向交流活动，这种活动形式有助于教师开拓思维，受益面广，针对性强。如组织业界同行或跨学科、交差学科间的学术讲座和学术交流、举办学术年会、培训进修、外出学习考察等活动，或“请进来”或“走出去”，这是教师专业化发展的内在需求，也是教师这个职业性质所决定的“终身学习”的一部分内容。同时教研室内部各课程组活动之间的交流与衔接也十分必要。各教研室要在业界同行中获取对话权、争取发言权，特别是优势学科要确保在同业间的主导地位。

（七）网络平台

现代信息技术的迅猛发展为教研室活动的开展了搭建了新的载体，教研室可以充分利用校园网、精品课程网站、FTP、QQ 群、博客等网络平台进行在线交流，探讨教学心得，进行师生互动。

四、营造良好的教研室氛围，塑造教研文化

教研室活动的顺利开展有赖于团结进取、互助合作的教研文化的营造。教研室不仅是教师工作、学习的场所，也是丰富生活、缓解压力、交流情感的小天地。首都经贸大学成立了中国大陆高校首家“教师促进办公室”，简称 OTA，通过举办午餐圆桌会、提供一对一的帮助、提供教学、科研潜能开发培训等形式以帮助教师实现职业生涯的全面可持续发展。[5]这多少可以给我们的教研活动的组织者一点启迪。与 OTA 相比，更具有普及性的做法是，教研活动的开展可以与工会活动结合，开展郊游、聚餐、参观等丰富多彩的文体活动，无形中增进彼此的沟通与交流。教研活动的开展也可以与党员活动结合，通过支部与教研室的共建在教学中发挥党员的先锋模范作用。通过与其他活动的互相渗透，既节省了经费开支，又增加了活动的时间。

五、完善教研室管理制度，规范教研室管理

教研室作为基层的教学管理部门，还需要学校、学院等上一级管理部门出台相关的制度措施提供制度支持和经费保障。第一要明确教研室主任的职责、待遇和考核办法。一个好的的团队需要有一个领军人物，一个经过严格选拔的精通业务、善于管理、有人格魅力、富于激情、深受教师欢迎的教研室主任，一定能够把教研室的活动引人良性发展的轨道。第二要建立学校与教研室直接对话的机制，定期开展教研室工作会议，开展专题研讨，建立教研室年度工作计划、工作总结制度，形成对教研室工作的考核监督体系。第三，学校应定期开展优秀教研室、优秀教研室主任的评选工作，形成教研室争优创先的局面。第四，为确保教学

研究在教研室活动中的重要地位，学校应该制定出对教研室教研活动的指导意见，对活动的组织形式、开展次数、内容主题、检查监督做出指导性规定，特别要加强对教研室活动的档案监督，教研活动要求有主题，有记录，由学校、院系进行定期检查。

参考文献：

[1] 季爱华．论高校基层教学组织教研室的建设．[J]安徽工业大学学报(社会科学版)，2008.3：145～146.

[2]邓涛．教师专业合作的理论与实践研究．[D]东北师范大学博士学位论文，2008：72～76.

[3]范钦珊．提高课程质量要从教学基本功抓起．[J]中国大学教学，2009.1：14.

[4]帕特丽夏 F·卡利尼，张华译．让学生强大起来—关于儿童、学校和标准的不同观点．[M]高等教育出版社，2005：2～4.

[5]吴冬梅．中国内地首家高校 OTA 首都经济贸易大学 OTA 简介．[J]经济与管理研究，2009.4：3.

化学实验教学中心的管理改革与发展设想

杨今朝[①]，廖蓉苏，刘立岩，刘　柳
（北京林业大学理学院）

摘要：本文介绍了化学实验中心的建设与管理的经验体会，并对存在的问题进行了分析和讨论，对实验中心的发展提出了设想。

关键词：实验中心；管理；发展设想

一、化学实验教学中心的管理与改革

（一）管理体制及运行机制

化学实验教学中心目前为林学、水保、木工、园林、环境、林化、生物等全校 17 个专业本科生开设基础化学实验课。根据学校的聘任条件，实验中心主任在学院竞聘上岗，实验室工作人员也根据聘任具体要求定期考核；实验中心负责实验仪器设备、试剂药品以及实验室等行政管理，根据实验教学大纲确定的实验项目，由专职实验人员负责实验日常仪器、试剂的准备。实验中心的经费主要来源于学校的定期拨款，偶有其他专项的拨款。

（二）管理制度的改革与建设

在化学实验中心的建设中，管理制度的建设是重中之重。为保障实验中心的正常运转，配合学校的有关规定，并结合实验中心的具体情况，我们修改和制定了一系列规章制度："实验中心主任职责"、" 实验主讲教师岗位职责"，" 实验课指导教师岗位职责"，" 化学实验中心实验技术人员岗位职责"，" 化学实验中心学生实验守则"，" 化学实验中心安全管理制度"，" 化学实验中心仪器设备使用收费（暂行）办法"，" 仪器设备和低值耐用品的赔偿制度"，" 化学实验中心工作档案管理制度"，"实验中心安全事故处理应急预案"等等。在实验中心专职人员少，工作量大的情况下，我们本着有分工有合作的原则，落实责任制。各项管理规章制度的建设，为本科教学计划顺利完成，面向"大学生科技训练计划"、研究生开放实验室提供了保证。

（三）实验中心的仪器设备与试剂药品的管理改革

化学实验中心的管理制度不断完善，各实验室统筹管理，仪器药品协调使用。根据教学计划的需要，具体安排实验课程和实验内容，大大提高了实验室的使用率。化学实验中心的

依托项目：北京林业大学 2009 年校级教学团队建设项目——化学教学团队。

① 第一作者：杨今朝，学士，高级实验师。主要研究方向：化学。电话：62338137。E-mail：yjzhao808@ sohu. com。通讯地址：北京林业大学理学院化学实验中心，100083。

仪器、设备、试剂按需协调购买，资源共享，也使得仪器设备得到充分利用。化学试剂有专人管理，出入库有记录；有毒试剂由实验

中心主任与另一位实验专职人员共同管理，保险柜一人负责密码，另一人掌管钥匙，出入库严格记录，两人签字负责。严格执行设备登记制度，使得帐、物、卡100%相符。

（四）实验中心的人员管理改革

实验室人员的管理，首先严格地按制度执行，责任到人，同时要营造一个和谐的工作氛围，使每个实验室人员都能积极主动的发挥出自己的作用。我们要求实验人员工作有分工有合作，明确每个人分管的实验室和工作责任，要求对分管的实验室及在该实验室上课实验指导教师负责，其中包括实验准备、实验室安全、实验过程中试剂的补充、玻璃仪器的损坏赔偿、仪器的使用等，管理工作责任到人。另外还将其他的管理工作分工管理，如：资料的管理、有毒试剂的管理、其他试剂的管理、小型仪器维修的管理等，大型仪器设备专人管理。积极调动实验室工作人员的工作主动性，适时培训，鼓励参与科研工作、大学生科技训练、精品课程建设、教学团队建设等。

（五）实验教学管理与实验教学改革

一切的管理手段和方法最终目的就是要在实验过程中，训练学生发现和提出问题、分析和解决问题的能力从而培养高素质人才。经过多年的探索和教学改革，化学实验中心的实验教学管理体系不断完善，实验内容不断更新，实验环境越来越有利于培养学生的创新思维。

（1）早在1994年我们就对有机化学实验的内容进行了微型化改革，它作为绿色化学的内容率先在农林院校进行了试点实践，现在已成熟地在全校推广，实践证明，微型化实验具有节省试剂、节省时间、减少污染、操作便捷、现象明显、安全等特点，在实验过程有利于培养学生认真严谨的科学作风。

（2）在无机化学和分析化学实验中开设“醋酸电离常数的测定”和“碳酸氢钠的制备与含量的测定”两个综合性实验。前者，用传统的滴定分析方法和酸度计分别测定醋酸浓度和pH值，然后计算醋酸的电离常数，从而对学习过的“弱电解质的电离平衡”和”电离常数”加深理解。后者，通过制备碳酸氢钠进一步巩固无机制备的基本操作技能，并在测定碳酸钠和碳酸氢钠含量时学会双指示剂滴定方法，学生们对用自己制备出产品进行含量测定表现出了极大的兴趣。

（3）开设有机化学与仪器分析综合性实验，如：“乙酰苯胺的制备与红外光谱鉴定”就是先合成产物再在分离纯化，然后应用仪器分析——红外光谱对合成产物进行分析鉴定，这样可使学生进一步理解现代仪器分析法的应用。

（4）开设设计性实验，以有机化学实验中“双酚A的制备”为例，在实验前告知学生实验的题目和要求，学生可提前在一到两周内查阅相关资料，提出设计方案，完成预习报告。实验指导教师对学生的方案逐一进行审阅，将方案相同的同学组成实验小组，并在课堂上组织讨论，实验指导教师引导学生思考实验的反应机理、副反应的产生、如何控制反应条件、如何减少副产物、如何提高产率等问题，经过课堂讨论，进一步完善实验方案，再进行实验。通过这样的讨论每位学生都能发挥其主动性和独立性，对实验更有兴趣，并从中学到更多的知识。

（5）增加选做实验和多选实验，在有机化学实验做“乙酸乙酯的制备”的同时增开反应类似的“乙酸丁酯的制备”；在“油脂提取”的实验中准备了不同的材料，如：花生、核桃、黄

豆等；在“水蒸汽蒸馏”的实验中提供了八角、桂皮等供学生选择。在分析化学实验中也采用相同的实验原理不同的实验样品的方法。在实验课中指导教师不会对每个不同的样品进行详细的讲解，这样学生对自己选择的实验会更加认真的充分预习，实验过程中也格外认真，同学们之间会对不同的实验样品自行比对互相参考，加深了对实验的理解。

(6)对所有实验课程建立“实验卡片”，其中包括实验基本要求、实验主要知识点、实验基本操作流程、实验中的思考题等。实验卡片挂在每个实验室中，帮助学生实验时参考，同时要求实验指导教师严格按照实验卡片的内容完成教学，不得随意更改或降低实验要求。

二、发展设想

化学实验中心经过近几年的管理改革，在实验室管理制度和实验教学改革方面取得了一定成效，但是仍然存在一些问题，例如：①从管理体制和运行机制上看，化学实验中心与化学教研室为同一单位，并没有实现真正意义上的二级化管理，使化学实验中心的发展受到了制约。②目前部分实验课仍附属于理论课，实验学时少，实验课不单独设置。这种分散的实验教学要照顾到各门理论课程的系统性和完整性，使得部分实验内容在一定程度上有重复，实验学时过于分散，学生基本实验技能与综合实验能力不足，限制了教学内容的更新[1]。③实验中心的管理重中之重还有人员的管理，首先实验中心专职人员少，工作量大，部分大型仪器设备需要专人管理时人员分配不开，其次实验中心缺少更高层次的人才。对于实验指导教师缺少严格的管理和考查方式。

目前各高校化学实验课程体系的改革正进一步深化，提出的基本要求是“横向整合、纵向打通”，[2]弱化基础实验、综合实验之间的界限，将综合能力和创新意识的培养贯穿于整个实验教学环节。要跟上改革的步伐，实验教学还需将教学体系和教学内容的进一步整合，建立一体化的实验教学体系，根据我校化学实验教学存在的问题和具体情况，化学实验中心提出下列发展设想：

(一)建立一体化的实验教学体系

打破化学二级学科的界限[3]，将原有的无机化学实验、分析化学实验、有机化学实验、仪器分析化学实验的资源集中整合、重组，不再依附于理论课，建立化学实验教学新体系，即设立“实验化学”课程。新体系与理论课有机的结合，同时又相互独立，在学生掌握基础知识、基本技能和基本方法的基础上，适当删除原有的低水平重复的内容，将基本融会贯通后，增加综合性多学科交叉的实验内容以及设计性实验，提高综合运用能力。

(二)开展多层次的实验教学

我校现为综合性学校，理、工、林、文多学科发展，各专业对化学基础课的要求也不尽相同，同一专业的学生，化学基础、动手能力和兴趣志向等也不相同，可以根据具体情况分层次开设“实验化学”课即使课程的教学时数相同，也可以有不同的教学大纲、不同的教学内容分类设课，分别指导，使课程设置满足人才培养需要，从而建立起一体化，多层次的基础化学实验课程体系。

(三)开设实验化学选修课

如“生活化学实验”是面向全校同学，包括人文学院、经管学院等不学习化学课程的学生开设。教学目标是拓展学生的视野和知识面，通过本课程的学习，可以帮助学生了解生活中化学现象的本质，掌握一定的化学知识和实验技能，实验内容包括无机、分析和有机化学实验的基本操作训练，同时又密切与生活实际联系，可以大大提高学生的学习兴趣，寓教于乐。通过化学与食品、化学与健康、化学与日用化学品、化学与生活等方面的化学实验，培养训练学生对周围事物的观察力，让他们学会从化学的角度观察和思考自然现象和自然规律；提高学生独立思考、分析和解决问题的能力，培养学生的科学态度和创新意识。[4]

（四）开设较高层次的综合设计性试验

在熟练了基本知识、技能和方法，掌握了实验设计能力后，从是实验训练过渡到研究实践，开设"综合和设计化学实验"这是针对二、三年级对化学有兴趣爱好、学习成绩较优秀、学有余力的学生，开设具有较深层次、体现学科交叉渗透、有一定设计性和研究性的实验内容，同时可将教师的科研渗透到综合性实验中。综合实验除了锻炼学生熟练掌握各门实验技能外，还训练学生独立查阅文献资料、设计实验方案、实施实验方案、总结实验结果、撰写研究报告的能力。使学生对自己所学习的化学理论知识、实验技能和方法，能够融会贯通，综合应用化学方法研究解决实际问题，着重培养学生的综合素质和创新能力。

实验课独立设课后，实验中心能够更充分地发挥作用，逐渐开放实验室，统筹实验室的管理和建设，统筹安排实验教学，实行实验指导教师聘任制度，加强实验队伍的建设和管理，更好的保证实验教学的质量。同时加强实验室专职人员的管理和培养，提高管理水平和人员素质。[5]

三、结束语

化学实验中心经过"211"的建设，经过修购专项的投入，和教育部的教学评估，整体建设和管理都得到了改善，实验教学水平和教学质量显著提高，具有较好的教学效益，目前实验中心承担的教学工作量为 71680 人·学时/年。实验教学水平和教学质量不断提高，实验仪器设备逐年更新，目前设备总资产 473 台件，总值为 418.16 万元，更新率十年来达到 89.7%。化学实验中心为我校培养具有实践能力、创造能力的人才作出了贡献，为达到国家级实验教学示范中心的标准努力着。

参考文献：

[1] 实验室管理中存在的问题及解决方案的探讨. 管理观察，2009 年 9 月下旬刊.

[2] 王玉枝，旷亚非，蔡炳新，李文生. 改革基础化学实验教学和管理，建设高水平的化学实验中心[J]. 化工高等教育，2003，(04)：53.

[3] 冯如斌，边丽，孟晓彩. 关于化学实验课程体系建设的思考. 河北工程大学学报，2009，26，4：70 ~71.

[4] 张树永，张剑荣，陈六平. 大学化学实验教学改革的基本问题和措施初探. 大学化学，2009，24，4：24 ~28.

[5] 吴性良. 综合化学实验教学中心的建设与管理. 实验室研究与探索，2002，21，1：88 ~90.

从《孙子兵法》谈高校动物学教师的素质特征

张　东①，隋金玲，李　凯，丁长青，胡德夫
（北京林业大学生物科学与技术学院）

摘要：《孙子兵法》堪称“兵学圣典”，“将者，智、信、仁、勇、严也”是孙子提出的将帅应具备的五项基本素质。结合高校动物学的教学实践工作，探讨了其中的哲学原理对于高等教育工作者的借鉴意义和重要启示。

关键词：孙子兵法；动物学教学；高等教育工作者；素质特征

《孙子兵法》是军事家孙武所著的一部经典著作，内容简练而深刻，应用其中的谋略，既可治国，也可育人，细细品位，其间充满哲理。近年来，很多学者开展了将《孙子兵法》的理论精髓应用于市场竞争策略、企业和人事管理等各个层面的工作中[1~4]。特别，应用《计》篇中将帅应具备“智、信、仁、勇、严”五德，对企业家应具备的素质特征进行较为深入的论述[5]。

认真分析为“将”者的五个必要条件，感触颇深。国家之计在教育，教育之计在教师。在教育科技日新月异的今天，“将”之五德亦成为高等教育工作者同样应具备的基本素质特征。作为一名21世纪的教育工作者，更应智而好学，以信为本，以仁取胜，勇于创新，以严律己，只有这样才能为国家培育出英才，做出真正的学问。现就所从事的《普通动物学》教学实践工作谈谈体会。

一、智。好学为智，具备广泛的知识层面，要有运筹帷幄的智谋、韬略

《普通动物学》是高等学校生物学院的主干课程之一，如何教授好这门课程至关重要。在2004年国际动物学大会上，学者们一致认为现今动物科学的发展与30年前已经截然不同，原有的许多分支学科，如动物生理学、动物生态学等已发展的非常完善，诸多分支学科的兴起对传统的经典动物学科构成了极大的冲击。甚至于传统的动物分类学，也广泛地使用了分子生物学的技术和手段，开展DNA条形码技术（DNA Barcode），构建生命之树，以更为客观的基因片段重新修订动物的分类系统，面临着重大革新。如今的动物学科领域的发展需要用到整合动物学这一词汇来概况。国外的教材早在2003年就出版了Integrative Zoology，其内容涵盖广泛且深入。

高等教育的根本在于为国家培养优秀的人才。林业是国家五大重要支柱产业之一，亟需

依托项目：北京林业大学2009年校级精品课程建设项目——《普通动物学》。

① 第一作者：张东，博士，讲师。主要研究方向：昆虫学。电话：62338130。E-mail：ernest8445@163.com。通讯地址：北京林业大学生物科学与技术学院，100083。

大批具有动物学背景知识的高级人才来进行规划和管理，开展前沿领域的探索和创新。作为中国林业高等院校的动物学教师更要不断更新自己的背景知识，与时俱进，在采用我国经典教材的基础上，还应选用国外原版教材，进行整合，将更为全面、前沿的动物学知识讲授给学生。

在备课的过程中必须做到“知己知彼，百战不殆”，体现教师的“主导地位”，学生的“主体性”。抓住当代大学生猎奇心强的特点，将动物学研究中备受关注的热点问题和前沿领域，以及对人类文明进步产生重大影响的科学事件介绍给学生，并加以引导，提供给同学们将来发展更多的可选途径，使其明确奋斗目标，吸引学生投身动物学研究。比如在动物进化研究中，占有主导地位的是达尔文的进化论思想，认为物种的进化是一个渐进的过程；而化石证据，特别是我国澄江化石动物群的发现却表明生命是在寒武纪时以大规模爆发式的方式发生的；近期，在昆虫学研究领域，关于蚜虫和蝇类的分子系统学研究也证明这两类昆虫在始新世时发生过快速的适应辐射。这种与传统主导地位的学术思想之间的矛盾，还需要进行更广泛且深入的研究和探索，才能揭示动物的进化过程和生命的起源问题，这亦是生命科学领域的核心问题。

二、信。以诚信为本

诚信对于从事教学和科研的人员，特别是具备双重身份的高校教师尤为重要。作为高校教师要时刻铭记“为人师表”的准则，踏实工作，德学双修。我国几千年来一直保持着尊师重教的传统美德，人们对教师既尊重又尊崇，假如失去了诚信，教师也就失去了根基。但目前，社会上的浮躁风气对高等教育界也产生了影响，造成了部分从业教师诚信的缺失现象。如近几年，一部分人为着个人的名和利，违背道德，牺牲原则，在教学和科学研究中不经过自己动手，虚报实验数据；有些人在发表成果时，抄袭别人的论文，嫖窃他人研究成果；还有些人利用承担国家科研课题的便利，将科研经费挪作他用，或装入私人腰包。虽然这些情况只是一些孤立的个别现象，但其造成的影响却不可低估。诚信是教育的生命，是教育的力量所在；缺乏诚信，也就为教育的真、善、美蒙上了阴影。教育的诚信品质是与身俱来的，这是由于教育本身注重探索真知，感悟真谛，发现、归纳、总结原理的特性所决定的。因此，高等教育工作者一定要修好自身的德行，展现教师的品德和人格魅力。

三、仁。理解和关心学生，建立良好的课堂人际关系

师生关系的好坏，直接影响教师教学效果。孙子很重视将士的合睦关系，他认为将帅要“视卒如婴儿，故可与之赴深溪；视卒如爱子，故可与之俱死”。课堂教学，是师生之间不断进行信息传递、思想沟通和情感交流的过程。在这个过程中，会形成师生之间的人际关系，认知协调、情感和谐、行动一致有利于形成课堂的和谐气氛。

利用课下时间，给同学们多介绍一些关于当代国内动物学研究各领域的学科带头人，以及他们是如何献身科研，并取得令人瞩目成绩的。如中国科学院生物物理研究所的郭爱克院士利用果蝇为研究对象，开展昆虫的脑认知的前沿领域的研究；中国科学院动物研究所的周琪研究员在动物克隆和干细胞研究方面所取得的突破性进展；在动物进化研究领域中，首都师范大学的任东教授以传粉昆虫与被子植物的协同进化关系为切入点，所取得的卓越成就等等。通过与学生间的畅谈，使师生间的关系更为融洽，同时激发了学生的研究热情和专业兴

趣，成立了动物学研究小组，并获得教育部和学校资助的本科生科研创新项目各2项，有效地利用科研项目，锻炼和培养了学生的实践和创新能力。

四、勇。勇于创新，积极引入新的教学方法，改革教学方式

已故国家功勋钱学森先生，临终前仍忧心于我国的科教事业，仍不忘提示后辈：为何我国不能更多的培养出国际大师级的科技精英？作为高校教师，的确应该认真地思考这一关乎国家前途与命运的教育问题。

我国科教界目前面临的主要问题就是原始创新少，教学方法模式化。这与我国的教育方式和教育理念有一定关系的。经过初等教育的学生普遍存在着分析和动手能力弱，学生学习的主动性不强，不愿意提问等问题。若想改变这些现象，教师必须除旧推新，积极引入新的教学方法，充分调动学生的主观能动性，学生只有勤思考，发现问题并主动提出问题，这样的课堂教学才能将师生融为一体，从而获得良好的教学效果。

孙武在《兵法·势篇》里说"凡战者，以正合，以奇胜。故善出奇者，无穷如天地，不竭如江河……"。孙武"出奇制胜"的辩证观点和思想方法，同样适用于动物学教学。"教有常法而无定法"，不管是凯洛夫的五大环节教学法，还是黎世法的异步教学法，都不是一成不变的。兴趣是最好的老师，教师要特别注意运用灵活多样的教学方法达到培养和保持学生的学习积极性，使每堂课都能达到预期的效果。如利用近期发表的关于动物学研究的国际顶级期刊文章内容或是近期的重要新闻等信息为切入点，引起学生对问题的关注，提高学生分析科学问题的能力；采取专题讨论、国内外教材对比和邀请知名动物学研究专家进行学术报告等多种形式相结合，丰富教学方式。

教学中课堂上的气氛非常重要，教学实践表明课堂上学生学习气氛活跃，思维积极，师生关系协调融洽，教学效果良好。反之，课堂上气氛不良，学生无精打采，即使教师课前作了充分准备，也会因课堂气氛不佳而产生情绪上的挫折感，教学效果自然会差或者下降。所以课堂气氛正如军事作战中的"势"一样，是一种潜在的能力，是影响和制约教学效果的不可忽视的因素。课堂气氛要靠教师去营造。教师必须善"造势"——营造良好的课堂气氛。对中国学生不善于提问的现象，我们在实验课前设计好与重要实验步骤相关的基础理论问题，请学生在课上作答；在实验结束后，引导其就实验的经验进一步分析成败因素，达到培养学生的思考和提出科研问题能力的目的。

五、严。以严律己，在学生和同事中有较高的威信

当今，高校的教育工作者都肩负着教学和科研两方面的重任。教师的科研进展能够为课堂教学提供更为前沿、丰富的内容，对教学具有极大的促进作用。教育和科学研究历来以严谨著称，教育和科学的研究结果需具可重复性，这是科教工作者的共识。前人的教学经验和科学研究数据不断地被后继科学研究所引用，前人的教学经验和科学研究结论不断地被当作后继科学研究的开始，科学的真理就是这样一个无尽的探索过程。有时，获得一个教学实践和科学研究的成果需要几年、几十年时间，甚至需要几代人的不懈奋斗，而在这个过程中，如果有一个环节不严谨，就可能将整个研究引入歧途。因此，教师自身在教学与科研的工作中一定要严以律己，"率先垂范"，"身体力行"，把言传与身教有机地统一起来，为学生做出表率。

同时，教师对学生还需“令之以文，齐之以武”。动物学教学实践中，我们要求学生在实验课的过程中，规范化、标准化的进行操作，形成良好的学习环境，学生的实验技能水平不断提高，提出问题的能力明显加强，发现了许多与书本上讲授内容明显不一致的科学问题，教学效果明显。因此，教师应注意选择合理的引导方式，培养具备创新能力的人才。

参考文献：

[1] 程美秀.《孙子兵法》的谋略思想探析[J]. 中外科技政策与管理，1996，9：83~85.
[2] 马一夫. 孙子兵法[J]. 决策探索，2005a，4：85~86.
[3] 马一夫. 孙子兵法[J]. 决策探索，2005b，6：81~82.
[4] 马一夫. 孙子兵法[J]. 决策探索，2005c，7：83~84.
[5] 邓建民. 从孙子兵法谈现代企业家应具备的素质特征[J]. 化工质量，2000，2：11~12.

高校体育教学质量管理的反思与展望

姜志明[1①]，孟祥刚[2]

（1. 北京林业大学体育教学部；2. 北京林业大学教务处）

摘要：高校体育教学仍然是高校体育的主体和完成高校体育使命的最基本途径。高校体育教学质量影响到高校体育在高等教育所应发挥的作用和所应有的地位。本文主要从高校体育教学质量管理入手，审视其中存在的问题，进而反思，展望体育教学质量管理良性发展的改革建议。

关键词：普通高校；体育教学质量；管理；反思；展望

大学的最本质功能是育人，高校体育作为高等教育的重要组成部分，承担着育人和传承文化的重任。增强体质是否为学校体育的本质功能，一直是广大体育工作者争论的焦点，然而不论是增强体质、增进健康、还是传承体育文化、促进大学生的社会化，高校体育作为一门基础学科，都必须通过高校体育的主体——体育课程教学来完成它的使命，应该说这也是体育教师的最基本也是最重要的责任。因为在高校体育现阶段，大学生的体育知识、技能、健身意识与习惯的学习和培养还主要来自体育课，而并非像部分乐观的体育人所说的那样，我国大学生的健身意识和习惯已经与西方国家大学生没有太大差别了，实行俱乐部制的体育课程模式已逐渐成为现实。但是只要是在全国各地真正做过实地调查的学者、专家对这个结论均会持否定态度。因此，纵观中国现行教育体制和教育现状，大学体育课程仍然是任重而道远。

鉴上所述，体育教学仍然是高校体育的主体和完成高校体育使命的最基本途径。不论是领导还是一线体育教师，其关注点应聚集在体育教学上。然而现状是体育课程改革频繁不断，体育教师在市场经济改革中怠倦现象严重、浮躁心理凸显，高校体育被边缘化趋势加重。所有这一切均严重影响到高校体育教学质量，影响到高校体育在高等教育所应发挥的作用和所应有的地位。周而复始，恶性循环。因此，本文主要从高校体育教学质量管理入手，审视其中存在的问题，进而反思，展望体育教学质量管理良性发展的改革建议。

一、研究对象与方法

（一）研究对象

本文以黑龙江、云南、宁夏、广州、山东、山西、上海、湖北各2所普通高校以及北京

依托项目：北京林业大学2008年校级教学改革研究项目——北京林业大学体育教学质量评价体系的理论与实践研究。

① 第一作者：姜志明，博士，讲师。主要研究方向：高校体育、体育文化。电话：13681384062。E-mail：jeramy@bjfu.edu.cn。通讯地址：北京林业大学体育教学部，100083。

4 所普通高校的体育教学为研究对象，走访、调查高校体育教学质量管理现状、问题、难点和创新点。

(二)研究方法

本文主要采用文献资料法、问卷调查法，实地访问法、理论分析法和数理统计法。在调查过程中走访了 20 所高校体育主管领导，以问卷的方式调查了 120 名体育教师，回收问卷 120 份，有效回收率为 100%。在研究过程中还针对研究出现的问题和疑点访问 6 名国内学校体育专家。

二、结果与分析

(一)高校体育教学质量管理问题评述

在关注普通高校体育教学质量管理之前，没有认识到其重要性，更不了解其现状。随着教育评价理论的升温，国家对本科教学水平评估、各学科专业评估以及教师评价的重视，不论从教务系统管理还是学院二级管理方面，均加强了在此方面研究和投入，体育教学质量管理自然也被提到日程上来。通过对中国学术期刊网近十年发表的文章进行检索，发现与高校体育教学质量研究有关的论文 38 篇，其中涉及的主题包括体育教学质量监控机制和体系研究、提高体育教学质量的实践探讨、评价标准和评价量表的研究、体育教学效果的评价研究(见表 1)，其中从宏观层面研究体育教学质量管理的论文只有 5 篇，只占 13.2%。而同时期与普通高校体育科学发展相关论文为 6000 多篇，因此体育教学质量管理通过科研层面反应的数据来看，情况并不乐观。而且在上述 38 篇论文中，重点专注的主要还是体育教师评价的研究，包括专家评价、教师同行评价、学生评价教师三个层面。在涉及体育教学质量的管理理念、方法、过程、监控以及反馈的实践层面，很少有人关注。而在仅有的 5 篇宏观管理研究论文中，主要还是从系统科学、质量管理科学方面进行理论研究。这个问题在对全国 20 所高校的实践调查中也反映出来。体育教学质量管理主要由体育教学相关负责领导来进行实施、监控和管理，大部分一线教师对此持观望态度，即使有小部分体育教师对此关注度极高甚至通过个人努力进行相关理论与实践的科学研究工作，但是他们主要还是关注自己所涉及的教学方面内容比如对学生的教学评价和对教师的教学评价等，主要是评价指标、权重体系的研究。

表 1 近十年普通高校体育教学质量研究论文选题频数分布一览表

选题	频数(篇)	百分比(%)
质量监控机制和体系研究	8	21.1
提高教学质量的实践探讨	9	23.7
评价标准和评价量表的研究	12	31.5
体育教学效果的评价研究	9	23.7
$\sum$	38	100.0

总之，通过文献调查、实地考察调查发现，我国普通高校体育教学质量管理存在的问题非常严重。下面通过教学质量监控环节的实施情况来从侧面反映当前体育教学质量管理的现状，教学环节的监控调查主要从以下六个方面进行：教学大纲、教案的检查，备课，课堂教学检查、评价(包括领导评价、教师同行评价、学生评价)，教学效果评价(主要包括体育课

成绩评价和学生评价两方面），评价结果、问题的反馈、教学质量评价的激励约束机制。从表2数据中可以反映出我国普通高校体育教学质量管理并没有引起相关领导、部门的重视视。从调查的数据显示高校只对教学所需基本要素（教学大纲、教案、教学技能）有所关注，而对于教学过程的监控基本没有。至于教学效果的评价、教学评价结果反馈以及评价激励约束机制就无从谈起。在同体育教师的实地访谈中，对于教学质量管理更是有另外角度的透视。在课堂教学评价和教学效果评价中，所有高校采取了学生评价的方式，这是由于最近几年高校扩大招生后，从教育部及高校教务管理部门越发重视本科教学质量。因此，高校均构建了教学质量评价体系，从教学过程、教学效果方面对教师实施评价，并将评价结果反馈给教师，便于总结经验、发现问题和提高教学质量。由于有的高校还未建立全面网络化的管理方式，教学评价结果只反馈给体育教学领导，所以就存在部分高校未向体育教师反馈教学评价结果的情况。在教案检查、课堂教学评价（领导评价、教师同行评价）环节，在实行监控管理的高校，体育部主要还是出于应付学校临时检查、教务系统规定检查而安排的。也就是说，在没有学校硬性要求的情况下，只有30%左右的高校在认真履行高校体育在大学生发展中的所承担的义务与责任，加强体育教学质量管理监控，促进体育教学改革与发展。这30%的被调查高校基本均为国家重点院校、211工程高校，只有一所高等专业院校，他们给我们的宝贵经验是：观念第一、制度第二。转变观念、将体育教学质量管理规范化、制度化是改革的根本。

表2　高校体育教学质量管理情况调查表　N＝20

	教学大纲教案检查		备课	课堂教学检查、评价			教学效果评价		评价结果反馈	评价的激励约束机制
	大纲	教案		领导评价	同行评价	学生评价	成绩分析	学生评价		
执行高校数	20	13	11	9	9	20	5	20	15	3
百分比（%）	100.0	65.0	55.0	45.0	45.0	100.0	25.0	100.0	75.0	15.0

在深入调查研究和冷静思考的基础上，我们基本可以明确我国普通高校体育教学评价和质量管理工作还存在较大障碍。主要表现在：①对高校体育教学质量管理的重要性、紧迫性的认识尚不到位；②高校体育教学质量管理体系尚未建立；③高校体育教学质量管理标准尚不完善[1]；④高等体育教学质量管理的功能和作用尚未充分发挥；⑤高等体育教学质量管理的研究尚未引起重视；⑥高校体育教学质量管理的制度化进展滞后。

（二）反思

我国普通高校体育教学质量管理滞后，现状令人担忧，产生这些问题的深层次原因经过调查、走访、研究、反思后，主要归结为以下几点：

1. 育人本质的认识偏差

高等教育的本质功能为育人，这是教育专家的一致观点[2]。但是对于高等教育的重要组成部分—体育的本质功能认识分歧较大。有人认为体质增强是其根本目标，教学质量评价的第一要素是看体质状况；也有专家认为，体育乃教育的目标分类之一，不是具体的学科、课程分类，其本质功能与大教育系统本质功能同等。就是在这种有分歧的教育思想指导下，导致现在高校体育教学质量持续出现滑坡现象。这既有管理层的认识偏差，对体育教学不重视的原因，又有体育教师对体育育人本质功能的认识不足造成的质量观念较差的缘故。

2．缺乏管理的规范化、制度化

随着高等教育扩招，高等教育大众化发展趋势，高校教学质量在高等教育工作中的作用越来越大。高校均积极建立科学合理的教学质量管理体系。但是对与院系一级的教学质量监控却涉及较少，尤其是对体育教学管理部门的监控基本没有。往往会出现学校根据国家、上级教育主管部门的规定或学校实际制定了一系列的规章制度，但在体育教学部或教研室一级有近70%的只是一看了之，或用于应付检查，对制度没有具体的落实，更没有针对实际体育教学制定出提高教学质量的措施和方法。在执行过程中掺杂人为因素，对违反规章制度的人员存在着看人论事的处理方法，教学管理的规章制度只是一种摆设，未能发挥制度的约束作用。这除了与高校教务管理、监控部门的组织管理力度不够有关外，更为关键是体育教学管理部门并没有制定适合本部门使用的教学质量管理的规范化、标准化的管理制度，缺乏相应的激励约束措施，使对教学质量的监控往往停留在表面，监控管理力度不够。

3．教育观念更新落后，缺乏研究、思考、推新的意识和能力

高校办学自主权的扩大，使部分普通高校的体育改革自主权也相应扩大，高校体育科学发展呈多元化趋势。但是仍然有很多高校在此过程中由于市场化经济与扩招的影响，为了提高专业技能的培养，高校体育等基础学科受到专业课课时增加的影响，普遍遭受排挤，课时减少，这主要还是教务管理领导层对学校体育目标、功能的观念滞后，根深蒂固的意识偏见导致的。但是在教学实践中，体育教学管理部门及体育教师的外显特征也促使外界加深他们的偏见。相比外语、马哲等基础课程，体育课程的质量管理缺乏系统、规范和制度建设；教学管理领导的研究、学习、主动提高的主观意识不足；体育教师科研综合能力较差，缺乏教学改革（教学内容、教学方法、教学设计）推新的意识和动力[3]。因此，在现有职称评审制度和上级政策指引下，领导忙于论文发表、宏观教改方案设计，体育教师安于现状，疲于频繁的改革与科研压力。在体育人无心观察研究体育课程地位变化，课程改革如何循序渐进构建特色，80后大学生的教育素质需求和道德现状的状态下，必然出现两种极端：要么缺乏教学质量管理环节，要么教学质量管理的主要目的是应付外部评估，为任课教师职称评定或晋升、提薪排序，没有考虑如何利用质量监控来明确教育教学目标，提高教学质量。

4．质量管理经验不足，缺少主动学习、自觉交流研讨的环境和动力

高校体育在学科建设方面起步较晚，很多教育理论和学科发展理论均需要参考借用其他成熟学科的理论。由于学校体育主体课程的实践应用特点，有其独特的外显特征、内部隐性影响因素以及外部制约条件，所以在教学质量管理与教学评价体系的构建方面，体育课程的研究进展缓慢，实证研究的各种指标还有待进一步的考证。因此，高校体育构建具有学科发展特性的教学质量管理体系需要体育专家学者的深入研究，至于全面质量管理理论和系统科学管理理论在现阶段体育教学质量管理研究中还涉及较少。另外实地考察中发现，有72.3%的体育教师反映与体育教学质量管理的书籍、研讨会、讲座等很少，至于如何提高体育教学质量仅凭自己的个人经验积累和与同事的经验交流，而且大家对此的积极性较差，因为没有相应的激励措施。他们呼吁高校教育管理部门以及高校体育相关组织可以提供、创造更好的学习、交流环境，以便加强横向沟通、联系，为进一步研究做好铺垫。

（三）展望

1．中国高校体育发展之路任重而道远，体育教学为之根本

20世纪90年代以来，随着高等教育的发展和体制改革的深化，大学办学自主权的扩大，一些普通高校，通过合并和新学科设置，或客观或主动地参与到体育学科建设的进程之中，使得我国高校体育学科的分布格局发生了较大的变化。种种迹象表明，普通高校的体育不仅在建设领域上已经逐渐跳出“体育教育与训练”的单一学科方向，而且在人才培养、科研基地建设、体育科研等方面已成为体育学发展中一支不可忽视的有生力量。然而我们仍然要记住普通高校体育的育人本质功能，培养高素质大学生仍是高校体育不可推卸的使命。所以在推动普通高校体育学科建设与发展过程中，不能顾此失彼，本末倒置。体育课程教学仍是我们普通高校体育生存与发展的根本。所以重视高校体育教学改革与发展，重视体育教学质量管理研究和大学生主体发展研究，促进大学生全面发展，提升高校体育的应有地位是高校体育的根本任务。

2. 高校体育教学以质量管理为标，以教师责任为本

20 世纪 90 年代之前，高校体育教学还处在完善、改革、发展阶段，对体育教学质量的关注还处在萌芽阶段。但随着高等教育评估机制的成熟完善，教育质量包括体育教学质量将成为今后的重要任务之一。体育教学质量管理研究将被提到日程上来。现在专业性体育院系已经在此方面进行了理论与实证研究，尤其是对体育术科教学方面成果颇为显著[4]。比如北京体育大学学生评教系统的研制与应用，沈阳体育学院教学质量监控体系构建的研究等均取得了较为理想的成果[5]。但是普通高校体育教学与专业性体育院系的教学目标、教学指导思想有较大差别，因此他们的研究成果只能为普通高校提供参考，不能直接移植。所以普通高校体育教学质量管理研究方面还需加强。但是并非建立了教学质量管理规范与制度，就能够使教学质量得到良性发展与提高。体育专家学者对此认为，转变教师的观念，发挥教师的责任心是改革的根本。现在全国正在如火如荼地进行师德师风建设学习、研讨和改进工作，正是出于此目的考虑。所以责任是体育教师的师德核心，也是体育教学质量提高的本质保障[6]。

三、结 论

普通高校体育教学质量管理研究现状不容乐观，研究的主体集中在理论研讨和教师教学质量评价指标的研究上；高校体育教学质量管理存在观念滞后，缺乏规范化、制度化建设；大部分高校无自主提高质量管理的意识，教学质量管理仅表现在应付检查，没有针对实际体育教学制定出提高教学质量的措施和方法。

普通高校体育教学质量管理滞后原因的深层次研究显示：高校教务管理部门及体育领导、教师对高校体育的育人本质功能的认识偏差是问题的关键；其次是由于体育教学管理部门教学质量的制度化建设迟缓；再次因为体育人士教育观念更新落后，缺乏研究、思考、推新的意识和能力；最后归结为以普通高校体育教学质量管理为主题的实证研究较少，管理理论指导和经验不足，以及缺少相关学习、交流的环境和动力。

尽管普通高校当前在人才培养、科研基地建设、体育科研等方面已成为体育学发展中一支不可忽视的有生力量，但是普通高校体育的育人本质功能决定了今后普通高校在推动体育学科建设与发展过程中，体育课程教学仍是我们普通高校体育生存与发展的根本；在推动高校体育教学质量良性发展进程中，质量管理建设是制度保障，教师责任是根本。

参考文献：

[1]雷水凤. 如何构建高校院(系)级教学质量监控体系[J]. 金华职业技术学院学报，2006，6(4)：60～61.
[2]张典兵. 关于高校教学质量管理几个基本问题的思考[J]. 继续教育研究，2006，3：58.
[3]朱强. 论高校教学质量管理的价值取向[J]. 求索，2006，8：147.
[4]庄灵. 北京体育大学学生评教系统的研制与应用[J]. 北京体育大学学报，2005，28(10)：1390～1392.
[5]郭亦农. 沈阳体育学院教学质量监控体系构建的研究[J]. 沈阳体育学院学报，2007，26(3)：64～66.
[6]韩忠军. 提高教学质量是高校教学管理的灵魂[J]. 科技咨询导报，2006，9：238.

新型校运会的开展模式改革研究

——基于北京林业大学体育教学实践的思考

赵　宏①，王　斌

（北京林业大学体育教学部）

摘要：在学校体育改革中，必须牢固树立面向全体学生，全面提高学生素质的指导思想。随着新的体育与健康课程标准的实施，给学校体育工作提出更高要求，也给学校运动竞赛增添新的活力。目前许多学校的每年一次的校级运动会，在项目的设置缺乏新意，规则过于公式化，竞赛缺乏群众性，造成少数人参加，多数人观望的状况，不能有效调动学生的积极性，参与到这项本应该为大众学生举办的活动中来。因此学校运动会的改革迫在眉捷，笔者通过对北京林业大学日常教学模式的思考，期望对校运会这一活动起到积极的推动作用，做到两者的相互影响和相互促进，达到最终调动学生的积极性，满怀热情参与到其中的目的。

关键字：校运会；教学内容；改革

高校运动会模式的创新，一直是近年来高校体育探讨的话题。校运会是展示学校体育工作成果的一个窗口，也是学校一项重要的群体活动；“健康第一，全体参与、阳光体育”是学校体育教学的目标。校运会究竟是突出竞技水平，还是大众参与型运动会更有助于实现这一教学目标？笔者认为校运会应将学生作为主体，将教学内容融入其中，面向全体学生；项目的设立应建立在高校体育教学的基础上，向学生更感兴趣的方向发展，发扬体育竞技精神，最终达到“育体、育心、育人”的目的。

一、校运会开展现状

北京林业大学校运动会每年举办两次，分为秋季的新生学生运动会和春季的学生运动会，通常的设置项目为：4×100 米接力跑、4×400 米接力跑；个人项目中包括了 100 米、200 米、400 米、800 米、1500 米、铅球、实心球、跳高、跳远、三级跳远等。比赛的时间一般为一天，虽然比赛的时间设定在周末比赛，但是在参与度上并不乐观。某些年份甚至出现了观众比参赛队员少的窘境。很多学生对待运动会的目的也由原来的锻炼身体变成了现在的为完成院里任务。作为校级每年两次的重要学生活动，运动会的魅力正在逐渐走向低谷，这无疑对学生的身体素质锻炼意识形成有着极其负面的影响；在相对学生身体素质不高的情

依托项目：北京林业大学 2008 年校级教学改革研究项目——北京林业大学学生身体素质现状的多因素分析及对策研究。

① 第一作者：赵宏，学士，副教授，主要研究方向：体育教学与训练竞赛。电话：13671090235。E-mail：zhaohong200705@163.net。通讯地址：北京林业大学体育教学部，100083。

况下，学生对竞技意识的淡化和漠视将会使体育教学工作更加的困难。因此如何将校运会这一招牌彻底的打响，是我们体育工作者急需解决的问题；随着当今教学改革的提出与探讨，如何将教学改革内容融入到这一活动的研究当中去，是一个新的思路和方法。

二、校运会与体育教学的共同目标和原则

健康第一、全体参与、阳光体育是校运动会和教学内容改革的共同目标和原则。在这一点上，这一原则我们要时刻把握；只有在这个原则下，两者的改革才能从根本上解决问题。

（一）健康第一

必须牢固树立“健康第一”的指导思想，学校的体育工作都必须围绕“健康第一”的这个指导思想开展工作[1]，体育教育改革工作更应如此。学校担负培养“四有新人”的重任，学生有了健康体魄，才能更好地学习。

（二）全体参与

竞赛要体现全体性原则，竞赛是普及体育活动的动力，而校运会又是学校体育重要组成部分，是对学校开展体育活动成果的最好检验，也是对学校进一步搞好群众体育活动的最好推动和促进[2]。因此，作为学校的体育工作者应清楚的意识到，让体育文化走进学生的生活中去，让他们在参与中体现乐趣，提高体育运动的意识，养成体育运动的习惯才是根本。

（三）阳光体育

活动是人的本能，爱动是学生的天性。为了创设校体育环境生动活泼的氛围，在设置项目上要在保留竞技性的同时体现出娱乐性、趣味性、游戏性，吸引更多的学生参与到当中去，使学生在体育活动中达到既育体又育心的目的[3]。

三、教学内容改革为校运会研究提供了新思路

虽然校运会的参与度不高看似是活动的本身问题，但是仔细看来，其实与我们的课程教学改革确实存在着一定的关系。这中间产生的交集，如果我们能够认识深刻并予以重视，必然对校运会的改革有着积极的作用。很多情况下，校运会的开展根基都是我们日常教学教授的内容，具体有以下几点：

（一）体育项目规则的教授来源于课堂

校运动会中的规则等内容一般不会在单独的时间进行培训和教授，通常情况下，这一内容也很少在教学的内容当中涉及，由于学校开设的体育课程类别较多，教学中规则的把握不可能面面俱到。很多时候学生对于某项比赛的规则还停留在大致了解和看过的层面上，这无疑对于运动会的开展起到了限制的作用，由于自己不了解，很难让学生参与到其中。其中三级跳远这个项目的例子最为明显，区别于通常的跳远模式，三级跳有着自己特殊的跳法和比赛规则，一般的大学生很少知道这一项目的意义，因此由于不了解而无法参与进来，是众多项目的一个缩影。因此如何将课堂上的规则内容引入，这样的反馈对校运会是积极的。

（二）体育竞技精神的培养来源于课堂

校运会的传统项目归根结底是彰显学生竞技意识的舞台。在日常的学习、生活压力之下，学生很难能够去独立自主地培养自己这一精神，只能靠日常的教学工作去完成，告诉学生这种精神的内涵，对待生命所起到的作用，对自身发展起到的砥砺作用，让学生看到这种竞技形态下的优点，只有这样，学生才能够有积极性去开发自己的这种意识，才能够去参与

到这个舞台上，去展现自己，去实现自己的追求。一般来说，教学课程只是一般的介绍和练习，很少有体现体育竞技激情的教学内容。因此，这一方面被忽视之后，校运会的参与度下降，是有着必然的联系的。

(三)学生参与体育活动的态度来源于课堂

如果学生在日常的体育课程当中都无法积极的参与，更不用说单独空出一天的时间去参与运动会了，这一点的因果关系很明显。体育课程是影响和形成学生运动形态的第一课堂。在每学期的课程当中，体育课程也占据着很重要的一部分。如果体育课程还在强调传统的上课教授知识，无法和学生达成互动，那么学生的积极性必然不会有多么高。久而久之，便形成了对体育课程应付的态度[4]。每年的学生素质测试，总有3~9名学生发生违纪的情况便说明了这个问题。如果我们能够将课堂变成一块欢乐的游戏地，如果学生每一周都是抱着欢快的心情去参与体育教学，那么校运会的积极开展肯定会顺利很多。

四、校运会改革途径分析

(一)重视校运会宣传教育工作

校运会是基层学校组织有关体育竞赛的大型活动，又是全体学生的运动盛会。校运会期间充分利用广播、黑板报宣传比赛目的、意义，利用班会、体育课、课外活动教育学生刻苦锻炼，为学院争光。竞赛中，辅导员临场指挥，鼓励学生相互配合，顽强拼搏；对比赛中出现的不良风气，及时批评教育，使整个比赛过程成为育人的过程[5]。

(二)利用开幕式突出学生的思想教育

开幕式不仅是运动会的重轴戏，更是对学生进行思想教育的大好时机。我校结合2008年北京奥运会开展有意义的入场式，鼓励学生自制标语、彩旗，激昂口号，壮运动声威。入场式中教师参赛队伍同运动员一起入场和同场竞技。教师的率先示范更感染和鼓励学生积极进取、蓬勃向上，展现了新形势下的体育新风貌。升国旗、唱国歌，升校旗、唱校歌，把运动会开幕式推向高潮。此刻，爱国、爱校教育在回荡的国歌声中得到了浓烈的升华。

(三)改革运动竞赛项目规则和办法

校运会大多以竞技体育项目的规则为准，一些项目，技术难度大，场地器材要求高，危险性大，因此学生的参与面会缩小，因此在保留竞技项目的同时增设一些大众体育项目，如20人50m×10迎面接力跑、实心球打靶、推轮胎、拔河比赛、集体投篮、踢毽子等。这些项目不仅有趣，而且使大部分学生得到锻炼和提高。于此同时增加集体性项目和大型团体操表演，评委对这些表演项目进行打分决出名次计入总分，这样的活动内容将为校运动会增加亮点。

(四)项目设置应与教学内容相结合，不断增设新项目

校运会的目标与体育教学目标应是一致的，校运会应与体育教学紧密结合。运动会应该结合教学内容设立新型项目，如障碍接力跑、跳长绳、障碍运球接力，新的课程理念赋予了校运会新的内涵，我们组织学生开发校运会新项目，如增设50m端乒乓球跑等活动内容，培养学生创新意识和创新精神，促进学生身心健康和谐发展，在活动中达到愉悦身心的目的。

五、改革思路初见成效

在此思路指导下，我校对校运会的开展模式进行了初步的改革，其成果已经初步凸现出

来。2009 年以前，以林学院为例，全院在校学生一千多名，校运会参与竞技的运动员人数仅为 75 人左右，而参与或者观看运动员比赛的人数只有不足百人，整个操场上除了工作人员就是运动员，场面十分的冷清。2009 年以后，学校在根据以教学课程影响校运会举办模式的原则的基础上，增设了以班级为单位报名的娱乐性项目，如跳绳，集体接力等，这样参与对象由个体度转化成了班级；因此人数骤然增加，最后根据统计将结果，当年的参与人数达到了 2792 人次。运动会喧嚣的场面又重新的出现在操场上了。

六、结语与展望

综上所述，我们可以看出，目前高校校运会侧重的是传统竞技项目的比拼，且教学内容与校运会的联系程度不够密切。日常的教学当中，教师往往忽视了对校运会这一概念的引入和倡导。在这种环境下，如果不是真正的爱好者，很少有机会去体验运动会带来的积极作用和乐趣，学生更是很难去接触到这些内容，更不用说了解这一项目的起源和真谛了。而我们的教学内容也没有田径类的，就连开设的项目也没有，归结起来也是由于田径项目的枯燥，但是这不代表着我们对待田径等项目的忽视。没有教学的积极地引导，学生本来对待体育的态度就不是很积极，这样对待运动会的开展是负面的。倘若教师能够时刻宣扬校运会这一积极有益的活动，让有兴趣的学生更加的了解和认识校运会的益处，起到以点带面的作用，这样更会极大的带动许多学生参与到竞争当中去。

校运会的改革势在必行，其设计要有针对性，要增设娱乐性、健康性、趣味性的项目，传统校运会向现代体育文化节的变革是校运会本质的真正体现，是贯彻实施素质教育和创新教育、落实全民健身计划的重大举措[6]。把体育文化节定位于以全校师生为主体，以健身、娱乐、育人为目标，在一个阶段开展以学校为中心，全方位的教育活动，既符合时代的要求和社会的需要，也符合学生身心发展与自我完善的需要。

随着体育教学改革的不断深入，校运会的项目设置应根据教学内容不断的进行革新和发展，使之成为一个动态的发展形式，校运会就会体现出与时俱进的一面。在学生的实际情况发生变化之后，仍能保持其鲜活的生命力，同时反馈于教学，二者互相促进，体育教学必然呈现新的姿态和面貌。

参考文献：

[1]纪海鹰．我国普通高等院校田径运动会的现状与改革的研究[J]．高校讲坛，2008，(9)：32 ~ 35.
[2]孙彦川．对高校运动会比赛项目改革的探讨[J]．中国学校体育，2009，(1)：21 ~ 22.
[3]湛育明．健身运动处方在高校足球选项教学中的实效性研究[J]．体育科技，2005，26(4)：79 ~ 82.
[4]王锐．论高校运动会现状与改革构想[J]．解放军体育学院学报，2003，(10)：24 ~ 26.
[5]袁振国．教育学原理[M]．上海：华东师范大学出版社，2001，12 ~ 15.
[6]张世春．高校体育教学改革的思考[J]．青海大学学报，2000，(2)：22 ~ 24.

加强教研室教学管理 促进教学质量的提高

赵红梅[①]，段克勤
（北京林业大学外语学院）

摘要：作为基层教学组织的教研室，其教学管理的质量直接影响着学院的教学管理工作质量和教学质量。本文通过对外语学院各教研室在教研活动、考试管理、科研工作、指导助教、教学评价管理、日常教学管理以及采取的有力措施的阐述，论述了教研室科学有效的教学管理对提高教学质量的促进作用。

关键词：教研室；教学管理；教学质量

教研室是学院系、部领导下从事教学、教改、科研和师资培养的基层教学研究单位[1]，其基本任务是根据学校的办学宗旨和人才培养方案，完成教学大纲、教学计划所规定的教学任务，组织开展教学和科研活动、师资培养、教材建设以及做好教师的思想政治工作。因此，教研室教学管理的质量直接影响到学院的教学管理工作质量，也将关系到教学质量的提高。

北京林业大学外语学院承担全校的外语教学任务，下设英语系、日俄语系、大学英语教学部、研究生教研室等机构。英语系分为基础教研室和专业教研室两个教学机构，分别承担英语专业一二年级和三四年级的课程教学；大学英语教学部设置了大学英语第一教研室和大学英语第二教研室，负责全校非英语专业本科生的英语教学任务；日俄语系设置了日语和俄语教研室，负责日语专业和公共日、俄语教学任务。本文将简述我院各教研室的教学管理情况，并对如何促进教学质量的提高进行分析与概述。

一、建立规章制度

完善的教学管理体系是维持正常的教学秩序、提高教学质量的保障。在建院之初，我院就建立起一套比较完整的规章制度，依“法”制院，照章办事。在《北京林业大学外语学院管理文件汇编》中明确规定，教研室的教学活动在周五下午全院大会后进行，活动要有计划，内容要充实、具体并严格执行，要公示给教研室的每位教师。而关于教研室主任职责的规定是：负责教研室教学任务的落实、日常教学管理、检查 、督促；召集组织教研室的各种会议；组织研究教学、科研等各项工作；组织落实对新教师的培养提高；做好教研室教师的政治思想工作等。

---

① 第一作者：赵红梅，讲师。主要研究方向：教学管理。电话：62337732。E-mail：zhm0501@126.com。

二、教研室教学管理的内容

（一）教研活动

《教育部关于进一步深化本科教学改革全面提高教学质量的若干意见》中明确指出，要充分发挥教研室在开展教学讨论、交流教学经验、研究教学改革中的作用。我院各教研室把提高教学质量放在首位。教研室很规范地定期开展教学研究活动，研究商讨外语教学相关的事宜。教研室主任组织进行人才培养方案的修订工作，制定、修改教学计划，编制教学大纲。开展集体备课，认真讨论教学计划和教学大纲，明确教学目的和要求，共同研究教学内容，统一重点、难点，制定统一的教案，统一考试标准和考核要求，合理选用教材，探讨先进的教学经验和教学模式、方法和手段，提出改进教学方法的建议。教研活动使教师之间得到相互交流，大家取长补短，集思广益，共享课程资源。

（二）考试管理

考试是检查教学效果的重要方式，我院高度重视全国的外语统考，如大学英语四、六级统考、英语、日语专业四、八级统考等。教研室在教研活动中，定期研讨如何在保质保量完成教学计划、教学大纲规定的内容前提下提高学生的考试通过率。在考前，教研室制定应试的各项计划，安排考试指导讲座，组织模拟考试。每次模考后教研室集体阅卷，对模考成绩进行分析，找出存在的问题，总结经验，提出解决问题的办法。为了全面了解学生对教与学的想法，教研室常制作调查问卷发放给学生，问卷内容包括教学内容、教学方法、课程设置、考试等诸多方面。教师及时听取学生意见和建议，积极采取有效措施，为提高教学效果不断努力。在各教研室的共同努力下，教学质量稳步提高，大学英语四、六级及英语、日语专业四、八级考试通过率逐步上升。

（三）科研工作

教研室不仅是教学计划的直接执行者，还是科研工作的实施者。一名合格的教师不仅要圆满完成教学任务，还需在科研方面具备一定的能力。各教研室在教授、副教授的带领下，积极开展“质量工程”建设，类型包括精品课程建设、重点专业建设、教学改革研究项目等。这些项目由教研室多人参与建设，充分调动了广大教师的积极性，营造了浓厚的科研氛围。大家共同探讨，互相促进，知识不断更新与补充，也使教学内容不断更新，教学方法不断改进，教学效果不断提高。教研室开展的各项科学研究活动，不仅有利地促进了教师的科研和学术水平的提高，同时，将新的教学研究成果和科研成果及时引进教学，与教学内容有机地结合起来，不仅提高了教师的业务水平和教学能力，也促进了教学质量的提高。

（四）指导助教

教书育人是教师的天职，教学是教师的首要工作，教师是教学质量的根本保证，教师的知识水平和能力直接影响到教学质量的提高。我院十分注重青年教师业务水平的培养，对任职不满两年的教师实行“指导助教制”，由各教研室安排有经验的高职称教师对每位新教师进行工作上的指导，帮助他们系统、深入地掌握所承担课程教学大纲规定的全部内容、重点和难点，熟悉、掌握教学规律，指导其编写教案，使其尽快地胜任本门课程各环节的教学工作。通过多种方式对新教师进行岗前培训和师德教育。青年教师跟随指导教师从事教学改革、课程建设和课题研究工作，不仅学习了先进的教学方法，积累了教学经验，还学习了老教师严谨治学、教书育人、为人师表的师德师风，提升了教书育人水平。通过助教制工作，充分发挥了教授、副教授的传、帮、带作用，对青年教师的教学能力的培养和综合素质的提高起到了重要作用，为教学质量的提高打下了良好的基础。

（五）教学评价管理

教研室主任时刻关注本室每位教师的教学情况。教学信息员反映的教学问题由教研室主任负责处理。他们要了解教师的实际情况，对教师予以指导，并作出处理结果反馈给教务处。每学期公布学生评价结果后，教研室主任要与得分较低的教师进行沟通，帮助分析原因、解决问题，使之及时改进教学方法，不断提高教学水平。

（六）日常教学管理

日常的教学管理工作繁杂、琐碎，教研室主任需做好学教学检查、管理、督促工作。如：具体落实教学计划和教学工作安排，根据教学计划，在新学期开学前，教研室主任对本教研室任课教师进行排课，组织填写教学日历，并按时将本室的教学日历汇总交学院；教研室主任定期检查教师的教学进度、教学情况和作业情况，发现问题及时提醒教师纠正；学期中，按学校要求组织期中教学检查：组织互相听课、观摩教学、教学交流会、总结讨论会，大家及时了解教学最新情况，取长补短，互教互学，不断改进教学；学期末，教研室召开有关考试内容的会议，研究命题、试卷要求，确定评分标准，强调教师监考须知，安排考试时间、地点和监考人员。大学英语等基础课均由教研室统一组织出题，已逐步建立起试卷库，逐步实行考教分离；安排教师命题，命题后，教研室主任严格按要求审题，合格后方可印卷；考试结束后，教研室主任及时检查教师是否按时录入成绩，是否按要求装订、存放试卷，并收齐本室教师承担的所有课程成绩单，连同本室的监考统计交学院存档。

教研室主任每学期需完成教师工作量的统计，核实后交教学办。组织进行教师的年终考核。向学院提供教学、科研方面作出优异成绩的教师名单，如提供每年的大学外语四级、英语日语专业四级、八级等通过率、提高率较高班级的任课教师名单，学院予以奖励，鼓舞教师的工作热情。

英语系的两个教研室和日语教研室还要负责毕业生的实习、论文及答辩等各项工作。在论文写作期间，导师定期检查学生的写作进展情况，按阶段填写《论文写作进度表》和《修改论文情况记录》，统一交教研室存档。从布置论文、修改论文，到组织答辩，教研室把各环节进行得有条不紊。

教研室还负责部分教学档案的管理。各门课程的教学大纲、教案、装订完整的试卷、作业、毕业实习报告、毕业论文、科研资料、检查材料以及工作计划、总结、教研室活动记录等，各类教学档案资料齐全、完整，整理规范，有专人负责，有专用房间和档案柜，分类存档，方便查阅。

各教研室主任认真负责地履行职责，工作方法灵活多样。除在每周五下午全院大会后布置、组织工作外，在本室教师统一上课时间的课间休息时，也是教研室主任给教师们传达通知、布置任务、交流沟通的时候。他们还建立了各位教师的通讯录，常通过短信和电子邮件处理各项工作，事无巨细，办事效率高。在教研室主任的带领下，成员分工协作，团结互助，把教研室建设成了团结紧张、严肃活泼的集体。

三、加强教研室教学管理的措施

(一)建立岗位责任制和责任追究制

教研室主任为第一负责人。教研室主任思想品德好、业务素质高、服务意识强、人际关系好，并且有较高的管理水平，乐于管理，敢于管理。全员参与教研室活动，责任到人。未完成教研室安排的任务或发生教学事故，不仅追究当事人的责任，还追究教研室主任的责任。

(二)详细制定教研室活动计划

教研室必须严格按照学院的要求进行各项活动。每学期初各教研室制定一学期的活动计划，安排好每次活动的内容、时间、地点、中心发言人、记录人。

(三)坚持认真搞好教研活动

教研活动是教研室教学管理的重点。教研室主任定期组织全体教师共同探讨教案，研究讲授内容和方法，讨论研究教材及补充教材，不断改进教学方法和教学手段，提高教学效率和教学质量。教研活动必须长期坚持，全员教师需认真对待，不能无故缺席，不能流于形式。每次活动必须要有详细记录，学院定期检查进行和记录情况。

(四)建立健全激励机制和奖惩制度

教研室要保证和提高教学质量，必须充分调动和发挥全体教师的积极性和主动性。学院定期开展优秀教研室、优秀教研室主任及个人的评选表彰活动，促进了教研室的发展。同时，对不认真履行教研室职责的人员进行批评教育或予以一定的处罚。

综上所述，教研室对学院的教学管理做了大量的工作，教研室积极而有计划地开展的教研、科研工作，规范的教学管理，使学院的整个教学管理科学有效，极大地促进了教学质量的提高和学院的发展建设。

参考文献：

[1]杨新文，朱建华. 加强教研室教学管理，确保教学质量的提高[J]. 中山大学学报论丛，2007，27(10)：28.

关于提高教学秘书工作效率的思考

赵红梅[①]

（北京林业大学外语学院）

摘要：教学秘书是教学管理工作的重要参与者，如何保证质量和高效率地完成千头万绪、纷繁复杂的工作，需要明确工作职责和特点，树立良好的职业道德和主动服务意识，周密安排，统筹管理，做好沟通协调和督办工作，以及求实创新。

关键词：教学秘书；教学管理；效率

人才培养是高等学校的根本任务，而人才培养质量的优劣与学校的教学管理水平和质量密切相关，因此，教学管理工作在高校诸多管理中占有着举足轻重的地位。教学秘书是高校教学管理队伍中的重要组成部分，在教务处和学院教学院长的领导下，直接参与教学活动的组织管理，是最基层的管理者。联系教务处和学院工作的展开，是二者之间的桥梁。同时，围绕教学活动的主体——教师和学生，做好管理、协调、服务工作，是广大师生的服务者，是连接教师之间、师生之间教学活动的纽带。因此，教学秘书的工作至关重要，教学秘书工作的质量和效率，在一定程度上将直接影响到学院甚至学校整体的教学管理工作。随着教学管理的不断规范化，教学秘书承担的工作头绪也越来越多。面对千头万绪、纷繁复杂、涉及面广的工作，如何在时间紧、任务重的情况下出色地完成工作，这就要求教学秘书有较好的职业素质和较强的工作能力。笔者担任学院的本科生秘书兼研究生秘书，就如何保证质量和高效率地完成本职工作谈一些粗浅的认识和体会。

一、明确工作职责和特点

教学秘书是学院院长、主管教学的副院长的参谋和助手，其工作贯穿于教学运行的全过程，主要包括以下几个方面：①协助领导管理日常教学工作事务，保证教学按计划运行，教学秩序稳定。②学生学籍与学位管理，对学生从入学报到至毕业的整个过程进行阶段性和全过程的质量考核和管理。③考务管理工作。安排各项外语考试的报名、考场安排、监考人员等考务工作。④教研科研立项、检查、结题管理。⑤教学档案管理。

从教学秘书工作的职责来看，教学秘书的工作具有以下特点：①综合性。教学秘书的工作涉及学院教学管理工作的各个方面，既要协助领导管理教学，又要处理教学方面的具体事务，协调方方面面的关系，还有一些突发性的教学情况要处理，因此，教学秘书工作实质上是综合性的复杂工作。②服务性。教师和学生是学校的主体。教学秘书工作是围绕教学活动

---

① 第一作者：赵红梅，讲师。主要研究方向：教学管理。电话：62337732。E-mail：zhm0501@126.com。

的顺利进行而展开的，是教师和学生完成教与学任务必不可缺的辅助性服务工作。教学秘书的宗旨是为教学服务、为教师服务、为学生服务。其目的是保证教学活动的有序进行，为教师的教学和学生的学习活动提供保障。③准确性。在录入学生成绩、毕业生的资格审查、推免生的成绩核算时，务必做到准确。在办理英语、日语专业四、八级以及研究生英语学位统考的报名、核对、信息录入时，不得有半点疏忽和遗漏，不得出丝毫差错，否则给学生造成不可补救的损失。④周期性和时间性。教学任务的落实、教学检查、报到注册、考试考查、成绩录入、学籍管理、教学档案的建立等教学管理工作一般都具有一定的周期性和阶段性。而定期的学生报到注册、毕业生的相关工作以及各类外语专业统考，都有严格的时间限制，且任务集中，责任重大。除此之外，一些临时的管理工作也都要求在明确的时间内完成。

二、树立良好的职业道德和主动服务意识

教学秘书一方面接受教务处的领导，同时协助院领导管理教学方方面面的常规事务，事无巨细都关系到教学工作的正常运行，因此任务艰巨，责任重大。教学秘书首先应充分认识到自己工作的重要性，应具有爱岗敬业、无私奉献、严于律己、团结协作的职业道德和优秀的品质。教学秘书工作内容丰富，繁杂琐碎，必须具有高度的责任心和严谨、细致、认真负责的工作作风。比如，一年一度的全国英语日语专业四、八级统测以及每年两次的全校研究生英语学位考试，从考试报名、信息核对与录入、安排考场、配备监考教师、维护考试过程中的管理及安全到考后寄出试卷、发放证书、办理更正手续、材料归档等等，所有这些工作均由教学秘书一人办理，十分繁杂，并且要求不得有丝毫差错，不得漏报、误报。如果教学秘书没有高度的责任感，没有一丝不苟的工作态度，没有良好的严守机密的职业道德，很难在处理日常教学事务的同时顺利完成此项工作。

教学管理工作繁多，比较杂乱，其顺利完成得益于教师和学生的共同努力。在教学管理工作中，教学秘书应以科学发展观为指导，树立“以人为本”的管理理念、“替师生着想，为教学服务”的思想[1]。应具有良好的服务意识，变被动管理为主动服务。全面地服务教学、服务教师、服务学生、服务本院。要有积极主动的工作热情，主动地和各教研室主任、各位教师以及团总支保持密切的联系，不断和师生沟通，把服务落实于每一项管理工作中，这样工作起来才会得心应手，才能提高工作效率。

三、周密安排，统筹管理

教学管理工作是一门专业性很强的工作，要想管理出水平，管理出质量，教学秘书不但要对所从事的工作性质、内容、范围和要求有明确的认识，还要熟悉和掌握学校和学院的基本概况、人才培养方案、师生情况、课程设置及开课情况、学校学籍管理和规章制度、学院的管理规章制度，并能做出较为准确的解释，在安排和处理事情时主动遵照有关规章制度，以保证管理工作的科学性、合理性和公正性。还需掌握教学管理的规律，懂得日常教学管理的运作秩序。教学管理事务虽然头绪很多，但常规的工作具有一定的周期性和规律。教学秘书应对教学管理的各个环节心中有数，做到事前有计划，计划有余地。充分发挥自己的主观能动性，合理安排工作程序和进度。要有超前意识，在工作稍为轻松的时间为最繁忙的阶段提前做好准备，如在几个统考报名工作开始前就审查清楚报名对象并准备好电子版名单，在教务处和研究生院要求提供毕业生资格审查前就准备好有关材料等。但是，由于教学秘书工

作的辅助地位决定了它的被动性，随时随地可能接到工作指示和任务。笔者常常在一天时间里会接到教务处、研究生院的任务需要办理，这时，首先不能急躁，要冷静，思路清晰，分清轻重缓急，按照轻重缓急的原则一项一项完成。其次需要养成办事利落、不拖沓、不懈怠、迅速果断的工作作风，迅速处理每一件工作，做到忙而不乱，杂而有序，有条不紊，力争在最短的时间内办多件事，把事情做好。

四、做好沟通协调和督办工作

由于工作性质所需，教学秘书要与教务处、各教学单位之间联系，在这些关系中要求教学秘书学会有效的沟通，借助有效的沟通手段，协调本院与教务处及各教学单位之间的关系。良好的沟通有利于提高教学管理工作的质量和效率[2]。教学秘书时刻要与院系领导、教师和学生打交道，需经常在领导、教师和学生之间传递和沟通信息，进而解决问题，协调关系。比如教师调课、教学活动的安排、各类考试的安排等都离不开有效的沟通与协调，若协调不好将影响教学秩序的正常运转。沟通协调的基础是与人为善，尊重、理解他人，要学会换位思考，多站在领导、教师和学生的角度考虑问题，善于听取不同意见，才能和谐地处理好和上级部门、院系领导、教师和学生的关系。通过及时沟通协调，与领导、师生建立一种相互合作、相互促进的融洽关系，营造和谐、友善的工作氛围。此外，在贯彻执行决策和完成工作任务的过程中，认真做好督办工作是提供工作效率的保证[3]。在督办过程中，要及时做好上令下达，下情上通，及时和教研室主任、教师、团总支进行沟通，发现问题及时反馈情况，以确保各项工作的顺利完成。

五、保证质量，求实创新

质量是效率的生命[4]。教学秘书工作虽然项目繁多，但要保证每项工作的质量。要认真对待每一细小事项，不得有丝毫疏忽。此外，要熟悉现代化的管理手段，熟练操作教务管理系统、网上办公系统、数据库等现代管理软件，努力实现管理的科学化、现代化、规范化，以提高工作的效率。

任何工作没有创新就没有发展，教学秘书工作亦是如此。教学秘书应加强学习，不断扩大知识面，了解教育教学的发展状况和一般规律，学习国内外先进的管理经验，学习同行有效的管理办法。时刻关注教学过程中的新情况、新问题，在实践中提高分析问题和解决问题的能力，不断总结自己的工作方法和不足之处。充分发挥自己的主观能动性，与时俱进，努力创新实践，积极探索科学的工作方法，逐步提高综合素质能力，提高工作效率和业务水平，更好地为教学服务。

参考文献：

[1]刘晨凌．关于高校系级教学秘书工作的几点思考[J]．科技信息，2007，29：489.

[2]徐冬冬．高校二级学院教学管理工作中的沟通艺术[J]．科技信息，2007，33：539.

[3]陈珊．二级管理体制下系（部）教学秘书工作的探讨[J]]．浙江工贸职业技术学院学报，2004，4（3）：102.

[4]吴方领．提高教学秘书工作效率的探讨[J]．河北师范学院学报（自然科学版），2005，25（4）：114.

北京林业大学 CET4 成绩与入学英语成绩差异分析初探

孟丽[1①]，张颖[2]

（1. 北京林业大学教务处；2. 北京林业大学经济管理学院）

摘要：学校对一门课程所建立的考评系统对该门课程教学具有指导意义。北京林业大学所进行的入学英语分级测评和大学英语四级考试（CET4）也对大学英语教学发挥重要作用。本文选取 2005 级全体学生 3360 名学生作为研究对象，运用 SPSS 统计软件对其分级测试和 CET4 成绩做了差异分析，并对统计结果进行了总结分析，提出了改革教学形式，采取分级教学的建议，从而不断提高我校的英语基础教学水平。

关键词：CET4 成绩；入学英语成绩；差异分析；分级教学

测试评估系统具备多种功能。最主要的是两种：以测试检查学生的学习结果和教师教学的效果，另一种是以测试为教学目标，使学生达到一定标准以便获得既定目标，北京林业大学的大学英语测试系统主要是第一种，当然也有学生取得证书，进入劳动市场的作用。每年新生入学要进行英语分级测试，其试题是从北京市大学英语研究会购买，试题水平等同于高考英语水平，试题效度，信度较高，能够比较客观真实地反映学生从高中到大学的英语学习水平。全国大学英语四级考试（简称为 CET4）是由教育部高教司主持的一种标准化全国性经过二年学习进行跨地区考试。本文调查进行后，四级考试的分值设定发生了变化。但这并不影响学生入学英语基本性况和两年后考试的情况相关分析。因此，该研究仍然有一定参考价值。笔者运用统计软件 spss13 对分级测试和与英语成绩进行差异分析。研究被评价者英语能力发展和变化的情况，探索内在的规律，为使教师提供有用的信息，改进教学管理，保证教学质量，同时也可帮助学生调整学习策略、改进学习方法、提高学习效率。

一、数据分组

本文采用北京林业大学 2005 级学生的 CET4 成绩和入学英语成绩。

把 CET4 成绩划分为 A，B，C，D 四个组别，在数据表中代码分别以 4，3，2，1（因为统计软件的需要，所以用数字代替组别）代替。85 分以上为 A 组，该组学生英语成绩优秀，能进一步参加英语口语考试；60～84.5 分为 B 组，该组学生英语成绩优良，达到了英语基础学习的要求；50～59.5 分为 C 组，该组学生需要进一步加强英语基础的学习，才有可能

① 第一作者：孟丽，硕士，中级职称。主要研究方向：教务管理。电话：62336058。E-mail：mlwjh@bjfu.edu.cn。通讯地址：北京林业大学 37 号信箱，100083。

达到大学英语基础教学的水平；49.5 分以下为 D 组，该组学生的英语基础很薄弱，需要加强英语基础知识的学习。

把学生的入学英语成绩划分为 A，B，C，D，E 五个组别，在数据表里中分别以 5，4，3，2，1(因为统计软件的需要，所以用数字代替组别)代替。85 分以上为 A 组，这些学生英语成绩优异；70 ~84.5 分为 B 组，这些学生英语成绩优良，经过努力，有可能取得优秀的成绩；60 ~69.5 分为 C 组，该组学生基本上可以达到英语基础教学的目的；50 ~59.5 分为 D 组，该组学生需要大力加强基础学习，经过努力，可能通过大学英语四级考试的；49.5 以下的学生为 E 组，这些学生英语学习基础弱，需要学校加大力度引导其学习，并辅以相应的学习策略，从而使其英语水平得以提高。

二、统计分析

(一) 入学成绩 E 组别分析

入学成绩 E 组别(49.5 分以下)有 26.5% 同学经过两年的在校学习达到了 CET 级别的 B 级(60 ~84.5 分)，顺利地通过了 CET 考试，达到了大学英语基础教学的目标。同一入学成绩 E 级别有 56.2% 同学达到了 CET 级别的 C 级(50 ~59.5 分)，这批同学英语基础成绩前进了一大步。见表 1。

表 1

入学成绩	CET4 <49.5 (百分比)D 组	CET4(50 ~59.5) (百分比)C 组	CET4(60 ~84.5) (百分比)B 组	CET4 >85 (百分比)A 组
E 组(<49.5)	17.3%	56.2%	26.5%	无

(二) 入学成绩 D 组别分析

入学成绩 D 组别(50 ~59.5 分)有 61.1% 的学生成绩达到大学英语基础教学的目标，顺利通过了 CET4 测试，甚至有 0.1% 的同学成绩达到了优秀。有 36.5% 的同学其成绩维持原有水平，有 2.2% 的同学英语水平下降。这说明入学成绩 D 级别的同学可塑性很强，对他们予多关注，其成绩会有很大的提高。见图 1。

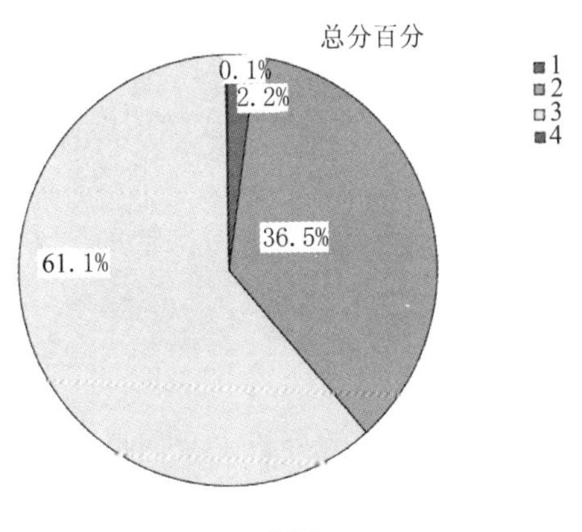

图 1

(三)入学成绩 C 组别分析

入学成绩 C 级别(60 ~69.5 分)有 84.7% 的学生成绩维持原状，达到大学英语基础教学的目的，顺利通过了 CET4 测试，甚至有 0.7% 的同学成绩达到了优秀，形成成绩最为稳定的一个群体。但是有 14.2% 的学生四级成绩后退了一个档次，甚至还有 0.4% 的同学退后了两个档次。因此这个群体也应加以特别关注的，防止将近 15% 的学生从及格降落到不及格线下面。见表 2。

表 2

入学成绩	CET4 <49.5 (百分比)D 组	CET4(50 ~59.5) (百分比)C 组	CET4(60 ~84.5) (百分比)B 组	CET4 >85 (百分比)A 组
C 组(60 ~69.5)	0.4%	14.2%	84.7%	0.7%

(四)入学成绩 B 组别分析

入学成绩 B 级别(70 ~84.5 分)有 89.7% 达到了大学英语基础教学的目的，顺利通过了 CET4 考试，其中有 8.3% 的同学其成绩达到了 CET4 的优秀成绩，但有 2% 的同学没能通过考试，其英语成绩退后了两个档次。见图 2。这个比例虽然不高，但应引起高度警惕。

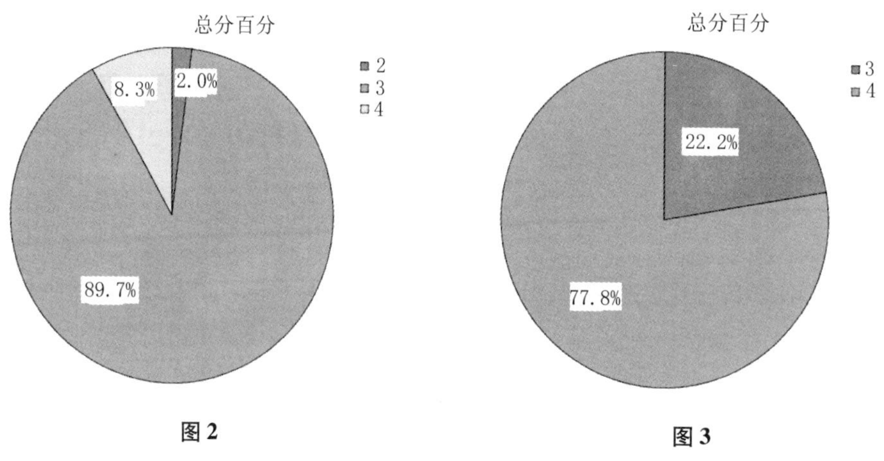

图 2　　图 3

(五)入学成绩 A 组别分析

入学成绩 A 组别(85 分以上)有 77.8% 的同学成绩依然保持优秀，22.2% 的同学其成绩稍有退步，但依然达到了大学英语基础教学的目标。见图 3。在教学中，如何使这些学生仍保持最高水平，也是值得研究的。

三、结　论

(一)大学英语基础教学成绩突出

从 2005 级学生入学英语成绩与 CET4 的分析中我们可以很高兴地看到，北京林业大学的大学英语教学水平卓有成效。经过两年在校学习，全校将近 80% 的学生一次通过 CET4 的考试。其中入学成绩 A 组 100% 通过，B 组 98% 通过，C 组 85.4% 通过，诚然，这部分学生入学时就具备较高水平和较好的英语学习能力，但能在两年内英语水平上升了四级，怎么能没有教师的春风化雨润物细无声的教学？正应为他们坚持不懈的继续努力，才能取得这样的成绩。尤其能够说明问题的是 D 组(50～59.5)的学生中 61.2%。通过，E 组(低于 49.5%)的学生 26.5% 通过。另外 56.2% 也达到了 50～59.5 的成绩，取得长足进步，具备第二次考试后通过的潜力。这个成绩，充分说明大学英语稳扎稳打，全面开花的教学能力和教学效果。从中透析出教师智慧、辛勤，外语学院和学校的管理与领导水平，以及学生个体的主观努力。

(二) CET4 成绩 C 级—第二次通过考试的中坚力量

CET4 成绩 C 级的分数段是 50 分到 59.5 分，这个分数段的学生如果加上个人努力与教师教学的诱导，其成绩很容易提高，较易达到完成大学英语基础教学的目标。这部分的学生构成主要是占 44.4% 入学英语成绩 D 级(入学英语成绩 50～59.5 分)的学生和 25.5% 入学英语成绩 C 级(入学英语成绩 60～69.5 分)的学生。对这些学生施以适当的英语教学策略，其成绩会有所提高和回升。见图 4。

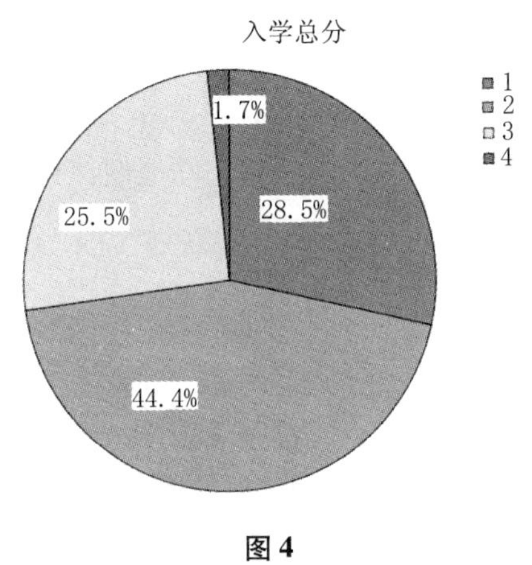

图 4

(三) 明确英语学习动机，端正英语学习态度

入学成绩处于 C 级(60～69.5 分)有 84.7% 的同学在参加 CET4 考试时，成绩维持原状，B(70～84.5 分)有 89.7% 的同学在参加 CET4 考试时成绩维持原状，这些成绩较优秀的学生大部分原地踏步，而入学成绩位于 E 级(49.5 分以下)和入学成绩位于 D 级(50～59.5 分)的同学都有了一个层次的提高。笔者分析有以下几点原因。

1. 英语基础中等生英语学习潜力大

学生英语入学成绩位于 D 级的学生，我们定为中等生，这部分同学占全体学生的大多数，是大学英语基础教学的主要教学目标。从高中进入到大学，通过入学英语测试考试，这部分同学较清醒地认清了需要努力的方向与目标。CET4 考试对大学生来说至关重要，对深造就业都有影响。这部分同学学习动机明确，学习态度积极。虽然起步较低，但较容易前进到一个稍高的档次。一个值得关注的问题是，这部分学生中有三分之一(36.%)虽然跟上了步伐进到四级，维持了自己原有的水平，他们的努力显而易见，但是这 10 分的差距，却使他们仍然不能达标。对于他们，连同 E 组 56.2% 的学生，如果采取一些强化训练的措施，提高他们语言能力，更多学生有可能胜出达标。这将进一步提高四级通过率。

2. 入学英语成绩 B 级和 C 级原地踏步居多

(1)有 14.2% 的学生降一级到 50～59.5 分，还有 0.4% 降级到小于 49.5 分的级别。这部分学生可能较高地估计了自己的英语学习能力和英语水平，误以为自己可以较顺利通过CET考试。

(2)可能不适应大学的学习模式，从高中在教师严格管理下进行强化学习到大学能管理自己，没有把握好自己的学习。

(3)可能有轻视学习的思想，为释放长期高考带来的压力而忽略了学习。

四、建 议

(一)关注不同层次学生，提出不同学习要求

外语学院采用了教师负责制的教学管理体制，教师对特定的班级两年负责到底。这个机制保证了教师长期跟踪学生学习情况，随时提出学习要求，进行有针对性帮助，但这是基于教师个人的经验与观察。本文从宏观上总结了学生的英语学习规律，从而为教师对不同层次学生的英语学习规律提出了予见性的参考数据，更有利于教师有的放矢。归纳起来，应有这样的重点：

1. 对于入学成绩达到A组的学生

一般不必担心他们CET4过不了关，但更应鼓励他们保持优异成绩，在英语学习中获取更大进步。

2. 对于入学成绩达到B、C组的学生

除鼓励他们不断努力，保持住成绩，通过CET4，更要激发他们的学习兴趣和动力，以便向优异成绩冲击。要关注他们中个别人思想下潜伏的苗头，及时控制住这个小群体。

3. 对于入学成绩D、E两组学生

深入了解他们的具体困难，帮助他们克服焦虑情绪，在学习方法上给予更多帮助。尤其关注那些经过一定努力，进步幅度不够明显的学生，给予切实可行的指导，可能会有很好的效果。

(二)采取部分分级教学

如上所说，现有的大学英语教学体制有很大的优越性。如果再适当采取部分分级教学，即安排一些课时，或利用集中的空闲时间，对不同层次的学生给予特别指导，也许会有更好的效果。

所谓分级教学，就是打破专业、班级界限，根据入学后的英语分级水平考试成绩分级进行英语教学。每个层次制定分层教学目标、教学内容，选择不同的教学方法，做到有的放矢，因材施教。这样，从“教”的角度看，易于把握教育对象的特点，使不同层次的学生，遵循教育教学规律，在原有基础上，完成层次所设定的培养目标；从“学”的角度看，分层次教学本身就是使不同层次的学生，按与其英语基础相适应的教学内容、教学进度学习。从而体现受教育者在接受新知识传授时具有与其相适应的基础前提，真正做到学有所成。英语分级水平位于85分以上的学生基础好，学习主动性很强，这部分只需要教师指定相应的课外读物，这部分基本上能很好地完成相应的自学。英语分级水平在60~84.5的同学可以根据教学大纲的要求，进行难度较大的教学与训练，教学进度快一点。这部分学生求知欲较强，不会满足于教材所限的内容。这对教师提出了更高的要求，它要求教师不断更新教学内容，教学方法要多样化，要选择一些有效的、新颖的、融知识性、趣味性于一体、有深度、有广度的教学内容和灵活多样的教学方式，其中大部分学生可以在学习完英语四级后，可通过

CET4 的考试，继而学习更高级的课程。50～59.5 的同学有一定的基础，但不够扎实，教学进度要放慢一点。对这类学生，教师要有强烈的责任心；多了解他们的需要；在教学中增加趣味性；培养他们的自信心；多给机会，创造条件让他们多练习；鼓励他们多开口；适当补充课外知识，使他们在原有的基础上有一个质的飞跃，从而顺利通过大学英语四级考试。49.5 以下的同学英语基础较差，对这些学生，任课教师不但要多关心他们，更要鼓励他们，千万不要打击他们，轻视他们。教育他们不要自卑，要不断努力，迎头赶上。笔者认为，对这一类学生要适当增加课时，应安排责任心强、有耐心、够细心的教师任课。第一学年以系统补习基础为主，第二学年在巩固基础上提高，并穿插一些较具知识性、趣味性、实用性的文章学习，逐步培养初步的阅读能力、听说能力和翻译能力，使他们在校期间绝大部分同学能通过大学英语四级考试。

（三）加强课外活动

第二课堂的学习，生动、活泼，符合学生的个性特征，为他们提供了创造的机会，在活动中他们的英语学习会得到潜移默化提高，某一项技能会得到突飞猛进的飞跃，在毕业生英语学习中或许能产生一定影响。它会反过来推动第一课堂的教学。各种戏剧、演唱、演讲、朗诵都会是很好的形式。全校、全院、各系、各班各种范围都可进行。由共青团、学生会、院系行政出面组织，多种多样，新鲜有趣，令英语教学还能上新的台阶。

本文仅从教学管理者的角度做了一点分析，仅供第一线辛勤劳动的教师参考。

参考文献：

[1] 教育测量．华东师范大学出版社，2001.4.
[2] 李志辉，罗平．SPSS for windows 统计分析教程(第 2 版)，2003，1.
[3] 汪晓峰．从语言测试的角度分析公安大学学生大学英语四级成绩．2002，1：18～20.
[4] 李洁．影响大学英语四级通过率的因素及对策．2002，2：2～5.
[5] 吴晓宁．关于 CET 与大学英语教学和管理的思考．2005，6：79～81.

北京林业大学精品课程与教材建设理论与实践

周璐璐[①]，颜贤斌

（北京林业大学教务处）

摘要：本文主要阐述了北京林业大学精品课程和精品教材的建设理论与实践。精品课程建设的主要模式为“以拓宽基础课、整合实践课”；精品教材的建设模式则是“与教学改革研究相结合、强化‘立体化’建设”；并详细介绍了“教材建设和课程建设相互补充、相互促进”的双赢建设模式。

关键词：精品课程；精品教材；和谐发展

近年来，我国高等教育教学发展突飞猛进，逐步实现了从精英教育向大众化教育的跨越式发展，北京林业大学乘着改革的东风，紧跟时代步伐，教育教学工作日渐成熟。特别是自教育部提出“高等教育教学质量与教学改革工程”建设工作以来，教学改革研究工作全面铺开，北京林业大学以此为契机，加大投入力度，调动广大教职员工的积极性，集中开展团队建设、特色专业建设、课程建设及教材建设，取得了丰硕的成果，并逐渐总结出与我校办学定位和人才培养目标相适应的方法与经验，摸索出一条符合我校实际情况的精品课程和精品教材的建设道路。

一、拓宽基础课、整合实践课，完善精品课程建设

课程建设是教学工作的灵魂，是高校实现人才培养目标的基本途径。课程教学的水平直接影响高等教育质量，因此，课程建设是高校全面提升教育质量的一项教学基础工程。建设一批高水平的精品课程是保证教育教学质量的重要手段，也是保证学生获益、实现人才培养目标的主要途径。

（1）精品课程建设应以“加强并拓宽基础类课程建设、整合并充实实践类课程建设”为基本原则，以“提高人才培养质量”为指导思想，以“培养适应社会和行业发展的创新型人才”为最终目标。

首先，要在有助于夯实学生专业基础的课程上下功夫。学校要在政策上予以一定倾斜，提高基础课程建设在教学改革研究项目中的比重，保证专业课程的建设。此类精品课程应着重探索教学方法和教学手段的改革创新，改变传统“填鸭式”教学模式对学生思维的禁锢。如何提高学生对专业基础课的学习兴趣是摆在基础课教师面前亟待解决的重大问题。

其次，对实践类课程予以整合、充实。丰富课程内容和实践教学模式，最大限度调

① 第一作者：周璐璐，硕士研究生。主要研究方向：生物质胶粘剂。电话：62338328。E-mail：zhoululu852@bjfu.edu.cn。通讯地址：北京林业大学37号信箱，100083。

动学生专业学习积极性，并保证学生在实践环节的学习中可以“学有所得、学以致用”。实践类课程的建设是课程体系改革中不可或缺的一部分，在教学改革研究中，提倡教师将相关性强的实践类课程资源有效整合，注重课程之间的系统性、先导课和后续课之间的承接性，以较短的课程时数保证学生应用技能的全面提高，以适应社会需求及行业发展。

(2)精品课程的建设应注重纵向发展和横向发展相结合，寻求课程之间的内在联系，总体来讲可分为纵向建设和横向建设两大类。

纵向建设即系列课程建设。精品课程的建设需要一个优秀的教学团队作为保障，这个团队里自然应该包括本领域的优秀教师，同时也应该有与本学科关系密切的其他课程教师参与其中。通过一门精品课程的建设影响这些相关学科教师进行自身学科课程的建设，从而带动更多教师投身课程建设改革研究。以我校木材科学与工程专业基础课“人造板生产工艺学”为例，其上行课程包含木材学、木材切削原理与刀具、木材干燥学等，下行课程包含木制品生产工艺学、人造板表面装饰等，这些课程之间具有密切的相关性，建设内容也有一定的交叉性，可进行系统建设，逐步形成木工专业系列精品课程。

横向发展即以发散性思维，通过一门精品课程的辐射作用带动其他横向课程建设。精品课程的建设经验和方法可提供给其他相关学科教师借鉴学习，任课教师之间可以对课程建设、课程体系改革进行沟通交流，通过“头脑风暴”式的讨论研究，探索精品课程建设的新思路、新方法。仍以“人造板生产工艺学”为例，以横向发展的思路考虑，与之相关的课程有胶黏剂与涂料、家具设计、木材商品学、木材保护与改性等其他木工学科专业课程，这样的发散性思维可以有效发挥精品课程的促进作用，以点带面，进而带动木工专业建设。

二、结合教学改革研究、强化“立体化”概念，完善教材建设

很多学者认为，精品课程应是具有一流教师队伍、一流教学内容、一流教学方法和手段、一流教材、一流教学管理等特点的示范性课程。可见，精品教材是精品课程的重要组成部分，它的建设应以学科专家教授作“领军人物”，以优秀的教师队伍作保障，以各相关学科的资源作为补充，与教学研究相结合，以“立体化”教材为成果。

(1)教材建设与教改研究相结合。精品教材是学校教学质量的重要标志，是精品课程建设成果的主要载体，是教师教学成果的物化，是教学水平的集中体现，是学生掌握学习内容的重要途径。因此，教材建设也是教学改革研究的重要内容。探索教材的知识精选、交叉融合、体现教材内容的整体化是教学改革的重要内容；如何将教材的内容延伸到各专业领域及实际的学习生活中、激发学生学习兴趣，也是教改研究的新课题。

(2)“立体化”教材建设。随着网络的日渐推广，多媒体课件的逐步应用，教材建设也从单纯的“书籍”编纂，扩展为电子音像制品、多媒体课件、纸质教材、网络教材、相关指导书等一整套立体化建设。通过建设立体化教材，可以满足在网络时代新背景下以远程教学为目标的精品课程教学的创新性的要求；寻求教与学关系中更和谐的、友好的、效果更理想的模式，解决教与学之间的时空矛盾[1]。这种教材建设方式，有利于从不同侧面分别反应教学知识的侧重点，改变传统书本知识的单调枯燥。教材形式的多样化会给学生带来不同的学

习感受，对于启发学生思维，调动学习积极性意义重大。

三、相互促进、互为补充，实现课程、教材建设和谐发展

精品课程需要以精品教材为辅助，支撑教学工作顺利开展；精品教材是精品课程的重要组成部分，也是精品课程教学经验的总结和直观体现。以提升课程教学水平、提高人才培养质量为目标的大学本科教育教学应该充分发挥精品课程对于教材建设的促进作用和精品教材对于课程教学的反作用，融合两者优势，实现双赢。

首先，应该以精品教材建设推进课程建设。立体化教材体系的建构，综合考虑了内容的多学科、教学对象的多层次、表现形式的多媒体、解决问题的多角度等不同层面的要求，为课程改革中的基础教育提供了一体化的解决方案[1]。以这样的精品教材做媒介，通过教材形式的多样化弥补课程教学中形式单一的缺陷，全面反映课程内容，从而推进课程建设。另外，精品教材往往能够以其生动的语言、华美的图片、完整的知识体系，激发学生的学习兴趣和求知欲。因此在教学环节中，学生能够主动获取知识、独立思考、广泛涉猎，实现自主的将理论知识和动手实践相结合，并乐于与教师探讨教学过程中的疑难问题，从而激发教师的教学热情和教学灵感，产生良好的教学效果。另外，与学生的沟通交流更为教师从事教学改革和教学研究提供了大量可借鉴的一手数据，促进了优质课程的建设培育。

其次，要以精品课程为依托建设精品教材。在精品课程的理论课讲授过程中，可选用国内外优秀教材作为借鉴，在此基础上，通过与学校的自身定位、人才培养目标相结合，构建以开发学生研究性学习和自主性学习为目的，参考文献、信息网站、辅导教材相结合的立体化精品教材[2]。同时，在实践教学过程中，通过建立完备的教学实践环节，将课堂讲授、课堂讨论、课堂提问、现场教学以及传统板书和多媒体教学相结合，培养学生的独立思考能力、观察能力、审美能力、创新能力和解决实际问题的能力。便于教师在教学实践中总结出一套独特的教育教学思路，并将其应用到教材编写过程中。这样编写的教材即可全面涵盖实际工作中的各项内容和方法，重点突出，形式新颖，图文并茂，实用性强，才能满足人才培养的需求。

最后，教师应该将精品教材建设完全融入精品课程建设过程，即及时将课程中有所涉及的科技发展的前沿知识充实到教材当中。在知识更新速度不断加快的情况下，我国教材建设普遍存在出版周期过长，跟不上时代发展节奏的现象[3]。因此，对精品教材的建设出版可以采用试用—修改调整—再试用—正式出版的流程。通过在精品课程建设中对教材的试用，调查学生对新教材中知识的接受程度和对教材编写的满意程度，在充分收集意见的基础上，有针对性的对文字艰深、条例性欠佳、表述不清或累赘的部分进行修改；将修改后的教材再次投入教学环节使用，调查反映良好后，才能够交付出版。这种方式既保证了学生对教材的认可度，又能够不断的将教学中的学科前沿知识补充进来，可以收到良好的教学效果。

综上所述，精品课程和精品教材的建设是相辅相成、互为补充的，在课程建设的基础上提升教材质量，通过教材建设不断总结精品课程建设的经验是保障高校教学质量提高、实现人才培养目标的有效途径。

参考文献：

[1] 孙京新，褚庆环，李鹏．在精品课程建设中建立立体化教材[J]．现代远距离教育，2007，1：28～30.

[2] 谭萍．树立课程新理念提升精品课程建设质量[J]．当代教育论坛，2007，10：88～89.

[3] 张清华，刘颖，陈文丽．试论高校精品课程建设的创新[J]．长春工业大学学报(高教研究版)，2004，3：18～19.

对高等学校教学团队建设的思考

于　斌①

（北京林业大学教务处）

摘要：随着"质量工程"的推进，一时间，各式各样、各种级别的教学团队如雨后春笋般在全国高校迅速创建起来，如何确保教学团队健康有序发展，发挥应有作用，已经成为我们亟待思考的问题。本文指出了目前教学团队建设过程中存在的问题，并就如何创建教学团队和建设教学团队进行了探讨。

关键词：教学团队；建设；管理机制

教学团队建设是2007 年教育部、财政部联合实施的"高等学校本科教学质量与教学改革工程"（简称"质量工程"）中一项重要建设内容。要求高校加强教学团队建设并非偶然，而是由于高等学校的特点呼吁建立扁平化的教学团队组织；科学技术发展的综合化趋势呼吁教师的紧密合作；提高教学效果和质量不能依靠教师的单兵作战，必须依靠"集团军"；教师专业发展有赖于教师间的交流与合作[1]。加强教学团队建设有利于高校核心竞争力的增强和人才培养质量的提高，形成新的工作机制，深化本科教学改革与建设。随着"质量工程"的推进，一时间，各式各样、各种级别的教学团队如雨后春笋般在全国高校迅速创建起来，就北京林业大学而言，截至 2009 年，已建有 3 个国家级、8 个北京市级和 37 个校级教学团队。由于教学团队建设工作实践的时间短，经验少，理论研究也不很充分，在团队建设过程中存在重甄别选拔、轻促进发展，教学团队建设目标、分工不明确，教学与科研、团队与教研室关系未理顺，教学团队日常建设考核机制不够健全，教学团队缺乏优胜劣汰的竞争激励机制等问题[2]。如何确保教学团队健康有序发展，发挥应有作用，已经成为我们亟待思考的问题。本文就教学团队建设中涉及的一些问题谈些个人看法。

一、教学团队的涵义以及教学团队与教学群体和教学团体的区别

要组建教学团队，首先得明确教学团队的涵义以及教学团队与一般教学群体、团体的区别。

（一）教学团队的涵义

要明确教学团队的涵义，首先得清楚团队的定义。美国学者乔恩·卡曾巴赫和史密斯于 1993 年提出的团队定义比较具有代表性。他们认为，团队就是由少数有互补技能，愿意为了共同的远景目标、业绩目标和方法而相互承担责任、互相分工协作的个体所组成的群体[3]。

---

① 作者简介：于斌，学士，实习研究员。主要研究方向：教学管理。电话：62338244。E-mail：yubin@bjfu.edu.cn。通讯地址：北京林业大学教务处，100083。

从团队的定义出发，不同的学者对教学团队的涵义也有不同的阐释，其中北京师范大学比较教育研究中心刘宝存教授对教学团队的涵义概括的比较全面，他认为，教学团队就是以教书育人为共同的远景目标，为完成某个教学目标而明确分工协作，相互承担责任的少数知识技能互补的个体所组成的团队；其一般具有共同的目标、知识技能互补、分工协作、良好的沟通、有效的领导等几个特征。

(二)教学团队与教学群体、教学团体的区别

教学团队与教学群体经常被混为一谈，其实，他们之间有着根本性的区别，主要表现在：一是协作方面。教学团队表现为齐心协力，通力合作，而教学群体的协作性没有如此强烈，有时还表现出消极或对立。二是责任方面。教学团队除了领导者要负责之外，每个团队成员也要负责，甚至要一起相互作用，共同负责，而教学群体主要是领导者负很大责任。三是绩效方面。教学团队的绩效是由所有成员共同合作达到的成绩，而教学群体的绩效是每一个教学个体的绩效相加之和。

教学团队与教学团体的区别更为明显。任何聚集在一起的教学人群，都可以称为教学团体，但教学团体要成为教学团队，必须要具备以下几个条件：一是具有共同的愿望与目标；二是要有和谐、相互依赖的关系；三是具有共同的规范与方法。

二、创建教学团队应重点把握的几个方面

我们根据教学任务需要，创建不同类型的教学团队时，要重点把握好以下几个方面的问题。

(一)遴选合适的教学团队带头人

教学团队带头人是团队建设的核心和凝聚剂，在团队中起着学术引领的作用，因此，我们要选拔和支持学术造诣高、热爱本科教学、教学效果优秀、品德高尚、治学严谨、具有凝聚力的学术带头人组建教学团队。

(二)创建教学团队要规模适中、结构合理

相关研究表明，高绩效的团队规模一般都比较小，成员人数控制在12人以内为宜，否则就可能影响团队成员之间的沟通和理解，难以形成凝聚力和相互责任感。因此，在创建教学团队时，不要盲目求大，要根据教学任务的需要、本着宜小不宜大的原则来确定。且团队成员并不是随便几个人的拼凑，要注意团队成员在知识技能、年龄、个性特征上的优化组合，要有一定的教学梯度差别，要清楚团队的力量及成绩来自成员之间的协作与配合，缺少沟通合作的精英力量教学团队并不是最优秀的教学团队。

(三)教学团队要有明确的目标

创建的教学团队要有团队成员共同认可的、特定的、志向高远又切实可行的共同的教学和建设目标。团队要制定出明确的长远发展规划和中短期建设目标，以及确定学期和年度教学改革和建设任务。制定的目标要有可行性，能充分调动团队成员的积极参与。

三、教学团队建设过程中应重点把握的几个方面

(一)明确教学团队的核心任务

国家开展教学团队建设工作的宗旨是推动教学内容和方法的改革与研究，促进教学研讨和教学经验交流，开发教学资源，推进教学工作的老中青相结合，发扬传、帮、带的作 用，

加强青年教师培养。因此，我们不难看出教学团队的核心任务就是提高本科教学质量。

教学团队的主要工作内容将围绕着建设教学团队的宗旨开展，以期最终完成教学团队的核心任务。显然，要保证教学团队的健康发展，并不是要求团队要在短时间内造就一大批成果，而是要注重教学团队的内涵建设，克服只求眼前利益，忽视长远利益的短视做法；要通过不间断的扎扎实实的内涵建设，不断积累经验，丰富成果，促进教学，最终培育一支业务过硬、成果丰硕的教学团队，推动教学质量稳步提升。

（二）处理好教学团队与教研室的关系

教学团队围绕建设目标承担着人才培养及教学研究任务，涉及专业建设、课程建设、教材建设、教师队伍建设等一系列工作内容，这些与教研室的日常教学管理工作关系非常密切。一个教学团队可以在一个教研室内产生，也可以跨教研室、跨专业、跨院系产生，我们要正确处理好教学团队与教研室的关系，不能将教研室等同于教学团队，更不能用教学团队替代教研室工作，使教研室失去存在的价值。

（三）加强团队精神和团队文化建设

加强团队精神建设。团队精神是大局意识、协作精神和服务精神的集中体现。其核心是协同合作，反映的是个体利益和整体利益的统一，并进而保证组织的高效率运转。我们在教学团队建设过程中，要加强团队精神建设，鼓励团队成员之间坦诚交流，协同合作，让每位成员为了团队的共同目标，自觉地担负起责任，释放出潜在的才能和技巧。

注重团队文化建设。在教学团队建设过程中，我们在培养团队精神的基础上，还要在该团队内部构建一种互相支持、协同配合；严谨治学、开拓创新；相互尊重、和谐共处；各抒己见、敢于质疑；领导权和决策权共享的和谐、宽容的团队文化，这样才能发挥出团队内部强大的协同力。

（四）建立健全教学团队管理机制

教学团队建设工作成效是否显著，不仅取决于教学团队遴选的质量，还需要建立一套与教学团队工作开展相适应的科学规范的管理机制，形成制度化的教学团队。

一是要建立教学团队负责人责任制。院长是学院教学团队建设的第一责任人；教学团队带头人是教学团队建设的具体负责人，在学院领导下负责教学团队建设的具体工作。学院负责协调本学院教学团队带头人的聘任和聘后管理，负责 本学院各教学团队的规划、组建、协调和组织实施工作，合理利用学院资源，保证本学院教学团队的均衡发展和总体目标的顺利完成。

二是要健全教学团队评价机制。要将日常教学检查与教学团队专项检查有机结合起来，实施动态管理和竞争淘汰机制。在检查过程中要重视对教学团队长期价值考核评价，对评价不合格的教学团队，停止其享受学校优级教学团队的待遇。同时对教学团队的考核引入淘汰机制，不断补充新的优秀人才（包括团队带头人）。

三是要建立教学团队长效激励机制。以团队绩效为基础，同时考虑个人贡献，建立相关成果奖励制度和经费资助制度，最大限度地激发团队的积极性。

当前，教学团队建设已成为各高校进一步推动专业建设、课程建设、名师建设，提高教学质量的重要途径。如何让团队最大程度地发挥作用，需要我们在实践中不断探索与发展。

参考文献：

[1]刘宝存．建设高水平教学团队促进本科教学质量提高[J]．中国高等教育，2007(5)：29～31.

[2]黄玉飞．高校教学团队的考核与管理研究[J]．中国大学教学，2009(2).

[3]禹奇才，张灵．准确把握内涵，破解教学团队建设中的问题[J]．中国高等教育，2008(8)：26～28.

规范过程管理 加强学生创新能力培养

——北京林业大学大学生创新性实验计划项目实施情况总结

冯 强[1①]，任建武[2]，王燕俊[3]

（1. 北京林业大学教务处；2. 北京林业大学生物学院；3. 北京林业大学水保学院）

摘要：大学生创新性实验计划是质量工程中“实践教学与人才培养模式改革创新”的重要内容，是培养学生创新精神与实践能力的新思路。本文阐述了北京林业大学近3年项目实施具体做法、政策和条件保障以及取得的效果。

关键词：项目管理；培养；创新能力

2007年，我校被教育部、财政部研究确定为首批实施大学生创新性实验计划项目高校之一。学校按照教育部的有关规定及时开展“国家大学生创新性实验计划”的立项申报工作，第一时间着手落实教育部的文件精神，以《国家大学生创新性实验计划指南》为指导，以学生为主体，以项目为载体，以兴趣驱动、自主实验、重在过程为原则，切实将本计划作为本科教学质量和教学改革工程的建设项目之一，与其他教改项目紧密结合，以项目的实施为契机，努力构建适合学校人才培养目标、具有特色的创新型人才培养模式和培养方案，积极推进大学生创新能力训练体系的构建。在《国家大学生创新性实验计划指南》等相关文件精神指导下，我校学生形成了良好的科技创新氛围，学生的创新能力得到全面提升。

根据教育部文件精神，北京林业大学实施大学生创新性实验计划的指导思想是：充分利用学科优势和教学资源，提高办学效益，探索并建立以问题和课题为核心的教学模式，倡导以学生为主体的创新性实验改革，以创新的教学模式培养创新型人才，培养学生科研创新实践能力和独立工作能力；提供科研训练条件，使学生尽早了解学科前沿；加强师生团队合作精神和交流能力；促进产学研紧密结合，鼓励学生早出成果。

一、项目实施基本情况

北京林业大学从2007年开始实施国家大学生创新性实验计划项目以来，已连续实施3年。2007年和2008年的大部分项目已经顺利结题并通过验收。

---

① 第一作者：冯强，助理研究员。主要研究方向：教学管理。E-mail：gzfq@ bjfu. edu. cn。通讯地址：北京林业大学教务处，100083。

北京林业大学国家大学生创新性实验计划项目基本情况一览表

项目数（个）			参与学生数（人）			指导教师数（人）			教育部下拨经费（万元）			学校配套经费（万元）		
2007 年	2008 年	2009 年	2007 年	2008 年	2009 年	2007 年	2008 年	2009 年	2007 年	2008 年	2009 年	2007 年	2008 年	2009 年
40	40	50	99	102	125	40	40	50	40	40	50	59	62	85

学校积极探索有效的管理模式，将“国家大学生创新性实验计划”、“北京市大学生科学研究与创业行动计划”和学校的“大学生科研训练计划”合并实行统一管理模式。学校成立“国家大学生创新性计划管理办公室”，挂靠教务处实习实验教学管理中心，专人负责项目的实施，如项目的评审、中期检查、结题验收以及学分的认定。成立校院两级组织实施机构，形成高效的校、院二级管理工作体系。学院由教学院长、科研副院长、教学秘书以及导师组成学院项目管理团队负责项目管理，确保项目的顺利实施。

所有项目从申请到立项，依据“科学、民主、公正、合理"的原则，都是按照相应的严格审批程序进行，学院为全部项目配备和聘请了学校内外的具有副教授以上职称或博士学位、为人师表并具有丰富科研经验的指导教师。项目一经确立，学生须立即进入科学研究状态，或在实验室或深入外业基地，着手项目研究。为此，各学院还设立大学生科研训练工作委员会，组成人员为：教学副院长、科研副院长、各教研室主任。并配置科研训练专职辅导员 1 名(副高职称以上教师担任)，负责组织科研训练项目的运行工作，包括理论教学、组织项目申报、立项、期中检查、结题报告或成果验收等。

为了保障大学生科技创新课题的顺利实施，使大学生创新能力培养制度化、系统化，在 2000 年建立的大学生科研训练“导师制”的基础上，学校还出台了《大学生创新性科研训练实施方案》等管理规章。

(一)计划的启动

每年学校根据教育部通知文件精神，在全校范围内广泛宣传，以吸引更多的学生参与项目申报。充分利用网络、短信平台、电话等多种形式向学生宣传介绍大学生创新性实验计划的情况，并专门召开国家大学生创新性实验计划项目说明会，向学生全面传达并介绍开展国家大学生创新性实验计划的目的、意义和原则以及学校开展此项工作的思路方法，鼓励学生跨学科合作研究，激发学生申报热情。项目由学生个人或团队提出研究课题申请。

(二)立项与评审

学生个人或团队向所在学院提交项目申请书，学院专家组对申请书进行初审，将符合条件的项目报学校国家大学生创新性计划管理办公室。学校国家大学生创新性计划管理办公室召集专家对全校申报项目的创新性和可行性进行论证，采取书面评审和答辩评审，专家打分排序确定最终项目并全校公示，整个过程公开、公正、公平和合理。

(三)项目运行

学生是项目的实施主体，结合专业知识自主选题，自主设计。项目启动后，学生或团队填写任务书，在教师指导下进入科研状态，开始项目研究。项目负责人严格按照立项任务书，认真填写《北京林业大学大学生创新实验工作手册》，在项目执行的时间内，确保项目按期完成，分阶段汇报项目开展情况。对不按时递交中期进度报告表将停止项目运行。

(四)验收

项目到期完成后，项目负责人向学校国家大学生创新性计划管理办公室提交结题报告、论文或成果实物及其它相关文档。学校国家大学生创新性计划管理办公室组织专家审查项目结题报告或论文，对项目进行结题答辩验收。

（五）项目经费的管理

各个项目严格执行《北京林业大学财务管理办法》北京林业大学用款及报销有关规定。同时2007年学校还发布了《北京林业大学大学生科研训练计划实施办法》，对学生科研项目经费使用做了详细的规定，保证了项目经费的正常合理支出。

二、成效与基本经验

（一）激励措施提高指导教师积极性

参加大学生科研训练计划的指导教师按成果获奖不同将分别给予教学工作量奖励；学生作品获奖后，按照学校相关规定奖励指导教师，教师指导学生积极性得到一定程度提高。

（二）训练方法是关键

学校着力探索以问题和课题为核心的教学模式，倡导以学生为主体的创新性实验改革，调动学生的主动性、积极性和创造性，激发学生的创新思维和创新意识，形成良好的科技创新氛围，全面提升学生的创新能力。学校广泛开展各种活动，通过各种有效途径培养学生创新能力，如拓展实践教学空间、激发学生创新欲望与兴趣、培养学生创新思维、搭建交流平台，营造创新氛围等。

（三）学科竞赛促进学生创新能力培养

学科竞赛是学生对知识深入理解、系统整理和实际运用的过程，能够有助于学生知行结合，提高学习的兴趣和动手操作能力。学校向来重视学科竞赛对学生能力的培养，常年组织学生参与各类学科竞赛，如“全国大学生数学建模与计算机应用大赛”、“亚太大学生机器人大赛”、“全国大学生电子设计竞赛”、“全国大学生机械创新设计大赛”、“全国大学生飞思卡尔杯智能汽车竞赛”等等。部分大学生创新计划项目与学科竞赛的良好结合是我校开展各类竞赛的有效保证，如《小型泥土挖抛灭火车》、《真空泵手动机器人设计》和《机械式深井救援装置的设计》等学生创新计划项目，从参与学生、指导教师以及研究方向等方面均与学科竞赛有所衔接。

（四）科研成果得到客观认定

我校大学生创新计划项目的管理办法规定：大学生创新计划项目成果达到毕业论文（设计）标准的，可按照毕业论文（设计）要求进行修改完善提交。学校以实施大学生创新性实验计划为契机，深化教学改革。坚持整体优化、口径拓宽与特色突出、因材施教的原则，科学构建课程体系，将课程设计、专业实践、毕业论文（设计）与大学生创新性实验计划紧密结合，由指导教师为参加项目的学生制订个性化培养方案和相关配套措施，对其学习能力、项目成果给予及时的认可和精神鼓励。项目组成员可以得到科技实验加分，并可以作为本科毕业设计，也可以利用成果发表文章，对学生的激励很大。

我校部分创新计划项目如《列车硬座车厢内部空间改进设计》、《交通事故终结者机器人》、《基于图像处理技术植物种类识别初步研究》等多个项目的参与同学，均在完成项目成果的基础上，加以完善，最终做到大学生创新计划项目与本科毕业设计的双达标。

（五）项目实施促进教学改革：优化课程设置、强化实践教学

在强调培养学生的创新能力的大背景下，以提高学生创新能力为导向，为增强学生的动手能力，培养创新精神，学校在培养计划的修订与执行过程中，有针对性的对课程设置进行优化，增加实践教学比重，提高综合实验、研究创新实验的比例。如生物科学专业的基础实验课总学分为13，综合实验课总学分为17，研究创新实验课总学分为11，创新性实验课程占有较大的比重。为了培养学生的科研实践能力、激发创新意识、塑造独立工作的意志品质，设立"大学生科研训练"为必修课程，还开设一批创新能力训练理论选修课程，如《创新能力学》、《名师讲堂》、《科研能力训练与实践》，培养计划得到进一步优化。

（六）硕果累累

加强对学生创新能力的培养，在我校深入人心，已成为广大教职员工密切关注的重大课题。学校充分认识到"国家大学生创新性实验计划"的实施是对现有教学模式和培养体系的有益补充，能促进学校以新的视角来提升本科教育教学质量，促进课程体系的完善和教学内容与教学方法的更新。经过近年来的探索实践，我校已经建立起创新能力训练体系，并且取得良好效果。参与计划项目的学生在国内外发表了多篇学术论文，其中翁强老师指导的盛夏同学在《Journal of Reproduction and Development》发表了 Seasonal Changes in Spermatogenesis and Immunolocalization of Inhibin/Activin Subunits in the male Wild Ground Squirrel（Citellus dauricus Brandt）。部分学生的研究成果已发表于《Nature》（2009，Vol. 457，19，p1038～1042）、《Nature：Cell Biology》（2009，11，p1128～1134）等顶级SCI收录期刊，显示出了极强的科技创新实力，受到同行及所在单位的高度评价。

三、存在的问题及原因分析

选题方面：有些立项题目偏大，涵盖范围太广，本科生完成难度较大。部分选题缺乏创新性，今后要更加重视以学生自主创新为主，在确定项目前指导教师要着重帮助学生对研究方案及技术路线进行可行性分析。

项目执行方面：由于学生缺乏实践经验，对项目执行过程中出现的问题预计不足，对已产生的某些问题很难自行解决。部分项目团队分工、协作不合理，致使部分项目大部分工作集中到项目负责人身上，压力太大，也影响了进度。

指导教师方面：部分项目的指导教师对学生指导不够，与学生讨论问题、听取工作汇报不够，疏于对项目的指导和管理，致使项目成果水平不高。

四、建　议

指导教师要加强对项目团队的指导。项目执行人毕竟是在读大学生，他们的专业知识不够丰富，处理问题经验不足，易走弯路，浪费时间。因此指导教师要加强对学生的指导，以保证学生出高质量的实验成果。

在管理方面，学校要进一步加强过程管理，经常了解项目进展和状态。在项目开展过程中要经常举办各种讨论交流会，让学生在交流过程中获得灵感，不断总结经验，提高创新能力。

浅谈北京林业大学教务管理信息化实践

冯　强[①]

（北京林业大学教务处）

摘要：信息技术对教务管理越来越重要，运用先进的信息技术提升教务管理水平和质量，是当前高校教务管理的重要内容之一。笔者就近几年北京林业大学教务管理信息化进行了总结，提出了对教务管理信息化建设的一些建议。

关键词：教务管理；信息化

教育事业作为科教兴国的核心，其信息化普及和建设的程度至关重要。利用以多媒体技术、计算机技术和网络通信技术为主要标志的信息技术，来辅助学校教育管理和教学，已经成为学校教育信息化建设的目标和发展方向。

教务管理工作是高校教学工作的中枢，是保证教学系统正常运转的枢纽，它是一项科学性较强的管理工作，关系到教学秩序的稳定和教学质量的提高，关系到学校的发展和人才的培养。随着高等教育快速发展所带来的办学规模扩大、学生人数不断增加和各种培养模式多样化，教学组织及其管理也日趋复杂。教务管理不再是单纯的行政管理工作，它已逐步成为一项复杂的系统工程。为适应这些新的变化，现代计算机网络信息工具在教务管理中已成为不可或缺的必要工具，教务管理走向规范化、信息化、网络化的道路能够提高日常教务管理工作效率。如何在当前经济高速发展的条件下，正确认识管理信息系统的特点，理顺管理的思路，提高现代化管理的水平，成为目前高校教务管理工作的重要内容。高校教务管理工作只有树立信息化管理的观念，从长计议，才能在信息化建设中取胜，进而实现高效率、高质量地调度、协调和服务教学的目标。

北京林业大学教务管理信息化工作起步相对较晚，经过近几年的不懈努力，已经形成了集网络版教务系统、教学平台、信息发布系统、精品课程网站和邮件系统等一系列信息系统平台，这系列系统的配合使用有力的促进了教学管理规范化和管理水平的提高，极大的减轻了教务管理人员的劳动强度和压力，工作效率有明显提高。

一、搭建功能完善的教务信息发布系统

通过网站发布信息的最大优点是快捷方便。通过教务网站发布的信息能很快传递到学院和学生手中，是传统纸张发布通知的方式无法比拟的。

---

① 第一作者：冯强，助理研究员。主要研究方向：教学管理。E-mail：gzfq@ bjfu. edu. cn。通讯地址：北京林业大学教务处，100083。

教务网站主要访问者是教师和学生，他们需要从网站获取教务管理方面的相关规定或最新教务信息。由于教务处各个科室的职能划分较细，因此，网站的栏目分类要清晰，各类信息归类要准确，便于教师和学生或其他人员浏览。如划分为教务快讯、考试信息、课表信息、教改动态、教师服务、学生服务、规章制度、教学计划和常见问题等栏目。不同访问群体能快速的找到需要的信息。同时网站还提供全站信息搜索功能，输入要查询的关键字，便能找到需要的按时间排序的信息，节省了查询时间。

针对用户经常提出的一些问题，如有关教务系统使用、各种系统密码恢复、学分规定、四六级考试相关等问题，笔者还专门分门别类整理后发布在网站首页“常见问题”栏目，方便用户浏览，避免了不必要的重复回答。

此外，网站还设置网络留言板，供教师或学生在不方便使用电话时留言咨询。留言板设置有严格的用户登录制度，只有本校教师或学生才能留言，避免了恶意留言和不良信息传播。8 年来，该留言板已有一万五千余条留言，涉及到教学各个方面。该留言板已成为教与学的重要联系纽带。

二、开发功能齐备、易用的网络教务管理系统

教务管理涉及学生从入学到毕业的每一个教学环节，如教学组织、学籍管理、考试管理、成绩管理、毕业资格审查等，是一项复杂的工程。利用教务管理系统进行数据保存和处理，管理人员、教师和学生可在任何时间、地点根据各自所拥有的权限通过网络进行教学数据的访问，并及时做出相应处理，可使许多管理工作更为方便、准确和高效。因此，系统的开发要充分利用学校现有网络资源，达到信息共享，充分满足教务管理人员、教师和学生的需求，使教务管理的水平能得到大幅度的提升。

目前教务管理系统开发者很多，有专业的软件公司，也有高校的管理机构：软件类型也多样化，有单机版系统，也有基于网络的系统，也有二者的结合教学教务管理系统。虽然专业软件公司开发人员技术水平普遍较高，但其开发的系统也存在一些问题，如开发人员对教务管理业务不十分熟悉，灵活性、易用性较差，或者是售后服务跟不上。这些因素直接影响到专业的软件公司开发的管理系统的使用寿命。北京林业大学教务管理系统经历了自主开发—引进—自主开放的历程。2001 年以前，学校采用自主开发的单机版系统。该系统稳定易用，但缺点是单机版，无法在网络上运行，效率低，且功能单一。随着学校规模不断扩大，已不能满足日益增长的功能需求。因此我校 2001 年引进了北京金安桥公司的网络版教务管理系统。它在一定程度上满足了当时的教务管理需求，教务管理水平得到了一定程度的提升。但该软件也存在一些不足，如软件效率低，系统不稳定，常因学生选课时同时在线人数太多，而导致部分选课数据不准确；此外，售后服务反应较慢，软件更新经常不能跟上教学管理制度的变化，从而影响教学秩序的正常进行。基于这一原因，我校从 2004 年开始，由教务处与学校计算中心联合，充分利用计算中心的人力资源，自主开发教务管理系统。实践证明，这一模式适合我校校情，经过近 6 年的运作，我校教务管理系统已逐步成熟，能够满足目前的管理需求。这一开发模式的优点是：计算中心教师熟悉学校管理制度，开发周期短，教务处与计算中心有良好的沟通机制，维护响应速度快，能够满足教务管理制度变化的需求。

目前该系统主要模块涵盖了学籍管理、教师信息管理、教学计划管理、排课管理、成绩

管理、证书打印、教学评价管理、英语四六级考试管理等，涉及到教务管理的方方面面，它已经成为教务管理的主要工具。

三、搭建功能先进、易用的网络教学平台

网络教学平台是指建立在 Internet 基础之上，为网络教学提供全面支持服务的软件系统，对于不开展远程教育的学校，它也是便捷的课外教学辅助工具。根据王海燕 2005 年的调查研究表明，70.7% 的大学生喜欢通过网络进行学习，喜欢通过网络与授课教师和同学就课程学习问题进行交流[1]，这反映了网络这一媒体在交流和沟通中的独特功用，已经为大多数学生认可和接受。同时，高校教师因为授课面对学生较多，科研任务重，导致与学生面对面直接沟通的机会相对较少，因此，网络教学平台在高校教学中有非常重要的作用，是高等教育的辅助工具和课堂教学的延伸，是教师和学生之间、学生与学生之间相互沟通的重要平台。

2005 年，我校在广泛考察的基础上，引进了江苏科建教育软件有限公司的网络教学平台，并经过二次开发，达到了与我校教务管理系统的有机结合，如课程和用户信息数据自动同步，系统维护成本降到极低。该系统实现了教师教学素材网络存储、资源共享、网络课件制作、网络答疑、在线布置作业、在线命题和组卷、在线测试等功能，是一套自动化程度较高的系统。软件系统易用性极高，一般教师和学生无需培训或经过简单培训就能熟悉该系统各种操作。

四、构建多媒体教室自动化管理系统

多媒体教学是计算机技术和教学过程的有机结合，它的产生与发展使得教学手段、教学方式、教学效果都有了一个质的飞跃。学校多媒体教室数量的不断增长，多媒体教室及其设备管理和维护难度和成本也不断加大。因此一个高效的多媒体教室管理系统在教务管理中是不可或缺的。

2007 年，我校对所有多媒体教室进行了改造，与北京万讯博通科技发展有限公司联合开发了包括视频监控、ip 电话和远程控制等功能的集中控制系统，教室管理水平明显提升。该系统的主要特点是：使用权限自动化分配。该控制系统能实现与教务管理系统中排课数据的自动同步，并对任课教师进行自动授权，教师在安排的授课时间段内使用校园一卡通可以使用多媒体设备，其它时间无法使用，保证了多媒体教室设备的安全；同时减轻了教室管理人员借用钥匙的繁重劳动。

投影机灯泡成本在多媒体系统维护成本中占据很大的比例，因此投影机灯泡寿命是系统维护中特别要关注的因素。该系统能统计投影机使用时间长度，可以作为考量投影机灯泡寿命和质量的直接依据，进而可以作为灯泡采购选择的重要依据，做到成本最小化。

五、搭建方便快捷的邮件系统

电子邮件(E-mail)，又称电子函件，是指通过电子通讯系统进行书写、发送和接收的信件。电子邮件是互联网上最受欢迎且最常用到的功能之一，也是互联网上最基本的应用，通过电子邮件，可以与世界各地在互联网上的人们交流信息，传送各种资料、文件等，大大提高了工作效率。电子邮件具有安全、快捷的特点。1969 年 10 月，世界上的第一封电子邮件

是由计算机科学家 Leonard K. 教授发给他的同事的一条简短消息。经过几十年的发展，互联网上提供免费邮件服务的网站非常多，功能也非常丰富，如日常安排、提醒等功能。邮件系统作为企业或部门信息化的一个重要工具，在文件来往和日常沟通中发挥着日益显著的作用。

尽管如此，在教务管理中使用这些免费的邮件服务并不是十分方便。因此笔者在工作中，专门为教务管理搭建了内部的 MDaemon 邮件系统。该系统可以由管理员自由定制邮件列表，如把教学秘书组设为 mishu，如果发件人需要将通知或文件发送给所有教学秘书，则只需要发送给 mishu，所有的教学秘书均能够同时收到通知或文件。各学院教学秘书或教学院长的邮箱名均按照一定的规则命名，如外语学院教学秘书邮箱为 waiyu，这样在人员调动时，其它人无需更改邮件地址，方便系统的使用。

该邮件系统还能由管理员定制公共日程安排，或由用户定制个人的安排，可以节省纸张，且系统能够及时提醒。此外，利用邮件系统客户端，各用户和用户组之间还可以实时交流对话和进行文件传输。经过几年来的实践，该系统已经成为教务管理信息交流和稳健传输的得力助手。

六、加强人员培训，提高工作效率

《论语·魏灵公》："工欲善其事，必先利其器。"意思是说要做好一项工作，先要使工具锋利。各种信息系统和平台的搭建只是为教务管理增添了信息化的工具，要真正实现信息化，提高工作效率和规范管理，还必须由掌握现代信息技术的教务管理队伍推动。因此，要加强教务管理人员的培训工作，针对教务管理人员的岗位特点，有针对性地加强信息化管理能力的训练。教务管理人员要适应社会发展的需要，不断提高自身的综合素质，不断积累计算机、网络等方面的知识，更新和拓宽自己的技能领域，熟练驾驭现代信息技术。近几年，通过不定期举办培训会议、学习视频辅助文档等方式，我校所有教务管理人员、教师和学生均能熟练的运用各种系统平台。

七、经验与建议

教务管理信息化是一个长期的过程，不可能一蹴而就，因此在建设过程中，要有长期的心理准备和持续人力、经费投入。

（一）合理规划软件建设

合理规划软件建设可以节省开支和节省不必要的经费支出。笔者曾开发过一套单独的四六级考试报名管理系统，由于与教务系统没有很好的集成，因此在使用过程中颇感不便，效率很低，且数据容易出错，最终只能在教务管理系统中重新集成开发了更完善的四六级考试管理系统。

（二）实现系统建设的可持续发展

教务管理信息化要立足于长期发展，各种系统的开发要具有开放性、可拓展性，采用兼容性强、功能模块化的软件系统平台。只有通过长期滚动的资金投入和教务管理人员的有效培训，并在实际使用中带动系统的完善和升级，才能使之更符合学校教务管理的实际情况，更好地为教学服务。

（三）维护是各种信息系统稳定运行的关键

开发、引进和部署一套软件系统非常容易。但要使系统能够持续的稳步运行则需要持续的维护。学校的管理制度不是一成不变的，需要经常革新，各种软件系统也就要随着制度变进行修改。系统在运行过程中会产生大量的数据，需要管理人员不定期的进行增删、备份处理。因此各种系统管理人员的培训和培养也显得十分重要。此外系统开发人员的持续维护也是各种系统能长久运行的最基本保证。

（四）加强教务管理信息化队伍建设

教务管理信息化的核心在人。只有提高教学管理人员对现代信息技术的应用能力，提高其获取、分析和处理信息的能力，才能适应高校教学管理信息化的发展需要。教学管理队伍建设要坚持引进与培养相结合，重在培养的原则。一方面，要引进计算机方面专业人才，充实教学管理队伍；另一方面，要着重培养提高现有教学管理人员的信息能力，通过培训提高他们的现代信息素养，提高他们应用和开发信息技术的能力。同时，必须建立科学的信息管理规范，加强规范化管理制度的建设，完善考核制度，实施教学管理奖惩制。只有这样，才能构建一支结构合理、素质较高的，具有创新思维和实践能力的信息化教学管理队伍。

（五）加强职业道德教育

职业道德是指从事一定职业的人们所应遵循的行为规范及必备的道德品质。在教务管理的各种信息系统中存在着大量的教学数据，包括教师信息、学生信息以及对学生至关重要的成绩数据，这些数据与传统的纸张保存的数据的显著区别是容易修改和传输，且不易留下痕迹。因此保证各种系统数据的保密和准确性就显得十分重要。这就要求对管理人员要加强职业道德教育，定期开展培训，警钟长鸣，防患于未然。

参考文献：

[1]王海燕．高校网络教学实施效果调查与分析[J]．宁波大学学报（教育科学版），2005(3)：90～93.

我校大学英语等级考试考务管理的实践与思考

谢京平①

（北京林业大学教务处）

摘要：本文针对高校组织全国大学英语四、六级考务工作的任务重、时间紧、头绪多等问题，结合程序化管理的概念，对北京林业大学四、六级考试的一般步骤及其具体内容进行梳理、优化和创新，从而有效提高四、六级考务管理工作的效率和水平。

关键词：四六级；考务管理；思考

1985 年，全国大学英语研究会为了解英语教学改革实行分级教学之后的教学状况，以期进一步推动英语教学改革，由全国大学英语考试中心组织了第一次大学英语四级考试试点。1987 年，全国首次统一考试，参加的学校不到 30 所，报名参加考试的人数不足万人，了解此项活动的也仅仅是参加考试的高校教务、外语教学、学生管理等部门和与考试相关的人员，因此，考务工作也就相对简单、易操作。

全国大学英语四、六级考试是外语教学改革的产物，旨在为教学服务，其级别是属于国家级的考试。近些年来，教育部门的领导、各高校的领导、公安部门、安全保密部门、媒体和家长对此项考试都给予了很大关注，部分单位甚至将四、六级考试成绩作为选留毕业生的先决条件和重要参考标志。这就极大地提高了大学英语四、六级考试在考生心目中的地位，报名人数急剧增加，防止作弊、组织学生考试等考务工作面临的问题也就越来越大。

一、高度重视，提高认识，充分认识做好考务工作的重要性

(一) 领导重视

北京林业大学各级领导高度重视，各部门明确分工，协同合作，目前已经形成了由主管校长负责，教务处、外语学院、学生处、保卫处、资产处、校医院等多个部门共同组成的大学英语四、六级考试组织工作体系。学校每年拨款 6 万元用于四、六级考试监考等费用补贴。这些措施都有效保障了考试的顺利进行

同时，我校还是北京市高校中第一批建立保密室的高校。在学校用房紧张和办学用地不足的情况下，我校严格按照市教委、市保密局的要求，在第二教学楼内专门腾出房间，作为四、六级考试专用保密室，同时划拨专款安装监控、报警设备，顺利通过了海淀区保密办的验收。每次试卷都由专人护送，并按规定存放在保密室。我校从未发生过试题泄露事件。

---

① 第一作者：谢京平，学士，副研究员。主要研究方向：教学管理。电话：62338099。E-mail：sunxhp@bjfu.edu.cn。通讯地址：北京林业大学教务处，100083。

（二）制度健全

在规章制度方面，北京教育综合服务中心对大学英语四、六级考试考务工作手册进行了多次修订，文字表述更加准确，更加具有针对性和指导性，使考务工作进入到程序化管理的层面上。随着考试题型的变化和内容的更新，考试过程中的各个环节也随之变化，为了使考务工作便于操作，将要求传达给每一位监考人员，学院每年都会在考前组织监考人员进行培训，编写成监考人员注意事项，并结合本校的具体情况将考务手册中的有关内容详细分解到每一个步骤、每一个细节，统一规范操作过程，从而使考务工作进一步的科学与规范。

（三）条件保障

为了给考生提供良好的考试环境，近几年来，学校加大了投入，改善了校园环境，更新了校园无线调频放音设备，增加了电子显示屏等，最大限度地保证考生能在一个清洁、安静、放音清晰的环境下考试。

二、精心组织，责任明确，规范有序地做好考务工作

程序化管理可以定义为，对于按照工作内在逻辑关系而确定的一系列相互关联的活动所实施的管理方式。早在 1776 年，亚当・斯密在其《国富论》一书中就描述了大头针的生产制造过程，并将其划分为大约 18 道工序，这是最早从社会分工的角度对程序化管理问题所进行的研究。四、六级考试工作也可以根据它的规律性，按照程序化管理的要求进行规范化、制度化、科学化的管理，使各项工作有章可循，减少工作中的主观随意性，提高工作效率。根据本校的具体情况将考务工作分解成以下几个阶段：

（一）考前准备阶段

1．报名计划制定

根据北京市教委、北京教育综合服务中心下发的报名通知，深入领会文件精神及有关事宜，起草我校具体的报名通知，初步确定报名条件、报名日程安排等事项，经由主考审批后，发至各学院，同时利用校园网使每位学生明确当次考试的相关要求。

2．学生网上报名

我校本科生的学籍和历次四、六级外语考试成绩均通过北京林业大学的教务管理系统进行管理，因此本科生可以通过教务管理系统进行网上报名。考试中心根据上级的报名通知设置好报名时间、级别、报考条件，让符合报考条件的的本科生在规定时间内通过教务管理系统进行报名。

3．学生报名确认

报名截止后，根据四、六级外语考试的要求导出报名数据，并进行交费确认和签订诚信考试承诺书。

4．数据整理及上报

全部考生完成交费确认并签订诚信考试承诺书后，考试中心再次检查报考考生的数据是否正确，同时再次检查全部考生的照片是否符合要求。基础数据检查完毕后，进行数据的处理和各考试类别数据的统计、打印和制作上报材料，最终按市教委的规定时间上报。

（二）考试实施阶段

1．考场、监考人员安排

根据各考试类别报名人数和我校教室的现状，本着集中安排、统一管理的原则对考场进

行编排，确保考场安排的科学、合理。同时，根据每个考场配备一名主监考、一名副监考的原则，合理安排每个考场的主、副监考人员。主监考人员由外语学院的任课教师担任，副监考为责任心强、熟知四、六级外语考试政策规定和操作流程的管理人员及中青年骨干教师。

2．考前培训

根据上级的要求和学校的实际情况，由主考安排不同的时间、对不同对象进行不同侧重点的考前培训（主监考和副监考分别进行），发放监考人员注意事项，对需要注意的变化点反复强调，特别示范。四、六级考试每学期进行一次，培训的根本目的是为了着力提高监考人员的管理水平和操作能力，从而保证监考工作的顺利进行。

3．试卷的领取及保密

按照市教委规定的时间领取试卷，并根据保密规定进行保管。除了由上级派来的武警战士进行看守外，我校还会安排2名责任心强的年轻男教工协同看守。

4．试卷的交接与发放

试卷从保密室到各考区办公室和考场，全部实行交接制度，保证试卷的顺利发放，确保试卷的安全保密。考试当天，各楼层均安排由教务处的工作人员和外语学院教学管理人员组成流动巡视员，负责监考人员与考务办公室联系和沟通。考试期间，流动巡视员在考场楼道进行巡视，检查自己分管楼层的监考人员到岗情况，指导张贴门贴、桌贴，在黑板上抄写相应内容，及时协调和处理给类突发事件。

5．考生入场组织

在规定时间内组织考生入场，进场时一定严格检查考生的“三证”是否齐全。考试开始后，各楼层的流动巡视员在考场外巡视，维护分管楼层的考场外部秩序，若有考场出现重大问题及时向考务办公室汇报和反馈。

6．考试材料的回收

考试结束后，所有流动巡视员回到各考区的考务办公室，按照要求分别回收答题卡一、答题卡二、试题册、监考记录等考试材料。回收时根据相应的要求分别清点数目、装袋、密封，在整个过程中确保所有考试材料不出现装错、丢失等情况。每个考区的所有考试材料全部回收后，将考试材料打包并运送回试卷保密室进行保存。

（三）考试后续阶段

1．缺考、违纪统计

根据各考场的考场记录单，在市教委的“全国大学英语四六级考试考务管理系统”中分别对缺考和违纪情况进行登记、统计，并逐一核对，确认无误后导出汇总名单，及时将数据的电子版发往市教委的指定邮箱，打印稿随试题册和答题卡一起上交。

2．试卷的上交

在规定时间内，安排专人、专车将试题册和答题卡送到指定地点。

3．考试总结

考试结束后，应及时对该次考试进行全面总结，分析存在的问题，找出解决对策，以促进今后的考试组织管理工作更科学、更有效。

4．考试成绩发布

接到教育部考试中心发布的四、六级成绩后，将其导入市教委的“全国大学英语四六级考试考务管理系统”并打印出成绩册，同时导入我校教务管理系统，供考生查询。

5. 成绩单的发放

在教育部考试中心统一制作的四、六级成绩报告单发到学校后，即刻下发至各学院教学办公室，由教学办公室转发给各院学生。

三、大胆创新，锐意改革，开创考务管理工作新局面

(一) 有效防范作弊

作弊可以说是与考试相伴而生的，作弊的历史源远流长。随着科技的进步，高科技手段被应用到考试作弊中，加上非法助考机构的猖獗以及现代网络的传播，作弊从小抄、枪手替考到手机、电子词典，到现在的无线耳机，手段日新月异，这给考试的公平公正和严肃性带来了极大的挑战，给考试管理者带来了新的挑战。从近几年的四、六级考试违纪数据中可以看出，这种大型考试以考前预谋型为主，而手段主要是提前购买无线耳机，于考试中接收答案。

为了加强考风考纪，净化考试环境，把隐患消除于萌芽之中，我校采取了一系列的防范措施。首先，在2006年成立了“学风建设指导委员会”，校党委书记任主任，主管学生工作和教学工作的副书记、副校长任副主任，教务处、学生工作部、研究生工作部、团委、各学院为成员单位。下设办公室，挂靠在学生处学生管理科，各学院成立学风建设工作小组，并设立学风专管人员。学风建设指导委员主要负责学风建设的总体指导和规划，并对各学院的学风建设工作小组进行指导和监督，这为学风建设的开展提供了队伍和组织保证。第二，在学生入校后，通过各种方式和途径，对学生进行考风考纪教育，组织学生学习有关法律法规，进行思想品德教育，培养学生诚实守信的优良品质。第三，考试前几天，教务处在教学楼显著位置张贴“严肃考风考纪”、“诚信考试”等横幅，同时在教务处网页、教室楼的电子显示屏上公布考生须知、考场守则和违纪处理办法，营造严肃、诚信的考试环境。第四，购置了手机信号“探测狗”，防止利用手机进行作弊的设备，严防高科技手段作弊。近年来，四、六级考试作弊或违纪情况逐年减少，学生、考风建设效果明显。

(二) 促进大学英语教学改革

2007年大学英语四、六级考试由原来的百分制，改为710分满分，考试内容和形式上也进行了改革，从原来以阅读理解为主的考试评价转变成学生的听说能力以及英语综合应用能力上来。新题型考试目的是更准确地衡量在校大学生的英语综合应用能力，并且为实现大学英语课程教学目标发挥更积极的作用。

我校从授课内容上逐步从原来的阅读、理解为主过渡到以听说为主，引导学生更加注重提高以听说能力为主的英语实际应用技能。同时，在大学英语四、六级考试成绩下发后，按学院、专业、班级等进行统计和分析，积极总结经验，查找存在的问题，提出有针对性的解决措施。通过学校、院系、学生的共同努力，促进我校的大学英语教学改革，达到以考促教的目的。

浅谈高校教学教务管理人员应具备的基本素质

张　晶①
（北京林业大学教务处）

摘要：随着高等教育的改革不断深入，社会各界对于高校的教学质量水平提出了更高的要求。教学教务管理工作正是围绕教学这一中心工作展开。本文阐述教学教务管理工作的重要性，同时提出了新形势下教学教务管理工作人员应具备的基本素质。

关键词：高校；教学教务管理工作；教学教务管理人员

高校的教学教务管理是根据教学规律，教学计划，对教学全过程的各项教学活动进行合理的组织、指挥和调度，以建立一个稳定的教学秩序和良好的教学运行机制，以保证教学工作的正常运行。[1]教务教学管理工作所涉及到的面和层次都很广泛，同时随着国家和学校对于教学工作的重视，它的范围也在不断的延展和深入。教学包含着教师教学活动，学生的学习活动以及教务管理人员的大量劳动。在教学过程中，不但要重视教师的主导地位与学生的主体地位，还应研究教务管理的方法、规律，研究教务管理者的角色定位，以充分发挥教务管理的功能，适应学校和社会发展的客观需要。[2]如此便决定了教学教务管理工作的重要性，同时对教学教务管理人员的自身素质也提出了较高的要求。

一、良好的职业道德素质

教育事业是崇高的事业，是永恒的事业，高等学校为国家培养德才兼备的高级人才，他们是国家各级各类干部的后备军，也是国家管理人才的主要来源。教育事业要发展，除靠党的正确路线，国家的经济实力和全社会高度重视及优秀的教师队伍，还需要教育管理工作者的忘我劳动。在教学中，必须有一支有觉悟、道德高尚、学识渊博、管理在行的管理工作人员队伍，这样才能使教师的才能得到最好发挥。[3]

教学教务管理工作是十分严谨的，因为这里面涉及到学生的课程和成绩等学习资料，所以作为一名教学教务管理人员应当做到坚持原则、廉洁奉公，在学生成绩、转专业、保研、和毕业证学位证发放等问题上必须做到严格把关，公平公正。这样才能将真正优秀的人才选拔出来提供给社会，将教学教务管理部门的作用发挥出来。

二、熟练地掌握管理业务知识

教学教务部门承担的很大一部分责任就是使得学校能够服务于社会，每一位教学教务工

---

① 第一作者：张晶，主要研究方向：工程绿化。电话：13811732536。E-mail：xchzhang@ gmail. com。通讯地址：北京林业大学37号信箱，100083。

作人员都应当意识到自己身上的这一份重要的责任，教学教务管理工作极广，各科室都有各自详细的分工，如有分管考试的，有分管学籍和成绩的，有分管实验室实践教学的等等，作为一名教学教务管理人员首先应当清楚自己的工作范围和内容，了解学校的教学教务管理相关规定，同时随时全面响应和贯彻执行国家教育部和学校对于高校教学教务做出的各项指示。

在做好自身工作的同时，应当积极主动地了解其他科室的相关工作，因为对于教学教务管理工作来说，虽然有详细的分工，但是很多工作也都是相互紧密联系，例如考试中心安排考试时就需要和运行管理中心相互协调以便安排考试教室等，在了解了其他科室的工作范围和内容之后，对于更全面地了解高校教学教务管理工作和更深刻地了解自身的工作都有很大的帮助，轮岗政策对于这一方面则是有很大帮助的。

三、从三大方面加强工作能力

（一）熟练掌握现代化信息技术

高校师生队伍的不断庞大使得教学教务管理部门数据库里的信息量急剧增加，仅仅依靠传统的手工式处理是无法完成如此巨大的信息量处理，随着现代信息技术的发展和教学教务管理手段的不断更新，教学教务管理也越来越多地依靠办公自动化和信息处理的网络化，例如学生信息管理、课程安排和学生选课等工作，都有专门的电脑程序供其使用，这就在一定程度上对教学教务管理人员的计算机水平提出了要求，教学教务管理人员不仅应当掌握像word、excel等基础办公软件，同时还应当熟练掌握工作中要求的软件操作以及程序语言的表达，以便更加快捷、准确地完成工作，为整个教务系统的网站管理提供支撑。

（二）具有一定的沟通、组织协调能力

教学教务管理部门的日常工作主要就是为学校师生解决教学上的问题，这就要求工作人员需要具备一定的沟通能力，有的师生来办理事情时由于不太了解学校教学教务管理的相关规定，不可避免地会和管理人员发生冲突，这时候管理人员就应当积极耐心地与他们沟通为他们讲解学校的相关规定，在符合学校相关规定的范围内帮助他们办理好教学教务上的事情。

教学教务管理部门需要统筹安排整个学校的教学工作，涉及到所有的师生和诸多部门，工作人员的组织协调能力显得格外重要。在处理一些教师或学生的事情时，教学教务管理人员需要及时与学校其他行政部门或相关学院教学教务管理人员沟通协调才能全面、流畅地处理好这些事务。在安排大型考试如四六级考试或学期末考试周的考试、各种教学教务会议时，教学教务工管理人员必须根据实际情况统筹组织安排，与相关学院和部门协调，耐心仔细地完成各项任务。

（三）提高改革创新的能力

目前国家对于高等教育的重视程度越来越大，对于各高校的教学质量提出了更高的要求，各高校也提出了教学改革和培养创新型人才的目标。这对教学教务管理工作提出了更高的要求，在新形势下，只有教学教务管理手段的不断创新才能使得教学上的创新发展得更加顺利，教学教务管理人员应当做的就是在工作中不断地积累经验，发现自身工作中的不足，多与其他高校进行经验交流，学习好的管理方法和技术手段，大胆改革自己工作中保守成旧的工作方法，不断开拓创新意识，充分挖掘和发挥自身的潜力和智慧。

四、加强工作中的服务意识，保持良好的心理素质

高校的教学教务管理工作主要是围绕教学这一中心工作展开，教学教务管理部门的工作宗旨就是为教师和学生服务，使得学校的教学工作能够顺利地进行，所以加强工作中的服务意识对于每一位教学教务管理人员来说就十分的重要。

服务意识是指企业全体员工在与一切企业利益相关的人或企业的交往中所体现的为其提供热情、周到、主动的服务的欲望和意识。即自觉主动做好服务工作的一种观念和愿望，它发自服务人员的内心。教学教务管理工作强化了教师和学生的主体地位，需要做到平等地对待每一位教师和学生，大量教师和大量学生的管理协调工作不可避免地使得这一工作变得枯燥、繁琐，如每天大量的学生活动和学生考试需要安排教室；大量的学生需要打印成绩单；在安排课程时，需要尽量考虑到每一位教师的困难；每一位学生在遇到教学上的问题时，都需要尽量帮助他们寻求解决的方法等等。一名合格的教学教务管理工作人员就应当做到：在每一位学生或教师来办理、咨询事情时，能够为他们提供热情周到的服务，做到换位思考，认真仔细地为学生或教师办理好他们的事情，争取让每一个教学环节都能顺利地进完成。

教务管理人员需要面对大量性格各异的师生，工作涉及范围广、头绪多。因此，健康的心理素质也是教务管理人员的必备品质。教务管理工作中难免会遇到各种各样的问题、困难和误解，有时甚至会遇到冲突或刁难。[4]作为教学教务管理工作人员就应当做到能够在工作时保持清醒的头脑，良好的心理素质，同时学会控制自己的情绪。在工作之余多阅读一些心理知识方面的书籍，将心理方面的知识运用在日常的工作中，平和乐观地对待工作中的人与事，不仅是对工作上有很大的帮助，同时对于自身为人处事也是有利而无弊的。

参考文献：

[1] 李雪丽. 对高校教学教务管理工作的几点思考[J]. 科技信息，2006，(11)：142～143.
[2]吴茂琼，靳小英. 教务管理人员角色定位及其素质[J]. 理工高教研究，2004，23(4)：100～101.
[3]吕伟玲. 高校教务管理人员素质浅析[J]. 中华女子学院学报，1997，(4)：60～62.
[4]王颖. 浅析高校教务管理人员的基本素质[J]. 中国集体经济，2008，(3)：171～172.

基于教务系统的学费交纳管理系统研究

孟祥刚[1①]，邓建华[2]，焦科[3]
（1. 北京林业大学教务处；2. 北京林业大学财务处；3. 北京林业大学学生处）

摘要：随着高校缴费上学的普遍推行和学费的不断上涨以及高校学费收缴管理的薄弱，近年来各高校的学费拖欠问题已日趋严重。文中针对目前高校学费拖欠问题的现状、原因做了深入细致的分析，并提出了解决这一问题的切实可行的对策。

关键词：教务系统；学费；学费交纳管理系统

1 引 言

当前，高等学校由过去的政府拨款向自主办学的法人实体转化，一个以政府拨款为主、多渠道筹措教育经费的格局已形成。高等学校各类学生招生规模日益扩大，办学形式多样化发展，使高校学费收入有了较大幅度的提高，已成为学校事业收入来源的稳定渠道，对高校教育事业发挥着十分重要的作用。因此作为高校教育事业收入主要组成部分，即学费、住宿费收入(以下统称学费)的管理，如何适应新形势下高校财务管理的要求，已成为各高校共同关注的焦点。

高等教育法和教育部《普通高等学校学生管理规定》都规定，高校学生应当履行按照规定缴纳学费及有关费用的义务，未按学校规定缴纳学费的不予注册。学生管理规定中明确提出“每学期开学时，学生应当按学校规定办理注册手续。不能如期注册者，应当履行暂缓注册手续。未按学校规定缴纳学费或者其他不符合注册条件的不予注册。家庭经济困难的学生可以申请贷款或者其他形式资助，办理有关手续后注册。”

2 高校学生欠费的现状与原因分析

2.1 高校学生欠费现状

大学生拖欠学费是我国高校普遍存在的问题。近年来情况越来越严重。据资料显示，不少高校大学生欠交学费已占应交学费的20%以上，这一结果已经严重影响了高校的正常教学秩序和教育事业的发展。据部分高校和媒体的不完整调查，大学生欠交学费在某些地区早已不是什么新闻。西南地区一所大学除了学生通过国家助学贷款抵交的学费，拖欠学费达3000多万元，不交、欠交学费的学生超过1/3。南方一所师范大学学生欠费数额达到1800多万元，学校正常的教学活动已经受到影响。中南地区一所大学至今学生欠费总额3000多

① 第一作者：孟祥刚，实习研究员。研究方向：林业经济、教学管理。电话：62338299。E-mail：mengxg@bjfu.edu.cn。通讯地址：北京林业大学教务处，100083。

万元，仅2004届毕业生就欠500多万元。而在华东，一所规模不大的高校全日制在校生中欠费学生也有千人之多，欠费额达400多万元。根据调查结果显示，拖欠学费的学生中，除家庭确实困难的学生外，另有一部分学生恶意拖欠学费，将学费另作他用，而学校欠费学生中真正的贫困生可能不到1/3。学生拖欠学费的范围愈来愈大，99年本科扩招前，学费拖欠面不大，一般只是少数经济确有困难的学生欠交学费，欠交率一般在5%以内。2002年后，由于种种原因，这种少数困难学生的欠费现象已发展到各个年级，一些经济并不困难的学生也拖欠学费，已发展成由少数拖欠学费发展到大面积拖欠学费，一般年级越高，拖欠越厉害学费拖欠总的趋势是，由少数学生、个别年级、困难学生向多数学生、各个年级、非困难学生发展，如不及时控制，将使学校管理和运行变得极为被动。

2.2 高校学生缴费现状的原因

(1)贫困生、特困生群体的存在是制约学费收缴难的瓶颈。随着高校招生规模的扩大，贫困生人数也迅速增加。据资料统计，2007年我国农民年人均纯收入为4140元，城镇居民年可支配收入为13786元。而高校学生的学杂费标准目前基本稳定在5000元左右。仅此一项支出，就要占城镇居民年收入的36%左右，占农民的年人均收入则已达到121%左右，这还不包括学生在校期间的生活费等其他开支。普通家庭尚且如此，更何况是困难家庭，有些贫困生大部分来自农村、老少边远地区，或者来自父母一方或双方下岗的家庭，这部分学生在校甚至连最基本的生活费都没有着落，要想每年拿出几千块的学费无疑是难上加难。所以，缴清学费对于家庭经济困难的学生来说是个沉重的负担，这也是高校学生欠费的主要因素。

(2)学费标准的逐年提高也是导致学费收缴难的重要原因之一。学费上涨速度超出学生家庭的承受能力，随着高校的超常规发展，高校学费也“超常规”上涨：1999年北京地区的高等教育学费比1998年上涨20%～30%，一般本科学费最高达3200元，2000年的学费又比1999年增加了20%，一般本科学费达4200元以上，2001年的学费又比2000年增加了20%，一般本科学费达5000元，2002年以后学费趋于稳定，一般本科专业的学费维持在5000元左右，艺术类专业则高达万元以上。

(3)制度不健全，学校又无良策，为恶意逃交学费的学生提供了可乘之机。在我校，由于相关制度的缺失，没有硬性的缴费规定和约束，因而交费自然就不够主动了。一部分学生抱着“侥幸”心理，他们认为学校的钱欠着不要紧，拖至毕业时再交也不迟。由于制度措施不健全，还有一部分学生是由于贪图享乐。他们不顾学校、不顾家庭，只顾自己享受快乐，把父母给他们用作交学费的血汗钱拿去大吃大喝、交朋接友。他们在同学面前摆阔气，讲大方，一副富家子弟的派头；在女友面前更是大手大脚，花钱如流水。这些学生往往是生活散漫，不求上进，学习不努力，不及格课程多。

3 各高校对于贫困生、特困生的奖、贷、助、补、减情况

各校认真贯彻国家提出的“不让一个贫困大学生因经济困难而辍学”的口号，对于贫困生、特困生实行奖、贷、助、补、减，该项工作一般由学生处具体负责。对于新生，各高校一般设有“绿色通道”，对于学费交纳上确有困难的，直接通过“绿色通道”办理入学手续，当手续办好后再办理贷款手续；而对于在校生，我校奖学金数额较大，设有学校奖学金、国家奖学金、社会奖学金，因此对于品学兼优的同学，完全可以通过自己的学习取得奖学金以

解决最根本的生活问题，并且部分奖学金还可以同时免除学费。除了申请奖学金外，对学费实在无力交纳的同学，完全可以申请国家助学贷款，申请国家助学贷款，手续简单、条件不是很严格，一般学生均可以申请贷款助学。同时符合条件的同学，还可以申请学校的学费减免，减免可以减免一半，有的可以全部减免。

因此奖、贷、助、补、减措施，可以解决我校贫困学生的生活、学费问题。对于生活有困难的同学，可以申请奖学金、助学金、学校补助；对于学费交纳有困难的同学可以申请部分奖学金以免除学费(如国家奖学金)，可以申请学费减免，也可以申请贷款。

4 对于高校学费拖欠问题的进一步思考

南开大学高等教育研究所所长王处辉说，大学生欠费目前在各高校比较普遍，有些学生确实经济困难，但是欠费的同学却未必都是家庭困难，而是缺乏诚信。从高校学费欠费的三个原因进一步的分析可以看出，造成学费欠费的原因归纳起来主要有两个，一是学生确实经济困难无力交纳学费，对于这种学生，我们可以通过学校的奖、贷、助、补、减解决。二是部分同学对学校的学费交纳抱有侥幸心理，认为即使不交学费仍然可以在校学习，而且可以毕业、获得学位，当然这其中也不乏经济确有困难者，本文所设计的学费交纳系统便是针对此类学生。

5 建立学费交纳管理系统的指导思想

建立学费交纳管理系统的指导思想就是从根本上堵塞侥幸心理者逃交学费的漏洞，同时对于经济上确有困难者在积极落实国家助学贷款政策的前提下，严格执行国家对学生实行的奖、助、贷、补、减的政策，对采取上述措施后，仍然等待观望、弄虚作假，无故拖延不缴学费的学生，对于其上学期的成绩不予登录确认，欠缴学费的学生不能按期注册，注册未成功者将不能在在网上查询成绩，不能网上选课，对超过期限仍然不予补交学费者，可视其情况作相应的学籍处理，劝其休学、退学。

具体的操作程序是以教务处的教务系统为基础建立教务处、学生处、财务处三部门联合共管的管理信息系统，该系统将学生收费、学生贷款、学生缓交、学生注册与学生成绩、学生选课整合成一个流程，利用网络实行现代化管理，三个部门，分工明确，各负其责。由财务处负责全校学生学费的收缴工作，通过学费交纳管理系统的财务处端口将学费上缴情况通过网络及时更新教务系统中的数据；学生处负责学生学费的缓、减、免和国家助学贷款工作，通过学费交纳管理系统的学生处端口将各类学生名单及时更新教务系统中的数据；教务处根据财务处和学生处提交的名单负责组织各学院完成学生的学籍注册工作，对无故不交学费的学生，不予注册，不登录成绩，不能网上选课，按照学籍管理规定进行学籍处理。

6 学费交纳管理系统的具体流程与实现

6.1 学费交纳管理系统的具体流程

以教务系统为基础，建立财务处、学生处、教务处连动的学费交纳管理系统，三部门齐抓共管，各学院积极配合。目前各高校基本上都已建立教务系统，实现了对学生管理、成绩管理、学籍处理、选课工作的网络化、计算机化，对于学费交纳系统，不妨设计一个这样的管理信息系统，与教务系统相接合，通过随时地对教务系统中的学生交费信息及时更新，更新后通过系统控制，这样已交纳学费的学生便可以进行学年注册，注册成功后可以网上选课、网上查询成绩，而没有交纳学费的学生将不能进行学年注册，注册未成功者网上选课、网上查询成绩，而作为学生，对于其最重要的莫过于成绩、选课情况，因此，如因没有交纳学费没有注册，而不能查询成绩、网上选课，这时未交费的学生便想办法交纳学费，这样便达到了控制的目的。

以财务处、教务处、学生处为中心，各院系积极配合，形成"链条式"学费收缴制度，在财务处、学生处、教务处设置专人负责，以加强学费管理工作。

管理信息系统具体流程如下：

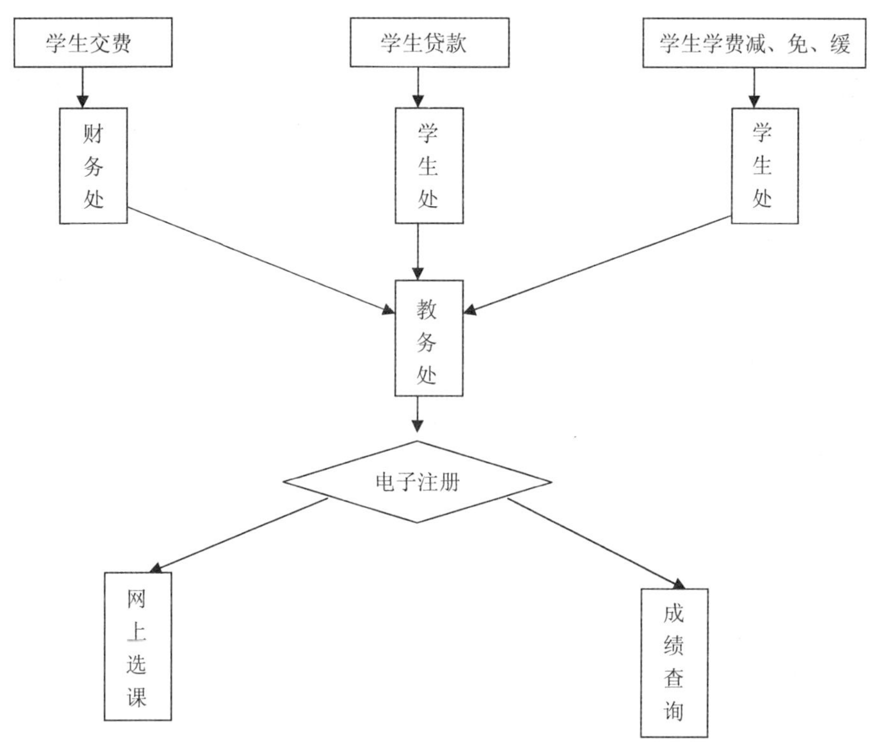

建立的管理信息系统是以教务系统为基础，该流程的起点是学生收费，是一个网络版的系统，财务处、学生处各有一个模块，财务处的模块主要负责进行交费数据信息上传，学生处主要负责贷款、缓交、减免学生的确认，确认无误后进行数据信息上传。

每学年开学伊始，在规定的时间内，学生将要交纳的学费如数存在入财务处为其办理的银行卡，财务处将随时从银行划卡，并及时将收费的情况上传教务处的教务系统；同时，学生处也即时给经济困难学生办理贷款、减、免手续的，且及时将情况上传教务处的教务系统；这样教务处收到财务处、学生处的学生交纳学费的数据后，及时给已交纳全部学费的学生进行电子注册，电子注册后，交纳学费的成绩才能录入，学生才能查询成绩、网上选课，否则根本无法录入成绩，也不能网上选课、网上查询成绩。对于错过交费时间的学生，其交费后由所在的院进行注册，注册时只需携带饭卡便可进行，非常方便快捷。电子注册以一个学年为周期，在每个学年的开始，教务处将全部在校学生调整为未注册状态。

6.2　系统的设计与实现

6.2.1　系统结构采用 BS 模式

BS 模式可实现网络环境下数据之间的互联、互操作为系统的开放性与可集成性注入了新的活力．具有系统开发的快速性、系统的可维护性、信息处理的分布性、系统的开放性、降低网络通讯量、极强的交互性等特点，也存在一定的局限性，需要在每一个 Client 端安装特定的应用程序，限制了 Client 的灵活性，而且还存在 Client 跨多平台不灵活的问题。

为提高工作效率，学生处、财务处、教务处的模块采用 Browser/Server(B/S)模式。这种模式只需开发服务端软件，而在客户端可直接使用浏览器(如 IE、NetScape 等)就可以了，由于客户端的操作像浏览网页一样简单，不需要开发任何的程序，更不需要任何的用户界面，因此操作人员不需经过专门的培训，实现了客户端的零维护。甚至对于一般的在远程的有教务需求的人可以通过任何一台连接 Internet 的计算机完成自己权限范围内的事情(如一般的数据上传、数据下载、状态修改等)。B/S 模式的具体工作流程如下：

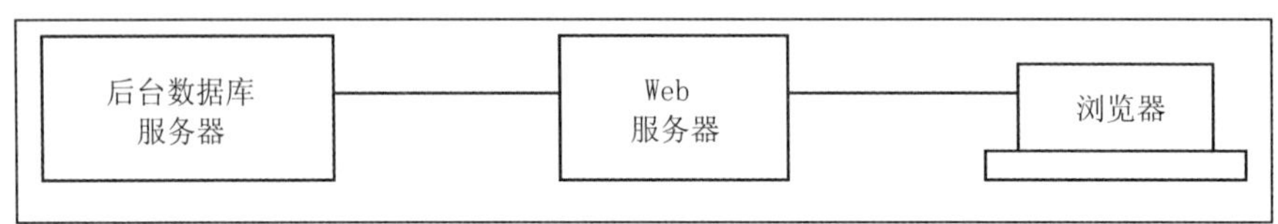

采用 B/S 模式具有以下优点：

(1)B/S 模式提供了一个统一的客户端(IE，NetScape 浏览器)，使网络应用不再与具体的客户端环境相关，无需再关心客户端的维护。

(2)在局域网中通过设置防火墙与 Internet 连接，大大提高了 Internet 的安全性，从而保障了数据的安全性。

(3)基于 TCP/IP，HTTP 等开放式标准，大大增强了系统的通用性。可以连接多种不同的计算机网络，实现了该模块功能的可扩展性。

6.2.2　数据库技术

数据库作为系统共享的资源，保障其安全性十分重要。在系统设计实现过程中，我们将教务管理工作中所涉及的各种信息存放在教务管理信息库中进行集中管理。而教务管理信息库放在教务处的服务器上，这样保证了数据的准备性和安全性。当前数据库技术非常成熟，而且存储介质发达，我们在综合考虑教务系统数据库的安全性的基础上，采用了大型数据库 MS SQL SERVER 作为后台的数据库技术。该数据库可以灵活地应用其客户/服务器结构的优点，使得数据的处理变得高效、迅速，并且减轻了网络数据传输的压力。

6.2.3　数据安全性控制

在建设教务管理系统中我们根据系统的实际情况，结合数据库提供的安全机制实行了两级用户安全管理，即使用系统的用户和经 SQL SERVER 授权的允许访问教务管理信息库的用户(系统用户、查询用户)，以保障教务信息存取的安全性。同时为数据库提供了公共的前端接口工具，提供了开放式数据库连接 ODBC，特别是加强了对 Sybase 数据库的支持，不仅适用于各种数据库管理系统，具有很好的兼容性，而且还能给已有的数据资源带来全新的图形界面。

参考文献：

[1] 黄白兰. 盲点——中国教育危机报告[M]. 北京：中国城市出版社，1998. 1 ~3.
[2] 伍海泉. 高校经济论[M] 长沙：湖南人民出版社，2001.
[3] 黄少玲. 浅谈高校学生拖欠学费的教育与管理. 哈尔滨职业技术学院学报，2008(5).
[4] 彭斐. 教育部官员谈拖欠学费问题. 2007 年教育部资助贫困新闻发布会.
[5] 王善迈. 论高等教育的学费[J]. 北京师范大学学报，2000(6)：27.
[6] 明文聿. 高等学校收费管理存在的问题及完善措施. 教育财会研究，2007(4).
[7] 刘付婷. 高校学生欠费问题及对策探讨. 事业财会，2007(3).
[8] 王世林. 浅谈新时期高校收费工作. 安徽教育财会，2006(4).

我校试卷质量研究及改革初探

林　娟[1①]，孟祥刚

（北京林业大学教务处）

摘要：大学教育离不开考试，考试分析及试卷质量研究对教学工作起着非常重要的作用。本文以北京林业大学的一次试卷检查为基础，发现了当中存在的一些问题，进行详细的试卷质量研究，提出了试卷改革的有关建议。

关键词：试卷质量；问题；建议

一、研究目的

本研究的目的是为了加强对试卷质量的检查与监督管理，这既是对学生负责的具体表现，又是实现人才培养目标的根本要求，对学校而言也是促使教学质量提高的一个重要措施。本文以北京林业大学的一次试卷检查为基础，对我校课程考试试卷进行分析与评价，找出课程考试存在的问题，提出改革意见和建议，为提高我校课程考试质量和教学工作质量提供依据。

二、必要性

通过试卷质量研究，可为教师和教学管理部门提供教学以及试题评分方面，大量、宝贵的第一手信息，有助于教师找出教和学以及试题评分方面存在的问题，改进教学工作。从某种角度来讲，这些信息比考试成绩更重要。因此，做好试卷质量研究具有重要意义。

第一，试卷质量研究有利于今后的考试工作。首先，它能够为改进考试设计使之更符合考试实际提供重要信息。初次考试设计，往往带有很大的主观性，通过考后的试卷分析及质量研究，检查当初的设计思想与考试实际的符合程度，是减少考试设计中主观随意性的主要方法。其次，通过对考生答卷情况的分析，评价试卷和每道试题的质量分析，哪些试题是高质量的试题，今后可以继续使用；哪些试题质置是有问题的，需要修改或淘汰等等。这对于提高今后的命题水平，改进考试工作都很重要。

第二，作为教学管理部门，通过试卷质量研究掌握本校各专业、各课程的教学动态，从中发现教学与考核评价过程中存在的普遍问题，总结经验，提出对策，为今后指导教学、教学评价及考试等方面的工作提供依据。因此，在任课教师或命题教师做好试卷分析的基础上，教学管理部门还可以对全校各专业、各班级、各课程试卷进行检查，包括阅卷、试卷印刷等方面的工作质量，这将有利于提高考试组织管理等工作的质量。

① 第一作者：林娟，实习研究员。主要研究方向：教学管理。电话：62336035。E-mail：linjuan@ bjfu. edu. cn。通讯地址：北京林业大学教务处，100083。

三、材料及方法

(一)研究对象

选取118门次2009～2010学年第一学期，期末成绩优秀率达80%以上课程及不及格率超过30%的呈偏态分布的课程期末考试试卷。其中，林学院12门，水保学院9门，园林学院2门，生物学院11门，材料学院4门，经管学院6门，人文学院4门，信息学院13门，外语学院14门，工学院17门，理学院22门，自然保护区学院3门，环境学院1门。

(二)研究内容

1. 试题质量

(1)命题规范，即是否符合学校命题的规定。

(2)命题与教学大纲的相关情况。

(3)题量。

(4)难易程度。

(5)覆盖面。

(6)试题中考核灵活应用知识的综合性、提高性题目水平。

2. 成绩评定

(1)评分标准及其操作性。

(2)卷面成绩评判规范。

3. 试卷分析

4. 试卷管理

(1)试卷审核。

(2)试卷保存。

(三)研究方法

本次研究对2009～2010学年第一学期期末成绩呈偏态分布的期末考试试卷进行抽查，以聘请专家分组评审为主的方式进行。

四、研究结果

通过试卷检查，发现其中部分试卷从命题、评分到试卷管理存在一定的随意性，如试题难易度和试卷强度把握不准，试题缺乏区分度，试卷配套材料缺乏系统性和规范性，对于这些问题，可归纳如下：

(一)试卷质量有待提高

(1)试卷命题不够准确合理。部分试卷命题没有严格按照课程教学大纲进行，出题相对随意，试题的考核目标没有准确反映教学大纲规定的考试要求。

(2)试卷题量安排不够合理。主要表现为题量偏大、计算量偏大等方面。有个别试卷，题量非常大，导致大部分学生都没有做最后一道大题，或是整篇试卷都是大量的复杂计算题，使学生在考试过程中没有更多的时间去思考，没有达到考查学生思维能力、知识掌握程度的效果。

(3)试题对不同题型的分值比例、不同难度试题的分值比例、数量，以及题型设计不当。其中优秀率偏高的试卷，存在缺少综合性、思考性和有一定难度的题目，大多数题目都相对简单，不能完全区别出学生的学习水平；而不及格率偏高的试卷，则存在难度较大的综合题数量过多，或试卷整体题目少，每题分值过高的现象，如果学生做错了一两道题，就会被扣掉很大比例的分数，使学生很难得高分。

(二)试卷成绩评定不够严格

1. 成绩评定与教学大纲不符

教学大纲的考核要求明确指出了平时成绩、期末成绩等环节所占的比例，而部分课程的最终总评成绩与教学大纲不符。如有的实习实验课程大纲中的考核要求是“各项教学环节成果考核成绩(70%)为主，答辩及实习报告占20%，考勤纪律占10%”，但最终成绩却只以最后的论文评判，且全为“优”。

2. 试题及评分标准不规范，试题表述过于笼统、简单，评分标准模糊不清

其中，尤以论文形式考核课程、实习实验课程居多，试卷缺少明确的评分标准，看不到对学生的任何要求，如：命题范围、字数要求、时间要求、摘要、参考文献等等。致使不少学生随意抄录(文科比较严重)字数较少、题大内容空、文不对课，但分数也较高；部分理科类试卷也有缺少计算题分步骤得分的评分标准现象存在。

3. 个别试卷批阅不规范

(1)教师批阅试卷没有严格参照参考答案和评分标准，出现此类问题的大多数教师放松了评分要求，导致学生分数普遍偏高。

(2)未使用统一的、固定的阅卷符号。不是所有题目都标记“√”、“×”，很随意的有的题目标记，有的题目没有任何批改的痕迹；有的题目标记出得分情况或扣分情况，有的就没标记，或者有的标记的是得分，有的题目标记的是扣分等情况。

4. 卷面成绩核算有误。个别试卷各试题得分总和不足100分

(三)试卷保存不规范

未按《北京林业大学考试管理工作规定(修订)》要求进行装订。试卷应与试卷分析表、参考答案和评分标准、监考记录和成绩单一起装订成册保存，但发现个别学院的试卷材料不完整，缺少评分标准等。

五、总结和建议

(一)重视试卷质量，提高教学工作的中心地位

试卷质量高低能够反映一次考试水平的高低，一个学校的校风是否严谨，是对教学效果的检测，是教学工作的中心。学校各级都应高度重视试卷质量，认识到试卷质量是教学质量的客观反映。学校不应重科研轻教学，教学工作对一个学校来说才是最根本的。教师在考试命题组卷、阅卷评分、试卷分析等过程中，也需付出艰辛的劳动，甚至连教师所做的这些在工作量上都得不到基本的承认，在课程考试工作方面做好做坏一个样，认真对待与应付了事一个样，那么教师在课程考试方面投入时间与精力的积极性是不会高起来的。因此，学校在管理机制上需要进行调整。

(二)开展教育测量培训

教育测量知识与能力是教师素质结构中的重要组成部分[1]。要提高老师对命题组卷的理论认识，使这些理论认知帮助他们更好地命题组卷；反过来，又更好地加深理论认识，理论与实践相结合，以至于理论认识化成指导考试命题组卷所必须遵循的程式[2]。

通过培训提高教师命题组卷、利用考试反馈信息的能力。针对教师在命题组卷、试卷分析等缺乏理论知识的问题，学校应给予教师考试测量方面的培训，一方面可请专家对教育考试测量的理论进行系统讲解，另一方面让具有丰富经验的教师有机会将其宝贵的经验传授给更多的老师。学校将此项内容作为考核教师教育教学理论水平的必修课，这样有助于提高教师的命题水平。

(三)加强试卷审核和责任制度，充分发挥教研室的基层作用

教研室要发挥好作为基层教学组织的功能和作用，坚持定期不定期的进行试卷的自查、自评，包括试卷命题质量、统一评分标识、试卷分析、成绩评定、试卷档案保存等方面，发现问题后做到及时纠正和改进。教研室主任要充分发挥在教研室的引导作用，提高教师对试卷质量重要性的认识，督促其严格按照学校的要求，参照学校制定的试卷相关规范，严肃严谨地完成试卷的各项工作。教研室主任要组织教师对教研室内所涉及的课程试卷进行严格审核，可采取出题教师交叉审核，然后由教研室主任把关，提出有效的建议，在发现问题后让教师及时修改，确认符合要求后签署姓名，避免敷衍了事的情况出现。各学院也应制定相应的奖惩制度作为保障，提高各教研室及教师落实好试卷管理的积极性。

(四)加强对论文形式及实验课程考核的管理

学校应加强对论文形式及实验课程考核的管理，建立对开卷论文考试及实验课程考核的具体规范化的相关要求，从制度上做到有据可依，以供教师和院系参照执行。建议自然科学类和工科类的课程尽量不用论文形式考核，这类课程主要是让学生掌握指示性、概念性、常识性基本知识，试卷形式考核比较好。

实习实验课程，要严格按照教学大纲要求结合操作考核、口试、笔试等多种考核方式对学生的实验能力进行全面考核，如遇到教学大纲中就没有明确的考核要求的课程，应及时修订教学大纲，切实提高学生成绩的区分度。

(五)充分掌握学生的学习情况，控制试卷难易程度

学生是试卷的完成者，反之，试卷的内容要能够真实地反映学生的学习情况。[3]因此，建议教师通过平时教学当中的各种测验，区分学生掌握知识的程度，测验难度不能过难或过易，应该适中，让学生分数之间的差距拉开，有利于教师正确了解学生掌握知识的情况，为期末考试试卷的编制提供必要的参考。

提高试卷质量是提高高校教学质量的一个有效途径，只有提高重视程度，认真对待，试卷质量才能得到逐步提高，进而达到高校本科教学工作高标准的水平。

参考文献：

[1]淫波．教师素质结构主要因素研究．教育溪论与实践，2001(4)：26～29.

[2]廖平胜．论考试的本质与助能．见：乔丽娟主编．考试研究(第一辑)，天津：天津人民出版社，2002，1～16.

[3]王彦璟．浅议试卷编制中难度的控制[J]．2010～3.

影响学生评价的原因及其解决措施

林　娟[①]

（北京林业大学教务处）

摘要：课堂教学质量优劣直接关系到教育教学和人才培养质量，科学有效地开展课堂教学评价工作是实现教学质量监控和全面质量管理的重要手段，对促进教学质量的提高起着不可替代的作用。本文以北京林业大学为例，阐述学生评价的意义并分析影响学生评价的原因及解决措施。

关键词：学生评价；原因；解决措施

课堂教学作为当前高等学校教学活动的基本形式，其质量优劣直接关系到教育教学和人才培养质量，科学有效地开展课堂教学评价工作是实现教学质量监控和全面质量管理的重要手段，对促进教学质量的提高起着不可替代的作用。课堂教学水平评价是指根据课堂教学水平评价指标体系中的各项指标和要素，通过听课等方式对教师课堂教学状况作出价值判断的一种经常性的评价活动。本文旨在阐述学生评价的意义，并以北京林业大学为例，分析了影响教学评价的原因并提出几点解决措施。

一、影响学生评价质量的原因

（一）学生对教学评价意义的认识

组织学生进行教学评价的目的是加强教学信息反馈、促进教学质量提高，最终受益者归根究底是广大学生。然而，通过对北京林业大学 2009～2010 学年第一学期补评的学生数据进行统计，表明有的学生对教学评价的意义认识不到位，不了解进行教学评价的真正目的，认为教学评价只是走形式。部分学生对待教学评价态度不认真，存在敷衍了事的现象。本次进行补评的学生共计 1393 人次，其中，82.34%的学生认为教学评价工作有意义，“希望继续进行评价”，但 13.35%的学生认为教学评价意义不大，认为教学评价工作有没有“无所谓”，4.59%的学生明确表示“可以取消”。

（二）学生心理误差

学生在教学评价时因对教师的看法及情绪等因素影响，也会使他们做出的教学评价有失客观、公平。如，有的学生因某位教师学历、职称较低，即使该教师课堂教学效果很好，也可能认为教学效果一般；有的学生可能因为某位教师幽默或师生关系好等，就不考虑课堂教学效果而给出较高的教学评价分数。再如，部分学生在进行教学评价时，也受自己情绪的影

① 第一作者：林娟，实习研究员。主要研究方向：教学管理。电话：62336035。E-mail：linjuan@bjfu.edu.cn。通讯地址：北京林业大学教务处，100083。

响，情绪好时打分高，而情绪不好时打分低。有的学生认为教学评价与己无关，但是由于学校规定每位学生必须完成该门课程的教学评价才能查询该门课程的成绩，且如果学生未完成当学期所修所有课程的课堂教学评价，将不能在选修下学期课程和进行四、六级报名。于是出现应付现象，评价时不实事求是，随意性很强，全凭自己的性子和情绪任意打分。

(三)教师对学生的严格管理程度

通过调查发现，很多教师认为对学生的严格管理程度影响学生进行教学评价，认为对学生要求太严格或放松要求都会影响评价结果。比如，教师要求严格或考试题目偏难，会出现评价分数偏低的情况出现。而很多学校评价结果又纳入教师评职称的硬指标，部分教师害怕学生打低分，从而降低了考试难度，放松了对学生的课堂管理，甚至存在个别教师和学生做交易的现象。

(四)学生类别

影响教学评价质量的原因有学生所在年级高低、所学专业、学生本人的学习能力和学习基础等方面的因素，尽管这些原因在具体的评教活动中影响并不大，但在一定程度上不同的学生类别对同一教师的评价结果有所不同。

(五)评价指标体系原因

近年来，评价指标虽然在措词、内容上已经在不断完善，其科学性、适用性等方面在不断提高，使学生更易理解判断，但仍然有很多学生认为过于繁冗，不仔细看指标内容就随意给教师打分。学生评价的内容以及指标体系的质量是影响学生评价的重要原因，没有科学合理的指标体系，就很难获得客观可靠的学生评教结果。

二、解决学生评教问题的措施

(一)坚持科学性、发展性及可操作性原则

科学性原则。是指评价方案、评价活动以及对被评教师的结论、建议既要符合被评教师的实际，又要符合课堂教学活动的规律，不能凭学生(评价主体)的主观臆断。[1]只有这样才能使教师乐于接受评价结论和建议，并努力改进自己的教学，推动教学质量的提高。例如北京林业大学采取以下措施，使教学评价更加科学合理。评价结果计算前先将取消考试资格、考试违纪作弊、已办理某课程免听手续的学生评价数据进行剔除，只针对保证全程参与了该门课程的学生评价数据进行计算；学生评价人数少于 15 人、不是独立设置的实验、实习、课程设计课程的评价、当学期理论教学总学时少于 8 学时的课程的评价，由于此类课程人数过少或学时过少，均不列为有效的评价结果。做到了评价过程和结果客观、公正、准确，符合教师的实际水平，并且可以通过网上评价系统将结果及时准确地反馈给教师本人。

发展性原则。发展性原则就是指在评教活动中坚持诊断性和指导性的统一。[2]教学评价应采用将静态评价与动态评价相结合的方式，同学们对某门课程的教学评价可根据教学情况在规定的时间内适时调整，通过留言平台与教师交流。教师也可即时查看学生对自己教学的整体评价和分项得分，结合学生留言，不断改进教学，达到了动态评价的目的；另一方面，可结合督导、同行及领导的静态评价为主的方式，作为学生评价的重要补充，其评价结果对学生的评价结论具有一定的检验效果。

可操作性原则。可操作性原则是指评教方案和评教活动具有实施的可能性，能够具体操作。[3]首先，建立的教学评价指标体系要科学合理，简单明了，并具有可操作性，要适合学

生自身的特点。例如，在考察教师教学态度时，可以描述为“讲课有热情，认真、投入；严格要求学生；授课经过了精心准备”，这样就能保证评教结果的客观真实程度高，使结果更加符合教师课堂教学的实际水平，从而使教师乐于接受，并能自觉吸取学生的意见和建议，改进教学，取得良好的教学效果，进一步提高整体教学质量和对学生的培养质量。

（二）加强教学评价的宣传和培训工作

加强组织宣传工作，为使广大学生理解评价的目的和意义应做到：①教学评价工作开展前要加强组织宣传工作，将课堂教学评价的意义宣传到个人，端正学生的评价态度，尽量避免学生因不重视而对教学评价敷衍了事，尽可能的提高学生对教学评价的信度和效度。②加强培训，让学生充分理解指标的含义及标准及教学评价的操作方法，使学生能对课堂教学效果给出合理的评价。③要加强评价结果的反馈力度，以评价为纽带促进教学质量的进一步提高，让每一位学生自觉自愿的进行评价，受惠于评价。

（三）将定量评价和定性评价有机结合，形成多元化的课堂教学评价方式

定量评价主要有填表和网上评价两种方式。定性评价主要包括学生座谈会、同行听课评课、教学督导员跟踪听课评价等方式。[4]定量评价和定性评价相结合的方式，既强调被评教师对评价指标的达成度，也注重教师不同个性、不同教学风格的形成和发展，创建出多元化的课堂教学评价方式。如北京林业大学课堂教学评价体系，不仅遵循定量评价的原则，还以动态评价为依托，通过师生在网上评价系统的留言，进行交流互动，使定量评价与定性评价有机的结合，达到科学评价的目的，从而提高了教学评价的效果。此外，将教学督导评价、同行评价和领导评价作为补充，将定性评价与定量评价结合在一起，有利于被评教师了解课堂教学的问题和不足，明确改进与努力的方向，从而提高教学评价的有效性。

（四）科学处理并有效使用学生评价结果

（1）学生评价数据的科学处理。科学的学生评价既要有对综合考察教师思想品德、职业道德方面的情况，又要有区分教师专业的发展特点和评价技术的适用性，不同学科应该有不同的要求。

由于课堂教学评价结果的不可比性主要由班级原因和课程原因造成，因此对评价数据进行分类，可消除评价结果的不可比性。在遵循科学性和可操作性原则下，可对课程进行如下分类：

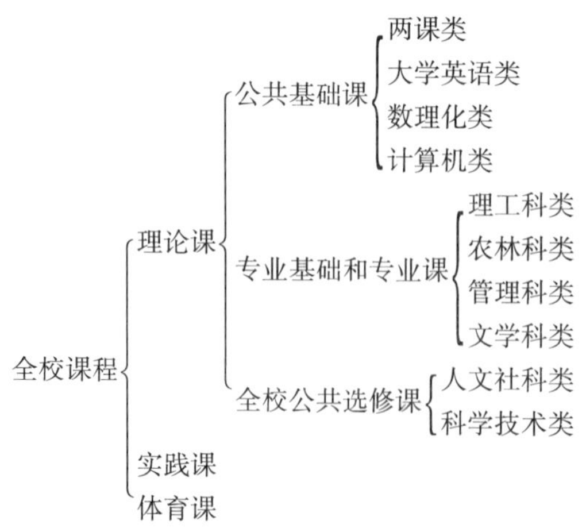

将各类课程按评价分的高低进行排序，按比例划定每类课程评价的优、良、中、及格、

不及格。学生评价结果的主要目的在于通过评价找出教师教学中的优点和不足，并且让教师能自觉改进自己的教学。只有科学处理评价结果，才能真正发挥评教的作用。

(2)学生评价结果的有效使用。有的学校把学生评价结果作为教师晋升职称、评优的“一票否决”，这是不合理的。将学生评价结果于教师晋升职称等挂钩，会抹杀教师工作的专业性，无法促进教师的专业发展，甚至会消极地引导教师一味追求成绩，以牺牲学生的健康发展或放松对学生的课堂教学管理为代价，去谋求个人的利益。学生的评价结果，只能作为一个参考，而不应作为奖惩教师的直接依据。其主要作用应是让教师找出自己在教学过程中存在的优点和缺点，及时进行改进和提高；让教学督导大致了解任课教师的课堂教学效果，使他们进入课堂，进行听课评课前做到心中有数，可以就学生反映的问题进行针对性的指导。[5]

课堂教学评价需要教育工作者不断研究并完善课堂教学评价体系，排出影响教学评价的多种原因，及时解决发现的问题，才能不断推动教育事业的发展和前进。

参考文献：

[1]王景英．教育评价理论与实践[M]．长春：东北师大出版社，2001，12～13.

[2] 王汉澜．教育评价学[M]．开封：河南大学出版社，1995，11～12.

[3] 黄光扬．教育测量与评价[M]．上海：华东师范大学出版社，2002，8～9.

[4]于斌．北京林业大学课堂教学质量评价体系的现状及思考[M]．北京：中国林业出版社，2007，150～154.

[5] 袁东华．大学教师课堂教学评价的有效性研究[J]．黑龙江教育，2009，7，8.

北京林业大学研究生助教制度分析

尹大伟[①]，胡　燚

（北京林业大学教务处）

摘要：本文在介绍北京林业大学研究生助教制度概况的基础上，分析了研究生助教制度的优点及必要性，即助教是学校不可缺少的教学力量、为研究生提供了重要的经济来源、为研究生个人发展创造了良好条件。同时也提出了我校研究生助教工作面临的一些问题和实际工作中的一些启示。

关键词：研究生助教；制度分析；改革建议

研究生助教是指研究生在校学习期间，在完成学习任务的同时，为增加知识，提高技能，按照有关规定受聘，在课程主讲教师的指导下，经历教学环节锻炼，帮助主讲教师承担本科学生的课程辅导答疑、批改作业、课程实验的指导、协助指导毕业设计（论文）和生产实习等环节的教学工作。可见，研究生助教制度的建立，既是本科教学十分重要的辅助系统，也是对人才培养的必然需要。

一、我校研究生助教制度概况

（1）助教岗位的设置。教务处设置助教岗位主要以本科教学公共基础课为主，兼顾部分专业课程。

（2）助教岗位的申请和聘任。申请助教岗位的研究生征得导师同意后，填写研究生助教申请表，报所在学院审批备案。学院和主讲教师在公平、公开、公正的基础上择优录取。学院将聘任助教名单汇总后交教务处和党委研究生工作部备案。

（3）助教岗位的工作内容。承担所聘课程的作业批改、讲评、辅导、答疑；参加组织考试和评卷工作；协助课件的制作；实验指导、批改实验报告、上机辅导；协助组织课堂讨论、社会调查、生产实习、毕业设计等工作。

（4）助教岗位的考核。研究生助教岗位的考核在每个学期末由学院组织执行，考核指标分三个部分：助教自评，学生评议和主讲教师评价。对于不认真履行岗位职责，工作态度较差，学生反映较差者，由任课教师提出，学院签署意见，报教务处批准，解聘其助教岗位，同时，报研究生工作部备案。

（5）助教津贴发放。助教津贴由学院和学校共同组成，按月发放，发放标准以当学年为准。

---

① 第一作者：尹大伟，实习研究员。主要研究方向：教学管理。电话：62337920。E-mail：yindawei@ bjfu. edu. cn。地址：北京林业大学教务处，100083。

二、研究生助教制度存在的必要性分析

研究生助教制度是本科教学中十分重要的辅助系统。研究生担任助教，能够实现研究生、任课教师、本科生和学校的多赢。实施研究生助教制度，既可以提高研究生的培养质量，又可以充分挖掘学校的人力资源潜力，更重要的是有利于实现师生的有效沟通和交流作用，促进本科教学质量的提高。

(一)助教是学校不可缺少的教学补充力量

随着近几年我校招生规模的扩大，师生比例越来越显得不合理，合班上课现象越来越普遍，很多公共基础课动辄一二百人一起上课，无论是上课效果还是课后辅导、答疑、作业批改都无法保证高质量完成。研究生助教是对我校现有教师人数不足的一个很好的补充，缓解了学校教学资源紧缺的情况。研究生帮助主讲教师承担辅导、答疑、查阅资料、组织讨论、指导试验、批改作业等工作，大大减轻了主讲教师的工作量，让主讲教师有时间对课程教学内容和教学方法做更深入的研究和充分的备课，或者在科研工作上多投入一些精力，实现教学与科研的相互促进，进一步提高教学质量和水平。

在读研究生参加助教，不仅可以弥补扩招后教师队伍编制不足的困难。最重要的是，大多研究生与辅导的学生年龄相近，刚刚经历过本科学生生活。他们知道、了解大学生学习过程中最需要的是什么，能最有效地实现师生之间的沟通和交流，能够更细致、更具体、更有针对性的解答本科生在学习上遇到的难题，特别是对一些学习基础比较差的学生可以做到小范围甚至个别的辅导。因此，应该不断完善研究生助教制度的基本标准、工作流程和考核制度。切实地发挥出研究生助教制度在本科教学中的积极促进作用，保障教学质量的提高。

(二)助教制度的实施有利于研究生个人发展

研究生担任助教，在为主讲教师与学生服务的同时，巩固了他们以前所学的知识并将书本知识应用到课堂辅助教学及实习、实验中，从而在实践中学习和借鉴主讲教师的教学经验，锻炼了授课技巧和各种非认知能力，如：动手能力、表达能力、应变能力、控制能力等等，为将来从事教学工作或参加其他活动打下了基础。

(三)助教为研究生提供了重要的经济来源

研究生助教工作相对于社会兼职占用时间较少，而且时间比较灵活，不会对研究生的正常学习和研究造成影响。学校聘任研究生助教实施有偿聘用。这在一定程度上缓解了贫困研究生的经济负担。特别是实行研究生交费上学制度之后，更有必要通过助教、助研、助管等途径帮助他们克服经济上的困难，支持他们完成学业。

三、我校研究生助教工作面临的问题

(1)总体投入不足。目前我校平均每学期聘用研究生助教50人，平均到每个学院不足5人，尤其是部分承担公共基础课的助教岗位缺口比较大，没有真正的发挥研究生助教在促进本科教学过程中的作用。同时学校对研究生助教的经费投入比较低，同国内其他高校相比尚有较大差距，不利于吸引优秀的研究生资源。

(2)研究生对助教工作没有足够的兴趣。研究生作为社会的优势人才资源，大多不愿在学校从事相对廉价的“三助”工作，校外兼职对他们有着更强的吸引力。还有部分学生会跟着导师一起参与科研项目而被导师招致麾下。因此，每学年的研究生助教队伍都不稳定，经

常更换，不利于研究生助教作用的切实发挥。

(3)管理不集中。研究生助教管理工作是一个系统工程，其工作程序和环节包括：编制计划、申请、选拔聘用、工作安排、日常管理、考核和薪酬的发放。是一个年复一年的工作循环圈，任何环节的不到位，都会影响到助教工作的整体效果，目前我校的研究生助教工作分摊到了不同部门，管理比较分散，责权不明确，管理效率比较低下。

(4)采取较为粗放的薪酬发放标准。薪酬的发放没有根据助教所担任不同课程的教学工作内容、水平、完成的工作量来设立岗位分级制度，实际中存在“同酬不同工”的现象，造成岗位工作要求和待遇差异不匹配，不利于助教主观能动性的发挥。

四、当前模式下研究生助教工作的改革建议

(1)合理考察教学需求，逐步扩大岗位设置。研究生作为优秀的智力资源，可以在本科教学工作中发挥重要作用，但是由于目前设岗经费所限，还有一些助教设岗需求未能充分满足，比如承担基础课比较多的人文学院、理学院、信息学院等还有很大的扩充空间。随着研究生招生规模的不断扩大和本科教学对研究生助教需求量的不断提高，助教的规模应当随着教学的需求变化予以变化，充分发挥研究生助教的积极性和主观能动性，为本科教学服务。

(2)协调管理职能，改革管理体制，明确专门机构和专人管理。由于助教岗位的设立总是依赖实际教学需求的，因此保持对教学需求的了解、掌握是学校助教管理部门必须确保的职能。明确专门机构和专人管理才能做到责、权统一，才能保证工作高效的开展。同时还要实行岗位培训、资格论证制度，严格把好上岗关，实行聘任和考核制度，确保主讲教师和研究生助教都负起责任来。

(3)切实提高研究生助教水平。要求研究生助教尽量随堂听课，遇到问题要及时与主讲教师沟通。上辅导答疑要准备相关问题和解答，上实验指导要准备实验指导书，提前做预备实验，摸清实验条件和易出错的地方。要求主讲教师对研究生助教不仅仅是分摊部分教学任务，而是要悉心指导，多沟通，及时了解助教工作完成情况及掌握通过助教反馈回来的学生对知识的理解、吸收情况。同时要对实际工作中对助教岗位缺乏扎实的基础和灵活运用能力，掌握的不多、不深、不透的研究生助教要及时更换。

(4)根据助教工作性质和工作量大小，实行分级分类管理。鉴于我校研究生助教承担工作岗位的性质不同和工作量的大小，将研究生助教分为多级管理，比如承担实习、实验课程较多的分为一类，承担批改作业、准备教学材料较多的分为一类。针对不同类别的助教设置不同的选拔、考核及津贴的发放制度。

总之，研究生运行机制改革是应对国家社会经济发展对高层次人才培养需要的一个必然选择，完善的研究生经济资助体系是确保机制改革顺利进行的制度保障。研究生助教管理工作应该主动适应改革的挑战，深入考察教学需求，合理设置助教岗位，严格控制助教质量，确保研究生助教在稳定提高学校教学水平和质量中发挥作用。

参考文献：

[1]徐萍，张菊芳．高校研究生制度的现状、问题与对策[A].2009.
[2]卢丽琼．浅析美国高校研究生助教制度及启示．复旦教育论坛，2005，3(1).
[3]刘洁，刘俊霞，张佐．研究生培养机制改革下的助教管理工作思考．高等工程教育研究，2007，3.
[4]欧杰宁．浅谈三助工作与研究生培养．广西大学学报(哲学社会科学版)，2007，29.

北京林业大学多媒体教学设备信息化管理的理念和设计

尹大伟[①]

（北京林业大学教务处）

摘要：多媒体教室教学设备是高校多媒体教学的重要物质基础，是现代化教学手段得以实施的前提保障，因此如何对多媒体设备进行有效的管理，保障多媒体设备的高效稳定运行是对学校多媒体设备管理人员提出的一个新的挑战，本文分析了我校现有传统管理方式的不足，针对多媒体设备管理自身特点，提出了信息化管理的理念，即开发 B/S 模式的信息管理系统，从而实现高效、准确、有序的管理。

关键词：多媒体设备；信息化管理；维护

随着信息技术的迅猛发展，各高校的教学方式发生了很大的变化，最显著的一点就是在传统的教学中大量使用现代教育技术手段，现代教育技术促进了整个教育教学的改革，为适应新的需求，各个高校的多媒体计算机教室、多媒体录播教室如雨后春笋般出现。多媒体教学作为一种新型的教学模式，将普通教室升级为影音、图形实时交互的教学环境，让学生更容易接受，它不仅提高了教学效益和教学质量，而且为传统的教学方式和教学模式改革提供了平台。多媒体设备大量使用的同时也增加了相关部门对设备的维护和管理工作，如何做到科学有效的管理是摆在我们面前的一个新的挑战。

一、目前我校多媒体设备的管理、维护现状

（一）教室多媒体设备配备情况

目前我校多媒体教室大多配备以下设备：

（1）多媒体计算机：安装了齐全的教学应用软件、杀毒软件及 DVD 播放机。

（2）投影仪：根据建设批次不同，分别有索尼、松下、东芝、爱普生等几个品牌。

（3）音频系统：包括功放、有线麦克等。

（4）中控系统：对电源、投影、电脑的控制及各种扩展接口。

目前这些设备总体运行情况良好，但由于建设批次不同，部分设备老化比较严重，使用过程中故障率比较高，需要不定期维修、更换。目前对于设备的维修情况及各个教室的设备信息都采取表格形式予以登记，由教务处统一负责管理。

---

① 第一作者：尹大伟，实习研究员。主要研究方向：教学管理。电话：62337920。E-mail：yindawei@ bjfu. edu. cn
地址：北京林业大学教务处，100083。

(二)多媒体教室的设备维护

多媒体设备的正常运行是多媒体教学顺利进行的物质保障。而科学有效的管理、维护又是多媒体设备能够正常运行的前提条件。随着多媒体教学的深入进行，多媒体设备的高利用率、频繁操作以及不合理使用导致设备故障不断出现。如计算机运行故障、投影不能显示、投影信号不能正常转接、电脑病毒泛滥、功放没有声音等问题都是维护、管理的范畴。可见多媒体设备维护涉及面十分广泛，本文只对多媒体设备中两个核心设备计算机和投影仪进行简单介绍。

(1)计算机的日常维护。计算机的维护主要包括两大方面的内容，一个是系统的安装和保护，我们学校计算机系统的安装采用封装好的 ghost 系统，里面包含了老师可能会用到的绝大部分软件。同时，因为是共用机器，所以每台机器上面都安装了保护卡，对系统分区进行保护。

由于多媒体教室比较多，因此要定期对电脑进行检修，除了临时出现的故障外，要每个月都对所有计算机系统进行检查，依具体情况决定是否需要重装系统、是否需要更新软件等。

(2)投影机的日常维护。投影机是多媒体设备里面最昂贵的设备，为减少设备的故障率，延长使用寿命，除了正常操作以外，还要做好每学期的定期除尘和工作状态检查工作，避免因堵塞而造成灯泡温度过高，对需要更换的灯泡、pbs 板、电源等配件要及时更换，保证正常教学的进行。

(三)多媒体设备的管理

多媒体设备的管理主要包括设备信息的统计、制定设备维护计划。

二、现有管理方式的不足

我校对各个教室多媒体设备的管理目前采取表格登记的形式，每间教室有哪些设备，设备的类型、购置时间、更换记录、维修记录等都分别统计在不同的表格里。随着设备的不断更新，统计表也越做越多。

随着多媒体教室的不断建设和更新，原有传统的管理方式已经不能满足现在的管理需求，表格存储数据，一旦数据过于庞大，要对这些数据进行管理，就要花费大量的时间，而且很容易出错，在实际工作过程中，现有的管理方式所报露出来的如下几个弊端已经严重影响了工作的顺利开展，降低了工作效率。

(1)设备信息不完整，文档散乱。设备维修的历史记录没有完整归档，设备维护经验个人化，不能把个人经验、维护知识巩固下来，难以充分利用历史数据。尤其是负责维护的人员有调动的时候，新接手的人员看到不计其数的散乱的文档常会不知所措，无法及时有效的掌握各类设备信息。

(2)管理方法陈旧，效率低下。管理方法仍然以手工管理为主，难以详细跟踪设备的使用过程，无法对设备进行统一的统计管理，因此无法为以后的设备改造、升级换代提供详实的参考依据。

(3)不利于信息共享。目前我校多媒体设备维护由教务处工作人员、教室楼值班人员及一家多媒体设备维护公司共同承担，因为没有一个共同的数据源来存储现有设备的信息，无法信息共享，需要的时候都是采用口头互相询问的方式，常常给实际操作带来一定的不便。

三、信息化管理的理念和设计

要有效、充分的利用现有教学多媒体设备服务于教学，利用信息化手段实时在线对设备进行管理是有效可行的管理方式，让教务人员、设备管理员、维修公司人员能够根据不同的权限对设备进行有效统一管理，实现网上查询、修改、编辑、设备信息统计。基于这种信息化管理理念，本文提出了基于 B/S 模式的教学多媒体设备管理信息系统的理念和模块设计。

(一)系统工作原理

在该 B/S 模式系统中，所有数据都实现由底层数据库存储与操作，用户通过浏览器以超文本形式向 web 服务器提出访问数据库的请求后，通过数据库网关，将这个需求转换为 SQL 语法，并交给数据库服务器，数据库服务器得到请求后，验证用户合法性，并进行数据处理，将结果返回 web 服务器，web 服务器将结果转化为以 web 页面形式返给用户，从而得到所需结果，同时，也可以根据用户权限的不同处理增加、删除、修改数据库数据的需求，实现设备信息的在线管理。

(二)需求分析

由于多媒体设备管理与维护涉及到以下人员：教务处工作人员、教室楼教室管理员、校外负责维修设备人员等。每一类用户对设备的管理、维护权限是不一样的，系统的设计既要充分满足他们的需求，又要根据管理权限不同而有所区别。

对于教务处工作人员，需要有对系统操作的所有权限，即管理员权限。能够查询、统计现有各个教室多媒体设备的信息，同时也要能够对各类信息进行修改的权限。通过系统可以了解各个教室多媒体设备的总体概况、工作情况、每学期设备维修、更新情况等。

对于教室楼值班人员，需要有查询设备信息的最基本权限，同时拥有对设备使用情况进行描述的权限。通过系统的查询可以更好的了解各个教室多媒体设备的工作状态，可以对于工作时间较长、比较容易出现问题的设备予以重点关注。同时还可以通过系统将设备的运行情况反馈给教务处的管理人员。

对于校外维修人员，需要拥有查看设备属性信息，使用情况，维修记录等权限。通过查询设备的信息、使用状态可以有助于分析设备出现故障的原因，从而能够快速解决问题。甚至通过定期的对设备进行工作状态分析，提前筛查出老化的设备进行检修，可以避免很多正在使用的设备突然发生故障，影响教学正常的进行。

(三)实现技术

系统前台采用 ASP(Active Sever Page)开发技术，它是微软公司发布的一个 web 服务器的开发环境，通过这项技术可以运行动态的、交互的 web 服务器应用程序。后台采用 SQL Server2000 数据库存储数据，实现数据源的共享和统一。

Web 技术与数据库系统的有机结合，已成为当今网络和数据库应用的一大主流趋势，B/S 模式是将 web 技术与数据库管理系统(DBMS)有机融合在一起，充分发挥 DBMS 高效的数据存储和管理能力和 Web 的易操作性，利用了大量已有的数据库信息资源，使用户可以在 IE 浏览器上就能够方便地查询和浏览数据库中的内容。

四、功能模块设计

(一)设备查询系统

该模块可以实现具体每间教室的设备查询、也可以分类查询所有教室的某一项设备信息，比如：输入二教101→所有设备，就可查看该教室的电脑、投影、功放等设备的信息。输入投影机，就可查看所有教室投影机的信息。

(二)设备维护系统

设备管理人员登陆后，可以查询设备信息，对维护的设备进行修改，新增设备予以登记录入，报废的机器予以备注说明，这样既保持了数据的准确性，又能做到方便查询每台设备的历史记录。

(三)设备统计系统

该系统可以查询并打印各种统计信息，比如某一学期的维修记录，各个教室的投影机型号、购置日期，计算机配置等。

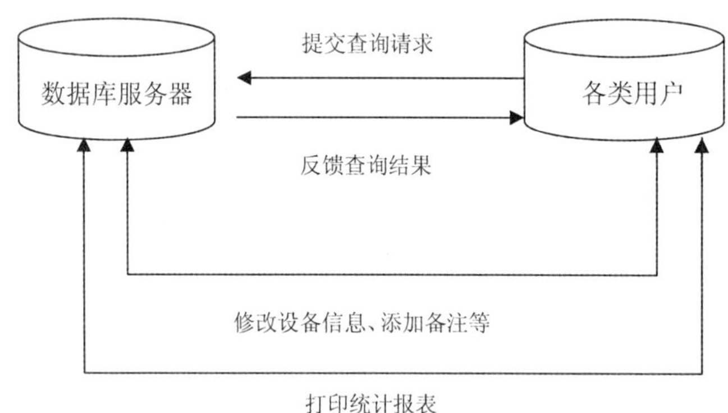

图1 用户通过信息管理系统与数据库交互示意图

五、结束语

信息化建设是高校教学管理改革的重要组成部分，尽管当前大部分高校多媒体设备管理与维护仍采用传统的粗放式管理，但是相对比而言，采用信息化管理手段，能够更加有效的对设备信息进行管理，方便各类人员对所需信息的获取，大大提高了工作效率。同时，采用信息化管理方式可使重复性劳动大为减少，日常业务处理得以简化和加快、业务流程间的关联和控制得以加强、手工作业过程中的失误得以避免，不同环节间的各种动态、综合信息得以及时反馈。

参考文献：

[1] 陈金玉．基于项目管理的多媒体教室教学设备管理系统建设．中国教育信息化，2007，(1).

[2] 杨丽华，任友俊．基于B/S的高校教学多媒体设备管理信息系统的设计．曲靖师范学院学报，2007，26(6).

[3] 王晓红．高校多媒体管理存在的问题及对策研究．湖北广播电视大学学报，2007，27(9)：122.

[4] 李旭，马力．浅谈高校多媒体教室的管理与维护．青年与社会·中外教育研究 2009(2).

[5] 周佳慧．也谈高校多媒体教室的管理．商情(科学教育家)，2008(02).

教室资源管理使用初探

胡　燚[①]，尹大伟
（北京林业大学教务处）

摘要：教室是高校最基本的教学资源，如何科学有效的管理使用教室资源，成为如今高校运行发展中的一个关键。本文通过结合北京林业大学教室运行情况，提出一些管理手段去维护高校教学工作的优质完成。

关键字：高校；教室；管理

教学是每一个高校立校之基础，课堂教学离不开教室这一最基本的教学资源。教学条件一定的情况下，优秀的管理水平将是高校发展的关键，因此基于教学规律和师生对教室的日常需求，合理管理教室资源，科学对教室进行安排使用显得尤为重要，本文对高校的教室资源管理进行简单探讨，谈谈在工作中的一些体会。

近年来，我国高等教育向大众化趋势发展，高校在这一特殊时期持续扩招，在校生人数急剧增加，而学校硬件设施发展水平远远低于扩招速度，有限的教学资源和扩招的矛盾问题逐渐深刻的凸显出来。教学资源和师资不足已经成为高校扩招之后提高教学质量最严重的瓶颈。而因为各种原因，教室短缺是众多高校共同需要面临难题。如何科学、高效的管理使用教室，保障教学工作的优质完成，保证人才培养质量，更是成为教务工作中的一个重点。教室资源另一个变化是多媒体教室在教学中普及度越来越高，多媒体教学的形象直观等特点让教师更愿意使用多媒体教学，因此多媒体系统的管理和维护也成为了一个值得注意的工作要点。

我校针对实际情况，为尽量避免因教室资源短缺对正常教学的影响，近几年尝试在排课和日常管理中实行了一些实施措施和管理办法，在现有的条件下，取得了较为满意的效果。

一、排课合理，保证教学效果

日常教学安排教室，必须遵循最基本的教学规律，在最基本的规律保障下才能使教学活动得到最优的效果。我校基本教学时间为周一至周五，50 分钟一节课，课间休息 10 分钟，上午下午各可安排四节，晚上两节（少数情况会安排三节）。

满足教学规律指在排课时需考虑上课时间，上课地点，课程类型，课程特点等因素，简而言之就是结合上述因素后对课程进行合理安排，使课堂教学效果达到最佳。如果从上课时

---

① 第一作者：胡燚，学士。主要研究方向：教学管理。电话：62336084。E-mail：bjfuhy@ bjfu. edu. cn。通讯地址：北京林业大学教务处，100083。

间进行考虑，则要考虑课程上课的最适合时段，上午记忆效果较佳，加之北京夏天天气干燥酷热，上午相对天气凉爽，因此上午适合安排如高等数学之类需要较多识记的基础课程。[1]体育课后学生需要较长时间才能进入课堂状态，所以体育课后不连续安排其他课程。上课地点需要考虑连续两门课程的上课教室尽量安排同一栋教学楼，楼层靠近，减少学生更换教室的时间，方便课前准备以便能尽快进入课堂学习状态。课程类型需注意必修课尽量安排在白天时段，保证重要课程的上课效果；选修课特别是全校公共选修课一般安排在下午后两节和晚上，避免和必修课上课时间冲突，能有更多的选修课程可以选择。课程特点则需要考虑课程内容和学时数，一般课程两节连上，32 学时一般一周一次课，多学时一周多次课的情况采取隔天安排，尽量较为平均的安排在一星期之中，便于课后对课程内容的理解消化。部分特殊课程，需要三节甚至四节连上，这样的课程就必须预留好半天的教室进行安排。

以上因素的出发点均为了使教学效果最大化，但在实际排课中，会因教室资源有限等现实情况，需在各因素的中寻求平衡，以达到现有条件下的最优安排。

现我校本科生教学主要安排在第一教学楼和第二教学楼，园林艺设等专业设计类课程安排在第四教学楼。其中第一教学楼大部分教室仅安装了用于大学英语等外语课程使用的电教设备，另有 4 间大教室和 10 间小教室安装普通多媒体设备可以承担其他的各类课程。第二教学楼拥有小教室 3 间，中等教室 42 间，大教室 15 间，承担了除外语、设计类课程以外的绝大多数课程。上述总计 74 间的多媒体教室一共承担了我校本科 447 个班级，12812 名学生的大部分普通课程。从以上数据直观反映出我校教室管理存在的最大一个问题，现有教室数量存在着严重的不足。比如，大教室数量有限，无法将所有的全校选修课安排到下午、晚上等适宜时段，有的课程无法避免的被安排到下午 12 节甚至上午时段。这样导致公选课程极容易与学生必修课程时间冲突，对学生选修全校公共课程带来不便，可选择课程数量减少。某些时段的教室紧张，首要考虑的因素是把现有课程能分配到教室，所以连续两节课教室相隔较远的不方便情形就会出现。

教室资源的紧张使得安排教室课程的压力不言而喻，不过无论硬件条件如何，最基本的教学规律必须得遵守，这是保障教学质量的必要条件。正因为在排课阶段，始终以教学为本，一切为了教学效果，把遵循教学规律摆在首位，所以才能使我校在教室资源严重紧张的情况下，本科教学能够得以正常的运行。目前我校的学研大厦正在筹建当中，若建成则会大大的缓解现在教室紧张的局面，同时也能在现有安排的基础上更加合理。

二、规范教室借用申请，保持教室学习氛围

除课表安排教室使用以外，还有很多临时借用教室的情况，一般分为教学用和其他用途。上学年此类借教室就达到了 50000 余学时，由此可看出，临时借用教室也占到了教室使用中相当大的一个比例。因此对于临时借用教室，同样需要一个规范的管理去进行统筹安排，否则在我校教室资源紧张的现实下极易造成影响正常安排教学和扰乱教室学习氛围。对于临时借用教室申请，需要遵守以第一课堂为主，所有的临时教室借用安排都不能影响第一课堂教学和同学日常自习需求的原则。

有时，教师会因为一些特殊情况，如临时调课补课、实习前进行理论讲解、课程考试等原因申请借用教室，向教务处提出临时使用教室的要求。应向教务处提供对教室要，周次，星期，节次，教室大小，是否使用多媒体以及具体用途等信息。教务处接收到申请以后，根

据教学楼的使用情况安排教室，并按照教师的实际需要在多媒体教室系统里面打开申请教师的使用权限[2]。

因学校硬件条件有限，教务处还开放了一些时段非教学活动的教室申请。针对这类申请，教务处采取严格审批管理，把维护教学楼的学习氛围，坚持教学楼教学的本质放在首位。仅对于讲座，党校讨论，社团例会，学生组织内部教学等活动进行开放，其他有可能对教学学习氛围的活动一律不允许借用教室。另外，非教学活动教室借用时间和范围上也做出了相应限制，进行统筹安排。如原则上非教学活动的申请仅安排在第一教学楼，周一到周五的不能借用上课时段。尽量在晚上或者双休日安排专业讲座、学术报告会、某些社团活动等所需教室，通过集中时间限制地点的方式使自习的同学基本不受影响。

辅修，成人教育学院等其他课程安排均放在周末等教室使用不紧张时段进行，其中成教课程主要集中在四教与一教，也是为了避免对第一课堂教学和自习需求造成影响。另外，拒绝校外单位的教室借用申请，一方面是保障校内用教室的需求；另一方面是杜绝商业性质的活动出现在教学楼，维护校园教室楼里纯粹简单的学习氛围。

三、加强教室管理维护运行

我校的教室维护主要分为两部分，一部分是由物业公司负责的日常教室维护，如保洁，课桌椅设施等；另一部分是教室多媒体系统的维护，这部分由教务处的专人负责。

日常维护方面，教室内卫生落实到班级，由学生负责打扫，计入公益劳动学分，其他部分由物业公司专业保洁人员负责。要求是地面清洁、墙裙干净、楼道有序，窗台上无尘土，保持窗明几净，门上无乱贴乱画现象。课桌椅等设施每学期每个教室逐一排查，由公司专人对损坏的设施进行更新维修。目前这方面所存在的问题是，教室内卫生由学生每天打扫一次，但少数学生存在在教室内随手扔垃圾的习惯，因此部分教室会出现还没到傍晚打扫时段，教室内已经出现了较多垃圾，严重影响了教室的整洁卫生和学习环境。对于这种情况一方面安排保洁人员加大打扫的时间密度，更重要的是教导同学培养良好的生活学习习惯，提高个人素质修养，做到不随手扔垃圾这一基本要求。

因多媒体设备其特殊性和专业性，教室多媒体系统的维护均由专业公司承担，由教务处负责具体管理。目前多媒体教室管理基本正常，有管理人员常驻教学楼进行维护管理，对于课堂中出现的多媒体设备问题能够及时响应。但相比多媒体教室的数量，目前配备的专职管理人员偏少，如一教目前没有专职多媒体管理人员。一方面需要向学校申请，增加管理人员，对管理人员增加诸如电子电路知识、计算机软硬件和网络知识等，使管理人员能够完成多媒体教室各类设备的管理、保养维护、故障的判断和排除；能进行计算机基本的操作和软件安装；能了解各设备相互良好匹配条件，并能从实际管理操作者的角度对多媒体教室设计的合理性进行评估及提出合理化改进建议[3]。在多媒体设备出现常见简单故障时，能够及时响应，减少等待专业公司维修的时间，尽少影响正常教学。

参考文献：

[1] 刘正发．向课程管理要效益 以资源管理保质量[J]．民族教育研究，2004，3：44.

[2] 赵敬书，苏含英．高校教室资源管理初探[J]．中国林业教育，2003，3：30.

[3] 任条娟，刘斌，孙惠荣．高校教室资源管理的问题与改革思路[J]．浙江树人大学学报，2008，6：108.

我校教研室建设的思考

孟祥刚①
（北京林业大学教务处）

摘要：文中对当前我校教研室的运行状况进行了简单介绍，在首先介绍了我校教研室设置的基本情况后，指出了当前我校教研室在运行与建设中存在的问题，并对存在问题的原因进行了详细分析，根据分析情况提出了解决问题的对策。

关键字：教研室；基层组织；教学

当前，坚持教学中心地位、提高教学质量是学校办学的永恒主题，也是学校办学的一个长期实践探索的过程。要办一流的大学，教师是教育的第一资源，没有高素质的教师队伍，就没有高质量的教育。教研室是学校教学和科学研究的基层组织，担负着教学、科研、学科与专业建设、师资队伍建设和教书育人的重要任务。教研室作为基层的教学和研究组织，是推进教学改革，提高教学质量的关键环节，它直接联系教师、面对学生组织教学活动，在教与学双方的互动、提高教育教学质量、加强教育教学管理中有其不可替代的作用。

1 我校教研室运行的基本情况

通过调研发现，我校的 14 个学院(部)，目前全部设置了教研室，工作开展相对顺利。也有部分学院的教学活动以学科或系为单位开展，学科、专业、系、教研室之间界限不明显，关系没有理顺，给学院、学校的教学管理工作带来了一定的困难。目前我校教研室设置、运行管理大致可以分为 3 种模式。

1.1 学院—教研室二级管理模式

园林学院、信息学院基本上属于这种管理运行模式。学院下设教研室，宏观教学工作由学院负责，教研室根据学院有关规定具体组织教学工作、开展教研室活动。这种模式，基本上能够保证教学的正常运行，便于开展教学研究活动，能够发挥教研室的团队作用。但是，教研室主任反映工作太累，在对外交流、参加有关会议时显得层次偏低。

1.2 学院—系(教研室)—教研室模式

这种模式系的功能很微弱，其功能弱化于教研室。其代表学院是理学院、人文学院和外语学院等承担公共基础课的学院，针对本院已有的专业，教学活动以系为单位进行；对于公共课、基础课，则根据课程分设教研室。如人文学院下设法学系和心理系，另设哲学教研

---

① 第一作者：孟祥刚，实习研究员。研究方向：林业经济、教学管理。电话：62338299。E-mail：mengxg@ bjfu. edu. cn。通讯地址：北京林业大学教务处，100083。

室、经济学教研室、革命史教研室和德育教研室；外语学院下设大学英语教学部(下设两个教研室)，基础英语教研室、专业英语教研室和日俄语教研室，理学院设立数学教研室、物理教研室和化学教研室，根据课程不同，下设课程组，并给予课程组负责人一定补贴。

1.3 “学院—系(学科)—教研室”的三级管理模式

像林学院、水保学院等学院其建设目标是研究型学院，在学院下设系，系下面设有教研室，林学院对系主任和教研室主任每月分别给予一定的补贴。

这种模式可以发挥系(学科)对教研室的指导与组织作用，基本教研室活动(如教学任务的下达)开展较为顺利，但教学研究没有得到具体的落实，但是教学活动基本以系为单位开展，教研室的力量比较弱化，教研室所发挥的作用很有限。

学院—教研室、学科一体化模式。林学院、水保学院等基本上属于这种模式。如林学院，院下设学科、教研室，两块牌子一套人马，设学科负责人和学科秘书，学科秘书兼任教研室主任。学科建设主要由学科负责人负责，学科秘书作具体工作，教研室工作主要由学科秘书(教研室主任)负责，二者的津贴补助相同。学科秘书(教研室主任)反映工作累、头绪多，而且许多教研室还承担着专业建设的任务。当然，由几个教研室支撑的专业有一个专业建设委员会，落实工作还要由教研室负责。

2 我校教研室运行过程中存在的主要问题

影响教研室建设的原因是多方面的。经调研，教师反映比较集中的有以下几条：

第一，新的职称聘任制度不利于教师对教学的投入，影响了教研室活动的开展。新的职称聘任条件过分强调科研，科研工作要求很明确，每位教师为了完成科研任务要求，要投入大量的精力，致使对本科教学投入精力必然减少。

第二，对于科研论文仅认可第一作者，使集体作用弱化，教研活动中缺乏合作精神，使得教研室活动计划在执行过程中大打折扣，有的教师对教研室安排的教研活动不感兴趣也不予以配合，从而影响了整体教研室工作质量。

第三，学校目前教师总量不足，教师教学、科研任务又很重，导致部分教师工作处于超负荷运转状态，使教师的身体状况处于亚健康状态，严重影响了对教研室工作的投入。

第四，学校实行二级管理后，校、院的职责划分不清，又缺乏相应的文件规定，上面千条线下面一根针，许多工作层层下泄，教研室作为最基层组织，成了行政事务中心，承担了大量的行政事务工作，影响了教研室基本职能的发挥。

3 我校教研室建设的几点建议

高校教研室是组织教学的基层单位、提高教学质量的基本保障、指导学生学习的必要基地，教研室建设工作是高校十分重要的工作之一。通过调研，认为目前我校教研室的活动有待进一步规范，教研室与系、专业、学科之间的关系有待进一步理顺，教研室的工作职责有待进一步明确，其具体措施应包括以下几个方面：

3.1 加强对教研室重要性的认识

明确教研室的性质、任务和职责，摆正教研室的重要地位，重视对教研室的建设和发展的研究。根据现代高等教育的需求，高校教研室的存在仍有充分的合理性，因此加强高校教研室的改革与建设就显得日益迫切。对于我校多数学院来说，教研室仍是不可或缺的一级教要以培养研究型人才的学院，可以探讨教研室的存在形式，但原有的教教研室建设的成功与否，直接影响高校的教学质量、教研风气、科研水。

室主任的培养和选拔，提高教研室主任的待遇，加大优秀教研室的奖励

教研室主任应是本学科的带头人和学术骨干，是教学管理的内行和专家；同时还应具备认真的治学态度，扎实的业务功底，无私的奉献精神，并得到教研室老师的信任和支持。所以，学校要作好教研室主任的选拔与培养工作，把教研室主任纳入学科带头人培养系列，坚持培养与使用相结合原则，培养优秀的教研室主任。同时，要引入竞争机制竞选教研室主任，打破年龄、资格、职称的限制，综合考虑其教学、科研、组织等能力以及奉献精神，做到优者上，劣者下。此外，学院每年对教研室工作的完成情况进行检查和评比工作，评选先进教研室和教研室主任并给予相应奖励。学校每年从教学经费中划拨专项经费作为教研室的建设经费，对教研室主任每学年补贴一定学时的教学工作量，算入年度教研室主任总工作量中，课时费由学校直接拨付。

3.3 加强对教师的人文关怀

目前我校教师的科研、教学任务很重，承受着前所未有的压力。随着教学改革的推进，课程、科研对教师综合素质的高要求，以及高校学生就业压力的增大，都使在职教师感到责任重大，有的甚至内心焦虑。要解决这些问题，让教师放下思想包袱，轻装上阵，就离不开学校领导、管理部门对教师方方面面的关心、鼓励和帮助。大部分教师都有强烈的事业心和责任感做好本职工作。教师是活生生的有情感的人，他们和常人一样，在取得成功之时，渴望能够得到别人的肯定、尊重和有更多的人与其共享成功的喜悦，一旦这个被人认同心理，得到一定的满足，即刻会获得一种心理愉快，产生一种无形的内在的工作动力，并转化为有形的工作行动。

3.4 在新的聘任制度中要体现教学的中心地位

为了全面实现大学的功能，鼓励教师上讲台，考评体系应当区别对待、分类指导，可以制订教学、科研两类考评指标，由教师自愿选择。选择以科研为主的老师，课可以少上一点；而选择以教学为主的老师，论文就不用写太多。也可在职称聘任中实行研究员、教授双轨制，对于以科研为主的教师，可以降低其教学要求，给予评定研究员系列职称，而对于教学为主的教师，在评定职称时在科研工作方面可以稍微弱化。教学工作有很大的主观性，如何衡量其质量？除了对教师的课时数进行考核外，更重要的是监督其教学效果，这种情况下可以参考学生的打分情况。

教学成果奖是授予在高等教育教学工作中做出突出贡献，取得显著成果的集体和个人的荣誉。众所周知，一个新的教学理念，并不是凭空产生的，而是教学工作实践的结果。国家为了鼓励教育工作者的积极性和创造性，积极开展教育教学研究和实践，深化教学改革，把“国家教学成果奖”同“国家自然科学奖”、“国家技术发明奖”、“国家科学技术进步奖”共同设为国家级奖项。因此学校在评定职称时应将国家教学成果奖同国家自然科学奖、国际技术发明奖、国家科技技术进步奖放在同样的位置，以此类推省部级的教学成果奖也应同省部级的自然科学奖、技术发明奖、科技技术进步奖具有同等的份量。

3.5 理顺教研室的学术研究与行政事务、教学与科研等关系

教研室的主要工作是教学工作与教研活动，但在实际中，教研室成了基本行政单位，承担了大量的行政事务，导致了教研室工作方向与性质的偏离，影响了学术性与教学性作用的发挥。因此教研室在管理中必须突出其为教学、科研服务的作用，强调其教学与科研的组织、指导、研究、教师培养、课程设计与学科发展的功能。

参考文献：

[1]赵惠明．浅谈教研室建设[J]．嘉兴学院学报，2002(11)．
[2]陈传万，许万祥．论加强高校教研室教学工作[J]．安徽技术师范学院学报，2001(3)：86～87．
[3]尚国营．新时期地方院校教研室存在的问题及对策[J]．教育理论与实践，2007(3)：16～17．
[4]严运桂，库夭梅，王金琼．新形势下高校基层教研室建设探讨[J]．中国农业教育，2002(4)：35～36．
[5]王秀芬．高校教研活动存在的问题及对策[J]．郑州航空工业管理学院学报(社会科学版)，2003(4)：17～18．